KB210827

조문해설 · 사례중심의

국제사법 해설서

PRIVATE INTERNATIONAL LAW

•

김상만 | Sang Man Kim

박영사

PREFACE

머리말

2024년 기준 우리나라는 수출 6위(총 6,837억 달러), 무역 8위(총 1조 3,158억 달러)에 자리한 수출강국 · 무역강국이다. 2024년 말 기준 국내 체류외국인은 2,650,783명, 결혼이민자는 181,436명이며, 국내에 진출한 외국계기업은 19,061개에 이른다. 이는 우리가 외국인 · 외국기업과의 교류 · 관계가 활발한 환경 속에 있고, 외국인 · 외국기업과의 법적 분쟁이 증가할 수 있다는 것을 시사한다.

외국인 · 외국기업과 관련되는 사법적(私法的) 분쟁이 발생하는 경우 우선 어느 국가의 법원에 소송을 제기할 수 있는지(국제재판관할의 문제), 어느 국가의 법이 적용되는지(준거법의 문제) 문제가 되는데, 이에 대한 해답을 제공하는 것이 바로 국제사법이다.

우리나라는 한때는 일본 국제사법인 법례(法例)를 의용하여 오다가, 1962. 1월. 「섭외사법」을 제정하여 독자적인 법체계를 마련하였다. 이 후 2001년 「섭외사법」을 「국제사법」으로 전부 개정하였고, 2022년 다시 전부 개정하여 국제재판관할 규정을 대폭 확대하였다. 2001년 개정 국제사법에서는 제2조에서 국제재판관할에 관한 일반원칙만 규정하고, 개별적 법률관계에 대한 특별재판관할규정은 제12조(실종선고), 제14조(한정후견개시, 성년후견개시 심판 등), 제48조(후견), 제27조(소비자계약), 제28조(근로계약)에 한정하였다.

그러나 2022년 개정 국제사법에서는 제1장 총칙에 별도의 절을 두어 민사소송법에 대응하는 국제재판관할 규정(제2조~제15조)을 신설하고, 국제사법 각칙에 해당하는 개별 법률관계에 관한 장(제2장~제10장)의 각 제1절에 국제재판관할 규정을 신설하였으며, 제2조의 국제재판관할에 관한 일반원칙도 구체화하였다. 이에 따라 2022년 개정 국제사법은 "외국적 요소가 있는 법률관계에서 국제재판관할과 준거법을 정하는 완전한 법"이 되었다.

이에 따라 2022년 개정 국제사법에 대한 이해는 외국적 요소가 있는 법률관계에서 국제재판관할과 준거법에 대한 협의 및 문제해결의 열쇠가 될 것인바, 독자 여러분이 국제사법 체계 및 규정을 명확히 이해하여 글로벌시대의 복잡한 법적 환경 속에서 합리적이고 적정한 의사결정을 내리는 데 도움을 주고자 이 책을 출간하였다.

이 책의 특징은 다음과 같다.

첫째, 제1부 국제사법 총론과 제2부 국제사법 조문별 해설의 2개 부문으로 구분하여 제1부에서는 국제사법의 일반론을 기술하고, 제2부에서는 현행 국제사법의 조문 순서대로 각 조문의 내용을 해설하였다.

둘째, 제2부의 조문별 해설에서는 각 조문에 대한 이해를 제고하기 위하여 조문별 사례를 제시하고, 주요 판례를 소개하였다. 이에 따라 법률가는 물론 비법률가도 국제사법의 각 조문을 쉽게 이해할 수 있도록 하였다.

셋째, 부록의 국제사법 조문 해설·사례에서는 각 조문별 핵심내용을 정리하고, 관련 사례를 제시하여 부록만으로 현행 국제사법 각 규정을 이해하고 최종 정리할 수 있도록 하였다.

끝으로 인류의 발전과 행복을 기원하며, 이 책의 출간에 도움을 주신 모든 분들께 감사의 인사를 전합니다.

2025년 2월

김 상 만 | Sang Man Kim

눈 덮인 만경대·백운대·인수봉이 한눈에 바라다 보이는 연구실에서

CONTENTS

차례

제1부 국제사법 총론

제2부 국제사법 조문별 해설

PART

01 국제사법 총론

CHAPTER 01

국제사법의 의의

1. 우리나라에서 국제사법의 연혁과 명칭

우리나라는 일본 국제사법인 법례(法例)[1]를 의용하여 오다가, 1962. 1. 15. 「섭외사법」[2]을 제정하였다.[3] 섭외사법은 1999. 2. 5. 관련 법률 개정에 따라 1차례 개정[4]된 바 있다. 그 후 2001. 4. 7. 「섭외사법」을 「국제사법」[5]으로 제명을 변경[6]하는 전부 개정이 있었고, 2011. 5. 19. 일부 개정(지식재산 기본법의 제정으로 제24조의 "지적재산권"을 "지식재산권"으로 용어 변경)이 있었다.

그 후 구체적인 재판관할규정 신설 등 국제사법 개정 작업을 위하여 법무부는 2014. 6. 국제사법 개정위원회를 발족하여 개정 작업을 진행하였는데, 국제사법개정위원회는 개정안을 채택하지 못하였다. 그 후 법무부는 전문가 자문을 통하여 2017년에 전부개정안을 마련하여 2018. 1. 19. 입법예고하고, 2021. 12. 9. 국회 본회의를 통과했으며 2022. 1. 4. 공포되어 2022. 7. 5. 시행되었다.[7]

구 국제사법(2001년 개정 국제사법)에서는 "국제재판관할 결정기준에 관한 일반 규정(제2조)" 1개 조문만 신설하여 국제재판관할 원칙만 선언하고[8], 그 외 실종선고, 한정후견개시, 소비자와

---

1 독일 민법시행령 초안을 모방하여 제정한 것으로, 총 30개 조항으로 구성

2 [시행 1962. 1. 15.] [법률 제966호, 1962. 1. 15. 제정]

3 제정 섭외사법은 3장 47개 조항 및 부칙(2개 조항)으로 구성

4 해난심판법이 해양사고의 조사 및 심판에 관한 법률로 개정됨에 따라 제47조의 '해난구조'라는 용어가 '해양사고구조'로 변경되었다.

5 [시행 2001. 7. 1.] [법률 제6465호, 2001. 4. 7., 전부개정]

6 법률 제명을 '섭외사법(涉外私法)'에서 '국제사법(國際私法)'으로 변경한 이유는 개정 전의 제명 '섭외사법(涉外私法)'에서 '涉外'라는 용어가 법에서 '외국적 요소'라는 의도하는 바와 달리 '외부와 연락 또는 교섭'한다는 의미로 인식되어 법의 내용이 오인되는 경향이 있었고, 헤이그 국제사법회의(Hague Conference on Private International Law), 각국 입법례, 조약 등에서 '국제사법(private international law)'이라는 용어를 널리 사용하고 있기 때문이다(법제사법위원회 수석전문위원 김회선, "섭외사법개정법률안 검토보고", 2001. 2, p.4. 참조. "첫째, 법 명칭의 수정에 관한 사항입니다. 동 개정안은 법 명칭을 '섭외사법'에서 '국제사법'으로 수정하고 있는 바, 이는 '섭외'라는 용어가 동법에서 의도하는 바와 다른 의미로 해석될 우려가 있고, 국제사법이라는 표현이 국제적으로 널리 사용되고 있음에 따라 법 명칭을 수정한 것입니다").

7 [시행 2022. 7. 5.] [법률 제18670호, 2022. 1. 4., 전부개정]

8 2001년 개정 국제사법 제2조에서 국제재판관할 규정을 신설하면서 국제재판관할에 관한 원칙만 규정한 것은 1) 국제재판관할에 관한 성문법규를 마련함으로써 국제민사소송에서 법적 안정성을 기하고, 2) 대외적으로 우리 법원의 국제재판관할에 대한 규칙을 알리고, 3) 대법원 판례와 국제 조약 등에 의하여 확립된 내용만을 규정하여 향후 국제재판관할에 관한 精緻한 규칙을 두기 위하여 그 기초를 마련하고, 4) 국제재판관할을 국제사법의 문제로 인식하는 영미법계는 물론 최근에는 스위스와 이탈리아 같은 대륙법계에서도 국제재판관할을 국제사법에서 규율하는 경향이 있음을 고려하고, 5) 아울러 2001년 개정 단계에 있어서 완결된 내용의 국제재판관할 규정을 두기는 어려운 실정을 고려한 것이다(법무부, 「국제사법 해설」, 2001, p.23.).

근로자 보호를 위한 약자관할 등에서 제한적으로 관할규정을 두었다[제12조(실종선고), 제14조(한정후견개시, 성년후견개시 심판 등), 제48조(후견), 제27조(소비자계약), 제28조(근로계약)]. 그러나 현행 국제사법(2022년 개정 국제사법)에서는 제2조의 국제재판관할권에 대한 일반원칙 규정을 구제화하고[9], 제1장 총칙에 국제재판관할에 대한 별도의 절(제2절 국제재판관할)을 두어 매우 상세한 규정을 신설하고(제2조~제15조), 국제사법 각칙에 해당하는 제2장~제10장의 각 장에서도 각 장의 제1절에 국제재판관할 규정을 신설하였다. 이에 따라 현행 국제사법은 "외국적 요소가 있는 법률관계에서 국제재판관할과 준거법을 정하는 완전한 법"이 되었다.

현행 국제사법에서 재판관할권 관련 규정을 살펴보면, ⅰ) 국제재판관할의 원칙적 기준인 '실질적 관련'의 의미를 명확히 하고(대법원 판결에 제시된 구체적 기준인 당사자 간의 공평, 재판의 적정성, 신속 또는 경제성 등을 일반원칙 규정에 추가), ⅱ) 국제재판관할의 총칙 규정을 신설하여 일반관할, 관련사건의 관할 등 민사소송법상 관할 관련 규정에 대응하는 규정과 국제적 소송경합 규정, 합리적인 국제재판관할 배분을 위한 국제재판관할권 불행사 규정 등 13개의 조문을 신설하고, ⅲ) 국제재판관할의 각칙 규정(제2장 사람~제10장 해상)에서 ▲실종선고 등 사건 ▲사원 등에 관한 소 ▲지식재산권 계약·침해에 관한 관한 소 ▲계약·불법행위에 관한 소 ▲친족·상속에 관한 사건 ▲어음·수표에 관한 소 ▲해상 사건 등 사건 유형별 특별관할 규정 20개 조문을 신설하고, 2개 조문을 정비하였다.

국제사법 법제명 입법례[10]

- 스위스, 오스트리아 : 국제사법에 관한 연방법률(Bundesgesetz über das Internationale Privatrecht, Loi Fédérale sur le Droit International Privé)
- 이탈리아 : 국제사법(Diritto Internatzionale Privato)

---

9 제2조는 '당사자 또는 분쟁이 된 사안이 대한민국과 실질적 관련이 있는 경우에 대한민국 법원은 국제재판관할권을 가진다'고 선언한 점에서는 구 국제사법(2001) 제2조와 동일하나, '실질적 관련의 유무를 판단함에 있어 종래 대법원에서 국제재판관할 배분의 이념으로 제시했던 '당사자 간의 공평, 재판의 적정, 신속 및 경제'를 명시했다는 점에서 차이가 있다. 개정 취지는 다음의 법제사법위원회의 국제사법 전부개정법률안 검토보고 참조.

"(1) 국제재판관할 일반원칙 규정 도입

현행법은 외국적 요소가 있는 법률관계에 대하여 대한민국 법원의 국제재판관할권을 인정하기 위해서는 분쟁이 된 사안과 우리나라 사이에 '실질적 관련성'이 있어야 한다고 규정하고 있음.

그러나 '실질적 관련성'에 대한 판단기준이 없어 그 의미를 구체화할 필요성이 있었던 바, 개정안은 그동안 대법원 판례에서 제시한 실질적 관련성 판단에 관한 기준인 '당사자 간의 공평, 재판의 적정, 신속 및 경제를 꾀한다'는 기준들을 입법에 반영하였음"(법제사법위원회 전문위원 허병조, "국제사법 전부개정법률안 검토보고[<일반관할 및 유형별 국제재판관할 규정 신설 등> 정부제출(의안번호 제2818호)]", 2020. 09, pp.13-14.)

10 법무부, 「국제사법 해설」, 2001, p.19.

- 독일 : 민법시행법(EGBGB)에서 내용을 규정하고, 규정된 장(chapter)의 제목은 국제사법(Internationales Privatrecht)
- 일본 : *法例*
- 영미 : 국제사법(private international law) 또는 저촉법(conflict of laws)

2. 국제사법의 개념

국제사법[11]은 협의로는 '외국적 요소(foreign element)가 있는 법률관계(또는 섭외적 법률관계)'[12]에 적용되는 준거법[13]을 정하는 법체계(또는 법규의 총체)를 말하고[14], 광의로는 '외국적 요소가 있는 법률관계(또는 섭외적 법률관계)'에 적용되는 준거법을 정하는 법 이외에 재판관할권을 정하는 법과 외국판결의 승인 및 집행을 결정하는 법도 포함한다.[15] 우리 현행 국제사법은 '외국적 요소가 있는 법률관계'에 적용되는 국제재판관할과 준거법을 정하는 법이라고 말할 수 있다(국제사법 제1조[16] 참조).

외국적 요소가 있는 법률관계에서 우선 어느 국가에서 제소할 수 있는지를 검토해야 한다. 어느 국가의 법원에 소가 제기된 경우 법원은 우선 재판관할을 판단하고, 그 법원에 재판관할이 있다고 판단하면, 그 다음은 준거법 결정(법의 선택)을 판단해야 한다.[17] 각국은 서로 다른 법체계(법의 구조와 내용)를 가지고 있어, 동일한 법률관계에 대해서 어느 국가의 법이 적용되는지에 따라 결과가 달라질 수 있다. 이에 따라 외국적 요소(foreign element)가 있는 법률관계에서 준거법의 결정은 매우 중요하다. 참고로 국제사법은 외국적 요소가 있는 법률관계(섭외적 법률관계)에 직접 적용되는 실질법이 아니고, 적용될 실질법을 정하는 법이다.[18]

영국에서는 전통적으로 국제사법이 ⅰ) 민상사소송에서 법원의 국제재판관할(international

---

11 여기서 '국제사법'은 현행 법률 제18670호의 「국제사법」만을 의미하는 것이 아니고, 실질적 의미의 국제사법을 의미한다.

12 우리나라 국제사법에 의하면, "외국적 요소가 있는 법률관계"는 섭외사법(1962)에서는 "섭외적 생활관계", 2001년 개정 국제사법에서는 "외국적 요소가 있는 법률관계"로 표현하였고, 현행 국제사법(2022)에서는 "외국과 관련된 요소가 있는 법률관계"로 표현하고 있는데, 알기 쉽게 '둘 이상의 나라와 관련된 법률관계'로 표현할 수 있다. 예 대한민국 회사가 독일 회사로부터 의료기기 수입, 대한민국 국적의 A가 베트남 국적의 B와 혼인 등

13 여기서 준거법은 어느 국가의 실질법을 말한다.

14 쉽게 말하면, 국제사법은 둘 이상의 국가와 관련되어 있는 생활관계(또는 법률관계)에서 어느 국가의 법이 적용되는지를 결정해 주는 법이라고 할 수 있다(안춘수, 「국제사법」 제2판, 법문사, 2023, p.13.).

15 참고로 우리나라의 섭외사법(1962)은 준거법의 결정에 관한 사항만 규정하여 협의의 국제사법에 해당되고, 현행 국제사법(2022)은 준거법 결정 및 재판관할권의 결정도 규정하고 있어 광의의 국제사법에 해당된다고 볼 수 있다. 한편, 추가적으로 국제민사법공조도 광의의 국제사법에 포함되는 것으로 보기도 한다(석광현, 「국제사법과 국제소송(정년기념)」, 박영사, 2022, p.5.).

16 제1조 【목적】 이 법은 외국과 관련된 요소가 있는 법률관계에 관하여 국제재판관할과 준거법(準據法)을 정함을 목적으로 한다.

17 James Fawcett, Janeen M. Carruthers, *Private International Law*, 14th ed., Oxford University Press, 2008, p.8.

18 이러한 면에서 "국제사법"을 "실질법"에 대비되는 개념으로 보기도 한다(석광현, 「국제사법 해설」, 박영사, 2013, p.4.).

or inter-territorial jurisdiction of courts) ⅱ) 법의 선택(choice of law) ⅲ) 외국판결의 승인 및 집행(recognition and enforcement of foreign judgment)의 3가지 영역을 포섭하는 것으로 보았다.[19] 한편, James Fawcett는 국제사법의 주된 목적은 ⅰ) 법원의 재판관할 조건 규정(국제재판관할권 결정) ⅱ) 당사자의 권리를 정하기 위한 법체계 결정(준거법 결정) ⅲ) 외국판결의 승인 및 집행(외국판결 승인·집행)으로 보고 있다.[20] 그리고 법원이 외국적 요소가 있는 청구를 접하는 경우 국제사법이 작용하는데, 국제사법의 존재이유는 각국의 법체계가 상이하고, 법원이 다른 국가의 법을 고려해야 하는 경우가 빈번히 발생하기 때문이라고 기술하고 있다.[21]

국제민·상사분쟁(international civil and commercial dispute)에서 당사자들이 우선 고려할 사항으로는 ⅰ) 국제재판관할(어느 나라 법원이 재판할 권한을 가지고 있는지)[22] ⅱ) 준거법(해당 분쟁사항에 어느 나라의 법을 적용할 것인지) ⅲ) 외국판결의 승인과 집행(외국에서 내려진 판결이 국내에서 승인되고 집행될 수 있는지) 등이 있다. 국제사법의 본질적 영역은 '준거법 결정의 문제'이며, 넓게는 위 3가지 사항을 포함한다.

실정법상 국제사법의 범위

- **제정「섭외사법」**: 준거법의 결정만 규정(**제1조【목적】** 본법은 대한민국에 있어서의 외국인 및 외국에 있어서의 대한민국국민의 섭외적 생활관계에 관하여 준거법을 정함을 목적으로 한다)
- **2001년 개정「국제사법」**: 준거법의 결정과 국제재판관할의 원칙 규정(**제1조【목적】** 이 법은 외국적 요소가 있는 법률관계에 관하여 국제재판관할에 관한 원칙과 준거법을 정함을 목적으로 한다)
- **현행(2022년 개정)「국제사법」**: 준거법의 결정과 국제재판관할의 결정 규정(**제1조【목적】** 이 법은 외국과 관련된 요소가 있는 법률관계에 관하여 국제재판관할과 준거법(準據法)을 정함을 목적으로 한다)
- **EU법**: ⅰ) 로마규칙(Rome Regulation)에서 준거법의 결정 규정 ⅱ) 브뤼셀규칙(Brussels Regulation)에서 재판관할권 및 판결의 집행규정

국제사법의 명칭

- 국제사법에 해당하는 용어로 영국에서는 전통적으로 'private international law(국제사법)' 대신 'conflict of laws(저촉

19 Trevor C. Hartley, *International Commercial Litigation*, 2nd ed., Cambridge University Press, 2015, p.3.
20 James Fawcett, Janeen M. Carruthers, op. cit., pp.3-4, 7.
21 James Fawcett, Janeen M. Carruthers, op. cit., pp.3-4.
22 외국적 요소(foreign element)가 있는 법률관계에서 어느 국가의 법을 적용할 것인지가 중요한 문제가 되는 이유는 각국의 실질법이 동일하지 않고, 준거법의 결정에 따라 해당 법률관계 당사자의 권리·의무가 결정되기 때문이다.

법, 충돌법)'을 사용했다. 'conflict of laws'의 용어를 사용한 이유는 17세기로 거슬러 올라가는데, 이는 네덜란드 법학자 울리히 후버(Ulrich Huber)의 저서 "De Conflictu Legum Diversarum in Diversis Imperiis"(1689)에서 유래되었다고 한다.[23] 참고로 울리히 후버(Ulrich Huber)의 저서는 국제사법에 매우 큰 영향을 준 것으로 평가받고 있는데, 그중에서 그가 제시한 3개의 명제[i) The laws of each state have force within the limits of that government and bind all subjects to it, but not beyond. ii) All persons within the limits of a government, whether they live there permanently or temporarily, are deemed to be subjects thereof. iii) Sovereigns will so act by way of comity that rights acquired within the limits of a government retain their force everywhere so far as they do not cause prejudice to the powers or rights of such government or of their subjects)가 대표적이다. 특히 제1명제 및 제2명제는 모든 법은 영토 내에서만 적용된다는 원칙을 선언하였다.[24]

- private international law(국제사법)이란, 용어는 19세기 들어와서 사용되기 시작했는데, 미국 연방대법관 Joseph Story(영미에서는 conflict of laws의 아버지라고 불림[25])는 저서 "Commentary on the Conflict of Laws(1834)"에서 "private international law"라는 용어를 처음 사용하였고, 그 후 유럽대륙에 영향을 주어 프랑스의 Foelix가 불어로 droit international public(국제공법)에 대응하는 의미로 droit international public(국제사법)을 사용했고, 독일의 Schaffner는 이를 독일어로 번역하여 그의 저서 제목에 "internationales privatrecht"란 용어를 사용하였으며[26], 대부분의 대륙법계 국가들이 이 용어를 사용하고 있다.[27]
- 'private international law'라는 명칭 사용에 대해서는 'private international law'는 사적인 분쟁(disputes of a private nature)을 규율하고, 'public international law'에서는 당사자 일방은 주권국가라는 점 등 분명한 차이가 있는데, 서로 매우 유사한 법이라는 혼란을 초래한다는 비판이 있다.[28] private international law가 좀 더 널리 사용되고 있지만, private international law나 conflict of laws 모두 법률가들 사이에는 잘 알려져 있는바[29], 어느 용어를 사용하든 문제되지는 않을 것이다.
- 어휘(단어)의 사전적 의미로 볼 때, private international law는 국가 간의 법규의 충돌만을 해결하는 법(어느 국가의 법을 적용할 것인지를 규율하는 법), conflict of laws는 국가 간의 법규의 충돌은 물론 한 국가 내의 법규의 충돌까지 해결하는 법(어느 지방(province) 또는 주(state)의 법을 적용할 것인지를 규율하는 법)이라는 점에서 conflict of laws의 범위가 private international law보다 넓다고 말할 수 있다. 이런 점에서 미국에서는 강학상 주로 conflict of laws를 사용하고 있는 것으로 보인다. 한편, 국가 내에서 어느 지방(province) 또는 주(state)의 법을 적용할 것인지를 규율하는 법을 준국제사법이라고도 한다.[30]

---

23 Trevor C. Hartley, *International Commercial Litigation*, 2nd ed., Cambridge University Press, 2015, p.3.
24 Lorenzen, Ernest, "Huber's De Conflictu Legum", 13 Ill. L. R., p.199.
25 David P. Currie, et. al., *Conflict of Laws: Cases, Comments, and Questions*, 8th ed, 2010, p.5.
26 장문철, 「국제사법총론」, 홍문사, 1996, pp.22−23.
27 James Fawcett, Janeen M. Carruthers, op. cit., pp.16−17.
28 James Fawcett, Janeen M. Carruthers, op. cit., p.17.
29 James Fawcett, Janeen M. Carruthers, op. cit., p.18.
30 김연 · 박정기 · 김인유, 「국제사법」 제3판 보정판, 법문사, 2014, p.12.

3. 국제사법의 특성

1) 간접규범

국제사법은 외국적 요소가 있는 법률관계에서 준거법(특정 국가의 실질법)을 결정하는 법으로 외국적 요소가 있는 법률관계를 간접적으로 규율한다. 따라서 국제사법은 간접규범에 해당된다. 참고로 실질법(예 민법, 상법, 전자금융거래법 등)은 법률관계를 직접 규율하는 법으로 간접규범에 해당된다.

2) 저촉규범 또는 충돌규범

어느 법률관계(사안)에 적용되는 법을 결정해 주는 법을 저촉규범(또는 충돌규범)이라고 하고, 어느 법률관계(사안)를 직접 규율하는 법을 실질규범이라고 한다. 이러한 분류에 의하면, 국제사법은 저촉규범(또는 충돌규범)에 해당된다. 국제사법은 어느 분쟁에서 준거법 결정(또는 국제재판관할)의 기준을 규정하는 법이며, 직접 그 분쟁의 해결책을 마련하는 법이 아니다.

3) 적용규범

국제사법은 외국적 요소가 있는 법률관계(섭외적 법률관계)에 어느 국가의 실질법을 적용할 것인지를 결정하는 법이다. 즉 국제사법은 법적용에 관한 법으로[31] 적용규범에 해당된다. 참고로 실질법(예 민법, 상법, 전자금융거래법 등)은 법률효과의 존부를 결정하는 법으로 효과규범에 해당된다.

4) 국내법

국제사법은 한 국가의 입법기관이 내국에 있어서 내외국 사법의 적용에 관하여 규정하는 법으로 해당 국가의 국내법에 해당된다. 우리의 국제사법은 영문으로 "private international law" 또는 "international conflict of laws"라고 표현할 수 있는데, 이로 인하여 국제법에 해당되는 것으로 오해할 수 있다. 그러나 국제사법은 일반적 의미의 국제법(public international law)은 아니고[32], 각국의 법체계의 일부일 뿐이다.[33] 참고로 국제법은 원칙적으로 국가 간의 합의를

31 "우리의 섭외사법이 섭외적 생활관계에 관하여 규정하고 있는 준거법은, 섭외사법 제4조가 규정하고 있는 반정의 경우 및 어음행위능력에 관하여 규정하고 있는 동법 제34조의 경우를 제외하고는, 그 국가의 실질법을 지칭하는 것이지 그 국가의 국제사법 규정을 지칭하고 있는 것이 아니다"(대법원 1991. 12. 10. 선고 90다9728 판결).

32 과거에는 독일의 사비니(Friedrich Carl von Savigny), 치텔만(Ernst Zitelmann) 등에 의하여 국제법으로 보는 견해도 있었으나, 현재 영미법계나 대륙법계에서도 국제사법을 국제법으로 보는 견해는 거의 없는 것 같다(장문철, 전게서, p.19.; 안춘수, 「국제사법」 제2판, 법문사, 2023, p.15.).

33 Trevor C. Hartley, International Commercial Litigation, 2nd ed., Cambridge University Press, 2015, p.3.; 미국 Black's Law Dictionary.

필요로 하고, 복수의 국가에 적용되지만, 국제사법은 다른 국가의 합의를 필요로 하지 않고, 원칙적으로 해당 영토 내에서만 적용된다.[34] 앞에서 기술한 바와 같이 네덜란드 법학자 울리히 후버(Ulrich Huber)의 3개 명제 중에서 제1명제 및 제2명제는 모든 법은 영토 내에서만 적용된다는 원칙을 제시하고 있다.[35]

5) 강행규범

우리나라 법원에 제소된 사건에 대해서는 국제사법에 따라 국제재판관할과 준거법을 결정해야 하며, 이러한 사항에 대해서는 당사자들이 국제사법의 적용을 배제할 수 없다는 점에서 강행규범적 성격을 지닌 것으로 볼 수 있다.[36] 그러나 이는 국제사법의 모든 규정들이 강행규정이라는 것을 의미하는 것은 아니다.

4. 국제사법의 법원(法源)

1) 우리나라 국제사법의 법원(法源)

대부분의 국가에서는 법제명은 상이하지만, 제정법으로서의 국제사법을 두고 있다. 우리나라에서 제정법으로서의 국제사법에는 ⅰ) 현행 법률 국제사법 외에 ⅱ) 실질적 의의의 국제사법으로 볼 수 있는 제정법도 있다.

우리나라의 경우 독립적인 법으로 국제사법을 두고 있다. 현행 법률 국제사법은 2022. 1. 4. 개정되어 2022. 7. 5.부터 시행되고 있다. 우리나라는 일본 국제사법규정인 법례(法例)[37]를 의용하여 오다가 1962. 1. 15. 섭외사법[38]을 제정하였고, 1999. 2. 5. 관련 법률 개정에 따라 1차례 개정[39]된 바 있다. 2001. 4. 7. 「섭외사법」의 제명을 「국제사법」으로 변경하는 전부 개정(시행 2001. 7. 1.)이 있었다(그 후 2011. 5. 19. 지식재산 기본법의 제정으로 제24조의 "지적재산권"을 "지식재산권"으로 명칭을 변경하는 개정이 있었음). 그 후 개정은 2021. 12. 9. 전부 개정안이 국회 본회의를 통과했고, 2022. 1. 4. 공포되어 2022. 7. 5. 시행되었다.[40] 그 외에 다음 규정(외국재판의 효력에 관한 민사소송법

34 물론 국제사법이 우리나라와 다른 국가 또는 우리나라 국민(또는 법인)과 외국인(외국법인) 간의 법률관계에도 적용된다는 반론이 제기될 수 있는데, 이 점은 다른 국내법에도 공통되는 점인바, 이를 근거로 국제사법을 국제법으로 볼 수는 없을 것이다.

35 Lorenzen, Ernest, "Huber's De Conflictu Legum", 13 Ill. L. R., p.199.

36 신창섭, 「국제사법」 제4판, 세창출판사, 2018, p.11.

37 독일 민법시행령 초안을 모방하여 제정한 것으로 총 30개 조항으로 구성됨.

38 제정 섭외사법은 3장 47개 조항 및 부칙(2개 조항)으로 구성됨.

39 해난심판법이 해양사고의 조사 및 심판에 관한 법률로 개정됨에 따라 제47조의 '해난구조'라는 용어가 '해양사고구조'로 변경되었다.

40 [시행 2022. 7. 5.] [법률 제18670호, 2022. 1. 4., 전부개정]

제217조와 제217조의2, 외국재판의 강제집행과 집행판결에 관한 민사집행법 제26조와 제27조, 외국인과 외국법인의 지위에 관련한 채무자회생 및 파산에 관한 법률 제2조)은 실질적 의의의 국제사법에 해당된다. 물론, 국제조약이나 협약, 관습법, 판례법, 학설과 조리 등도 국제사법의 법원(source of law)이 될 수 있다.

2) **로마협약**(Rome Convention)**과 브뤼셀협약**(Brussels Convention)

국제사법은 모든 국가에서 동일하지는 않고, 여러 국가군을 중심으로 국제사법 통일화에 중대한 움직임이 있어 왔으나, 전 세계적으로 승인된 통일법은 아직 없다.[41] 다만, 다음의 로마협약(Rome Convention)과 브뤼셀협약(Brussels Convention)은 각국의 국제사법 발전에 많은 영향을 주었다고 볼 수 있다. 그리고 헤이그 국제사법회의(the Hague Conference on Private International Law, HCCH) 및 유럽연합(EU)에서 가장 적극적으로 국제사법 통일화 작업을 추진하고 있다.

준거법 결정에 대해 EC에서는 1980년에 "계약채무의 준거법에 관한 EC협약(Convention on the Law Applicable to Contractual Obligations)"을 채택하였는데, 이 협약은 일명 "로마협약(Rome Convention)"이라고 한다. 로마협약(1980)에서는 법의 선택의 자유를 인정하고 있어 당사자가 합의로 자유로이 준거법을 정할 수 있다. 로마협약은 국가들 간의 법률의 선택을 수반하는 모든 사안의 계약채무에 적용된다. 그러나 자연인의 신분 또는 법적 능력에 관계되는 문제, 유언 및 상속, 부부재산제 등에 대해서는 적용되지 않는다. 또한, 중재합의 및 재판관할에 관한 합의, 증거 및 절차 등에 대해서도 적용되지 않는다(제1조). 당사자가 준거법을 정하지 않은 경우 그 계약은 가장 밀접한 관련을 가지는 국가의 법이 적용된다. 그러나 계약의 일부가 다른 부분과 분리될 수 있고 그 부분이 다른 국가의 법과 보다 밀접한 관련을 가지는 때에는 그 부분에 대하여는 다른 국가의 법이 적용될 수 있다(제4조).

로마협약(1980)은 2008년에 "로마 I 규칙[42](Rome I Regulation)"[43]으로 대체되었다. 로마 I 규칙(Rome I Regulation)은 2009. 12. 17. 덴마크를 제외한 모든 EU국가에 발효되었다.[44] 한편,

41 James Fawcett, Janeen M. Carruthers, op. cit., p.9.

42 "Rome I Regulation"을 " 로마 I 규정"으로 옮기는 경우가 많은데, 법제처 세계법령정보센터에 따라 "로마 I 규칙"으로 옮겼다. 참고로 유럽연합(EU)의 법률체계는 1) 규정(Regulation) 2) 지침(Directive) 3) 결정(Decision) 4) 권고(Recommendation), 의견(Opinion) 순인데, 1) 규정(Regulation)은 모든 내용이 구속력을 갖고 있으며, 모든 회원국 내에서 직접적인 효력을 가지고, 2) 지침(Directive)은 회원국을 구속하지만, 형식과 수단의 선택은 회원국에 유보되어 있고, 3) 결정(Decision)은 모든 내용이 구속력을 가지나, 특정한 회원국 또는 특정인만을 구속하며, 4) 권고(Recommendation), 의견(Opinion)은 법적 구속력 없다.

43 Regulation (EC) No 593/2008 of the European Parliament and of the Council of 17 June 2008 on the law applicable to contractual obligations (Rome I) ("계약채무의 준거법에 관한 2008년 6월 17일 유럽의회 및 유럽이사회 규칙 No. 593/2008", "계약채무의 준거법에 관한 로마규칙", "계약채무의 준거법에 관한 로마규정", "로마 I 규칙", "로마 I 규정" 등이라고 함.).

44 http://www.gard.no/web/updates/content/3516987/eu-law-rome-i-law-applicable-to-contractual-obligations

불법행위와 같은 비계약적채무의 준거법 규정인 EU의 로마 Ⅱ 규칙(Rome Ⅱ Regulation)[45]은 2009. 1. 11.부터 시행되어 로마 I 규칙을 보완해 주고 있고, 이혼 및 법적 별거의 준거법 규정인 EU의 로마 Ⅲ 규칙(Rome Ⅲ Regulation)[46]은 2012. 6. 21.부터 시행되고 있다.

로마 I 규칙(Rome I regulation)	계약채무의 준거법 지정(시행 : 2009. 12. 17.)
로마 II 규칙(Rome II Regulation)	계약외채무(불법행위 등)의 준거법 지정(시행 : 2009. 1. 11.)
로마 III 규칙(Rome III Regulation)	이혼과 법적 별거의 준거법 지정(시행 : 2012. 6. 21.)

유럽연합(EU)에서는 재판관할과 판결의 집행에 관한 법으로 브뤼셀규칙(Brussels Regulation, 2012)을 두고 있다. 현행 브뤼셀규칙(Brussels Regulation, 2012)은 유럽공동체(EC)의 1968년 민사 및 상사에 관한 재판관할과 판결의 집행에 관한 협약(Convention on Jurisdiction and the Enforcement of Judgments in Civil and Commercial Matters)에서 비롯되었다. 이 협약은 브뤼셀협약(Brussels Convention, 1968)이라고 하는데, 이 협약은 2000년 브뤼셀규칙(Brussels Regulation, 2000)으로 개편되었고, 2007년에 개정되었으며(Brussels Regulation, 2007), 그 후 2012년 재차 개정되었다(Brussels Regulation, 2012). 2012년 개정 브뤼셀규칙(Brussels Regulation, 2012)은 8장 81개 조문으로 구성되었다.

협약 · 조약

- 환어음 및 약속어음에 관한 저촉법 해결을 위한 제네바협약(1930)
- 수표에 관한 저촉법 해결을 위한 제네바협약(1931)
- 매매계약의 준거법에 관한 헤이그협약(1955)
- 유언에 의한 처분의 방식과 관련한 법의 충돌에 관한 헤이그협약(1961)
- 민사 및 상사 사건에서 재판관할과 판결의 집행에 관한 유럽공동체협약(1968) → 브뤼셀협약
- 부양의무에 관한 재판의 승인 및 집행에 관한 협약(1973)
- 제조물책임의 준거법에 관한 협약(1977)

---

45 REGULATION (EC) No 864/2007 OF THE EUROPEAN PARLIAMENT AND OF THE COUNCIL of 11 July 2007 on the law applicable to non－contractual obligations (Rome II) ("계약외채무의 준거법에 관한 2007년 7월 11일 유럽의회 및 유럽이사회의 규칙 No. 864/2007", "계약외채무의 준거법에 관한 로마규칙", "계약외채무의 준거법에 관한 로마규정", "로마Ⅱ규칙", "로마Ⅱ규정" 등이라고 함)

46 Council REGULATION (EU) No 1259/2010 of 20 December 2010 implementing enhanced cooperation in the area of the law applicable to divorce and legal separation (Rome Ⅲ) (이혼 및 법적 별거의 준거법 영역에서 제고된 협력을 실행하기 위한 2010년 12월 20일 이사회 규칙).

- 계약채무의 준거법에 관한 EC협약(1980, 로마협약)
- 미주 간 국제계약준거법 협약(1996)
- 민사 및 상사문제에 있어서 재판관할과 판결의 집행에 관한 규칙(2012)
- 헤이그 재판관할합의 협약(2005)[47]
- 헤이그 국제상사계약 준거법 원칙(2015)
- 민 · 상사사건에서 외국판결의 승인 및 집행에 관한 협약(2019) → 헤이그 외국재판 승인 및 집행협약(2019)

5. 국제사법의 역사

기본적으로 국제사법은 사회적 필요나 관습에 의해 발전한 것이 아니고 학설을 중심으로 발전한 측면이 있다.[48] 고대 국가에서는 외국인에 대한 법적 지위를 인정하지 않았으므로 국제사법에 대한 필요가 없었을 것으로 추측되나, 그리스시대에는 대국가를 형성하여 여러 지역과 민족을 포섭하는 법제가 필요했을 것으로 사료된다.[49] 로마시대에는 시민법(jus Civile)과 만민법(jus Gentium)을 별도로 제정하여 로마 시민 간의 법률문제는 시민법(jus Civile)을 적용하고, 로마 시민과 외인 간 또는 외인 간의 법률문제는 만민법(jus Gentium)을 적용하여 섭외적 법률문제를 해결하였다.[50]

유럽에서는 12세기에 처음으로 conflict of laws(저촉법)의 핵심 기초인 "적절한 경우 외국법을 외국사건에 적용해야 한다"는 것을 인정했다.[51] 그 이전에는 속인법(personal law)이 지배적이었으며, 속인법 체계에서는 각 개인의 권리와 의무는 자신이 속하는 민족의 관습법(customary laws)으로부터 나온다고 보았다.[52] 처음에는 이 법체계의 방식이 단순히 어떤 주권국의 법을 적용하는 것이 가장 공정한지를 결정하는 것이었지만, 시간이 지나면서 더 명확한 법칙이 필요하게 되었다. 이러한 법칙은 14세기 중반에 법학자 바르톨루스 색소페라토(Bartolus de Saxoferato)에 의해 체계적으로 정리되었다.[53] 그 후 17세기에 크리스티안 로덴부르크(Christian Rodenburg), 파울루스 보에(Paulus Voet), 요하네스 보에(Johannes Voet), 울리히 후버(Ulrik Huber)를 포함한 몇몇 네덜란드 법학자들(17세기 네덜란드 학파)은 국제예양(comity)의 법리를 발전시킴으로

---

47 헤이그 국제사법회의(Hague Conference on Private International Law)에 의하여 2005. 6. 30. 채택되고 2015. 10. 1. 시행되었다.
48 안춘수, 전게서, pp.35-36.; 김연 · 박정기 · 김인유, 전게서, p.35.; 신창섭, 전게서, p.18.
49 김연 · 박정기 · 김인유, 전게서, p.36.
50 김연 · 박정기 · 김인유, 전게서, p.36.
51 Hessel E. Yntema, “The Comity Doctrine”, 65 Michigan Law Review 9 (1965), pp.9-10.
52 Hessel E. Yntema, “The Comity Doctrine”, 65 Michigan Law Review 9 (1965), pp.9-10.
53 Thomas Schultz, Jason Mitchenson, “The History of Comity”, Forthcoming, Jus Gentium - Journal of International Legal History, vol 5, 2019.

써 저촉법의 법리를 더욱 구체화하였다.[54] 17세기 네덜란드 학파의 기여는 두 가지로 볼 수 있는데, 첫째, 국가는 영토 내에서 주권을 가지므로 자국 법원에서 외국법을 적용하도록 강요받지 않고, 둘째, international conflict of laws(국제저촉법)이 합리적으로 작동하려면 어느 국가가 타국의 법을 시행할 때, 반드시 국제예양(comity)을 행사해야 하는데, 그 이유는 그렇게 하는 것이 상호간에 이익이 되기 때문이라는 것이다.

conflict of laws(저촉법) 관련 국내적 발전과 함께, 19세기에는 이 분야에서 상당한 국제협력이 시작되었다. 이 주제에 대한 최초의 국제회의는 1887년과 1888년에 리마에서 개최되었는데, 남미 5개국의 대표단이 참석했지만 집행 가능한 합의를 도출하지 못했다. conflict of laws(저촉법) 주제에 대한 최초의 주요 다자간 합의는 1888. 8월~1889. 2월까지 몬테비데오에서 개최된 제1차 남미국제사법회의(First South American Congress of Private International Law)에서 나왔는데, 몬테비데오 회의에 대표된 남미 7개국은 8개의 조약에 동의했으며, 이는 사비니(Friedrich Carl von Savigny)의 사상을 광범위하게 채택하여 4가지 유형의 사실 관계(주소, 목적물 소재지, 거래장소, 법원 소재지)를 기준으로 준거법을 결정했다.

그 후 유럽 국가들은 1893년 아서르(Tobias Asser)의 건의에 따라 헤이그회의를 개최하였고, 그 이후 1894년, 1900년, 1904년에 연이어 회의가 개최되었다. 몬테비데오의 제1차 남미국제사법회의와 마찬가지로 헤이그회의에서도 conflict of laws(저촉법)의 다양한 주제에 대한 여러 다자간 협정이 도출되었으나, 그 후의 회의는 지연되었고, 다음 회의는 1925년과 1928년에 개최되었다. 제7차 헤이그회의는 1951년에 개최되었고, 이 시점에 16개국은 저촉법적 쟁점(conflict-of-laws issues)에 대한 국제협력을 위한 상설 기구를 설립했는데, 이 기구는 현재의 헤이그 국제사법회의(Hague Conference on Private International Law, HCCH)[55]가 되었다.

20세기 후반에 conflict of laws(저촉법) 분야에 대한 관심이 확산되면서 유럽공동체(EC)에서는 회원국 간 conflict of laws(저촉법)을 조화시키기 위한 조치를 취하기 시작했는데, 첫 번째는 재판관할권 규칙인 1968년 브뤼셀협약(Brussels Convention)이고, 그 다음은 계약채무의 준거법 규칙인 1980년 로마협약(Rome Convention)이다.

---

54 Hessel E. Yntema, "The Comity Doctrine", 65 Michigan Law Review 9, 1965, pp.9-10.

55 우리나라는 1997. 8월에 헤이그 국제사법회의에 가입하였다.

CHAPTER 02

국제사법에서의 다양한 법률 개념

1. 법률관계의 성질결정과 선결문제

1) 법률관계의 성질결정

외국적 요소가 있는 법률관계(섭외적 법률관계)에서 국제사법을 적용하여 준거법을 결정하기 위해서는 우선 그 법률관계가 어떤 성질의 것인지에 대한 결정이 선행되어야 한다. 예를 들어, 국적을 달리하는 부부 중 처가 사망하여 남편이 처의 유산에 대한 권리를 주장하는 경우 이를 국제사법에 적용하기 위해서는 그 주장권리가 국제사법상 상속의 법률관계인지, 부부재산제의 법률관계인지 우선 결정해야 한다. ⅰ) 상속의 문제라면, 국제사법 제77조가 적용되어 사망 당시 피상속인의 본국법이 준거법(예시에서 처의 본국법)이 되고, ⅱ) 부부재산제의 문제라면, 국제사법 제65조가 적용되어 ⓐ 부부의 동일한 본국법 → ⓑ 부부의 동일한 일상거소지법 → ⓒ 부부와 가장 밀접한 관련이 있는 곳의 법 순서로 준거법이 결정된다.

법률관계의 성질결정(characterization, classification)이란, 어떤 사안을 적절한 저촉규정에 포섭할 목적으로 독립한 저촉규정의 체계 개념을 해석하는 것을 말한다.[1] 이는 어떤 사안(법률관계, 법적쟁점 등)을 국제사법의 구성요건에 포함된 어떤 연결대상에 포섭하는 것을 말한다고 볼 수도 한다. 19세기 말에 독일의 칸(Franz Kahn)과 프랑스의 바르텡(Etienne Adolphe Bartin) 등이 법률관계의 성질결정의 문제를 지적한 이후에 국제사법 총론의 중요한 과제로 논의 되어 왔다. 어느 법을 기준으로 법률관계의 성질을 결정해야 하는지[2]에 대해 법정지법설, 준거법설, 국제사법 자체설 등이 있다. ⅰ) 법정지법설은 법률관계의 성질은 법정지의 실질법에 의하여 결정된다는 견해이다. 이 견해에 대해서는 법정지의 실질법상의 개념을 국제사법상의 개념으로 원용하는 것은 부당하며, 법정지의 내국 실질법에 우선적 지위를 부여할 합리적인 근거가 없다는 비판이 있다. ⅱ) 준거법설은 공공질서 외에는 그 법률관계에 적용될 법(즉 준거법)에 의하여 법률관계의 성질도 결정되어야 한다는 견해이다. 이 견해에 대해서는 법률관계의 성질이 결정되어야 준거법이 결정되는데, 법률관계의 성질결정 없이 준거법이 결정될 수 없다는 순환론적 모순을 초래한다

1 석광현, 「국제재판관할법」, 박영사, 2022, p.18.

2 예를 들면, 국제사법에서는 채무인수에 관하여 채권자에 대한 채무인수의 효력은 인수되는 채무의 준거법에 의하다고 규정하고 있는데(제54조 제2항, 제1항), 여기서 '채무인수'는 연결대상에 해당하는데, 해당 법률관계의 성질이 채무인수에 해당하는지를 결정하는 것은 어느 국가의 법을 기준으로 해야 하는지

는 비판이 있다. iii) 국제사법 자체설은 법정지의 국제사법 자체에 의하여 법률관계의 성질을 결정해야 한다는 견해이다. 구 국제사법은 물론 현행 국제사법에도 이에 대한 특별한 규정이 없어 학설·판례에 맡겨져 있다.[3]

2) 선결문제

어느 외국적 요소가 있는 법률관계(2차 법률관계)에서 그 법률관계의 근거가 되는 다른 법률관계(1차 법률관계)가 유효하게 성립해야만 문제가 되는 법률관계(2차 법률관계)가 유효하게 성립하는 경우 '2차 법률관계'를 '본문제'라고 하고, '1차 법률관계'를 '선결문제'라고 한다. 예를 들어, i) 외국적 요소가 있는 이혼소송 사건에서, 이혼의 허용 여부를 판단하기에 앞서 혼인이 유효하게 성립하였는지를 확정해야 하는데, 여기서 '이혼의 허용 여부'는 본문제이고, '혼인의 성립 여부'는 선결문제가 된다. ii) 외국적 요소가 있는 양자의 재산상속 청구 사건에서 '상속의 허용 여부'는 본문제이고, '입양의 성립 여부'는 선결문제가 된다.

선결문제에 적용되는 준거법의 결정 원칙(어느 법을 기준으로 선결문제를 결정해야 하는지)에 대해서는 법정지국 실질법설, 법정지국 국제사법설, 본문제 준거법국의 실질법설, 본문제 준거법국의 국제사법설, 절충설 등이 있다.

(1) 법정지국 실질법설 선결문제를 법정지 실질법에 따라 판단해야 한다는 견해이다.[4] 이 견해에 대하여는 선결문제도 하나의 독립적 연결대상인데, 다른 법률관계의 선결문제가 된다는 이유만으로 저촉법적(국제사법적) 고려 없이 법정지 실질법을 적용하는 것은 저촉법의 체계에 반한다는 비판이 있다.

(2) 법정지국 국제사법설 선결문제를 법정지국의 국제사법에 따라 판단해야 한다는 견해이다.[5] 이 견해는 선결문제는 본문제와 대등하게 별개로 해결되어야 하는 법률관계로 보고, 선결문제도 본문제와 마찬가지로 법정지에서 문제가 되고 있는 한, 법정지의 국제사법에 의해 지정되는 준거법에 의해 판단해야 한다고 본다.

---

3 김영석, "채무인수의 준거법 등 국제사법의 몇 가지 쟁점에 관한 소고 – 대법원 2022. 7. 28. 선고 2019다201662 판결을 중심으로", 국제사법연구 제29권 제2호, 2023. p.95.

4 예 대한민국에 일상거소를 두고 있는, 그리고 모두 X국적을 가진 부부 A와 B 간의 이혼 소송이 대한민국 법원에 제기된 경우 이혼의 허용 여부는 본문제이고, 혼인의 성립 여부는 선결문제가 된다. 이 경우 선결문제(혼인의 성립 여부)는 법정지인 대한민국의 실질법(즉 민법)에 따라 해결해야 한다.

5 예 대한민국에 일상거소를 두고 있는, 그리고 모두 X국적을 가진 부부 A와 B 간의 이혼 소송이 대한민국 법원에 제기된 경우 이혼의 허용 여부는 본문제이고, 혼인의 성립 여부는 선결문제가 된다. 이혼의 허용 여부의 준거법은 X국법(국제사법 제66조, 제64조)이 되고, 선결문제(혼인의 성립 여부)는 혼인의 성립요건은 각 당사자의 본국법(국제사법 제63조 제1항), 혼인의 방식은 혼인 거행지법 또는 한쪽의 본국법(국제사법 제63조 제2항)에 따라 해결해야 한다.

(3) 본문제 준거법국의 실질법설 선결문제를 본문제 준거법국의 실질법에 따라 판단해야 한다는 견해이다.[6] 선결문제는 본문제의 준거법의 적용에서 발생하는 것으로 결국 본문제 준거법 적용의 문제이기 때문에 준거법국의 법체계를 따른다고 본다. 이 견해에 대하여는 선결문제도 하나의 독립적 연결대상인데, 다른 법률관계의 선결문제가 된다는 이유만으로 저촉법적(국제사법적) 고려 없이 준거법국의 실질법을 적용하는 것은 저촉법의 체계에 반한다는 비판이 있다.

(4) 본문제 준거법국의 국제사법설 선결문제를 본문제 준거법국의 국제사법에 따라 판단해야 한다는 견해[7]이다.[8] 이 견해는 선결문제는 본문제의 하위에 있는 것으로 보고(즉, 본문제와 대등하게 보지 않고), 국제적 분쟁의 해결은 법정지와 관계없이 동일한 결론이 나오는 것이 바람직하다는 점 등을 논거로 한다. 이 견해에 대해서는 동일한 선결문제가 본문제를 달리함에 따라 해당 준거법이 달라진다는 비판이 있다.

(5) 절충설 일률적 원칙에 의해 정하는 대신 각 사안별로 구체적 상황에 따라 국제사법적 이익을 고려하여 선결문제를 판단해야 한다는 견해이다.

- **대법원 1991. 2. 22. 선고 90다카19470 판결**
  상속재산에 관하여 진정한 상속인임을 전제로 상속으로 인한 소유권 또는 지분권 등 재산권의 귀속을 주장하고 참칭상속인을 상대로 또는 자기만이 재산 상속을 하였다고 하는 공동상속인이나 그들로부터 상속재산을 양수한 제3자를 상대로 상속재산인 부동산에 관한 등기의 효력을 다투는 경우에도 그 소유권 또는 지분권의 귀속을 내세우는 근거가 상속을 원인으로 하는 것인 이상, 그 권리 행사의 방식 여하에 불구하고 이는 민법 제999조 소정의 상속회복청구의 소라고 해석하여야 한다.

- **대법원 1994. 11. 4. 선고 94므1133 판결**
  외국의 국적을 가진 자와 사실혼 관계에 있다가 그 사실혼이 상대방의 귀책사유로 인하여 파탄에 이르게 되었다 하여 그 부당파기로 말미암아 입게 된 정신적 손해의 배상을 구하는 위자료 청구는 불법행위로 인한 손해의 배상을 구하는 것으로서 섭외사법 제13조 제1항의 규정에 따라 그 불법행위의 발생지인 우리나라의 민법이 적용된다.

---

6 예 대한민국에 일상거소를 두고 있는, 그리고 모두 X국적을 가진 부부 A와 B 간의 이혼 소송이 대한민국 법원에 제기된 경우 이혼의 허용 여부는 본문제이고, 혼인의 성립 여부는 선결문제가 된다. 이혼의 허용 여부의 준거법은 X국법(국제사법 제66조, 제64조)이 되는데, 선결문제(혼인의 성립 여부)는 본문제(이혼의 허용 여부)의 준거법국인 X국의 실질법(민법, 가족법 등)에 따라 해결해야 한다.

7 이 견해는 Melchior과 Wengler가 최초로 선결문제를 제기하면서 주장되었다(안춘수, 국제사법」 제2판, 법문사, 2023, p.109.).

8 예 대한민국에 일상거소를 두고 있는, 그리고 모두 X국적을 가진 부부 A와 B 간의 이혼 소송이 대한민국 법원에 제기된 경우 이혼의 허용 여부는 본문제이고, 혼인의 성립 여부는 선결문제가 된다. 이혼의 허용 여부의 준거법은 X국법(국제사법 제66조, 제64조)이 되는데, 선결문제(혼인의 성립 여부)는 본문제(이혼의 허용 여부)의 준거법국인 X국의 국제사법에 의해 지정되는 준서법에 따라 해결해야 한다.

사례연구 : 선결문제

◖ 사례 1 ◗

乙에게는 甲과 혼인 전 己사이에 출생한 丁이 있었는데, 丁이 사망하자 乙은 丁의 상속재산(예금채권)을 보유하고 있는 戊은행을 상대로 관할권이 있는 대한민국 법원에 예금지급청구소송을 제기하였다. 戊은행은 乙이 丁의 부(父)인지 불분명하다면서 예금지급을 거부하고 있다. 乙이 戊은행을 상대로 제기한 예금지급청구소송이 인용되려면 어떠한 국제사법적 쟁점을 검토하여야 하는지 논하시오.

☞ 乙에게 예금지급청구권이 있는지를 판단하기 위해서는 丁과 乙 사이에 부자관계 성립이 전제되어야 한다. 乙에게 예금지급청구권은 상속의 문제로서 본문제에 해당하고, 丁과 乙 사이에 부자관계 성립은 인지의 문제로서 선결문제가 된다.

◖ 사례 2 ◗

A(X국 국적)이 사망하자 B(Y국 국적)가 양자라고 주장하면서 우리나라 법원에 상속분청구소송을 제기하였다.

☞ 국제사법 제77조 제1항에 따르면, 상속은 사망 당시 피상속인의 본국법에 따른다. 따라서 상속문제의 준거법은 X국의 실질법에 의하고, X국의 실질법에 의하면 양자의 상속권이 인정된다. 그런데 X국의 국제사법에 의하면 입양의 유효성에 대한 준거법은 Y국(양자의 본국법)의 실질법이 된다.

3) 적응문제

어느 외국적 요소가 있는 법률관계(섭외적 법률관계)의 준거법 결정에서 i) 관련 규정이 2개 이상으로 준거법이 2개 이상 지정되는 경우, 또는 ii) 관련 규정이 없어 준거법이 지정되지 않는 경우가 발생할 수 있는데, 이로 인하여 초래되는 준거법의 모순과 준거법의 보완문제를 "적응 문제"라고 한다. 적응 문제의 해결방법은 국제사법을 종합적으로 고찰하고 문제된 법률관계의 성질을 고려하여 합리적으로 해결하는 것이다.

2. 연결점 및 연결점의 확정

연결점(point of contact, connecting factor)은 외국적 요소가 있는 법률관계(연결대상)와 준거법을 연결하여 주는 요소를 말한다.[9] 연결점의 확정이란, 국적, 일상거소 등 연결점의 개념이 국가마다 다르거나 이중국적, 무국적 등 연결점이 저촉하는 경우 연결점을 결정하는 문제를 말한다.

연결점은 외국적 요소가 있는 법률관계(연결대상)와 준거법을 연결하는 기능을 한다. 연결점

9 석광현, 「국제사법 해설」, 박영사, 2013, p.32.

은 연결요소 또는 연결개념이라고도 한다. 예를 들어 "상속은 사망 당시 피상속인의 본국법에 의한다(제77조 제1항)."에서 "상속"은 법률관계(또는 연결대상)이고, "피상속인의 본국(국적)"은 연결점이다. 이 규정에서 "사망 당시 피상속인의 국적"이라는 연결점은 '상속'이라는 법률관계(또는 연결대상)와 '피상속인의 본국법'라는 준거법을 연결시켜 준다.[10]

연결점은 일상거소, 부동산의 소재지, 법정지 등 단순한 사실관계일 수도 있고, 국적, 주소, 불법행위지, 행위지, 서명지 등 법률개념일 수도 있다. 미국에 소재하는 부동산에 대하여 한국인(A)과 일본인(B)이 싱가포르에서 매매계약을 체결한 경우 연결점은 A의 일상거소(한국) 또는 국적(한국), B의 일상거소(일본) 또는 국적(일본), 부동산의 소재지(미국), 행위지(싱가포르) 등이며, 이 연결점에 의해 당사자의 일상거소지법 또는 본국법인 대한민국법·일본법, 부동산의 소재지인 미국법, 행위지인 싱가포르법 등의 준거법이 결정된다.

국제사법에서 다양한 연결점

연결점	관련 조항
일상거소	제16조 제2항, 제17조, 제46조 제2항, 제47조, 제49조 제2항 등 ※ 일상거소의 용어 개정 : 주소(섭외사법) → 상거소(2001년 개정 국제사법) → 일상거소(2022년 개정 국제사법)
국적(본국)	제26조, 제28조, 제63조
소재지	제5조(재산소재지의 특별관할), 제33조(물권) 등
행위지	제31조 제2항 등
지식재산권의 침해지	제40조
사무관리지	제50조
부당이득지	제51조
불법행위지	제52조
선적국	제94조
선박충돌지	제95조
가장 밀접한 관련이 있는 국가	제46조 제1항, 제64조 제3호, 제21조

10 상속(법률관계/연결대상) ↔ 피상속인의 본국(연결점/연결요소) ↔ 피상속인의 본국법(준거법)

3. 준거법

1) 준거법의 의의

준거법(governing law)[11]은 특정 법률관계의 성립, 효력, 해석 등의 법률문제에 적용되는 법이다. 외국적 요소(섭외적 요소)가 있는 법률관계에서 준거법은 해당 법률관계에 적용되는 특정 국가[연방제국가의 경우 특정주(state)]의 법을 말하는데, 여기서 '특정국가의 법'은 민법 · 상법 · 계약법 · 불법행위법 등 "실질법"을 의미하는 것이고, 소송법 등 절차법을 의미하는 것은 아니다(물론, 국제사법을 의미하는 것도 아니다). 한편, 어느 법률관계의 준거법은 최종적으로 법정지(forum)[12]의 국제사법에 의해 결정된다. 국제사법에서 규정하는 준거법에는 본국법, 일상거소지법, 목적물소재지법, 행위지법, 불법행위지법, 혼인거행지법, 사실발생지법, 이행지법, 법정지법, 발행지법, 지급지법, 서명지법, 선적국법, 선박충돌지법 등이 있다.

외국적 요소가 있는 어느 법률관계(또는 사건)에서 반드시 하나의 특정국가의 법만이 적용되는 것은 아니고, 법적 쟁점별로 다른 국가의 법이 준거법으로 적용될 수 있다.[13] 그러나 동일한 법적 쟁점에 두 개 이상의 국가의 법이 준거법으로 적용될 수는 없다.

> 대법원 1991. 12. 10. 선고 90다9728 판결
> 우리의 섭외사법이 섭외적 생활관계에 관하여 규정하고 있는 준거법은, 같은 법 제4조(현행 제22조)가 규정하고 있는 반정의 경우 및 어음행위능력에 관하여 규정하고 있는 같은 법 제34조(현행 제80조)의 경우를 제외하고는, 그 국가의 실질법을 지칭하는 것이지 그 국가의 국제사법 규정을 지칭하고 있는 것은 아니다.

2) 준거법의 지정방식

(1) 완전쌍방적 저촉규정(일반적 저촉규정) 내국법 · 외국법을 구별함이 없이 일반적으로 적용되는 준거법을 지정하는 규정방식을 말한다. 대부분의 규정은 이 방식을 따른다.

예 제30조 【법인 및 단체】 법인 또는 단체는 그 설립의 준거법에 따른다.
제95조 【선박충돌】 ① 개항 · 하천 또는 영해에서의 선박충돌에 관한 책임은 그 충돌지법에 따른다.

(2) 일방적 저촉규정(개별적 저촉규정) 내국법이 적용되는 경우만을 규정하는 방식을 말한다.

예 제30조 【법인 및 단체】 법인 또는 단체는 그 설립의 준거법에 따른다. 다만, 외국에서 설립된 법인 또는 단체가

---

11 "준거법"의 영문 표현으로는 governing law와 applicable law을 혼용하는데, 일반적으로 동일한 의미로 보고, 크게 구분하지 않는 것 같다. 다만, applicable law는 어느 국가의 법(예 Korean law, English Law)을 의미하기보다는 어느 국가의 개별법(예 Korean Civil Code, English Bill of Exchange Act)을 의미하는 것 같다.

12 "법정지(forum)"는 해당 소송을 수행하는 국가나 지역을 말한다.

13 예를 들어, 혼인의 성립요건과 혼인의 일반적 효력은 각각 다른 국가의 법이 준거법으로 적용될 수 있다(James Fawcett, Janeen M. Carruthers, op. cit., p.8.).

대한민국에 주된 사무소가 있거나 대한민국에서 주된 사업을 하는 경우에는 대한민국 법에 따른다(제30조 단서).

- "법인 또는 단체는 그 설립의 준거법에 따른다." → 완전쌍방적 저촉규정(일반적 저촉규정)
- "외국에서 설립된 법인 또는 단체가 대한민국에 주된 사무소가 있거나 대한민국에서 주된 사업을 하는 경우에는 대한민국 법에 따른다." → 일방적 저촉규정(개별적 저촉규정)

(3) 불완전쌍방적 저촉규정 내국법과 일정한 관계가 있는 경우에 한하여 내국법 · 외국법의 적용을 인정하는 규정 방식을 말한다. 현행 국제사법에는 해당 규정이 없다.

예 독일의 구민법시행법 제13조 제1항 "혼인의 체결은 예약자의 일방만이 독일인인 때에는 예약자 각인에 대하여 그가 속하는 국가의 법률에 의한다."

3) 국제사법에 따른 준거법의 결정 및 적용순서

국제사법에 따른 준거법의 결정 및 적용은 i) 국제사법 적용 여부 ii) 법률관계의 성질결정 iii) 국제사법 규정 결정 iv) 연결점의 확정 v) 준거법의 확정 vi) 준거법의 적용의 순서로 진행된다. 순서별 검토 사항은 다음과 같다.

적용순서	검토사항
국제사법 적용 여부	• 외국적 요소가 있는 관련된 법률관계인가 예 1 이 사안에서 甲은 중국에 주된 사무소를 두고, 乙은 대한민국에 주된 영업소를 두고 있는 등 외국적 요소가 있어 국제사법이 적용된다. 예 2 국제사법 제1조에 따라 외국과 관련된 요소가 있는 법률관계에 관하여 국제재판관할 또는 준거법을 정하는 경우 국제사법이 적용되는데, 이 사안에서는 甲회사는 중국회사로 상하이에 주된 사무소를 두고, 乙운송회사는 네덜란드에 본점을 두고 있고, 이 사건 해상운송계약은 물품을 독일에서 대한민국으로 운송하는 계약이고, P선박의 선적국은 파나마국인 점 등 외국적 요소가 있으므로 국제재판관할 및 준거법 결정에 있어 국제사법이 적용된다.
법률관계의 성질결정	• 해당 법률관계가 어떤 성질의 것인가 예 1 상속의 문제인지 / 부부재산제의 문제인지 예 2 실체의 문제인지 / 절차의 문제인지
국제사법 규정 결정	• 결정된 법률관계의 성질을 규율하는 국제사법 규정 결정
연결점의 확정	• 해당 법률관계와 준거법을 연결해 주는 요소의 확정
준거법의 확정	• 적응문제 • 선결문제 • 준거법 지정의 예외(제121조) • 반정(제22조)

준거법의 적용	• 외국법의 적용(제18조) • 외국법의 적용 제한(제20조, 제23조)	• 준거법(외국법)의 범위(제19조)

국제사법에서 사용되는 다양한 준거법

- **법정지법(lex fori)** : 소송이 계속된 법원이 소재하는 국가의 법
- **본국법(lex patriae)** : 섭외사법관계의 주체가 국적을 가지는 국가의 법(예 선박의 본국법은 '선적국법')
- **일상거소지법(lex habitual residence)** : 섭외사법관계의 주체가 일상거소를 가지는 국가의 법
- **주소지법(lex dominicilli)** : 섭외사법관계의 주체가 주소를 가지는 국가의 법
- **소재지법(lex sitae)** : 물건이 소재하는 국가의 법
- **행위지법(lex loci actus)** : 법률행위가 행하여진 국가의 법(예 계약지법)
- **불법행위지법(lex loci delicutus)** : 불법행위가 행하여진 국가의 법(예 항공기 추락지법)
- **이행지법(lex solutionis)** : 채무의 이행을 하는 장소가 속하는 국가의 법

4. 국제재판관할권

1) 국제재판관할의 의의

재판관할권(jurisdiction)이란, 소송에서 법원의 정당한 재판권을 말한다.[14] 그리고 국제재판관할권이란, 외국적 요소(섭외적 요소)가 있는 분쟁[15]에서 어느 국가의 법원(재판기관)의 재판 권한(판단 권한)을 말한다. 외국적 요소가 있는 분쟁에서 소장을 받은 법원은 우선 당해 법원이 재판관할권이 있는지 결정하며, 관할권이 없는 경우 소를 각하한다. 재판관할권의 유무는 법정지법(소가 제기된 법원이 소재하는 국가의 법)[16]에 따라 결정되는데, 각국의 법이 동일하지 않기 때문에 재판관할권의 충돌 내지는 재판관할권의 공백 문제가 발생하기도 한다. 이에 따라 국제소송에서 재판관할권을 정하는 것은 매우 중요하다.

---

14 미국법상 관할에는 대인관할과 대물관할이 있는데, 대인관할(in personam jurisdiction)은 특정 영역내에 있는 사람에 대한 관할권을 말하고, 대물관할(in rem jurisdiction)은 특정 영역내에 있는 사물에 대한 관할권을 말한다. 한편, 미국법에 jurisdiction과 구별되는 개념으로 venue가 있는데, venue는 재판관할권을 가지는 특정법원을 말한다. 예를 들어 미국 뉴욕주법원에서 재판관할권이 인정되는 소송에서, 미국 뉴욕주법원은 jurisdiction이 있는 것이고, 뉴욕주법원 중 어느 county의 법원이 재판관할권을 가지는지 정해야 하는데, 이를 venue라고 한다.

15 예 1 대한민국 회사와 미국 회사 간의 세탁기 매매계약에서 발생한 분쟁. 예 2 대한민국에서 중국 민간항공기의 추락으로 승객의 손해배상청구 등.

16 우리나라에서는 2022년 개정 국제사법에서 국제재판관할에 관한 상세한 규정을 두고 있다. 종전에는 국제사법에서는 국제재판관할의 일반원칙만 규정하고(제2조), 민사소송법(제2조~제40조)에서 규정하였다. 참고로 미국에서는 연방법원의 관할에 대해서는 연방헌법과 연방법에서 규정하고 있고, 주법원의 관할에 대해서는 각 주의 민사소송규칙에서 규정하고 있다.

국제재판관할을 규율하는 전 세계적인 조약이나 국제관습법, 또는 국제민사소송법이 독립적으로 존재하지 않는바, 각국의 입법자들은 자유롭게 국제재판관할규칙을 정립하고 있다.[17] 따라서 법원은 자국의 국내법 원칙에 따라 해당 사건에 대하여 국제재판관할권을 갖는지를 판단해야 한다. 그러나 국제재판관할에 관한 구체적인 국내법이 존재하지 않는 경우 법원은 어떤 원칙에 근거하여 국제재판관할권의 존재 여부를 판단할 것인지 문제된다.

EU의 브뤼셀규칙(Brussels Regulation, 2012)

브뤼셀협약(Brussels Convention, 1968) → 브뤼셀규칙(Brussels Regulation, 2000) → Brussel Regulation 개정(2007) → Brussel Regulation 개정(2012, 8장 81개 조문)

- 제2장(제4조~제35조)에서는 관할권을 규정하고 있는데, 관할권 합의가 있는 경우 그 법원은 전속적 관할을 가지는 것으로 규정하고 있다. 그리고 관할권 합의는 서면에 의하거나, 서면으로 확인된 구두에 의하여, 또는 국제상거래에 있어서 당사자들이 알고 있거나 알 수 있는 국제상거래의 관행에 부합되는 방식, 당사자들 간에 형성된 관행에 부합하는 방식으로 체결되어야 한다고 규정하고 있다(제25조). 다만, 관할합의가 당사자의 일방만을 위하여 이루어진 경우에는 그 당사자는 협약에 따라 관할권을 가진 그 밖의 다른 법원에 소를 제기할 권리를 보유한다고 규정하고 있다.
- EU 회원국에 주소를 두고 있는 사람(person)은 그 회원국의 법원에 제소될 수 있다고 규정하여 원칙적으로 **'피고 주소지'의 재판관할권**을 인정하고 있다(제4조 제1항).

2) 국제재판관할권의 결정원칙

국제재판관할권의 결정원칙에는 국가주의, 국제주의, 보편주의가 있다. ⅰ) 국가주의는 국제적 배려 없이 자국 및 자국민의 이익보호에 주안점을 두어 자국의 국제재판관할을 결정하는 입장이다(예 프랑스인이 당사자인 경우 항상 프랑스 법원에 재판관할권 인정). ⅱ) 국제주의는 국가주권의 사법관할 상호간의 저촉문제로 보아 대인주권 및 영토주권이라는 국제법의 원칙에 따라 해결하려는 입장으로 국제재판관할의 해결을 주권을 기준으로 한다(예 부동산에 대한 소송에서는 해당 부동산 소재지국 법원에 재판관할권 인정. 신분 관련 소송에서 당사자 본국의 법원에 재판관할권 인정). ⅲ) 보편주의는 국제사회에서 재판기능을 각국의 재판기관에 적정하고 공평하게 분배되어야 한다고 보는 입장이다.[18] 이는 토지관할의 배분과 근본적으로 다르지 않다.

---

17 석광현, 전게서(2022), p.13.; 신창섭, 「국제사법」 제4판, 세창출판사, 2018, pp.50－52.

18 대법원 2015. 1. 15. 선고 2012다4763 판결 국제사법 제2조 제1항은 "법원은 당사자 또는 분쟁이 된 사안이 대한민국과 실질적 관련이 있는 경우에 국제재판관할권을 가진다. 이 경우 법원은 실질적 관련의 유무를 판단함에 있어 국제재판관할 배분의 이념에 부합하는 합리적인 원칙에 따라야 한다."고 규정하고, 제2항은 "법원은 국내법의 관할 규정을 참작하여 국제재판관할권의 유무를 판단하되, 제1항의 규정의 취지에 비추어 국제재판관할의 특수성을 충분히 고려하여야 한다."고 규정하고

국제재판관할 결정 기준에 대한 종래의 학설

섭외사법과 2022. 1. 26. 개정[19] 이전의 민사소송법에서는 국제재판관할의 결정기준에 관하여 명시적 규정을 두지 않았는바, 구체적으로 어떤 기준에 따라 국제재판관할을 결정할 것인지에 대하여 다음과 같이 3가지 학설(견해)이 있었는데, 현행 국제사법에서는 국제재판관할에 대한 상세한 규정을 두고 있어 이러한 학설의 대립은 사실상 의미를 상실하였다고 볼 수 있다.[20]

- **역추지설** : 민사소송법의 토지관할(재판적)에 대한 규정을 역으로 추지(推知)하여 국내에 재판적이 인정되면 원칙적으로 국제재판관할을 인정하는 견해. 이 견해는 국제토지관할에 대한 민사소송법의 규정은 조리에 부합한다고 본다.
- **관할배분설(조리설)** : 국제민사소송법의 기본이념인 조리에 의하여 국제재판관할 원칙을 세워야 한다는 견해. 이 견해에서는 민사소송법의 규정을 참고한다고 하더라도 이는 어디까지나 국내적인 관점에서 제정된 것이므로 재판관할의 국제적인 배분의 관점에서 합리적으로 수정하여 독자적인 국제재판관할의 원칙을 세워야 한다는 입장이다.
- **수정역추지설(특별사정설)** : 기본적으로 국내민사소송법의 토지관할을 따르되, 적정 · 신속 · 경제에 반하는 경우 관할을 부정한다는 견해이다.

3) 국제재판관할과 불편한 법정지(forum non－conveniens)

“forum non－conveniens(불편한 법정지, 부적절한 법정지, 비편의 법정지)” 원칙은 법원이 재판관할이 있음에도 다른 법원이나 법정지가 더 편리하게 사건을 심리할 수 있는 경우 법원이 관할권 행사를 거부할 수 있는 원칙을 말한다. 이 원칙을 채택하는 경우 국제소송에서는 국내 법원이 재판관할권을 가지더라도 외국 법원이 더 적절한 법정지(forum)라는 것이 명백한 경우 소송을 중지하거나 소를 각하할 수 있다. 이 원칙은 스코틀랜드의 Société du Gaz de Paris v Société Anonyme de Navigation ‘Les Armateurs Francais.’ (1925)[21]에서 유래되었고, 미국에서는 Canada

있다. 따라서 법원은 당사자 사이의 공평, 재판의 적정, 신속 및 경제를 기한다는 기본이념에 따라 국제재판관할을 결정하여야 하고, 구체적으로는 소송당사자들의 공평, 편의 그리고 예측 가능성과 같은 개인적인 이익뿐만 아니라 재판의 적정, 신속, 효율 및 판결의 실효성 등과 같은 법원 내지 국가의 이익도 함께 고려하여야 하며, 이러한 다양한 이익 중 어떠한 이익을 보호할 필요가 있을지는 개별 사건에서 법정지와 당사자의 실질적 관련성 및 법정지와 분쟁이 된 사안과의 실질적 관련성을 객관적인 기준으로 삼아 합리적으로 판단하여야 한다(대법원 2010. 7. 15. 선고 2010다18355 판결 등 참조).

19 2022. 1. 26. 민사소송법 개정으로 민사소송법([시행 2002. 7. 1.] [법률 제6626호, 2002. 1. 26., 전부개정])과 민사집행법([시행 2002. 7. 1.] [법률 제6627호, 2002. 1. 26., 제정])을 분리하였다.

20 석광현, 전게서(2013), p.62.; 손경한 외, 「국제사법 개정 방안 연구」, 기술과법 연구소, 2012, p.20.

21 이 사건에서 프랑스 제조사(화주)는, 선박 억류에 의한 관할권을 주장하며, 프랑스 선주사를 상대로 영국으로 석탄을 운송하는 계약(프랑스에서 체결된 용선계약에 의해 운송하는 것인데, 풍랑으로 선박이 침몰하여 석탄이 멸실됨) 위반으로 인한 손해배상청구의 소를 스코틀랜드 법원에 제기했다. 피고측(프랑스 선주사)은 다음 사유(결정적 증거는 대부분 프랑스어, 스코틀랜드 법원에 프랑스 증인의 출석을 강제하는 장치 부존재, 스코틀랜드 법이 적용되는 쟁점 없음, 스코틀랜드에서 소송을 하는 경우 프랑스 법에 의해 보호되는 책임 제한과 관련된 방어권 박탈, 프랑스 법이 준거법인 경우 스코틀랜드 법원은 이를 해석하기에 적절한 법원이 아님)를 논거로 부적절한 법정지(forum non－conveniens)를 주장하였고, 스코틀랜

Malting v. Paterson Steamship, Ltd. (1932)에서 유래되었다.[22] 이 원칙은 원고의 재판관할 선택권에 대응하여 그 절차의 진행을 저지하는 피고의 주요 항변사항으로 널리 이용되어 왔는데, 최근에는 국제적 소송경합을 해결하거나 예방하기 위한 수단으로 중요해지고 있다.[23] 이 원칙은 법원에 과도한 재량권을 부여하고, 외국인이 제소한 사건의 재판을 거부하는 구실을 제공하는 등 불합리한 면이 고려되어 2001년 개정 국제사법에서는 관련 규정을 두지 않았으나[24], 2022년 개정 국제사법에서는 관련 규정[제12조(국제재판관할권의 불행사)]을 신설하였다.

4) **국제재판관할과 국가면제**(state immunity)

재판권(재판을 할 수 있는 권능)은 국가의 고유한 주권으로서 모든 국가는 자국의 영토 내에서 재판권을 갖는 것이 원칙이다.[25] 그러나 국제거래는 사인(또는 기업) 간의 거래가 대부분이지만, 국가가 거래당사자가 되는 경우도 적지 않고, 국제민·상사분쟁에서 국가가 소송당사자가 되는 경우도 있다. 이 경우 해당 국가가 다른 국가의 법원에서 재판을 받아야 하는지 다툼이 되어 왔다. 이와 관련하여 국제법에서는 국가는 다른 국가의 재판을 받을 수 없다는 '국가면제(state immunity)' 또는 '주권면제(sovereign immunity)'[26] 이론이 등장하였는데, 이 이론은 "par in parem non habet imperium(대등한 자는 다른 대등한 자에 대해 통치권을 가지지 않는다.)" 원칙에서 발전되어 왔다.[27] 국가면제(state immunity) 이론은 국가는 주권을 가지고 서로 평등하다고 보고, 사인이 외국국가를 법원에 제소하는 것은 양국간의 외교관계를 악화시키고, 국가의 해외소송부담을 면제시켜 국가기능을 원활하게 수행하고자 하는 목적에서 각국의 학설과 판례에 의해서 발전되었다.[28] 국가면제론에는 절대적 국가면제론(theory of absolute state immunity)과 제한적 국가면제론(theory of restrictive state

---

드 법원은 피고 측 주장을 인용하여 이 사건을 각하하였는데, 당사자의 이익 및 정의의 목적에서 프랑스 법원에 재판하는 것이 더 적절하다고 판단하였다.(김상만, "국제거래에서 법정지선택 조항의 효력에 관한 고찰 : 미국과 한국의 판례 비교를 중시으로", 인하대학교 법학연구 제14집 제1호, 2011, p.307.).

22 김상만, "국제거래에서 법정지선택 조항의 효력에 관한 고찰 : 미국과 한국의 판례 비교를 중시으로", 인하대학교 법학연구 제14집 제1호, 2011, p.307.

23 이혜민, "국제적 소송경합과 국제재판관할권의 불행사 : 부적절한 법정지의 법리(Forum Non-Conveniens)의 국제적·비교법적 의의 및 구현 방안 ", 국제사법연구 제28권 제2호, 2022, p.142.

24 법무부, 전게서, p.25.

25 안춘수, 전게서, p.5.

26 "국가면제(state immunity)"와 "주권면제(sovereign immunity)"는 용어는 혼용되고 있는데, 주권면제의 대상은 국가이며, 이에 따라 주권면제를 "국가면제"라고도 한다. 입법예를 보면 다음과 같다(유럽의 1972년 "국가면제에관한유럽협약(European Convention on State Immunity)", 미국의 1976년 외국주권면제법(Foreign Sovereign Immunity Act), 영국의 1978년 국가면제법(State Immunity Act), 2004년 국제연합(UN)의 국가 및국가재산의재판권면제에 관한 국제연합협약[United Nations Convention on Jurisdictional Immunities of States and Their Property)].

27 김상만, "국제거래에서 재판권제한으로서의 국가면제에 관한 법적 고찰", 법학논집 제15권 제3호, 2011, pp.330-331.

28 Daniel C. K. Chow, Thomas J. Schoenbaum, International Business Transactions, Aspen Publishers, 2005, p.660.; 김상만, 전게논문(2011), p.331.

immunity)이 있는데, 전자는 종전의 이론으로 국가는 절대적으로 재판을 면제받는다는 것이고, 후자는 원칙적으로 재판을 면제받지만, 사인과 마찬가지로 행위하여 사법(private law)의 적용을 받는 경우에는 재판을 면제받지 않는다는 것이다.[29] 19세기에는 국가행위는 주로 공적 영역에 한정된다는 근거로 절대적 국가면제론이 주장되었고, 20세기 중반까지도 세계적으로 절대적 국가면제론이 용인되었다. 그러나 국가가 외국기업을 대상으로 공공발주를 하거나, 국제금융기구로부터 차관을 들여오거나 지급보증을 하는 등 국가의 경제활동이 주권적·공권적 행위의 범위를 벗어나 사경제주체로서 활동하게 되는 범위가 넓어짐에 따라 주권면제에 대한 예외를 인정해야 한다는 상대적 국가면제론의 주장이 설득력을 얻고 있으며, 현재 세계적으로 지배적인 이론이다.[30]

국제소송에서 입증(증명도)

- 대법원에서는 국제소송에서 증명도에 대하여 영국법과 관습에 의한 '증거의 우월(preponderance of evidence)'에 의할 것을 인정한 바 있다.
- 영국 해상보험법 및 관습에 의하면, 보험의 목적에 생긴 손해가 부보위험인 해상 고유의 위험으로 인하여 발생한 것이라는 점에 관한 증명책임은 피보험자가 부담하고, 증명의 정도는 이른바 '증거의 우월(preponderance of evidence)'에 의한 증명에 의한다(대법원 2016. 6. 23. 선고 2015다5194 판결).

5. 절차의 법정지법 원칙

외국적 요소가 있는 법률관계에서 실체법적인 문제는 국제사법에 의하여 정해지는 준거법에 의해 판단하지만, 절차법적인 문제는 '절차는 법정지법에 따른다'는 법정지법 원칙(lex fori principle)에 따라 법정지법(lex fori)[31]에 따른다. 이 원칙은 대부분 국가에서 채택하고 있다.[32] 다만, 실체법적인 문제와 절차법적인 문제의 구별이 어려운 경우도 있어 그 구별이 중요한 요소로 작용할 수도 있다.[33] 소송은 국가권력에 기한 사법행위이므로 소송은 재판하는 국가의 법(법정지법)의 지배를 받는 것이 원칙이다.[34] 이는 문제가 되는 법률관계가 절차의 문제인 경우 법정지국

29 Explanatory Report on European Convention on State Immunity(ETS No. 074).; 김상만, 전게논문(2011), p.331.

30 Ray August, International Business Law, 5th Ed., Pearson Education, 2009, p.139.

31 법정지(lex fori)는 소송이 계속된 법원이 소재한 곳(국가)의 법을 말한다.

32 James Fawcett, Janeen M. Carruthers, Private International Law, 14th ed., Oxford University Press, 2008, p.75.; 대법원 2015. 5. 28. 선고 2012다104526,104533 판결.

33 James Fawcett, Janeen M. Carruthers, op. cit., p.78.

34 다만, 법정지의 절차법에 직접 규정되지 않고 실체법 규정에 맡기고 있는 경우에는 그 실체법 규정을 적용하기 위해서는 국제사법의 규정에 따라 적용 여부를 판단하여야 한다. 그러므로 이러한 과정을 거치면 결국 외국법이 절차에 관하여 적용되는 경우도 있을 수 있다.

법원에서 외국의 절차법을 적용하여 재판하는 것이 현실적으로 어렵고, 절차에 관한 법정지법 적용에 대한 신뢰보호가 필요하기 때문이다.

일부 국가는 이 원칙에 대한 명문 규정을 두고 있으나, 대부분의 국가에서는 불문의 원칙으로서 인정하고 있다. 우리 대법원도 같은 입장에서 실체적법 문제와 절차법적 문제를 구별하여 절차법적 문제는 법정지법에 의한다는 입장을 취하고 있다(대법원 2015. 5. 28. 선고 2012다104526, 104533 판결). 따라서 대한민국 법원에서 심리되는 민사사건은 당사자가 외국인이든, 소송물의 내용이 무엇이든, 준거법이 외국법이든 막론하고 대한민국의 민사소송법의 규율을 받게 된다(대법원 1988. 12. 13. 선고 87다카1122 판결).

- **대법원 2015. 5. 28. 선고 2012다104526,104533 판결**
  외국적 요소가 있는 계약을 체결한 당사자에 대한 회생절차가 개시된 경우, 계약이 쌍방미이행 쌍무계약에 해당하여 관리인이 이행 또는 해제·해지를 선택할 수 있는지, 그리고 계약의 해제·해지로 인하여 발생한 손해배상채권이 회생채권인지는 도산법정지법(도산법정지법)인 채무자 회생 및 파산에 관한 법률에 따라 판단되어야 하지만, 계약의 해제·해지로 인한 손해배상의 범위에 관한 문제는 계약 자체의 효력과 관련된 실체법적 사항으로서 도산전형적인 법률효과에 해당하지 아니하므로 국제사법에 따라 정해지는 계약의 준거법이 적용된다.

- **대법원 2012. 10. 25. 선고 2009다77754 판결**
  지연손해금은 채무의 이행지체에 대한 손해배상으로서 본래의 채무에 부수하여 지급되는 것이므로, 본래의 채권채무관계를 규율하는 준거법에 의하여 결정되어야 한다. 한편 소송촉진 등에 관한 특례법(이하 '특례법'이라 한다) 제3조 제1항에서 정하는 법정이율에 관한 규정은 비록 소송촉진을 목적으로 소송절차에 의한 권리구제와 관련하여 적용되는 것이기는 하지만 절차법적인 성격을 가지는 것이라고만 볼 수는 없고 그 실질은 금전채무의 불이행으로 인한 손해배상의 범위를 정하기 위한 것이므로, 본래의 채권채무관계의 준거법이 외국법인 경우에는 특례법 규정을 적용할 수 없다고 해석함이 타당하다.

- **대법원 2011. 10. 13. 선고 2009다96625 판결**
  국제사법 제60조 제1호는 해상에 관한 '선박의 소유권 및 저당권, 선박우선특권 그 밖의 선박에 관한 물권'은 선적국법에 의한다고 규정하고 있으므로 선박우선특권의 성립 여부는 선적국법에 의하여야 할 것이나, 선박우선특권이 우리나라에서 실행되는 경우에 실행기간을 포함한 실행방법은 우리나라의 절차법에 의하여야 한다.

- **대법원 2015. 1. 29. 선고 2012다108764 판결**
  [1] 영국법상의 상계 제도는 보통법상 상계(legal set-off, 법률상 상계라고도 한다)와 형평법상 상계(equitable set-off)가 있는데, 그중 보통법상 상계는 양 채권 사이의 견련관계를 요구하지 않는 등 형평법상 상계와 비교하여 상계의 요건을 완화하고 있지만 소송상 항변권으로만 행사할 수 있어 절차법적인 성격을 가진다고 해석된다. 그러나 영국 보통법상 상계 역시 상계권의 행사에 의하여 양 채권이 대등액에서 소멸한다는 점에서는 실체법적인

성격도 아울러 가진다고 할 것이므로 상계의 요건과 효과에 관하여 준거법으로 적용될 수 있다.

[3] 외국적 요소가 있는 채권들 사이에서의 상계의 요건과 효과에 관한 법률관계가 상계의 준거법에 따라 해석·적용된다고 하더라도, 채권자가 대한민국의 민사집행법에 의하여 가압류명령 또는 채권압류명령 및 추심명령을 받아 채권집행을 한 경우에, 채권가압류명령 또는 채권압류명령을 받은 제3채무자가 채무자에 대한 반대채권을 가지고 상계로써 가압류채권자 또는 압류채권자에게 대항할 수 있는지는 집행절차인 채권가압류나 채권압류의 효력과 관련된 문제이므로, 특별한 사정이 없는 한 대한민국의 민사집행법 등에 의하여 판단함이 원칙이고 상계의 준거법에 의할 것은 아니다.

사례연구

◖ 사례 1 ◗

ⅰ) 선박우선특권의 실행방법(집행방법) ⅱ) 일반적인 가압류의 허용 및 집행절차 ⅲ) 선박우선특권에 기하여 채무명의 없이도 압류할 수 있는지 여부는?

☞ 절차문제로서 법정지법에 의함[절차는 법정지법에 따른다(lex fori principle, 법정지법원칙). / 대법원 2011. 10. 13. 선고 2009다96625 판결]

◖ 사례 2 ◗ **2024년도 제1차 변호사시험 모의시험**

甲회사(중국법에 의하여 설립되어 상하이에 주된 사무소)는 네덜란드 암스테르담에 본점을 둔 해상운송업체인 丁운송회사와 이 사건 물품을 중간 기항지인 부산항까지 운송하는 해상운송계약을 丁운송회사의 본점에서 체결하고, 甲회사는 이 사건 물품에 대하여 영국 런던에 영업소를 둔 丙보험회사와 해상적하보험계약을 체결하였다. 丁운송회사는 이 사건 물품을 자신 소유의 P선박(선적국은 파나마국)에 선적하고 乙회사에게 선하증권을 발행한 후 부산항까지 운항을 하였는데, 甲회사가 부산항에 도착한 이 사건 물품을 검사해보니 운송 중 선장의 과실로 이 사건 물품 중 일부가 상품성이 없을 정도로 손상되어 있었다. 丙보험회사는 이 사건 보험사고에 대하여 甲회사에 보험금을 지급하였다. 丙보험회사가 丁운송회사를 상대로 구상권의 범위 내에서 甲회사를 대위하여 손해배상 소송을 제기하고, 丁운송회사는 반소로 채무부존재 확인의 소를 제기하였다면, 당해 반소가 확인의 이익을 갖추어 적법한지 여부의 준거법은?

☞ 채무부존재 확인의 소에서는 "확인의 이익을 갖추었는지 여부"가 가장 중요한 요소이며, 이는 절차법적 문제이다. 섭외적(외국적 요소가 있는) 법률관계에서 실체법적인 문제는 국제사법에 의하여 정해지는 준거법에 의해 판단하지만, 절차법적 문제는 '절차는 법정지법에 따른다'는 법정지법 원칙(lex fori principle)에 따라 법정지법이 적용된다. 대법원도 같은 입장에서 실체적법 문제와 절차법적 문제를 구별하여 절차법적 문제는 법정지법에 의한다는 입장을 취하고 있다. 이 사안에서는 丙보험회사가 丁운송회사를 상대로 제기한 본소에 대하여 반소로 丁운송회사의 채무부존재 확인의 소를 제기하였다. 따라서 丁운송회사의 반소가 확인의 이익을 갖추어 적법한지 여부는 절차법적 문제로 해당 법정지법(이 사안에서는 대한민국법)에 의한다.

CHAPTER 03

외국재판의 승인과 집행

1. 도입

소송의 최종적 목표는 판결을 현실적으로 집행하는 것이다. 그러나 판결의 효력은 그 국가의 영토 내에서만 생기고, 다른 국가에서는 효력이 없는 것이 원칙이다. 따라서 국제소송에서는 집행의 편의를 위하여 피고의 재산이 있는 국가에서 소송을 제기하는 것이 바람직하다. 다만, 각국은 일정한 요건 하에 외국재판을 승인하고 자국 내에서 그 효력을 인정하는데, 이것이 외국재판의 승인과 집행이다.

2. 외국재판의 승인과 집행의 요건

1) 외국재판의 승인

외국재판의 승인은 외국 법원이 내린 판결(외국판결)의 효력을 국내에서 적법한 것으로 확인한 후 집행을 허용하는 절차를 의미한다. 국내판결의 경우에는 별도의 승인절차 없이 바로 집행이 가능하지만, 외국판결의 경우에는 일반적으로 일정한 요건을 충족한 경우에만 국내에서 강제집행이 허용되기 때문에 외국판결의 승인절차가 필요하다.

2) 외국재판(판결)의 승인과 집행의 요건(민사사송법 제217조)

(1) 외국법원의 확정판결 또는 이와 동일한 효력이 인정되는 재판일 것 　'외국법원의 판결'이라고 함은 재판권을 가지는 외국의 사법기관이 그 권한에 기하여 사법상의 법률관계에 관하여 대립적 당사자에 대한 상호간의 심문이 보장된 절차에서 종국적으로 한 재판으로서 구체적 급부의 이행 등 그 강제적 실현에 적합한 내용을 가지는 것을 의미하고, 그 재판의 명칭이나 형식 등이 어떠한지는 문제되지 아니한다(대법원 2010. 4. 29. 선고 2009다68910 판결). 그리고 '확정'은 그 판결을 통상의 불복방법으로는 더 이상 불복할 수 없게 된 상태로서, 외국재판이 재판국법상 대한민국법상의 형식적 확정력에 상응하는 효력을 가지는 것을 의미한다.

(2) 외국법원의 국제재판관할권이 인정될 것 　외국법원의 재판관할권 유무는 재판시가 아니라 대한민국 법원이 재판(판결)의 승인에 관하여 판단하는 시점을 기준으로 결정한다.[1]

(3) 피고에 대한 송달 또는 피고의 응소 　패소한 피고가 방어권을 위한 실질적인 절차가

보장되어야 한다.

(4) 그 확정 판결의 승인이 대한민국의 선량한 풍속이나 그 밖의 사회질서에 어긋나지 아니할 것 선량한 풍속이나 그 밖의 사회질서를 공서(public policy)라고 한다. 공서(public policy)는 대외적 관계에서의 국내법질서의 유지를 위한 최소한의 것을 의미한다. 따라서 국내질서유지를 위한 민법 제103조의 공서양속 내지 공서와는 다르다.[2] 참고로 미국의 징벌적 손해배상은 승인과 집행이 제한될 수 있다.

(5) 상호보증 또는 승인요건의 실질적 동일 ⅰ) 상호보증이 있을 것, 또는 ⅱ) 한국과 그 외국법원이 속하는 국가에 있어 확정재판등의 승인요건이 현저히 균형을 상실하지 아니하고 중요한 점에서 실질적으로 차이가 없을 것이 요구된다. 우리나라와 외국 사이에 같은 종류의 재판의 승인요건이 현저히 균형을 상실하지 아니하고 외국에서 정한 요건이 우리나라에서 정한 요건보다 전체로서 과중하지 아니하며 중요한 점에서 거의 차이가 없는 정도라면 이 요건을 충족한 것으로 보아야 한다. 이 요건은 우리 법원이 일방적으로 외국재판을 승인·집행함으로써 입게 되는 불이익을 방지하기 위한 정책적 고려에서 요구되는 것이다(대법원 2016. 1. 28. 선고 2015다207747 판결).

3) 외국재판(판결)의 집행

외국재판(판결)이 승인되면(민사소송법 제217조의 요건 충족), 우리나라에서 기판력을 갖는다. 형성판결은 특별한 절차가 필요하지 않다. 그러나 이행판결은 재판기관과 집행기관이 분리되어 있는데, 집행기관이 권리의 존부를 별도로 판단하지 않는 경우(우리나라의 경우) 외국판결이 승인요건을 갖춤으로써 집행력을 갖는지 여부를 재판기관에서 별도로 판단해야 한다.

참고로 민사집행법에서는 'ⅰ) 외국법원의 확정판결 또는 이와 동일한 효력이 인정되는 재판(이하 "확정재판등"이라 한다)에 기초한 강제집행은 대한민국 법원에서 집행판결로 그 강제집행을 허가하여야 할 수 있다. ⅱ) 집행판결을 청구하는 소(訴)는 채무자의 보통재판적이 있는 곳의 지방법원이 관할하며, 보통재판적이 없는 때에는 민사소송법 제11조의 규정에 따라 채무자에 대한 소를 관할하는 법원이 관할한다'고 규정하고 있는데(제26조), 이는 이러한 이유 때문이다.

---

1 안강현, 「로스쿨 국제거래법」 제9판, 박영사, 2023, p.199.

2 민법 제103조의 공서를 국내적 공서라고 한다면, 민사소송법 제217조의 공서를 '국제적 공서'라고 할 수 있다.(안강현, 전게서, p.200.).

외국재판(판결)의 승인과 집행 관련 법조항

민사소송법 제217조【외국재판의 승인】 ① 외국법원의 확정판결 또는 이와 동일한 효력이 인정되는 재판(이하 "확정재판등"이라 한다)은 다음 각호의 요건을 모두 갖추어야 승인된다. 〈개정 2014. 5. 20.〉

1. 대한민국의 법령 또는 조약에 따른 국제재판관할의 원칙상 그 외국법원의 국제재판관할권이 인정될 것
2. 패소한 피고가 소장 또는 이에 준하는 서면 및 기일통지서나 명령을 적법한 방식에 따라 방어에 필요한 시간여유를 두고 송달받았거나(공시송달이나 이와 비슷한 송달에 의한 경우를 제외한다) 송달받지 아니하였더라도 소송에 응하였을 것
3. 그 확정재판등의 내용 및 소송절차에 비추어 그 확정재판등의 승인이 대한민국의 선량한 풍속이나 그 밖의 사회질서에 어긋나지 아니할 것
4. 상호보증이 있거나 대한민국과 그 외국법원이 속하는 국가에 있어 확정재판등의 승인요건이 현저히 균형을 상실하지 아니하고 중요한 점에서 실질적으로 차이가 없을 것

② 법원은 제1항의 요건이 충족되었는지에 관하여 직권으로 조사하여야 한다. 〈신설 2014. 5. 20.〉

[제목개정 2014. 5. 20.]

제217조의2【손해배상에 관한 확정재판등의 승인】 ① 법원은 손해배상에 관한 확정재판등이 대한민국의 법률 또는 대한민국이 체결한 국제조약의 기본질서에 현저히 반하는 결과를 초래할 경우에는 해당 확정재판등의 전부 또는 일부를 승인할 수 없다.

② 법원은 제1항의 요건을 심리할 때에는 외국법원이 인정한 손해배상의 범위에 변호사보수를 비롯한 소송과 관련된 비용과 경비가 포함되는지와 그 범위를 고려하여야 한다.

[본조신설 2014. 5. 20.]

민사집행법 제26조【외국재판의 강제집행】 ① 외국법원의 확정판결 또는 이와 동일한 효력이 인정되는 재판(이하 "확정재판등"이라 한다)에 기초한 강제집행은 대한민국 법원에서 집행판결로 그 강제집행을 허가하여야 할 수 있다. 〈개정 2014. 5. 20.〉

② 집행판결을 청구하는 소(訴)는 채무자의 보통재판적이 있는 곳의 지방법원이 관할하며, 보통재판적이 없는 때에는 민사소송법 제11조의 규정에 따라 채무자에 대한 소를 관할하는 법원이 관할한다.

[제목개정 2014. 5. 20.]

제27조【집행판결】 ① 집행판결은 재판의 옳고 그름을 조사하지 아니하고 하여야한다.

② 집행판결을 청구하는 소는 다음 각 호 가운데 어느 하나에 해당하면 각하하여야 한다. 〈개정 2014. 5. 20.〉

1. 외국법원의 확정재판등이 확정된 것을 증명하지 아니한 때
2. 외국법원의 확정재판등이 민사소송법 제217조의 조건을 갖추지 아니한 때

- **피고에 대한 송달 또는 피고의 응소, 상호보증 등 : 대법원 2016. 1. 28. 선고 2015다207747 판결**

1. 상고이유 제1점에 대하여

가. 민사소송법 제217조 제1항 제2호는 외국법원의 확정판결 또는 이와 동일한 효력이 인정되는 재판(이하

'확정재판 등'이라 한다)의 승인요건으로 '패소한 피고가 소장 또는 이에 준하는 서면 및 기일통지서나 명령을 적법한 방식에 따라 방어에 필요한 시간여유를 두고 송달받았거나(공시송달이나 이와 비슷한 송달에 의한 경우를 제외한다) 송달받지 아니하였더라도 소송에 응하였을 것'을 규정하고 있다. 여기서 패소한 피고가 소장 등을 적법한 방식에 따라 송달받았을 것 또는 적법한 방식에 따라 송달받지 아니하였더라도 소송에 응하였을 것을 요구하는 것은 소송에서 방어의 기회를 얻지 못하고 패소한 피고를 보호하려는 데 그 목적이 있다. 따라서 법정지인 재판국에서 피고에게 방어할 기회를 부여하기 위하여 규정한 송달에 관한 방식과 절차를 따르지 아니한 경우에도, 패소한 피고가 당해 외국법원의 소송절차에서 실제로 자신의 이익을 방어할 기회를 가졌다고 볼 수 있는 때는 민사소송법 제217조 제1항 제2호에서 말하는 피고의 응소가 있는 것으로 봄이 타당하다.

2. 상고이유 제2점에 대하여

가. 민사소송법 제217조 제1항 제3호는 외국법원의 확정재판 등의 승인이 대한민국의 선량한 풍속이나 그 밖의 사회질서에 어긋나지 아니할 것을 외국재판 승인요건의 하나로 규정하고 있다. 여기서 확정재판 등을 승인한 결과가 대한민국의 선량한 풍속이나 그 밖의 사회질서에 어긋나는지는 그 승인 여부를 판단하는 시점에서 확정재판 등의 승인이 우리나라의 국내법 질서가 보호하려는 기본적인 도덕적 신념과 사회질서에 미치는 영향을 확정재판 등이 다룬 사안과 우리나라와의 관련성의 정도에 비추어 판단하여야 한다(대법원 2012. 5. 24. 선고 2009다22549 판결 등 참조).

그리고 민사소송법 제217조의2 제1항은 "법원은 손해배상에 관한 확정재판 등이 대한민국의 법률 또는 대한민국이 체결한 국제조약의 기본질서에 현저히 반하는 결과를 초래할 경우에는 해당 확정재판 등의 전부 또는 일부를 승인할 수 없다."고 규정하고 있는데, 이는 징벌적 손해배상과 같이 손해전보의 범위를 초과하는 배상액의 지급을 명한 외국법원의 확정재판 등의 승인을 적정범위로 제한하기 위하여 마련된 규정이다. 따라서 외국법원의 확정재판 등이 당사자가 실제로 입은 손해를 전보하는 손해배상을 명하는 경우에는 민사소송법 제217조의2 제1항을 근거로 그 승인을 제한할 수 없다(대법원 2015. 10. 15. 선고 2015다1284 판결 참조).

3. 상고이유 제3점에 대하여

가. 민사소송법 제217조 제1항 제4호는 외국법원의 확정재판 등의 승인요건으로 "상호보증이 있거나 대한민국과 그 외국법원이 속하는 국가에 있어 확정재판 등의 승인요건이 현저히 균형을 상실하지 아니하고 중요한 점에서 실질적으로 차이가 없을 것"을 규정하고 있다. 우리나라와 외국 사이에 같은 종류의 판결의 승인요건이 현저히 균형을 상실하지 아니하고 외국에서 정한 요건이 우리나라에서 정한 그것보다 전체로서 과중하지 아니하며 중요한 점에서 실질적으로 거의 차이가 없는 정도라면 민사소송법 제217조 제1항 제4호에서 정하는 상호보증의 요건을 갖춘 것으로 보아야 한다. 이러한 상호보증은 외국의 법령, 판례 및 관례 등에 의하여 승인요건을 비교하여 인정되면 충분하고 반드시 당사국과의 조약이 체결되어 있을 필요는 없으며, 당해 외국에서 구체적으로 우리나라의 같은 종류의 판결을 승인한 사례가 없더라도 실제로 승인할 것이라고 기대할 수 있는 정도이면 충분하다(대법원 2009. 6. 25. 선고 2009다22952 판결 참조).

- **공서양속 위반 : 대법원 2015. 10. 15. 선고 2015다1284 판결**

4. 내국 관련성에 관한 상고이유에 대하여

민사소송법 제217조 제1항 제3호는 외국법원의 확정재판 등의 승인이 대한민국의 선량한 풍속이나 그 밖의 사회질서에 어긋나지 아니할 것을 외국재판 승인요건의 하나로 규정하고 있는데, 여기서 그 확정재판 등을 승인한 결과가 대한민국의 선량한 풍속이나 그 밖의 사회질서에 어긋나는지 여부는 그 승인 여부를 판단하는 시점에서 그 확정재판 등의 승인이 우리나라의 국내법 질서가 보호하려는 기본적인 도덕적 신념과 사회질서에 미치는 영향을 그 확정재판 등이 다룬 사안과 우리나라와의 관련성의 정도에 비추어 판단하여야 한다(대법원 2012. 5. 24. 선고 2009다68620 판결 참조).

PART

02 국제사법 조문별 해설

CHAPTER 01

총칙

제1절 목적

제1조 목적

제1조【목적】 이 법은 외국과 관련된 요소가 있는 법률관계에 관하여 국제재판관할과 준거법(準據法)을 정함을 목적으로 한다.

2022년 개정 국제사법(이하, "현행 국제사법", 또는 "국제사법")은 외국과 관련된 요소가 있는 법률관계에서 ⅰ) 국제재판관할과 ⅱ) 준거법을 정함을 목적으로 한다. 따라서 국제사법의 적용대상은 '외국과 관련된 요소가 있는 법률관계'로 볼 수 있다. 섭외사법에서는 '섭외적 생활관계', 2001년 개정 국제사법(이하, "구 국제사법")에서는 '외국적 요소(foreign element)가 있는 법률관계'라는 표현을 사용했는데, 현행 국제사법에서는 '외국과 관련된 요소가 있는 법률관계'로 변경하였다.[1] '외국과 관련된 요소가 있는 법률관계'는 '외국적 요소(foreign element)가 있는 법률관계' 또는 '섭외적 법률관계'를 풀이한 것으로 볼 수 있는바, '외국적 요소(foreign element)가 있는 법률관계' 또는 '섭외적 법률관계'는 현행 국제사법에서도 무방하다.

현행 국제사법에서는 구 국제사법 제2조의 국제재판관할권에 대한 일반원칙 규정을 구제화하고[2], 제1장 총칙에 국제재판관할에 대한 별도의 절(제2절 국제재판관할)을 두어 상당히 상세한 규정을 신설하고(제2조~제15조), 국제사법 각칙에 해당하는 제2장 ~ 제10장의 각 장의 제1절에 국제재판관할 규정을 신설하였다.

현행 국제사법은 재판관할권에 대한 상세한 규정을 두고 있는바, "외국과 관련된 요소가 있는 법률관계에서 "국제재판관할과 준거법"을 정하는 법으로 실질적으로 확대되었다고 말할 수 있다. 참고로 국제재판관할을 국제사법의 문제로 인식하는 영미법계는 물론 최근에는 스위스

1 섭외적 생활관계(섭외사법) → 외국적 요소가 있는 법률관계(2001) → 외국과 관련된 요소가 있는 법률관계(2022)

2 제2조는 '당사자 또는 분쟁이 된 사안이 대한민국과 실질적 관련이 있는 경우에 대한민국 법원은 국제재판관할권을 가진다'고 선언한 점에서는 구 국제사법(2001) 제2조와 동일하나, '실질적 관련의 유무를 판단함에 있어 종래 대법원에서 국제재판관할 배분의 이념으로 제시했던 '당사자 간의 공평, 재판의 적정, 신속 및 경제'를 명시했다는 점에서 차이가 있다.

와 이탈리아 같은 대륙법계에서도 국제재판관할을 국제사법에서 규율하는 경향이 있으나[3], 유럽연합(EU)에서는 로마규칙(Rome Regulation)에서 준거법을 규정하고, 브뤼셀규칙(Brussels Regulation)에서 재판관할권을 규정하고 있다.

• **준거법**

준거법이란, 외국적 요소가 있는 법률관계(섭외적 법률관계)에 실제로 적용되는 특정 국가[연방제국가의 경우 특정주(state)]의 실질법을 말한다. 이는 즉 어느 국가의 실질법 질서에 의하여 분쟁을 해결하는 것이 적절한지의 문제이다.

• **국제재판관할권**

국제재판관할권이란, 외국적 요소가 있는 사건에 대하여 특정 국가의 법원이 이를 재판할 수 있는 자격 내지 권한[어느 국가의 법원(재판기관)의 재판 권한(판단 권한)]을 말한다. 이는 어느 국가의 법원에서 재판하는 것이 재판의 적정, 공평을 기할 수 있는지의 문제이다. 복수의 재판관할권이 존재는 경우 국제적 소송경합이 문제된다(현행 국제사법 제11조).

• **준거법과 재판관할합의**

외국적 요소가 있는 법률관계에서 준거법과 재판관할을 별도로 합의하는 경우가 드물지 않다(대법원 2010. 7. 15. 선고 2010다18355 판결)

대법원 2014. 12. 11. 선고 2012다119443 판결

1. 국제사법 적용 여부 및 준거법 결정에 관하여

가. 국제사법 제1조는 "이 법은 외국적 요소가 있는 법률관계에 관하여 국제재판관할에 관한 원칙과 준거법을 정함을 목적으로 한다"고 규정하고 있는바, 외국적 요소가 있는지 여부는 거래당사자의 국적뿐만 아니라 주소, 물건 소재지, 행위지, 사실발생지 등이 외국과 밀접하게 관련되어 있는지 등을 종합적으로 고려하여야 하고, 그 결과 곧바로 내국법을 적용하기보다는 국제사법을 적용하여 그 준거법을 정하는 것이 더 합리적이라고 인정되는 법률관계에 대하여는 국제사법의 규정을 적용하여 준거법을 정하여야 한다(대법원 2008. 1. 31. 선고 2004다26454 판결 참조).

나. **원심판결 이유에 의하면,** 원심은, ① 원심판시 **이 사건 양도약정의 당사자에는** 원고 은행과 주식회사 봉신(이하 '봉신'이라 한다) 외에도 파나마국 법률에 따라 설립되어 파나마국에 주소를 두고 있는 파보람쉽핑(Paboram Shipping S.A., 이하 '파보람'이라 한다)**이 포함되어 있고, 원고 은행의 경우에도 국내지점이 아니라 홍콩지점이 직접 관련되어 있는 점,** ② 이 사건 양도약정의 대상이 된 원심판시 이 사건 용선료채권 등은 원심판시 이 사건 연속항해용선계약을 원인으로 발생하였는데, 이 사건 연속항해용선계약은 국제화물운송을 목적으로 하는 원심판시 이 사건 선박의 용선에 관한 것으로서 이를 원인으로 하여서는 이 사건 용선료채권 이외에도 체선료채

3 법무부, 「국제사법 해설」, 2001, p.23.

권, 임금채권, 각종 손해배상채권 등이 발생할 수 있고, 경우에 따라 이들 채권의 발생지는 외국일 수 있는 점, ③ 당사자들이 이 사건 연속항해용선계약 및 양도약정의 준거법을 영국법으로 정하기로 합의한 점 등을 종합하여 보면, 이 사건에는 외국적 요소가 있다고 보이고, 따라서 곧바로 대한민국법을 적용하기보다 국제사법을 적용하여 그 준거법을 정하는 것이 더 합리적이라고 판단하였다.

나아가 원심은, 이 사건 연속항해용선계약과 같은 날 체결되어 그 일부로 첨부되어 있는 부속서 에이(Appendix A) '탱커항해용선계약(TANKER VOYAGE CHARTER PARTY)' 제30조는 '이 사건 연속항해용선계약의 해석 및 당사자들의 권리와 의무는 런던에서 용선계약 당사자들에게 적용되는 법에 따른다'고 규정하고, 이 사건 연속항해용선계약 제1조는 부속서 에이가 이 계약에 삽입되어 그 일부를 이룬다고 규정하고 있는 사실, 한편 이 사건 양도약정서 제14.01조는 이 사건 양도약정의 준거법을 영국법으로 정하고 있는 사실을 인정한 다음, 비록 이 사건 연속항해용선계약의 본문에 준거법에 관한 규정이 없다고 하더라도 위 사실관계에 나타난 당사자의 의사는 이 사건 연속항해용선계약 자체도 부속서 에이에서 합의한 바와 같은 준거법에 의하여 규율되도록 할 의사였다고 보아야 하므로, 이 사건 연속항해용선계약의 당사자는 그 준거법을 영국 런던에서 적용되는 법인 영국법으로 선택하였다고 할 것이고, 따라서 이 사건 용선료채권의 성립이나 소멸 등에 관한 준거법은 영국법이 된다고 판단하였다.

위 법리에 비추어 기록을 살펴보면, 원심의 위와 같은 판단은 정당한 것으로 수긍할 수 있고, 거기에 국제사법 제1조 의 '외국적 요소', 의사표시에 대한 해석, 국제사법 제7조 및 제8조 제2항 의 각 적용범위, 국제사법 제8조 제1항 과 국제사법 제34조 제1항과의 관계 등에 관한 법리를 오해하거나 법률 명확성 원칙을 위반하거나 법정 안정성에 반하는 등의 잘못이 없다.

제2절 국제재판관할

제2조 일반원칙

제2조【일반원칙】 ① 대한민국 법원(이하 "법원"이라 한다)은 당사자 또는 분쟁이 된 사안이 대한민국과 실질적 관련이 있는 경우에 국제재판관할권을 가진다. 이 경우 법원은 실질적 관련의 유무를 판단할 때에 당사자 간의 공평, 재판의 적정, 신속 및 경제를 꾀한다는 국제재판관할 배분의 이념에 부합하는 합리적인 원칙에 따라야 한다.
② 이 법이나 그 밖의 대한민국 법령 또는 조약에 국제재판관할에 관한 규정이 없는 경우 법원은 국내법의 관할 규정을 참작하여 국제재판관할권의 유무를 판단하되, 제1항의 취지에 비추어 국제재판관할의 특수성을 충분히 고려하여야 한다.

1. 현행 국제사법상의 재판관할 규정

국제재판관할의 문제는 국제민사소송이 빈번한 현실에 있어 그 중요성이 날로 증대되고 있다. 국제재판관할권은 병존할 수 있으며(대법원 2021. 3. 25. 선고 2018다230588 판결), 배타적인 것이 아니고 병존적이다. 따라서 다른 국가에 재판관할권이 인정된다는 이유로 대한민국의 국제재판관할권이 부정되지는 않는다.

구 국제사법(2001)에서는 현 단계에 있어서 완결된 내용의 국제재판관할 규정을 두기는 어려운 실정이므로 과도기적인 조치로서 총칙에서는 종래 대법원 판례가 취해온 입장을 반영하여 국제재판관할에 관한 일반원칙만을 규정하고(제2조)[4], 개별적 법률관계에 대한 특별재판관할규정은 제12조(실종선고), 제14조(한정후견개시, 성년후견개시 심판 등), 제27조(소비자계약), 제28조(근로계약),

4 법제사법위원회 수석전문위원 김회선, "섭외사법개정법률안 검토보고", 2001. 2, pp.4－5. 참소. "둘째, 국제재판관할에 관한 조항의 신설에 대한 사항입니다. 개정안 제2조에서는 원·피고 등 당사자 또는 소송원인인 분쟁이 된 사안이 대한민국과 '실질적인 관련'을 가지는 경우 우리나라 법원에 국제재판관할권을 인정하고 있습니다. 현행법이 국제민사사건에 대하여 어느 나라의 법원이 재판할 권한을 갖는가의 문제인 국제재판관할 조항을 직접 규정하고 있지 않은 관계로 그에 관한 원칙은 주로 판례에 의하여 발전되어 왔으나, 국제민사소송이 빈번한 최근의 현실에서 국제재판관할에 관한 원칙의 중요성이 날로 증대되고 있음에 따라, 동 개정안에서는 종래 대법원판례가 취해 온 입장을 반영하여 국제재판관할에 관한 조항을 명문화한 것으로 보여집니다. 이에 대하여 특히 우리의 경우와 같이 아직 국제재판관할에 관한 판례법이 충분히 형성되지 않은 상황에서 추상적인 국제재판관할에 관한 원칙을 성문화하는 것은 구체적인 국제재판관할 기준을 모색하고 연구하는데 오히려 장애가 될 수 있다는 점에서 이를 반대하는 견해가 있는 바, 향후에는 개별적인 국제민사사건에 대하여 구체적인 국제재판관할 규정이 각각 마련되어져야 한다는 측면에서 일응 타당한 지적이라고 할 수 있겠으나, 국제재판관할에 관한 성문규정의 입법이 절실하다는 현실적인 필요성과 현 단계에서 완결된 내용의 국제재판관할 규칙을 마련하는 것은 어려운 실정임을 감안할 때, 향후 법률 분야별로 국제재판관할에 관한 정치한 규정을 두기 전까지의 과도기적 입법조치로서 개정안과 같은 국제재판관할에 관한 일반적인 원칙 조항을 규정할 필요가 있다고 판단됩니다."

제48조(후견)에 한정되었다.

그러나 현행 국제사법에서는 제2조의 국제재판관할권에 대한 일반원칙 규정을 구제화하고[5], 제1장 총칙에 국제재판관할에 대한 별도의 절(제2절 국제재판관할)을 두어 매우 상세한 규정을 신설하고(제2조~제15조), 국제사법 각칙에 해당하는 제2장~제10장의 각 장에서도 제1절에 국제재판관할 규정을 신설하였다. 이에 따라 현행 국제사법은 "외국적 요소가 있는 법률관계에서 "국제재판관할과 준거법"을 정하는 완전한 법이 되었다. 현행 국제사법은 실질적으로 국제재판관할의 규정을 위한 개정이었다고 볼 수 있다.

참고로 섭외사법과 2022. 1. 26. 개정[6] 이전의 민사소송법에서는 국제재판관할의 결정기준에 관하여 명시적 규정을 두지 않았는바, 구체적으로 어떤 기준에 따라 국제재판관할을 결정할 것인지에 대하여 역추지설, 관할배분설, 수정역추지설 등이 있었는데[7], 현행 국제사법에서는 국제재판관할에 대한 상세한 규정을 두고 있어 이러한 학설의 대립은 사실상 의미를 상실하였다고 볼 수 있다.[8]

2. 국제재판관할의 일반원칙(제2조)

1) 실질적 관련의 원칙(제2조 제1항)

당사자 또는 분쟁이 된 사안이 법정지인 "대한민국과 실질적 관련"[9]이 있는 경우에 대한민국 법원이 국제재판관할권을 가진다. 대한민국 법원은 "실질적 관련의 유무"를 판단함에 있어 당사자 간의 공평, 재판의 적정, 신속 및 경제를 꾀한다는 국제재판관할 배분의 이념에 부합하는 합리적인 원칙에 따라야 한다.

'실질적 관련'은 대한민국 법원이 재판관할권을 행사하는 것을 정당화할 수 있을 정도로 당사자 또는 분쟁의 대상이 대한민국과 관련성을 갖는 것을 의미한다. 대법원은 나우정밀사건(1995)[10]에서 간접관할의 판단에서 관할배분설의 법리를 설시하면서 그에 더하여 '실질적 관련성'

---

5 제2조는 '당사자 또는 분쟁이 된 사안이 대한민국과 실질적 관련이 있는 경우에 대한민국 법원은 국제재판관할권을 가진다'고 선언한 점에서는 구 국제사법(2001) 제2조와 동일하나, '실질적 관련의 유무를 판단함에 있어 종래 대법원에서 국제재판관할 배분의 이념으로 설시했던 '당사자 간의 공평, 재판의 적정, 신속 및 경제'를 명시했다는 점에서 차이가 있다.

6 2022. 1. 26. 민사소송법 개정으로 민사소송법([시행 2002. 7. 1.] [법률 제6626호, 2002. 1. 26., 전부개정])과 민사집행법([시행 2002. 7. 1.] [법률 제6627호, 2002. 1. 26., 제정])을 분리하였다.

7 최공웅, "국제재판관할 원칙에 관한 재론", 법조 제47조 제8호, 1996, pp.7－13.

8 석광현, 「국제사법 해설」, 박영사, 2013, p.62.; 손경한 외, 「국제사법 개정 방안 연구」, 기술과법 연구소, 2012, p.20.

9 참고로 피고의 일상거소(영업소, 주된 사무소 소재지, 주소), 채무이행지, 불법행위지 등은 실질적 관련의 판단 요소가 되지만, 원고의 일상거소(영업소, 주된 사무소 소재지, 주소)는 실질적 관련의 판단 요소가 되지 않는다고 본다.

10 "섭외사건의 국제 재판관할에 관하여 일반적으로 승인된 국제법상의 원칙이 아직 확립되어 있지 아니하고 이에 관한

이라는 기준을 도입하는 판결을 하였고, 이를 모범으로 하여 구 국제사법(2001)에서 국제재판관할 결정기준에 관한 일반규정으로서 제2조[11]를 신설하였다.[12]

대법원에서는 '실질적 관련'은 대한민국 법원이 재판관할권을 행사하는 것을 정당화할 수 있을 정도로 당사자 또는 분쟁의 대상이 대한민국과 관련성을 갖는 것을 말하며, 이를 판단함에 있어서는 당사자 간의 공평, 재판의 적정, 신속 및 경제를 꾀한다는 국제재판관할 배분의 이념에 부합하는 합리적인 원칙에 따라야 하며, 구체적으로는 소송당사자들의 공평, 편의 그리고 예측가능성과 같은 개인적인 이익뿐만 아니라 재판의 적정, 신속, 효율 및 판결의 실효성 등과 같은 법원 내지 국가의 이익도 함께 고려하여야 할 것이며, 이러한 다양한 이익 중 어떠한 이익을 보호할 필요가 있을지 여부는 개별 사건에서 법정지와 당사자와의 실질적 관련성 및 법정지와 분쟁이 된 사안과의 실질적 관련성을 객관적인 기준으로 삼아 합리적으로 판단하여야 한다는 입장을 밝힌 바 있다(대법원 2005. 1. 27. 선고 2002다59788 판결 등 참조, **따름판례** 대법원 2014. 5. 16. 선고 2013므1196 판결; 대법원 2019.6.13. 선고 2016다33752 판결). 이러한 대법원의 입장에 맞추어 2022년 국제사법 개정시 '당사자 간의 공평, 재판의 적정, 신속 및 경제'라는 대법원이 그동안 제시해 왔던 국제재판관할 배분의 구체적 이념을 추가하였다.[13]

제2조 제1항의 해석상 당사자가 대한민국 국민(또는 법인)이거나 대한민국에 일상거소(또는 주된 사무소)가 있는 경우 일응 대한민국과 실질적 관련성이 인정될 것이다. 이에 따라 소송에서 양당사자는 원고와 피고인데, 원고가 대한민국 국민(또는 법인)이거나 대한민국에 일상거소(또는 주된 사무소)가 있는 경우에도 실질적 관련성을 인정하여 대한민국 법원에 국제재판관할권을 인정해야 하는지 다툼이 된다. 물론 이 경우 제2조 제1항 제2문의 '당사자 간의 공평, 재판의 적정, 신속 및 경제를 꾀한다는 국제재판관할 배분의 이념에 부합하는 합리적인 원칙'에 따라 대한민국 법원에 국제재판관할권을 부정한다는 결론을 도출할 수도 있는데, 위 규정 문구가 이러한 결론을 도출하는데 합당한 것인지, 위 규정 문구가 적정한지 의문이 제기된다.

우리 나라의 성문법규도 없는 이상, 섭외사건에 관한 외국 법원의 재판관할권 유무는 당사자간의 공평, 재판의 적정, 신속을 기한다는 기본이념에 따라 조리에 의하여 결정함이 상당하고, 이 경우 우리 나라의 민사소송법의 토지관할에 관한 규정 또한 그 기본이념에 따라 제정된 것이므로, 그 규정에 의한 재판적이 외국에 있을 때에는 이에 따라 외국 법원에서 심리하는 것이 조리에 반한다는 특별한 사정이 없는 한 그 외국 법원에 재판관할권이 있다고 봄이 상당하다"(대법원 1995. 11. 21. 선고 93다39607 판결).

11 제2조【국제재판관할】① 법원은 당사자 또는 분쟁이 된 사안이 대한민국과 실질적 관련이 있는 경우에 국제재판관할권을 가진다. 이 경우 법원은 실질적 관련의 유무를 판단함에 있어 국제재판관할 배분의 이념에 부합하는 합리적인 원칙에 따라야 한다.

12 손경한 외, 「국제사법 개정 방안 연구」, 기술과법 연구소, 2012, pp.4－5.

13 2001년의 국제사법 개정에서 국제재판관할의 일반원칙(제2조, 현행법 제2조에 해당)를 도입했는데, 해당 규정은 매우 추상적인 내용이었으나 제2조를 구체화한 판결이 축적되어 국제재판관할의 일반원칙에 관한 구체적인 기준을 입법화할 필요가 있었다(고 손경한 외, 전게서, p.1.).

2) 보칙 : 국내법의 관할규정 참작(제2조 제2항) → 국제사법이나 그 밖의 대한민국 법령 또는 조약에 국제재판관할규정이 없는 경우 국내법의 관할규정 참작

국제사법이나 그 밖의 대한민국 법령 또는 조약에 국제재판관할 규정이 없는 경우 ⅰ) 국내법(민사소송법 등)의 관할규정을 참작하여 국제재판관할권의 유무를 판단하되, ⅱ) 제1항의 취지에 비추어 국제재판관할의 특수성을 충분히 고려한다.

이 규정은 국제사법이나 그 밖의 대한민국 법령 또는 조약에 국제재판관할 규정이 없는 경우의 재판관할의 유무에 대한 판단 규정으로 ⅰ) 국제사법이나 그 밖의 대한민국 법령 또는 조약에 재판관할에 관한 규정이 있는 경우에는 그 규정에 따라 대한민국 법원의 재판관할권 유무를 판단하고, ⅱ) 국제사법이나 그 밖의 대한민국 법령 또는 조약에 재판관할에 관한 규정이 없는 경우에는 국내법(민사소송법, 가사소송법 등)의 관할규정(민·상사사건-민사소송법의 토지관할규정, 가사사건-가사소송법의 토지관할규정 등)을 참작하여 대한민국 법원의 재판관할권 유무를 판단한다[다만, 이 경우 해당 규정에 얽매이지 말고, 국제재판관할의 특수성 충분히 고려(예 피고의 주소, 법인의 주사무소/영업소, 불법행위지 등)]. 다만, 국내법상의 裁判籍에 관한 규정은 국내적 관점에서 제정된 것이므로 국제재판관할의 특수성[14]을 고려하여야 한다.[15] 이 규정에 의하여 민사소송법의 재판관할규정은 대한민국 법원의 국제재판관할권 판단에 중요한 판단기준으로 작용할 수 있다. 다만, 민사소송법의 재판관할규정은 국내적 관점에서 마련된 규정이므로 대한민국 법원의 국제재판관할권을 판단함에 있어 국제재판관할의 특수성을 고려하여 국제재판관할 배분의 이념에 부합하도록 해당 관할규정을 수정하여 적용해야 한다.

3) 재판관할권의 일면적 규정 방식

국제사법에서는 원칙적으로 대한민국 법원이 재판관할을 가지는 경우만을 규정하고(일면적 규정방식[16]), 예외적으로 중립적 규정을 두고 있다(양면적 규정방식).

2022년 국제사법 개정 법제사법위원회 검토의견 : 제2조 관련[17]

(1) 국제재판관할 결정을 위한 실질적 관련성 판단기준 구체화(안 제2조)

---

14 예컨대 민사소송법 제4조 제2항(외국법인에 대한 사무소 소재지의 보통재판적), 제9조(재산소재지의 특별재판적), 제22조 제2항(공동소송의 관련재판적) 등은 국제재판관할의 특수성에 비추어 볼 때 이를 막바로 국제재판관할 규칙으로 사용할 것인지 검토할 필요가 있다.(법무부, 전게서, p.24.).

15 법무부, 전게서, p.24.

16 일면적 규정방식 : 스위스 국제사법, 이탈리아 국제사법, 일본 민사소송법 등

현행법 제2조는 대한민국 법원(이하 '법원'이라고 함)이 국제재판관할을 가지기 위한 요건으로 '실질적 관련성'을 규정하고 있으나 그에 대한 구체적인 판단기준을 제시하지 않고 있음

이에, 종전에 대법원 판례(대법원 2019. 6. 13. 선고, 2016다33752 판결)에서 제시된 '실질적 관련성'을 구체화하는 기준들을 입법에 반영하여 일반원칙으로 규정함으로써, 구체적인 규정해석의 방향을 제시하는 데 도움이 되고, 개별 조문의 규정에 따라 국제재판관할 범위를 형식적으로 판단할 경우 그 범위가 과도하거나 과소하게 되는 것을 시정할 수 있을 것으로 보임

이와 관련하여, 안 제2조가 실질적 의미를 가지게 될 경우 제3조 이하 구체적 관할규정을 회피하는 수단으로 활용되어 관할 결정의 예측가능성을 저해할 우려가 있다는 견해가 있을 수 있으나, 제2조와 같이 일반원칙을 선언하는 규정을 둠으로써 구체적인 규정 해석 방향을 제시하는 데에 도움이 될 뿐만 아니라, 구체적인 규정의 문언에 따라 국제재판관할 범위를 형식적으로 판단할 경우 그 범위가 과도하거나 과소하게 되는 것을 일반원칙 규정에 의해 시정할 수 있다는 장점이 있음을 고려할 필요가 있음

또한, 안 제2조 제1항 후단은 '실질적 관련성'의 구체적 의미를 규정한 것이라기보다는 국제적 관할배분의 이념을 명시하고 법원이 이에 따를 것을 규정하는 구조로 되어 있는바, 대법원 판례가 제시한 '실질적 관련성'을 구체화하는 기준들을 반영하자는 개정 취지에 맞게 국제재판권의 유무를 판단할 때 필요한 고려요소를 구체적으로 명시하는 문장을 추가하거나 안 제2조 제1항 후단을 해당 문장으로 대체하는 것도 검토가 필요하다는 의견이 있는바, 판례의 취지를 어느 정도까지 구체화할 것인지는 입법정책적으로 결정할 문제로 사료됨

3. 국제재판관할의 일반원칙의 적용범위

제2조에 근거하여 국제재판관할을 넓게 인정할 수 있는지 문제가 된다. 현행 국제사법은 총칙에서 일반관할, 특별관할, 합의관할 등을 상세히 규정하고, 각칙에서 별도의 특별관할을 규정하는 등 매우 상세하고 정치한 재판관할규정을 두고 있는바, 법적 안정성을 고려하여 제2조의 국제재판관할의 일반원칙은 국제재판관할에 대한 별도의 규정이 없는 경우로서 여러 가지 사정을 종합한 결과 제2조에서 선언하는 일반원칙에 부합하는 때에만 제한적으로 국제재판관할을 인정하는 것이 합당하다는 주장이 일리가 있다.[18] 제2조의 일반원칙에 의한 재판관할권을 쉽게 인정하면, 국제적분쟁의 효율적 해결과 관할 배분의 이념의 실천이라는 국제재판관할제도의 근본이념이 훼손될 위험이 크고, 당사자들의 예측가능성이 침해되며, 우리 판결의 국제적 불신(외국에서 우리 판결 승인 거부)을 초래할 수 있다.[19] 한편, 제2조 이외의 재판관할규정은 대부분 대한민국과 실질적 관련성이 인정되어 명문으로 규정한 것으로 볼 수 있다.

---

17 법제사법위원회 전문위원 허병조, "국제사법 전부개정법률안 검토보고[<일반관할 및 유형별 국제재판관할 규정 신설 등> 정부제출(의안번호 제2818호)]", 2020. 09, pp.16－17.

18 석광현, 「국제재판관할법」, 박영사, 2022, p.66.; 장준혁, "국제재판관할법상 실질적 관련성 기준에 관한 판례의 표류 : 지도원리의 독립관할기초화와 예견가능성론에 의한 무력화", 양창수 교수 고희기념논문집, 2021, p.1030.

19 손경한 외, 전게서, pp.10－11.

사례연구

◖ 사례 1 ◗

A사(독일 회사)와 B사(영국 회사) 간의 건설공사계약(공사현장은 대한민국)에서 분쟁이 발생한 경우

☞ 이 사안은 외국회사 간의 계약이지만, 건설공사 장소는 대한민국이므로 대한민국과의 실질적 관련성이 인정되어 대한민국 법원에 국제재판관할권이 있다.

◖ 사례 2 ◗

• 사용자인 원고(甲 회사)와 종업원인 피고 사이에 맺어진 근로계약에 따라 직무발명이 완성되어 대한민국에서 등록한 특허권 및 실용신안권에 관한 직무발명에 기초하여 외국에서 등록되는 특허권 또는 실용신안권에 대하여 甲 회사가 통상실시권을 취득하는지가 문제 된 사안에서,
원고는 대한민국 법률에 의하여 설립된 법인이고 피고는 대한민국 국민으로서 대한민국에 거주하고 있는 사실, 이 사건은 원고의 피고에 대한 영업방해금지청구의 선결문제로서 피고가 원고와 맺은 근로계약에 따라 완성되어 대한민국에서 등록한 원심판시 특허권 및 실용신안권에 관한 직무발명(이하 '이 사건 직무발명'이라 한다)에 기초하여 외국에서 등록되는 특허권 또는 실용신안권에 대하여 원고가 통상실시권을 취득하는지 여부가 문제가 되고 있는데, 피고가 이 사건 직무발명을 완성한 곳이 대한민국인 사실을 알 수 있다. 그리고 원고가 이 사건 직무발명에 기초하여 외국에 등록되는 특허권이나 실용신안권에 대하여 통상실시권을 가지는지 여부는 특허권이나 실용신안권의 성립이나 유·무효 등에 관한 것이 아니어서 그 등록국이나 등록이 청구된 국가 법원의 전속관할에 속하지도 아니한다(대법원 2011. 4. 28. 선고 2009다19093 판결 참조). 이러한 사정들을 앞서 본 법리에 비추어 보면, 이 사건의 당사자 및 분쟁이 된 사안은 대한민국과 실질적인 관련성이 있어 대한민국 법원은 이 사건에 대하여 국제재판관할권을 가진다고 봄이 타당하다(대법원 2015. 1. 15. 선고 2012다4763 판결).
• **사건개요** : 종업원이 자동차부품 와이퍼 개발하고 회사는 대한민국에 특허 출원 및 등록. 종업원은 캐나다에 동일한 특허 출원 및 등록. 회사는 종업원에 대하여 영업방해금지의 소 제기. 회사는 캐나다에 등록된 해당 특허의 통상실시권 보유 여부가 이 소의 선결문제

◖ 사례 3 ◗ **구 국제사법 제2조**

2002년 김해공항 인근에서 발생한 중국 항공기 추락사고로 사망한 중국인 승무원의 유가족이 중국 항공사를 상대로 대한민국 법원에 손해배상청구소송을 제기한 사안에서, 민사소송법상 토지관할권, 소송당사자들의 개인적인 이익, 법원의 이익, 다른 피해유가족들과의 형평성 등에 비추어 위 소송은 대한민국과 실질적 관련이 있다고 보기에 충분하

보충설명

• 실질적 관련
'실질적 관련'이라 함은 대한민국 법원이 재판관할권을 행사하는 것을 정당화할 수 있을 정도로 당사자 또는 분쟁

대상이 대한민국과 관련성을 갖는 것을 의미하며, 그 인정 여부는 구체적인 사건마다 종합적인 사정을 고려하여 판단하여야 한다(서울중앙지방법원 2007.8.30. 선고 2006가합53066 판결).[20]
피고의 주소, 채무이행지, 불법행위지, 영업소 소재지 등의 요소들은 일반재판관할 또는 특별재판관할의 존재를 확정하기 위한 요건으로서 실질적 관련의 존재 여부를 판단하는데, 중요한 고려요소가 된다.[21]

- **당사자 간의 공평, 재판의 적정, 신속 및 경제를 꾀한다는 국제재판관할 배분의 이념에 부합하는 합리적인 원칙**
국제재판관할 배분의 이념은 당사자 간의 공평, 재판의 적정, 신속 및 경제 등을 포함한다. 이는 기본적으로 당사자 간의 공평, 재판의 공정, 적정 및 신속 등 민사소송의 기본이념과 동일하다.[22]

- **실질적 관련성 판단 : 대법원 2014. 5. 16. 선고 2013므1196 판결 등**
개별 사건에서 법정지와 당사자의 실질적 관련성 및 법정지와 분쟁이 된 사안과의 실질적 관련성을 객관적인 기준으로 삼아 합리적으로 판단(대법원 2014. 5. 16. 선고 2013므1196 판결; 대법원 2012. 5. 24. 선고 2009다22549 판결; 대법원 2010. 7. 15. 선고 2010다18355 판결; 대법원 2005.1.27. 선고 2002다59788 판결)

- **국제재판관할 존재 여부 : 대법원 2012. 5. 24. 선고 2009다22549 판결**
2. 국제재판관할의 존재 여부
국제재판관할을 결정함에 있어서는 당사자 간의 공평, 재판의 적정, 신속 및 경제를 기한다는 기본이념에 따라야 할 것이고, 구체적으로는 소송당사자들의 공평, 편의 그리고 예측가능성과 같은 개인적인 이익뿐만 아니라 재판의 적정, 신속, 효율 및 판결의 실효성 등과 같은 법원 내지 국가의 이익도 함께 고려하여야 할 것이며, 이러한 다양한 이익 중 어떠한 이익을 보호할 필요가 있을지 여부는 개별 사건에서 법정지와 당사자와의 실질적 관련성 및 법정지와 분쟁이 된 사안과의 실질적 관련성을 객관적인 기준으로 삼아 합리적으로 판단하여야 한다(대법원 2005. 1. 27. 선고 2002다59788 판결 등 참조).
▶ **따름판례** 대법원 2014. 5. 16. 선고 2013므1196 판결

- **대법원 2019. 6. 13. 선고, 2016다33752 판결**
국제사법 제2조 제1항은 "법원은 당사자 또는 분쟁이 된 사안이 대한민국과 실질적 관련이 있는 경우에 국제재판관할권을 가진다. 이 경우 법원은 실질적 관련의 유무를 판단함에 있어 국제재판관할 배분의 이념에 부합하는 합리적인 원칙에 따라야 한다."라고 정하고 있다. 여기에서 '실질적 관련'은 대한민국 법원이 재판관할권을 행사하는 것을 정당화할 정도로 당사자 또는 분쟁이 된 사안과 관련성이 있는 것을 뜻한다. 이를 판단할 때에는 당사자의 공평, 재판의 적정, 신속과 경제 등 국제재판관할 배분의 이념에 부합하는 합리적인 원칙에 따라야 한다. 구체적으로는 당사자의 공평, 편의, 예측가능성과 같은 개인적인 이익뿐만 아니라, 재판의 적정, 신속, 효율, 판결의 실효성과 같은 법원이나 국가의 이익도 함께 고려하여야 한다. 이처럼 다양한 국제재판관할의 이익 중 어떠한 이익을 보호할 필요가 있을지는 개별 사건에서 실질적 관련성 유무를 합리적으로 판단하여 결정하여야 한다.

- **forum non-convenience(불편한 법정지, 부적절한 법정지) 법리의 도입 문제**
"forum non-convenience(불편한 법정지, 부적절한 법정지)" 원칙은 법원이 재판관할이 있음에도 다른 법원이나

법정지가 더 편리하게 사건을 심리할 수 있는 경우 법원이 관할권 행사를 거부할 수 있는 재량권을 의미한다. 이 원칙을 채택하는 경우 국제소송에서는 국내 법원이 재판관할권을 가지더라도 외국 법원이 더 적절한 법정지(forum)라는 것이 명백한 경우 소송을 중지하거나 소를 각하할 수 있다. 이 원칙은 영국에서 인정되던 법원칙으로 원고의 재판관할 선택권에 대응하여 그 절차의 진행을 저지하는 피고의 주요 항변사항으로 널리 이용되어 왔는데, 최근에는 국제적 소송경합을 해결하거나 예방하기 위한 수단으로서의 그 중요해지고 있다.[23] 이 원칙은 법원에 과도한 재량권을 부여하고, 외국인이 제소한 사건의 재판을 거부하는 구실을 제공하는 등 불합리한 면이 고려되어 2001년 개정 국제사법에서는 관련 규정을 두지 않았으나[24], 2022년 개정 국제사법에서는 관련 규정[제12조(국제재판관할권의 불행사)]을 신설하였다.

제3조 일반관할

제3조【일반관할】 ① 대한민국에 일상거소(habitual residence)가 있는 사람에 대한 소(訴)에 관하여는 법원에 국제재판관할이 있다. 일상거소가 어느 국가에도 없거나 일상거소를 알 수 없는 사람의 거소가 대한민국에 있는 경우에도 또한 같다.
② 제1항에도 불구하고 대사(大使)·공사(公使), 그 밖에 외국의 재판권 행사대상에서 제외되는 대한민국 국민에 대한 소에 관하여는 법원에 국제재판관할이 있다.
③ 주된 사무소·영업소 또는 정관상의 본거지나 경영의 중심지가 대한민국에 있는 법인 또는 단체와 대한민국 법에 따라 설립된 법인 또는 단체에 대한 소에 관하여는 법원에 국제재판관할이 있다.

1. 일반관할

일반관할(general jurisdiction)은 사건의 종류나 내용에 관계 없이 특정 피고에 대한 모든 소송에 대하여 재판관할이 인정되는 것을 말하고, 특별관할(special jurisdiction)은 계약, 불법행위 등 일정한 종류나 청구원인에 기한 소송에 대하여만 재판관할이 인정되는 것을 말한다. 일반관할의 경우 해당 피고에 대한 모든 소송에 대하여 재판관할을 인정하고, 특별관할의 경우 해당 사안과 법정지 간에 관할권을 정당화할 정도의 관련이 있는 경우에 해당 소송 건에 한하여 특별히

---

20 법무부, 전게서, p.24.
21 신창섭,「국제사법」제4판, 세창출판사, 2018, p.61.
22 신창섭, 전게서, p.62.
23 이혜민, 전게논문, p.142.
24 법무부, 전게서, p.25.

재판관할을 인정한다.[25]

제3조에서는 일반관할을 규정하고 있는데, 이는 사건의 종류나 내용에 관계 없이 특정 피고에 대한 모든 소송에 대하여 재판관할을 인정하는 것이다. 제3조의 일반관할 규정은 민사소송법 제2조(보통재판적)에 대응하는 규정으로 2022년 개정 국제사법에서 신설되었다. 국제사법 제3조의 일반관할은 '원고는 피고의 법정지를 따른다(actor sequitur forum rei)'는 로마법(유스티니아법전) 원칙을 수용한 것이다.[26] 이 원칙에서 피고의 주소지를 재판권할권의 기초로 인정하는 것은 피고가 자신이 거주하는 곳에서 자신을 방어하는 것이 유리하다는 취지에서 피고를 소송절차적인 면에서 보호하기 위한 것이다. 국제사법 제3조의 일반관할은 보면, 사람에 대한 소는 제1항에서 규정하고, 법인 또는 단체에 대한 소는 제3항에서 규정한다.

1) **사람에 대한 소**(제1항)

사람에 대한 소는 피고가 다음 하나에 해당하는 경우 대한민국 법원에 국제재판관할이 인정된다(제1항).

(1) 대한민국에 일상거소(habitual residence)가 있는 사람에 대한 소(訴)

(2) 일상거소가 어느 국가에도 없거나 일상거소를 알 수 없는 사람의 '거소'가 대한민국에 있는 경우

(3) 대사(大使) · 공사(公使), 그 밖에 외국의 재판권 행사대상에서 제외되는 대한민국 국민에 대한 소

2) **법인 또는 단체에 대한 소**(제3항)

법인 또는 단체 대한 소는 피고가 다음 하나에 해당하는 경우 대한민국 법원에 국제재판관할이 인정된다.

(1) 주된 사무소 · 영업소 또는 정관상의 본거지나 경영의 중심지가 대한민국에 있는 법인 또는 단체에 대한 소(대한민국에 주된 사무소 · 영업소가 있는 법인 · 단체에 대한 국제재판관할)

(2) 대한민국 법에 따라 설립된 법인 또는 단체에 대한 소(대한민국 법인 · 단체에 대한 국제재판관할)

---

25 석광현, 전게서(2022), p.68.
26 이 원칙은 '피고관할'이라고 하며, 대륙법계에서 계수되었다.

2. 연결점으로 일상거소(日常居所, habitual residence)

1) 일상거소의 도입

2001년 개정 국제사법에서는 '주소(domicile)'를 대체하는 새로운 연결점으로 '상거소(常居所)' 개념을 도입했고, 2022년 개정 국제사법에서는 이를 '일상거소(日常居所, habitual residence)'로 변경하였는데, '일상거소(日常居所)'는 '상거소(常居所)'를 알기 쉬운 용어로 표현한 것일 뿐, '상거소(常居所)'와 '일상거소(日常居所)'는 동일한 개념으로 보는 것이 합당하다.[27]

참고로 일상거소(日常居所, habitual residence)는 속인법 결정에 관하여 대륙법계 국가의 국적주의와 보통법계 국가의 주소지법주의를 절충하는 일종의 타협의 산물로 만들어진 연결점으로 헤이그 국제사법회의(Hague Conference on Private International Law, HCCH)에서 채택한 다수의 협약을 비롯한 각종 국제조약 및 대다수의 입법례에서 연결점으로 사용되고 있다.[28] 연결점으로서 '주소'[29]는 법률상 개념으로 국가마다 개념이 다르다는 단점이 있고[30], 연결점으로서 '국적'은 관념적이고 공법적 개념이라는 문제점이 있는데, 연결점으로서 일상거소는 이러한 문제점을 해결하고 국제적 통일성도 달성할 수 있다는 점에서 새로 도입되었다.[31]

일반관할에 대하여 제3조 제1항에서는 일상거소, 제3조 제3항에서는 주된 사무소·영업소를 규정하고 있는바, 일상거소는 주된 사무소·영업소와 동일한 것은 아니라고 해석된다. 한편, 복수의 일상거소를 가질 수 있는가에 대한 규정도 없는데, 법인·단체의 경우 주된 사무소·영업소 외에 다수의 사무소·영업소를 가지고 있는 경우가 많은바, 이 경우 주된 사무소는 일상거소와 동등한 것으로 인정되고, 추가로 사무소·영업소도 일상거소와 동등한 것으로 인정될 수 있는지 명확하지 않다. 일상거소는 생활의 중심지를 의미하는 것으로, 일정한 장소에서 상당기간 정주(定住)한 사실이 있으면, 그 장소가 일상거소로 인정될 것이다. 일상거소의 존재여부는

---

27 2001년 개정 시에도 "일상거소(日常居所)"라는 용어를 사용하자는 견해가 있었으나, 그간, 학계에서 상거소라는 용어를 널리 사용하여 왔고, '일상'이라는 용어는 매일(daily)이라는 의미가 강하다는 등의 이유로 채택되지 않았다(법무부, 전게서, p.30.). 이와 관련 실정법상의 용어를 보면, 제정 전자거래기본법[법률 제5834호, 1999. 2. 8., 제정]에서는 "주된 거주지"의 용어를 사용했는데(제9조 제3항), 2002년 개정 전자거래기본법[법률 제6614호, 2002. 1. 19., 전부개정]부터 이를 "상거소(常居所)"로 변경했는바(제6조 제3항), "상거소"는 "주된 거주지"를 의미하는 것으로 볼 수 있다. 그 후로 전자거래기본법에서는 계속하여 "상거소(常居所)"라는 용어를 사용하고 있으나, 2022년 개정 국제사법에서 "상거소(常居所)"를 "일상거소(日常居所)"로 변경했는데, "상거소(常居所)"와 "일상거소(日常居所)"가 동일한 개념인데("'일상거소'란 현행법 제3조 제2항의 '상거소'를 알기 쉽게 쓴 용어로서 "habitual residence"를 번역한 것임." 법제사법위원회 전문위원 허병조, "국제사법 전부개정법률안 검토보고[<일반관할 및 유형별 국제재판관할 규정 신설 등> 정부제출(의안번호 제2818호)]", 2020. 09, p.18.), 합당한 변경인지 의문이 든다.

28 법무부, 전게서, p.30.; 장지용, "국제입양에서 일상거소 판단의 기준과 사례", 국제사법연구 제30권 제2호, 2024, p.4.

29 우리 민법은 "생활의 근거가 되는 곳을 주소로 한다"고 규정하여(제18조) 정주의사(定住意思)를 필요로 하지 아니하는 객관주의를 취하고 있는 것으로 이해된다(법무부, 전게서, p.31.).

30 김연·박정기·김인유, 「국제사법」 제3판 보정판, 법문사, 2014, p.33.

31 장지용, 전게논문, p.4.

체류기간, 체류목적, 가족관계, 근무관계 등 관련 요소를 종합적으로 고려하여 판단해야 한다.[32]

2) 일상거소의 개념

국제사법에서는 일상거소의 정의 규정이 없고, 국제협약이나 대다수 입법례도 일상거소의 정의 규정은 없다. 이는 일상거소를 법적 개념이 아닌 순수한 사실상 개념으로 상정하고[33], 주소(domicile), 거소(residence), 국적(nationality) 등의 법적 개념과 달리 법원이 이를 유연하게 인정할 수 있고, 실체적인 측면에서 '주소'에 비하여 훨씬 더 믿을 만한 기준이 될 수 있다는 장점이 있기 때문이다.[34] 또한, 일상거소에 관하여 국제적으로 통일된 개념을 사용하는 것이 바람직하지만, 정의 규정을 둘 경우 그 개념이 고착화될 우려가 있기 때문이다. 현행 조약과 대다수 입법례도 이러한 점을 고려하여 일상거소에 대한 정의 규정을 두지 않고 있다. 또한 당사자가 복수의 일상거소를 가질 수 있는가에 관하여 논란이 있으므로 일상거소의 적극적 저촉에 관한 규정도 두지 아니하였다.

일상거소란, 생활의 중심지로 이해하여 우리 민법의 주소개념과 원칙적으로 동일하다고 보는 견해도 있고, 사실상 생활의 중심지로 일정기간 지속된 장소를 의미한다고 보는 견해도 있다.[35] 따라서 일정한 장소에서 상당기간 동안 정주(定住)한 사실이 인정되면 그곳이 일상거소로 인정될 것이다. 일상거소는 그 요건으로 定住意思(animus manendi)라는 주관적 요소를 요하지는 않으며, 법적 개념인 주소(domicile)에 반하여 사실적 개념이다.[36] 참고로 「신분관계를 형성하는 국제신분행위를 함에 있어 신분행위의 성립요건 구비여부의 증명절차에 관한 사무처리지침」[37]에서는 '상거소란 사실상 생활의 중심지로 일정기간 지속된 장소를 말하는 것'으로 정의하고, 세부 판단기준을 규정하고 있다(제3호[38]). 일상거소의 존재 여부는 구체적인 상황에 따라 당사자의 체류기간, 체류목

32 석광현, 전게서(2022), pp.69－73.

33 "영국 왕립재판소도 1989년 Re Bates 사건에서, 일상거소를 보통법상 주소 규정과 같이 기술적인 것으로 만들 우려가 있으므로, 법원은 일상거소에 관하여 상세하고 제한적으로 규정하지 않아야 한다고 판시하였다. No. CA 122.89, 1989 WL 1683783 (UK), High Court of Justice, Family Division Court, Royal Court of Justice (1989)."(장지용, 전게논문, p.6.).

34 손경한 외, 「국제사법 개정 방안 연구」, 기술과법 연구소, 2012, p.26.; 장지용, 전게논문, p.6.

35 장지용, 전게논문, p.7.

36 우리 민법은 "생활의 근거되는 곳을 주소로 한다"고 규정함으로써(민법 제18조 제1항) 定住意思를 필요로 하지 아니하는 객관주의를 취하고 있는 것으로 이해된다. 그러므로 우리 민법상의 주소와 일상거소(日常居所)는 개념상 별다른 차이가 없는 것으로 보이며, 실무상 일상거소는 대부분 주소와 일치할 것으로 보인다. 한편, 일상거소는 거소(居所)보다 장기간에 걸쳐 지속적으로 거주할 것을 필요로 하는 등 장소적 밀접도가 높다는 측면에서 거소(居所)와 구분되며, 국제사법에서도 兩者를 구분하여 사용하고 있다(제3조 등).

37 [시행 2022. 7. 5.] [가족관계등록예규 제590호, 2022. 6. 8., 일부개정]

38 3. 상거소의 인정
상거소란 사실상 생활의 중심지로 일정기간 지속된 장소를 말하는바, 상거소지법을 국제신분행위의 준거법으로 하고자 하는 경우에는 다음의 기준에 의하여 상거소인지를 판단할 수 있다.
가. 우리나라에서의 상거소 인정

적, 가족관계, 근무관계 등 관련 요소를 종합적으로 고찰하여 판단해야 할 것이다. 또한, 일상거소는 원칙적으로 한 곳만 존재할 수 있으며, 일상거소가 존재하지 않는 경우도 가능할 것이다.[39]

2001년 국제사법 개정에서 '상거소' 도입[40]

셋째, 상거소지법의 규정에 관한 사항입니다.

개정안 제6장 및 제7장의 친족 · 상속법 분야에서 상거소를 연결점으로 사용하는 조항이 신설됨에 따라 안 제4조에서는 국제조약 및 선진국 대다수의 입법례에서 사용하고 있는 상거소(常居所, habitual residence) 개념을 주소에 대체하는 새로운 연결점으로 도입하여 상거소지법을 각종 법률관계의 준거법으로 적용하는 총칙적 규정을 신설하고 있습니다. 이는 주소의 개념이 국가마다 달라 조약에서 주소지를 연결점으로 규정하더라도 국제적인 통일을 기할 수 없기 때문에 이를 합리적으로 조정하기 위해 등장한 연결점이라고 할 것인 바, 여기서 상거소란 일정한 장소에서 상당기간 동안 정주(定住)한 경우에 인정되는 것으로서, 정주의 의사는 필요하지 않으며, 법적 개념인 주소와 비교하여 상대적으로 사실적인 요소가 강한 개념으로 국제적으로 널리 사용되고 있습니다.

---

1) 사건본인이 한국인인 경우
사건본인의 주소가 국내에 있는 경우에는 외국에 상거소가 있는 것으로 판명되지 않는 한 우리나라에 상거소가 있는 것으로 볼 것이다. 또한 사건본인이 국외로 전출하여 그 주민등록이 말소된 경우에도 출국일로부터 1년 이내라면 우리나라에 상거소가 있는 것으로 볼 것이며, 출국일로부터 1년 이상 5년 이내라면 3.의 나. (1)의 단서에 따라 상거소가 인정되는 경우를 제외하고는 우리나라에 상거소가 있는 것으로 볼 수 있다.

2) 사건본인이 외국인인 경우
사건본인이 우리나라에서 체류한 기간 및 「출입국관리법」 제10조의 체류자격(「출입국관리법시행령」 별표 참조)에 따라 다음과 같이 처리하며, 그 체류기간 및 체류자격은 외국인등록증 및 여권 등을 자료로 판단할 것이다.

가) 다음은 우리나라에 상거소가 있는 것으로 처리한다.
(1) 우리나라에서 출생한 외국인으로서 출국한 적이 없는 사람
(2) 체류자격이 "거주"인 외국인으로서 1년 이상 계속하여 체류하고 있는 사람
(3) 「출입국관리법」 제31조의 외국인등록을 한 외국인(장기체류자), 그 배우자 및 미성년인 자녀로서 5년 이상 계속하여 체류하고 있는 사람(단, ②의 요건 해당자는 제외한다)

나) 다음은 우리나라에 상거소가 없는 것으로 처리한다.
(1) 주한 외교사절, 주한 미군, 단기체류자 등 「출입국관리법」 제31조단서의 외국인등록이 면제된 사람
(2) 불법입국자 및 불법체류자

나. 외국에서의 상거소 인정

1) 사건본인이 한국인인 경우
사건본인이 해당 국가에서 적법하게 5년 이상 계속하여 체류하고 있는 경우에는 그 국가에 상거소가 있는 것으로 볼 것이다. 다만, 사건본인이 가) 복수국적자인 경우에 우리나라 이외의 국적국, 나) 영주자격을 가지는 국가, 다) 배우자 또는 미성년인 양자로서 체류하고 있는 경우에는 그 외국인 배우자 또는 양친의 국적국에서 1년 이상 계속하여 체류하면 그 체류국가에 상거소가 있다고 할 것이다.

2) 사건본인이 외국인인 경우
사건본인의 국적국에서의 상거소 인정에 관하여는 3.의 가. 1)에 준하여 처리하고, 국적국 이외의 국가에서의 상거소 인정에 관하여는 3.의 가. 2)에 준하여 처리할 것이다.

39 장지용, 전게논문, p.8.

40 법제사법위원회 수석전문위원 김회선, "섭외사법개정법률안 검토보고", 2001. 2.

다만, 상거소 개념의 고착화를 방지하고 국제적으로 통일적인 개념을 정립하여 가기 위해 별도의 정의 규정을 두지 않는 국제조약과 대다수의 외국 입법례를 고려하여 동 개정안에서는 상거소의 정의 규정을 두지 않고 있는 바, 이에 대하여 '상거소'라는 용어가 아직 국제적으로도 통일적인 개념정립이 안된 상태이며, 특히 우리의 경우 외국과 달리 '상거소'는 상당히 새로운 개념이고 종래의 주소를 일거에 대체하는 연결점으로서, 이것이 종래의 주소와 어떤 차이가 있는지 불명확한 점 등 갑작스런 연결점 교체에 따른 혼란이 초래될 수 있으므로, 이를 예방하기 위하여 상거소의 개념에 대한 정의규정을 두거나 아니면 향후 동법을 집행함에 있어서 상거소의 개념을 적용하는데 필요한 지침을 마련하여야 한다는 지적이 있음을 말씀드립니다.

3. 일반관할과 특별관할

제3조에 의하여 대한민국 법원에 일반관할이 인정되는 경우에도 다른 규정[사무소·영업소 소재지 등의 특별관할(제4조), 재산소재지의 특별관할(제5조), 합의관할(제8조), 계약에 관한 소의 특별관할(제41조) 등]에 의하여 대한민국 법원에 국제재판관할이 인정될 수 있다. 이에 따라 원고는 대한민국 법원에 제소할 때, 미흡한 논거로 일반관할이나 일부 특별관할 주장이 채택되지 않을 것에 대비하여 재판관할권 논거로 제3조에 의한 일반관할 이외에 보충적으로 다른 규정(제4조, 제5조, 제8조, 제41조 등)에 의한 특별재판관할을 모두 주장하는 것이 바람직하다.

일반관할 예시

- A(영국에 일상거소, 원고)와 B(대한민국에 일상거소, 피고)의 분쟁 → **대한민국 법원에 일반관할(제3조 제1항)**
- A(영국에 일상거소, 원고)와 B[대한민국에 거소(어느 국가에도 일상거소 없음 또는 일상거소를 알 수 없음), 피고]의 분쟁 → **대한민국 법원에 일반관할(제3조 제1항)**
- A사(영국 회사, 원고)와 B(대한민국 회사, 피고)의 분쟁 → **대한민국 법원에 일반관할(제3조 제3항)**
- A사(영국에 본사, 원고)와 B(대한민국에 본사, 피고)의 분쟁 → **대한민국 법원에 일반관할(제3조 제3항)**

사례연구 : 일반관할(제3조 제3항)

◀ 사례 ▶ **변호사시험 12회**

甲(스위스에 주된 사무소)은 대한민국 시장을 향해 계속적이고 조직적인 영업활동을 하기 위해 乙(대한민국에 주된 사무소)과 대리상계약 체결함. 乙(대리상)이 제공한 허위정보로 인해 甲은 손해 발생. 甲(본인, 스위스에 주된 사무소)은 乙(대리인, 대한민국에 주된 사무소)을 상대로 대한민국 법원에 손해배상청구의 소 제기한 경우 대한민국 법원은 국제재판관할권이 있는지?

☞ 피고 乙은 대한민국에 주된 사무소가 있어 제3조 제3항에 의거 대한민국 법원에 국제재판관할(일반관할)이 있다.

제4조 사무소 · 영업소 소재지 등의 특별관할 / 제5조 재산소재지의 특별관할

제4조【사무소 · 영업소 소재지 등의 특별관할】 ① 대한민국에 사무소·영업소가 있는 사람·법인 또는 단체에 대한 대한민국에 있는 사무소 또는 영업소의 업무와 관련된 소는 법원에 제기할 수 있다.

② 대한민국에서 또는 대한민국을 향하여 계속적이고 조직적인 사업 또는 영업활동을 하는 사람·법인 또는 단체에 대하여 그 사업 또는 영업활동과 관련이 있는 소는 법원에 제기할 수 있다.

제5조【재산소재지의 특별관할】 재산권에 관한 소는 다음 각 호의 어느 하나에 해당하는 경우 법원에 제기할 수 있다.

1. 청구의 목적 또는 담보의 목적인 재산이 대한민국에 있는 경우
2. 압류할 수 있는 피고의 재산이 대한민국에 있는 경우. 다만, 분쟁이 된 사안이 대한민국과 아무런 관련이 없거나 근소한 관련만 있는 경우 또는 그 재산의 가액이 현저하게 적은 경우는 제외한다.

제4조(사무소 · 영업소 소재지 등의 특별관할)는 민사소송법 제12조(사무소 · 영업소가 있는 곳의 특별재판적)에 대응하는 규정이고, 제5조(재산소재지의 특별관할)는 민사소송법 제11조(재산이 있는 곳의 특별재판적)에 대응한 규정이다. 제3조에 의해 대한민국 법원에 일반관할이 인정되는 경우에도 제4조 또는 제5조에 의해 대한민국 법원에 특별관할이 인정될 수 있다.[41]

1. 사무소 · 영업소 소재지 등의 특별관할(제4조)

사무소·영업소 소재지 등의 특별관할은 ⅰ) 대한민국에 사무소·영업소가 있는 경우뿐만

41 석광현, 전게서(2022), p.87. (다만, 대한민국이 어느 피고에 대하여 일반관할을 가지는 경우 재산소재지의 특별관할을 별도로 인정할 실익은 없을 것으로 본다)

아니라 ⅱ) 대한민국에 사무소·영업소가 없는 경우에도 인정될 수 있다. ⅰ) **대한민국에 사무소·영업소가 있는 경우** ⓐ 사람·법인 또는 단체의 사무소·영업소가 대한민국에 있고, ⓑ 대한민국에 있는 사무소·영업소의 업무와 관련된 소는 대한민국 법원에 국제재판관할이 인정된다. ⅱ) **대한민국에 사무소·영업소가 없는 경우**에도 ⓐ 사람·법인 또는 단체는 대한민국에서 또는 대한민국을 향하여 계속적이고 조직적인 사업 또는 영업활동을 하고, ⓑ 그 사업 또는 영업활동과 관련된 소는 대한민국 법원에 국제재판관할이 인정된다.

2. 재산소재지의 특별관할(제5조)

이 규정은 재산권에 관한 소의 경우 집행의 신속성·확실성을 도모하기 위한 것이다. ⅰ) 청구의 목적 또는 담보의 목적인 재산이 대한민국에 있는 경우, 또는 ⅱ) 압류할 수 있는 피고의 재산이 대한민국에 있는 경우 대한민국 법원에 국제재판관할이 인정된다. 그러나 압류할 수 있는 피고의 재산이 대한민국에 있는 경우에도 ⓐ 분쟁이 된 사안이 대한민국과 아무런 관련이 없거나 ⓑ 근소한 관련만 있는 경우 또는 ⓒ 그 재산의 가액이 현저하게 적은 경우에는 대한민국 법원에 국제재판관할이 인정되지 않는다. 이는 과잉관할 및 당사자의 예측가능성 침해방지 차원에서 예외로 규정한 것이다.

3. 재산소재지의 특별관할(제5조)과 선박가압류의 특별관할(제90조)의 관계

제5조 제2호 단서에서는, 압류할 수 있는 피고의 재산이 대한민국에 있더라도 분쟁이 된 사안이 대한민국과 아무런 관련이 없거나 근소한 관련만 있거나 그 재산의 가액이 현저하게 적은 경우 대한민국 법원의 재판관할이 인정되지 않는다고 규정하고 있다(제5조 제2호 단서).

한편, 제90조에서는 선박소유자등에 대한 선박 또는 항해에 관한 소는 선박이 압류등이 된 곳이 대한민국에 있는 경우 법원에 제기할 수 있다고 규정하고 있다. 제90조는 선박에 대한 특별규정으로 제5조 제2호 단서에 우선한다. 예를 들어, 해상운송 관련 사건에서 독일 기업이 러시아 선박을 대한민국에서 가압류하고, 이를 근거로 러시아 기업을 상대로 대한민국 법원에 소를 제기한 경우 ⅰ) 제5조 제2호 단서에 의하면, 분쟁이 된 사안이 대한민국과 아무런 관련이 없거나 근소한 관련만 있는 경우로서 대한민국 법원의 재판관할권은 인정되지 않을 수 있다. 그러나 ⅱ) 제90조에 의하면, 선박 또는 항해에 관한 소인 경우 대한민국과의 관련성이 없어도 대한민국에서 선박이 가압류되어 대한민국 법원의 재판관할권이 인정된다.

사례연구 : 사무소 · 영업소 소재지 등의 특별관할(제4조)

◖ 사례 1 ◗ 제12회 변호사시험 변형

甲(스위스에 주된 사무소)은 한국 시장을 향해 계속적이고 조직적인 영업활동을 하기 위해 乙(독일에 주된 사무소, 대한민국에 영업소)과 대리상계약 체결함. 乙(대리상)의 대한민국 영업소가 제공한 허위정보로 인해 甲은 손해 발생. 甲(본인, 스위스에 주된 사무소)은 乙(대리상, 대한민국에 영업소)을 상대로 대한민국 법원에 손해배상청구의 소를 제기한 경우

☞ 피고 乙은 대한민국에 영업소가 있고, 그 영업소의 업무와 관련된 소로 제4조 제1항에 의거 대한민국 법원에 특별관할이 있다.

◖ 사례 2 ◗ 제12회 변호사시험 변형

甲(스위스에 주된 사무소)은 한국 시장을 향해 계속적이고 조직적인 영업활동을 하기 위해 乙(일본에 주된 사무소, 대한민국에 영업소)과 대리상계약 체결함. 乙(대리상)의 대한민국 영업소가 제공한 허위정보로 인해 甲은 손해 발생. 甲(본인, 스위스에 주된 사무소)은 乙(대리상, 일본에 주된 사무소, 대한민국에 영업소)을 상대로 대한민국 법원에 손해배상청구의 소를 제기한 경우

☞ ⅰ) 乙은 대한민국에 영업소가 있고, ⅱ) 이 소는 乙의 대한민국 영업소와 관련된 소 → 따라서 제4조 제1항에 의하여 대한민국 법원에 특별관할이 있다(만약, 乙의 주된 사무소·영업소가 대한민국에 있는 경우 제3조 제3항에 의거 대한민국 법원에 일반관할 있음).

◖ 사례 3 ◗ 제12회 변호사시험 변형

甲(스위스에 주된 사무소)은 한국 시장을 향해 계속적이고 조직적인 영업활동을 하기 위해 乙(대한민국에 주된 사무소)과 대리상계약 체결함. 甲은 대리상 보수 미지급. 乙(대리상, 대한민국에 주된 사무소)은 甲(본인, 스위스에 주된 사무소)을 상대로 대한민국 법원에 대리상 보수의 지급을 구하는 소를 제기한 경우

☞ ⅰ) 甲은 대한민국을 향하여 계속적이고 조직적인 사업 또는 영업활동을 하고, ⅱ) 대리상 보수지급 청구의 소는 甲의 위 사업 또는 영업활동과 관련된 소. 따라서 제4조 제2항에 의하여 대한민국 법원에 특별관할이 있다.

◖ 사례 4 ◗

A익스프레스(중국 법인, 대한민국에 사무소나 영업소 부재)는 대한민국을 향하여 계속적이고 조직적인 온라인 상품 광고 및 판매 활동을 계속하고, 甲회사는 서울에서 온라인으로 완구를 주문하여 배송받아 국내에서 다수의 소비자들에게 판매함. 완구는 인체에 유해물질 배출하여 소비자들이 피해를 입음. 甲회사는 A익스프레스를 상대로 대한민국 법원에 계약위반에 근거한 손해배상청구의 소를 제기한 경우

☞ ⅰ) 피고 A익스프레스는 대한민국에 사무소나 영업소는 없으나 대한민국을 향하여 계속적이고 조직적인 영업활동을 하고, ⅱ) 이 소는 그 영업활동과 관련된 소. 따라서 제4조 제2항에 의거 대한민국 법원에 특별관할이 있다.

사례연구 : 재산소재지 등의 특별관할(제5조)

◖ 사례 1 ◗

A(영국에 일상거소, 원고)와 B(독일에 일상거소, 피고)는 서울에 있는 자동차 매매계약 체결. A는 B를 상대로 대한민국 법원에 자동차 인도 소송을 제기한 경우

☞ 대한민국 법원에 특별관할 있음(청구의 목적인 자동차는 대한민국에 있음)

◖ 사례 2 ◗

A(대한민국에 일상거소, 원고)와 B(독일에 일상거소, 피고)의 독일에 있는 자동차 매매계약 체결. B는 대한민국에 건물 소유. A는 B를 상대로 대한민국 법원에 매매대금청구의 소를 제기한 경우

☞ 대한민국 법원에 특별관할 있음(압류할 수 있는 피고의 재산이 대한민국에 있음)

◖ 사례 3 ◗

A(독일에 일상거소, 원고)와 B(대한민국에 일상거소, 피고)의 서울에 있는 자동차 매매계약 체결. A는 B를 상대로 대한민국 법원에 자동차 인도 소송을 제기한 경우

☞ ⅰ) 대한민국 법원에 일반관할 있음(피고의 일상거소는 대한민국에 있음)(제3조 제1항)

ⅱ) 대한민국 법원에 특별관할 있음[청구의 목적(자동차)이 대한민국에 있음](제5조 제1호)

◖ 사례 4 ◗

A(대한민국에 일상거소, 원고)와 B(독일에 일상거소, 피고)의 매매계약. B는 대한민국에 자전거 소유(시가 30만원). A는 B를 상대로 대한민국 법원에 매매대금청구의 소를 제기한 경우

☞ ⅰ) 대한민국 법원에 일반관할 없음(피고의 일상거소는 대한민국에 없음)(제3조 제1항)

ⅱ) 대한민국 법원에 특별관할 없음(압류할수 있는 피고의 재산이 대한민국에 소재하나 가액이 현저히 적음)

◖ 사례 5 ◗

해상운송 관련 사건에서 독일 기업이 러시아 선박을 대한민국에서 가압류하고, 이를 근거로 러시아 기업을 상대로 대한민국 법원에 소를 제기한 경우

☞ ⅰ) 제5조 제2호 단서에 의하면, 분쟁이 된 사안이 대한민국과 아무런 관련이 없거나 근소한 관련만 있는 경우로서 대한민국 법원에 특별관할 없음. 그러나 ⅱ) 제90조에 의하면, 선박 또는 항해에 관한 소인 경우 대한민국과의 관련성이 없어도 선박이 가압류된 곳이 대한민국이면 대한민국 법원에 특별관할 있음

제6조 관련사건의 관할 / 제39조 지식재산권 침해에 관한 소의 특별관할

제6조【관련사건의 관할】 ① 상호 밀접한 관련이 있는 여러 개의 청구 가운데 하나에 대하여

법원에 국제재판관할이 있으면 그 여러 개의 청구를 하나의 소로 법원에 제기할 수 있다.

② 공동피고 가운데 1인의 피고에 대하여 법원이 제3조에 따른 일반관할을 가지는 때에는 그 피고에 대한 청구와 다른 공동피고에 대한 청구 사이에 밀접한 관련이 있어서 모순된 재판의 위험을 피할 필요가 있는 경우에만 공동피고에 대한 소를 하나의 소로 법원에 제기할 수 있다.

③ 다음 각 호의 사건의 주된 청구에 대하여 제56조부터 제61조까지의 규정에 따라 법원에 국제재판관할이 있는 경우에는 친권자·양육자 지정, 부양료 지급 등 해당 주된 청구에 부수되는 부수적 청구에 대해서도 법원에 소를 제기할 수 있다.

1. 혼인관계 사건
2. 친생자관계 사건
3. 입양관계 사건
4. 부모·자녀 간 관계 사건
5. 부양관계 사건
6. 후견관계 사건

④ 제3항 각 호에 따른 사건의 주된 청구에 부수되는 부수적 청구에 대해서만 법원에 국제재판관할이 있는 경우에는 그 주된 청구에 대한 소를 법원에 제기할 수 없다.

제39조【지식재산권 침해에 관한 소의 특별관할】 ① 지식재산권 침해에 관한 소는 다음 각 호의 어느 하나에 해당하는 경우 법원에 제기할 수 있다. 다만, 이 경우 대한민국에서 발생한 결과에 한정한다.

1. 침해행위를 대한민국에서 한 경우
2. 침해의 결과가 대한민국에서 발생한 경우
3. 침해행위를 대한민국을 향하여 한 경우

② 제1항에 따라 소를 제기하는 경우 제6조 제1항을 적용하지 아니한다.

③ 제1항 및 제2항에도 불구하고 지식재산권에 대한 주된 침해행위가 대한민국에서 일어난 경우에는 외국에서 발생하는 결과를 포함하여 침해행위로 인한 모든 결과에 관한 소를 법원에 제기할 수 있다.

④ 제1항 및 제3항에 따라 소를 제기하는 경우 제44조를 적용하지 아니한다.

1. 관련사건의 관할 규정의 취지

민사소송법 제25조(관련재판적)에 대응하는 규정으로 증거자료의 수집 편의 등 효율적 심리를 도모하고, 다른 국가에서 소송이 계속됨으로써 초래될 수 있는 판결의 모순·저촉을 피하기 위한 것이다.

2. 다음의 경우 대한민국 법원에 재판관할 인정

1) 소의 객관적 병합의 경우(제1항)

상호 밀접한 관련이 있는 여러 개의 청구 가운데 하나에 대하여 대한민국 법원에 국제재판관할이 있으면, 그 여러 개의 청구를 하나의 소로 대한민국 법원에 제기할 수 있다. 다만, 소의 객관적 병합은 지식재산권 침해에 관한 소에는 적용되지 않는데(제39조 제2항), 이는 다른 국가에서 그 침해의 결과가 발생한 경우까지 관할권을 행사하는 것을 방지하기 위한 것이다.

2) 소의 주관적 병합의 경우(제2항)

ⅰ) 공동피고 가운데 1인의 피고에 대하여 대한민국 법원이 제3조에 따른 일반관할을 가지고 ⅱ) 그 피고에 대한 청구와 다른 공동피고에 대한 청구 사이에 밀접한 관련이 있어서 ⅲ) 모순된 재판의 위험을 피할 필요가 있는 경우에만 공동피고에 대한 소를 하나의 소로 대한민국 법원에 제기할 수 있다.

3) 가사사건의 부수적 청구에 대하여 관할이 인정되는 경우(제3항·제4항)

다음의 가사사건(1. 혼인관계 사건 2. 친생자관계 사건 3. 입양관계 사건 4. 부모·자녀 간 관계 사건 5. 부양관계 사건 6. 후견관계 사건)에서 제56조부터 제61조까지의 규정에 따라 대한민국 법원에 국제재판관할이 있는 경우에는 친권자·양육자 지정, 부양료 지급 등 해당 주된 청구에 부수되는 부수적 청구에 대해서도 대한민국 법원에 소를 제기할 수 있다. 다만, 부수적 청구에 대해서만 법원에 국제재판관할이 있는 경우에는 그 주된 청구에 대한 소를 법원에 제기할 수 없다.

사례연구 : 소의 주관적 병합

◖ 사례 1 ◗

甲(일상거소 한국)과 乙(일상거소 일본)은 공모하여 A회사의 기술을 탈취함. A회사는 甲과 乙을 상대로 대한민국

법원에 각각 불법행위의 소 제기

☞ 피고 甲은 대한민국에 일상거소가 있어 제3조 제1항에 의거 일반관할 인정되고, 甲에 대한 소와 乙에 대한 소는 공모사건으로 밀접한 관련이 있다. 따라서 甲에 대한 소와 乙에 대한 소를 병합하여 하나의 소로 대한민국 법원에 제소 가능하다(제6조 제2항). 참고로, 제39조 제2항(지식재산권침해)은 제6조 제1항(소의 객관적 병합)에만 적용

◖ 사례 2 ◗

A회사(주된 영업소 중국)는 B회사(주된 영업소 프랑스)의 상표와 동일한 상표를 부착한 핸드백을 중국에서 제조하여 C회사(주된 영업소 대한민국)에 수출하고, C회사는 그 핸드백을 대한민국에서 판매함

☞ 공동피고인 C회사에 대하여 일반관할이 인정되고, 양 청구는 밀접한 관련이 있다. 따라서 B회사는 A회사와 C회사에 소를 하나의 소로 대한민국 법원에 제기할 수 있다(제6조 제2항).

지식재산권 침해에 관한 소에서 소의 객관적병합 적용 배제

제39조 【지식재산권 침해에 관한 소의 특별관할】 ① 지식재산권 침해에 관한 소는 다음 각 호의 어느 하나에 해당하는 경우 법원에 제기할 수 있다. 다만, 이 경우 대한민국에서 발생한 결과에 한정한다.

1. 침해행위를 대한민국에서 한 경우
2. 침해의 결과가 대한민국에서 발생한 경우
3. 침해행위를 대한민국을 향하여 한 경우

② 제1항에 따라 소를 제기하는 경우 제6조 제1항을 적용하지 아니한다. → **소의 객관적 병합 적용 배제**

◖ 사례(제39조 제2항) ◗

A(주된 사무소 중국)는 S전자(주된 사무소 대한민국)의 X특허기술침해(침해결과 발생지 대한민국) 및 Y특허기술침해(침해행위 · 결과 발생지 중국)

☞ X기술침해사건에 대하여 대한민국법원에 재판관할권 인정(제39조 제1항). 그러나 지식재산권 침해 사건으로 X특허기술침해사건과 Y특허기술침해사건을 하나의 소로 대한민국법원에 제소할 수 없음(제6조 제1항, 제39조 제2항)

제7조 반소관할

제7조 【반소관할】 본소(本訴)에 대하여 법원에 국제재판관할이 있고 소송절차를 현저히 지연시키지 아니하는 경우 피고는 본소의 청구 또는 방어방법과 밀접한 관련이 있는 청구

를 목적으로 하는 반소(反訴)를 본소가 계속(係屬)된 법원에 제기할 수 있다.

1. 반소관할의 의의

반소관할이란, 본소에 대하여 대한민국 법원에 국제재판관할이 있는 경우 일정한 요건 하에 반소에 대해서도 본소가 계속된 법원에 국제재판권을 인정하는 것이다. 이는 밀접한 관련이 있는 청구에 대한 재판 진행 과정에서 소송경제를 도모하고 판결의 모순·저촉을 피하기 위한 것이다. 이 규정은 민사소송법 제269조(반소)[42]에 대응하는 규정이다.

2. 반소관할의 요건

본소가 계속된 대한민국 법원에 반소에 대한 관할이 인정되기 위해서는 다음 요건을 모두 충족해야 한다.

1) 본소에 대하여 대한민국 법원에 국제재판관할이 있을 것
2) 소송절차를 현저히 지연시키지 않을 것
3) 본소의 청구 또는 방어방법과 밀접한 관련이 있는 청구를 목적으로 할 것
4) 본소가 계속된 법원에 반소를 제기할 것

사례연구 : 반소관할

◖ 사례 1 ◗

甲(매도인, 독일)과 乙(매수인, 한국)과의 중장비 매매계약(중장비수출입계약). 甲은 乙을 상대로 서울중앙지방법원에 대금청구의 소 제기(본소). 乙은 계약위반(물품하자)에 따른 선수금 환급청구의 반소를 서울중앙지방법원에 제기. 이 반소에 대해 대한민국 법원에 국제재판관할권이 있는지?

☞ ⅰ) 본소에 대하여 대한민국 법원에 국제재판관할이 있고, ⅱ) 이 반소는 소송절차를 현저히 지연시키지 않는 것으로 보이고, ⅲ) 본소의 청구 또는 방어방법과 밀접한 관련이 있는 청구를 목적으로 하며, ⅳ) 본소가 계속된

42 제269조 【반소】 ① 피고는 소송절차를 현저히 지연시키지 아니하는 경우에만 변론을 종결할 때까지 본소가 계속된 법원에 반소를 제기할 수 있다. 다만, 소송의 목적이 된 청구가 다른 법원의 관할에 전속되지 아니하고 본소의 청구 또는 방어의 방법과 서로 관련이 있어야 한다.
② 본소가 단독사건인 경우에 피고가 반소로 합의사건에 속하는 청구를 한 때에는 법원은 직권 또는 당사자의 신청에 따른 결정으로 본소와 반소를 합의부에 이송하여야 한다. 다만, 반소에 관하여 제30조의 규정에 따른 관할권이 있는 경우에는 그러하지 아니하다.

서울중앙지방법원에 반소를 제기하였는바, 서울중앙지방법원에 관할권이 있다.

◖ 사례 2 ◗ **제12회 변호사시험**

甲은 로봇을 제작하는 회사로서 스위스에 주된 사무소를 두고 있다. 甲은 한국 시장을 향해 계속적이고 조직적인 영업활동을 하기 위해 2019. 5.경 서울에 주된 사무소가 있는 대리상 乙과 대리상계약을 서면으로 체결하면서(이하, '이 사건 계약'), '본 계약과 관련된 모든 분쟁은 싱가포르 국제상사법원에 소를 제기할 수 있다'는 비전속적(non-exclusive) 혹은 부가적 관할합의를 하였다. 그러나 싱가포르는 이 사건 계약과 아무런 관련이 없으며, 이 사건 계약의 준거법에 관한 별도의 합의도 없었다.
이 사건 계약에 의하면 乙은 甲으로부터 로봇을 주문할 한국 고객사와의 거래를 대리 및 중개하면서 관련 용역을 제공하고 그에 대한 대리상 보수를 받도록 되어 있다. 乙은 2022. 8.경 그간 몇몇 한국 고객사를 甲에게 연결하여 그들 사이에 로봇공급계약이 체결되도록 하였으나, 대리상 보수 미화 30만 달러를 지급받지 못했다고 주장하며 甲을 상대로 싱가포르 국제상사법원에 미지급 보수의 지급을 구하는 소를 제기하였다(이하, '이 사건 전소').
한편 甲은 乙이 연결해 준 한국 고객사 X의 주문 의사를 확인하고 로봇 100대를 납품하기 위해 필요한 원자재 구매 및 설비 확충의 명목으로 미화 100만 달러를 지출하였는데, 이는 X와 정식으로 계약을 체결하기도 전에 이루어졌다. 그러나 갑자기 X는 甲과의 연락을 차단하고 잠적하였는데, X는 단순 페이퍼 컴퍼니이고 X의 사업계획은 허위임이 밝혀졌다. 이에 甲은 乙이 X에 대한 허위 정보를 제공한 탓에 선지출한 미화 100만 달러의 손해가 발생했다고 주장하며, 乙을 상대로 2022. 12.경 불법행위에 따른 손해배상을 구하는 본소를 서울중앙지방법원에 제기하였다. 그 후 乙은 甲을 상대로 현재 계속 중인 이 사건 전소에서 지급을 구했던 미지급 보수 미화 30만 달러를 청구하는 반소를 제기했다(이하, '이 사건 후소').
이 사건 후소의 반소에 대해 법원은 어떻게 처리해야 하는지 논하시오.

☞ ⅰ) 본소에 대하여 대한민국 법원의 국제재판관할권 있고(제3조 제3항), ⅱ) 본소가 서울중앙지방법원에 제소되어 있어 반소가 소송절차를 현저히 지연시키지 아니하는 경우에 해당되며, ⅲ) 본소와 반소 모두 위 대리상계약에서 비롯된 것으로서 반소는 본소의 청구 또는 방어방법과 밀접한 관련이 있는 청구를 목적으로 하고, ⅳ) 본소가 계속 중인 서울중앙지방법원에 반소가 제기되었는바(이상 제7조), 서울중앙지방법원에 반소관할이 인정되고, 서울중앙지방법원은 반소에 대해 재판을 진행해야 한다.

제8조 합의관할 / 제13조 적용제외

제8조【합의관할】 ① 당사자는 일정한 법률관계로 말미암은 소에 관하여 국제재판관할의 합의(이하 이 조에서 "합의"라 한다)를 할 수 있다. 다만, 합의가 다음 각 호의 어느 하나에 해당하는 경우에는 효력이 없다.
1. 합의에 따라 국제재판관할을 가지는 국가의 법(준거법의 지정에 관한 법규를 포함한다)에 따를 때 그 합의가 효력이 없는 경우

2. 합의를 한 당사자가 합의를 할 능력이 없었던 경우
3. 대한민국의 법령 또는 조약에 따를 때 합의의 대상이 된 소가 합의로 정한 국가가 아닌 다른 국가의 국제재판관할에 전속하는 경우
4. 합의의 효력을 인정하면 소가 계속된 국가의 선량한 풍속이나 그 밖의 사회질서에 명백히 위반되는 경우

② 합의는 서면[전보(電報), 전신(電信), 팩스, 전자우편 또는 그 밖의 통신수단에 의하여 교환된 전자적(電子的) 의사표시를 포함한다]으로 하여야 한다.

③ 합의로 정해진 관할은 전속적인 것으로 추정한다.

④ 합의가 당사자 간의 계약 조항의 형식으로 되어 있는 경우 계약 중 다른 조항의 효력은 합의 조항의 효력에 영향을 미치지 아니한다.

⑤ 당사자 간에 일정한 법률관계로 말미암은 소에 관하여 외국법원을 선택하는 전속적 합의가 있는 경우 법원에 그 소가 제기된 때에는 법원은 해당 소를 각하하여야 한다. 다만, 다음 각 호의 어느 하나에 해당하는 경우에는 그러하지 아니하다.

1. 합의가 제1항 각 호의 사유로 효력이 없는 경우
3. 합의에 따라 국제재판관할을 가지는 국가의 법원이 사건을 심리하지 아니하기로 하는 경우
4. 합의가 제대로 이행될 수 없는 명백한 사정이 있는 경우

제13조【적용제외】 제24조, 제56조부터 제59조까지, 제61조, 제62조, 제76조 제4항 및 제89조에 따라 국제재판관할이 정하여지는 사건에는 제8조 및 제9조를 적용하지 아니한다.

- 합의관할/변론관할 비적용(실종선고 · 친족 · 상속 · 해상 관할에 비적용)
- 제24조(실종선고 등의 특별관할), 제56조(혼인관계에 관한 사건의 특별관할), 제57조(친생자관계에 관한 사건의 특별관할), 제58조(입양관계에 관한 사건의 특별관할), 제59조(부모 · 자녀간의 법률관계 등에 관한 사건의 특별관할), 제61조(후견에 관한 사건의 특별관할), 제62조(가사조정사건의 관할), 제76조 제4항(유언에 관한 사건의 특별관할), 제89조(선박소유자등의 책임제한)

2. 제9조에 따라 변론관할이 발생하는 경우

1. 개설

국제재판관할합의는 특정 국가(또는 州)의 법원에게 당사자 간의 국제소송을 재판할 자격 내지 권한을 부여하기로 하는 합의이다. 이는 재판관할에 대한 예측가능성을 확보하기 위한

것이다.[43] 국제계약에서 재판관할권을 정하는 경우가 많은데, 이는 재판관할에 대한 예측가능성을 확보하고 재판관할에 대한 다툼을 방지하기 위한 목적이다.

구 국제사법에서는 국제재판관할합의에 대한 명시적인 규정을 두고 있지 않았으나, 개정 국제사법에서는 국제재판관할합의에 대한 명시적인 규정을 신설하였다(제8조). 민사소송법 제29조(합의관할)[44]에서 합의관할을 인정하고 있는바, 국제재판관할에 관한 합의도 허용하는 것이 합당할 것이다(대법원 1992. 1. 21. 선고 91다14994 판결; 대법원 1997. 9. 9. 선고 96다20093 판결 등). 국제사법 제8조는 관할합의의 결과 대한민국 법원이 국제재판관할권을 가지는 경우와 외국법원이 국제재판관할권을 가지는 경우 모두를 인정하는 양면적 방식의 규정이다.

제8조에서는 i) 국제재판관할합의를 원칙적으로 인정하면서, 4가지의 무효사유를 규정하고(제1항), ii) 합의의 요건으로 서면성을 규정하고 있다(제2항). 이에 따라 4가지 무효사유는 및 서면성은 재판관할합의의 요건(각각 소극적 요건 및 적극적 요건)으로 볼 수 있다. 합의관할은 전속관할로 추정하고(제3항), 계약조항의 형식으로 관할합의를 한 경우 계약의 다른 조항은 합의조항의 효력에 영향이 없다(제4조). 외국법원을 전속관할로 합의한 경우 원칙적으로 대한민국 법원은 제기된 소를 각하하여야 하는데, 이에 대하여는 4가지 예외가 있다(제5항).

한편, 제13조에서는 제8조의 국제재판관할합의가 적용되지 않는 경우를 규정하고 있어 다음에 따라 국제재판관할이 정하여지는 사건에 대하여는 제8조의 국제재판관할합의가 인정되지 않는다[제8조의 적용 예외 : 제24조(실종선고 등의 특별관할), 제56조(혼인관계에 관한 사건의 특별관할), 제57조(친생자관계에 관한 사건의 특별관할), 제58조(입양관계에 관한 사건의 특별관할), 제59조(부모·자녀간의 법률관계 등에 관한 사건의 특별관할), 제61조(후견에 관한 사건의 특별관할), 제62조(가사조정사건의 관할), 제76조 제4항(유언에 관한 사건의 특별관할), 제89조(선박소유자등의 책임제한)].

국제재판관할합의 분류

- 전속적 국제재판관할합의와 부가적 국제재판관할합의

  전속적 국제재판관할합의는 특정 국가에만 국제재판관할권을 부여하는 합의이다(예 해당 분쟁에 대하여 일본

---

43 참고로 미국에서는 미리 재판관할권을 정하는 것은 효력이 없다는 입장이있으나, M/S BREMEN v ZAPATA OFF-SHORE CO.(1972)에서 이를 인정하였다. 다만, 합의로 정한 재판관할이 심리에서 심각하게 불편한 경우에는 이를 인정하지 않는다(김상만, "국제거래에서 법정지선택 조항의 효력에 관한 고찰 : 미국과 한국의 판례 비교를 중심으로", 인하대학교 법학연구 제14집 제1호, 2011, p.300.).

44 민사소송법 제29조에서는 일정한 법률관계로 말미암은 소에 대하여 당사자가 서면합의로 제1심 관할법원을 정할 수 있다고 규정하고 있다.

법원에만 제소하기로 합의). 그리고 부가적 국제재판관할합의는 특정 국가에 추가적으로 국제재판관할권을 부여하는 합의이다(예 해당 분쟁에 대하여 일본 법원에도 추가적으로 제소할 수 있다고 합의).

• **설정적(창설적) 국제재판관할합의와 배제적 국제재판관할합의**

설정적 국제재판관할합의는 법률상 국제재판관할이 없는 국가에 국제재판관할권을 부여하는 합의이다(예 일본 법원에 재판관할권이 없는 사안에서, 일본 법원에 재판관할합의). 그리고 배제적 국제재판관할합의는 법률상 국제재판관할이 있는 국가에 국제재판관할권을 배제하는 합의이다(예 법률상 일본 법원에 재판관할권이 있는 사안에서, 일본 법원의 재판관할을 배제하는 합의).

2. 제8조의 규정 내용

1) 국제재판관할합의 서면성 · 효력(제2항 · 제3항)

일정한 법률관계로 말미암은 소에 관하여 국제재판관할합의를 할 수 있다. 합의는 서면(팩스, 이메일 포함)으로 해야 하며(제2항), 합의로 정해진 관할은 전속관할로 추정한다(제3항).

2) 국제재판관할합의 무효사유(제1항)

재판관할합의가 다음의 하나에 해당하는 경우에는 효력이 없다. 이는 헤이그 관할합의협약(Convention of 30 June 2005 on Choice of Court Agreements, 2005)[45] 제6조를 반영한 것이다.

(1) 합의에 따라 국제재판관할을 가지는 국가의 법(준거법의 지정에 관한 법규를 포함한다)에 따를 때 그 합의가 효력이 없는 경우
(2) 합의를 한 당사자가 합의를 할 능력이 없었던 경우
(3) 대한민국의 법령 또는 조약에 따를 때 합의의 대상이 된 소가 합의로 정한 국가가 아닌 다른 국가의 국제재판관할에 전속하는 경우
(4) 합의의 효력을 인정하면 소가 계속된 국가의 선량한 풍속이나 그 밖의 사회질서에 명백히 위반되는 경우

3) 국제재판관할합의의 독립성(제4항)

합의가 당사자 간의 계약 조항의 형식으로 되어 있는 경우 계약 중 다른 조항의 효력은

45 헤이그 관할합의협약은 국제적인 민사 및 상사사건에서 전속적 관할합의가 행해진 경우에서의 국제재판관할와 관할합의에 근거한 판결의 승인·집행을 규정한 협약으로 상세한 내용은 다음 논문 참조(김희동, "헤이그 관할합의협약과 우리 국제재판관할합의 법제의 과제", 법학논총 통권 31호, 2014.; 석광현, "2005년 헤이그 재판관할합의의 협약의 소개", 국제사법연구 제11호, 2005.: 박정훈, "헤이그 재판관할합의협약", 국제사법연구 제18호, 2012.).

합의 조항의 효력에 영향을 미치지 아니한다[예 물품매매계약서 '제9조(인도지연) ② 매수인은, 인도지연의 경우 각 개시된 지연 주일의 기간에 대하여(for each commenced week of delay) 물품대금의 10%의 지연손해금을 청구할 권리가 있다. 제10조(관할합의) 이 계약으로부터 또는 이 계약과 관련하여 발생하는 분쟁은 모두 일본 법원에만 제기하여야 한다.'에서 과도한 지체상금으로 제9조 제2항이 무효인 경우에도 제10조의 관할합의의 효력은 영향이 없다(즉, 국제사법 제8조 관할합의의 요건만 갖추면 이 관할합의는 유효하다)].

4) 외국법원을 선택하는 전속적 합의가 있는 경우(제5항)

외국법원을 선택하는 전속적 합의가 있는 경우 대한민국 법원에 그 소가 제기된 때에는 법원은 해당 소를 각하한다. 다만, 다음의 경우는 그러하지 아니하다.

(1) 합의가 제1항 각 호의 사유로 효력이 없는 경우
(2) 제9조에 따라 변론관할이 발생하는 경우
(3) 합의에 따라 국제재판관할을 가지는 국가의 법원이 사건을 심리하지 아니하기로 하는 경우
(4) 합의가 제대로 이행될 수 없는 명백한 사정이 있는 경우

5) 대한민국과의 관련성

대한민국과 관련이 없는 사건에서도 대한민국 법원의 관할합의가 가능한지 문제가 된다. 종전 대법원에서는 "당해 사건이 외국법원에 대하여 합리적인 관련성을 가질 것"을 요구하였으나, 개정 국제사법에는 반영되지 않았다. 따라서 "당해 사건이 외국법원에 대하여 합리적인 관련성이 없는 경우"에도 외국법원의 관할합의는 유효하고, 외국적 요소가 있는 사건에서 당사자들은 아무런 관련이 없는 대한민국 법원을 관할법원으로 합의할 수 있는바[46], 대한민국과 관련이 없는 사건에서도 제8조에서 규정한 재판관할합의의 소극적 요건과 적극적 요건 충족을 전제로 대한민국 법원의 관할합의가 가능하다는 결론에 이르게 된다. 또한, 제8조에 따라 순수한 국내사건에서도 외국법원의 관할합의가 가능할 것인데, ⅰ) 해당 국가의 법(준거법의 지정에 관한 법규를 포함한다)에 따를 때 그 합의가 효력이 없거나, ⅱ) 해당 외국법원이 그 관할합의의 효력을 인정하지 않는 경우 그 관할합의는 무효 또는 실효될 것이다.

법정지 선택(또는 관할합의)은 19세기 말부터 사용되었는데, 역사적으로 미국 법원에서는 '공서양속'에 반한다는 사유 또는 법원의 사법권을 박탈한다는 사유로 법정지 선택 조항의 효력을 부정해 왔는데[47], M/S Bremen v. Zapata Off-Shore Co. (1972)[48]에서 최초로 법정지 선택 조항을

46 석광현, 전게서(2022), p.111.

인정하였고, 그 이후에도 법정지 선택 조항의 유효성을 인정하고 있으며, Vimar Seguros y Reaseguros, S.A. v. M/V Sky Reefer (1995)[49]에서는 중재지 선택조항의 유효성도 인정하였다.[50] 그러나 법정지 선택 원칙을 인정했다고 하여 법원이 당사자의 법정지 선택이 항상 인정되는 것은 아니며[51], 특정국가의 전속관할 사항, forum non－conveniens(불편합 법정지, 부적절한 법정지, 비편의 법정지), 기타 법정지 선택조항이 비합리적이고 부당한 경우 인정되지 않을 수 있다. 우리 대법원도 고려무역 사건(1997)[52]에서 국제관할합의의 유효요건(당해 사건이 대한민국 법원의 전속관할에 속하지 아니하고, 지정된 외국법원이 그 외국법상 당해 사건에 대하여 관할권을 가져야 하는 외에, 당해 사건이 그 외국법원에 대하여 합리적인 관련성을 가질 것)을 설시하고, 전속적인 관할합의가 현저하게 불합리하고 불공정한 경우에는 그 관할합의는 공서양속에 반하는 법률행위에 해당하는 점에서도 무효라고 보았다.

관할합의에 대한 국제적 경향은 대체로 외국법원과 분쟁 사이에 어떠한 객관적인 관련을 요구하지 않는다.[53] 예를 들어, UNIDROIT 원칙에서도 전속적 관할합의에 대하여는 법정지와의 관련을 요구하지 않고, 브뤼셀 I 규정이나 루가노협약은 당사자가 적당하다고 생각하는 관할법원을 정할 수 있고, 헤이그관할합의협약도 이를 전제로 하고 있다.[54]

3. 검토사항

1) 소비자계약과 근로계약의 특칙

소비자계약과 근로계약에서는 제8조에 의한 국제재판관할합의는 ⅰ) 사후적 관할합의 ⅱ) 추가적 관할합의(소비자나 근로자에게 유리한)의 경우에만 효력이 있다.

2) 외국법원 관할합의와 기타 규정에 의한 대한민국 재판관할의 경합

제8조에 의한 외국법원 전속관할합의가 인정되는 경우 다른 국제사법 규정에 의해 대한민국

47 Clark, Elizabeth A., “Foreign Arbitration Clauses and Foreign Forum Selection Clauses in Bills of Lading Governed by COGSA : Vimar Seguros y Reaseguros, S.A. v. M/V Sky Reefer”, Brigham University Law Review, Vol. 1996. Issue 2, 1996. : 김상만, “국제거래에서 법정지선택 조항의 효력에 관한 고찰 : 미국과 한국의 판례 비교를 중시으로”, 인하대학교 법학연구 제14집 제1호, 2011, p.306.

48 407 U.S. 1; 92 S. Ct. 1907; 32 L.Ed. 2d 513 (1972).

49 515 U.S. 528 (1995).

50 김상만, 전게논문, pp.300, 306.

51 Daniel Tan, “Damages for Breach of Forum Selection Clauses, Principled Remedies, and Control of International Civil Litigation”, Tex. Int'l L. J, Vol. 40, 2004, p.624.

52 대법원 1997. 9. 9. 선고 96다20093 판결.

53 손경한 외, 「국제사법 개정 방안 연구」, 기술과법 연구소, 2012, p.128.

54 손경한 외, 전게서, p.128.

법원의 재판관할이 인정될 수 있는지 문제가 된다. 제8조의 합의관할 규정에 진정한 의미를 인정하기 위해서는 대한민국 법원 전속관할(제10조 등) 및 기타 특별한 규정이 있는 경우(소비자계약, 근로계약 등)를 제외하고는 대한민국 법원의 재판관할이 인정되지 않는다고 보는 것이 합당할 것이다[헤이그 재판관할협약(2005) 제6조; 대법원 2010. 8. 26. 선고 2010다28185 판결 참조]. 일례로 해상운송계약에서 영국 법원에 전속적 재판관할합의를 하였고, 제8조에 의하면 그 관할합의가 유효한 경우에 제4조의 영업소 특별관할(예 피고 회사의 영업소는 대한민국에 있음) 또는 제41조의 계약에 관한 특별관할(예 용역제공지는 대한민국) 규정에 의하여 대한민국 법원의 재판관할권을 인정한다면, 제8조의 관할합의 규정은 의미를 상실하게 된다. 참고로 헤이그 관할합의협약(2005) 제6조(선택되지 않은 법원의 의무)[55]에서는 당사자들의 전속적 재판관할합의가 있는 경우 '예외적인 사유'[56]를 제외하고는 다른 국가들의 법원은 소송절차를 중지하거나 각하해야 한다고 규정하고 있다.

3) 합의관할 부여국과의 관련성

당해 사건과 아무런 관련이 없는 대한민국 법원 또는 외국법원을 관할법원으로 합의할 수 있는지 검토할 필요가 있다. 제2조에서는 '실질적 관련성'을 요구하지만, 제8조는 제2조의 특칙인바, 제8조에서는 '실질적 관련성'이 요구되지 않는다. 따라서 제8조의 해석상, 외국적 요소가 있는 사건에서 당사자들은 당해 사건과 아무런 관련이 없는 대한민국 법원을 관할법원으로 합의할 수 있다.[57] 따라서 대한민국과 관련이 없는 사건에서도 제8조에서 규정한 재판관할합의의 소극적 요건과 적극적 요건 충족하면, 대한민국 법원은 재판관할합의를 인정하여 재판을 진행해야 한다.[58]

종래 대법원에서는 "당해 사건이 외국법원에 대하여 합리적인 관련성을 가질 것"을 요구하

---

55 제6조 【선택되지 않은 법원의 의무】 선택된 법원이 속한 체약국 이외의 체약국의 모든 법원은, 다음의 경우를 제외하고는 전속적 관할합의가 적용되는 소송절차를 중지하거나 각하하여야 한다
a) 선택된 법원이 속한 국가의 법에 따라 그 합의가 무효인 경우
b) 소송이 계속된 법원이 속한 국가의 법에 따라 당사자가 합의를 체결할 능력이 없는 경우
c) 그 합의의 효력을 인정한다면 명백한 부정의를 초래하거나 소송이 계속된 법원이 속한 국가의 공서에 명백히 반하는 경우
d) 당사자들이 통제할 수 없는 예외적인 이유로 인하여 그 합의가 합리적으로 이행될 수 없는 경우, 또는
e) 선택된 법원이 해당 사건을 심리하지 않기로 결정한 경우

56 ⅰ) 선택된 법원이 속한 국가의 법에 따라 그 합의가 무효인 경우 ⅱ) 소송이 계속된 법원이 속한 국가의 법에 따라 당사자가 합의를 체결할 능력이 없는 경우 ⅲ) 그 합의의 효력을 인정한다면 명백한 부정의를 초래하거나 소송이 계속된 법원이 속한 국가의 공서에 명백히 반하는 경우 ⅳ) 당사자들이 통제할 수 없는 예외적인 이유로 인하여 그 합의가 합리적으로 이행될 수 없는 경우, 또는 ⅴ) 선택된 법원이 해당 사건을 심리하지 않기로 결정한 경우

57 석광현, 전게서(2022), p.111.

58 재판은 사법행정서비스 및 공공서비스의 하나이고, 정부재원이 투입되는데, 대한민국과 실질적 관련이 없는 사건에 대해서도 재판관할권합의를 인정하여 재판을 진행하는 것이 합당한 것인지에 대하여는 의문이 제기된다. 이 경우 인지대 차등 적용은 필요하지 않은지 고민할 필요가 있을 것이다.

였으나(대법원 1997. 9. 9. 선고 96다20093 판결; 대법원 2010.8.26. 선고 2010다28185 판결), 개정 국제사법에는 반영되지 않았다. 따라서 "당해 사건이 외국법원에 대하여 합리적인 관련성이 없는 경우"에도 외국법원의 전속관할합의는 유효하고, 순수한 국내사건에서도 외국법원의 관할합의도 가능하다. 다만, ⅰ) 해당 국가의 법(준거법의 지정에 관한 법규를 포함한다)에 따를 때 그 합의가 효력이 없거나, ⅱ) 해당 외국법원이 그 관할합의의 효력을 인정하지 않는 경우 그 관할합의는 무효 또는 실효될 것이다.

사례연구 : 재판관할합의

◖ 사례 1 ◗ 제12회 변호사시험

甲은 로봇을 제작하는 회사로서 스위스에 주된 사무소를 두고 있다. 甲은 한국 시장을 향해 계속적이고 조직적인 영업활동을 하기 위해 2019. 5.경 서울에 주된 사무소가 있는 대리상 乙과 대리상계약을 서면으로 체결하면서(이하, '이 사건 계약'), '본 계약과 관련된 모든 분쟁은 싱가포르 국제상사법원에 소를 제기할 수 있다'는 비전속적(non-exclusive) 혹은 부가적 관할합의를 하였다. 그러나 싱가포르는 이 사건 계약과 아무런 관련이 없으며, 이 사건 계약의 준거법에 관한 별도의 합의도 없었다.

이 사건 계약에 의하면 乙은 甲으로부터 로봇을 주문할 한국 고객사와의 거래를 대리 및 중개하면서 관련 용역을 제공하고 그에 대한 대리상 보수를 받도록 되어 있다. 乙은 2022. 8.경 그간 몇몇 한국 고객사를 甲에게 연결하여 그들 사이에 로봇공급계약이 체결되도록 하였으나, 대리상 보수 미화 30만 달러를 지급받지 못했다고 주장하며 甲을 상대로 싱가포르 국제상사법원에 미지급 보수의 지급을 구하는 소를 제기하였다(이하, '이 사건 전소').

1) 이 재판관할합의는 유효한가?

2) 만약에 관할합의가 비전속적(non-exclusive) 혹은 부가적 관할합의가 아닌 경우 이 소송이 대한민국 법원에 제기되면, 법원은 재판을 진행하는가?

☞ 1) 질문 1에 대해

위 재판관할합의는 ⅰ) 서면으로 하였고, ⅱ) 제8조 제1항에서 정한 무효사유에 해당되지 않는 것으로 보이는바, 재판관할합의는 유효하다.

2) 질문 2에 대해

합의에 의한 국제재판관할은 전속적인 것으로 추정되고(제8조 제3항), 당사자 간에 일정한 법률관계로 말미암은 소에 관하여 외국법원을 선택하는 전속적 합의가 있는 경우 대한민국 법원은 제기된 소를 각하하여야 함(제8조 제5항). 이 사안에서는 ⅰ) 유효한 합의관할이 있고, ⅱ) 이 소는 당사자 간의 위임계약에 말미암은 소이며, ⅲ) 제8조 제5항 각호의 사유에도 해당되지 않고, ⅳ) 제13조의 적용제외에 해당되지 않는바, 법원은 이 소를 각하하여야 한다.

◖ 사례 2 ◗ 제9회 변호사시험

대한민국법에 의하여 설립되고 부산에 주된 사무소를 두고 있는 법인 甲은 대한민국 K은행으로부터 대출을 받아,

경남 통영 소재 조선소에서 선박 카카오호를 건조한 다음 파나마국 서류상의 회사(이른바 페이퍼컴퍼니)인 乙의 소유로 편의치적(便宜置籍) 하였다. 甲은 파나마국 선박등록 당시 K은행의 대출금을 담보하기 위해 카카오호에 선박저당권을 설정하였다. 甲은 형식상 선주인 乙과 카카오호에 대하여 선체용선(선박임대차) 계약을 체결하고, 사단법인 한국선급으로부터 선급(船級)을 받았다. 甲과 부산과 중국 상하이에 사무소를 두고 있는 한·중합작법인 丙은 甲이 카카오호를 5년간 丙으로 하여금 항해에 사용하게 하고, 丙이 甲에게 용선료를 지급하는 정기용선계약을 체결하였다. 이 정기용선계약서에는 "이 계약으로부터 또는 이 계약과 관련하여 발생하는 분쟁은 모두 영국법원에만 제기하여야 한다."라고 규정되어 있었다. 위 정기용선계약에 따라 丙은 주로 부산항에서 필리핀 세부항을 비롯한 동남아 항로를 오가는 카카오호를 이용하여 영업을 해 왔다. 甲과 丙 사이의 정기용선계약에서 분쟁이 발생하는 경우 대한민국법원이 국제재판관할권을 가지는지?

☞ 합의에 의한 국제재판관할은 전속적인 것으로 추정되고(제8조 제3항), 당사자 간에 일정한 법률관계로 말미암은 소에 관하여 외국법원을 선택하는 전속적 합의가 있는 경우 대한민국 법원은 제기된 소를 각하하여야 한다(제8조 제5항). 이 사안에서는 i) 유효한 합의관할이 있고, ii) 이 소는 당사자 간의 정기용선계약에 말미암은 소이며, iii) 제8조 제5항 각호의 사유에도 해당되지 않고, iv) 제13조의 적용제외에 해당되지 않는바, 법원은 이 소를 각하하여야 한다.

전속적 국제재판관할합의 유효요건 : 종전 대법원 판결

구 국제사법에서는 전속적 국제재판관할합의에 대한 규정이 없어 대법원 판결에 의해야만 했으나, 개정 국제사법(2022)에서는 제8조에 명문규정을 신설하여 이제 더 이상 대법원 판결에 의존할 필요가 없게 되었고, 종전의 대법원 판결은 개정 국제사법 제8조와 일치하지도 않는다. 다만, 참고로 이와 관련 종전의 대법원 판결은 다음과 같다.

- **외국법원의 관할을 배제하고 대한민국 법원 전속관할합의 : 대법원 2011. 4. 28. 선고 2009다19093 판결**
  i) 당해 사건이 외국법원의 전속관할에 속하지 않을 것 ii) 대한민국 법원이 대한민국법상 당해 사건에 대하여 관할권을 가질 것 iii) 당해 사건이 대한민국 법원에 대하여 합리적인 관련성을 가질 것 iv) 그와 같은 전속적 재판관할합의가 현저하게 불합리하고 불공정하여 공서양속에 반하는 법률행위에 해당되지 않을 것

- **대한민국 법원의 관할을 배제하고 외국법원의 전속관할합의 : 대법원 1997. 9. 9. 선고 96다20093 판결; 대법원 2010. 8. 26. 선고 2010다28185 판결**
  i) 당해 사건이 대한민국 법원의 전속관할에 속하지 않을 것 ii) 지정된 외국법원이 그 외국법상 당해 사건에 대하여 관할권을 가질 것 iii) 당해 사건이 외국법원에 대하여 합리적인 관련성을 가질 것 iv 그와 같은 전속적 재판관할합의가 현저하게 불합리하고 불공정하여 공서양속에 반하는 법률행위에 해당되지 않을 것

- **대법원 1997. 9. 9. 선고 96다20093 판결**
  대한민국 법원의 관할을 배제하고 외국의 법원을 관할법원으로 하는 전속적인 국제관할의 합의가 유효하기 위하여는, 당해 사건이 대한민국 법원의 전속관할에 속하지 아니하고, 지정된 외국법원이 그 외국법상 당해

사건에 대하여 관할권을 가져야 하는 외에, 당해 사건이 그 외국법원에 대하여 합리적인 관련성을 가질 것이 요구된다고 할 것이고, 한편 전속적인 관할합의가 현저하게 불합리하고 불공정한 경우에는 그 관할합의는 공서양속에 반하는 법률행위에 해당하는 점에서도 무효이다.

- 대법원 2010.8.26. 선고 2010다28185 판결

  대한민국 법원의 관할을 배제하고 외국의 법원을 관할법원으로 하는 전속적인 국제관할의 합의가 유효하기 위해서는, 당해 사건이 대한민국 법원의 전속관할에 속하지 아니하고 지정된 외국법원이 그 외국법상 당해 사건에 대하여 관할권을 가져야 하는 외에, 당해 사건이 그 외국법원에 대하여 합리적인 관련성을 가질 것이 요구된다고 할 것이고, 그와 같은 전속적인 관할합의가 현저하게 불합리하고 불공정하여 공서양속에 반하는 법률행위에 해당하지 않는 한 그 관할합의는 유효하다 할 것이다(대법원 1997. 9. 9. 선고 96다20093 판결 참조).

제9조 변론관할 / 제13조 적용제외

제9조【변론관할】 피고가 국제재판관할이 없음을 주장하지 아니하고 본안에 대하여 변론하거나 변론준비기일에서 진술하면 법원에 그 사건에 대한 국제재판관할이 있다.

제13조【적용제외】 제24조, 제56조부터 제59조까지, 제61조, 제62조, 제76조 제4항 및 제89조에 따라 국제재판관할이 정하여지는 사건에는 제8조 및 제9조를 적용하지 아니한다.

- 합의관할/변론관할 비적용(실종선고 · 친족 · 상속 · 해상 관할에 비적용)
- 제24조(실종선고 등의 특별관할), 제56조(혼인관계에 관한 사건의 특별관할), 제57조(친생자관계에 관한 사건의 특별관할), 제58조(입양관계에 관한 사건의 특별관할), 제59조(부모 · 자녀간의 법률관계 등에 관한 사건의 특별관할), 제61조(후견에 관한 사건의 특별관할), 제62조(가사조정사건의 관할), 제76조 제4항(유언에 관한 사건의 특별관할), 제89조(선박소유자등의 책임제한)

1. 변론관할

피고가 국제재판관할이 없음을 주장하지 아니하고 본안에 대하여 변론하거나 변론준비기일에서 진술하면 대한민국 법원에 그 사건에 대한 국제재판관할이 있다. 이는 대한민국 법원에 국제재판관할이 인정되지 않는 경우에도 피고가 임의로 출석하여 국제재판관할 위반을 주장하지 않고 응소하는 것은 재판관할권에 대해 묵시적으로 동의한 것으로 인정하여 분쟁의 효율적이고 신속한 해결을 도모하기 위한 것이다.

대법원에서는 일본국에 주소를 둔 재외동포 甲이 일본국에 주소를 둔 재외동포 乙을 상대로

3건의 대여금채무에 대한 변제를 구하는 소를 대한민국 법원에 제기한 사안에서, 3건의 대여금 청구 중 2건은 분쟁이 된 사안과 대한민국 사이에 실질적 관련성이 있어 대한민국 법원에 국제재판관할권이 인정되고, 나머지 1건도 당사자 또는 분쟁이 된 사안과 법정지인 대한민국 사이에 실질적 관련성이 있다고 볼 수는 없지만 변론관할에 의하여 대한민국 법원에 국제재판관할권이 생겼다고 인정한 바 있다(대법원 2014. 4. 10. 선고 2012다7571 판결).

변론관할 인정의 장점으로는 ⅰ) 같은 당사자 사이에 서로 다른 분쟁을 같은 법원에서 동시에 해결할 수 있고(Jurisdictional unit of litigations), ⅱ) 효과적인 절차의 진행과 소송경제(procedural economy for the courts)가 가능하고, ⅲ) 특정 국제분쟁의 해결에 가장 적합한 법원을 선택(choice of the best court)할 수 있다는 점이 있다.[59]

2. 적용 제외

제13조에서는 제9조의 변론관할이 적용되지 않는 경우를 규정하고 있어 다음에 따라 국제재판관할이 정하여지는 사건에 대하여는 제9조의 변론관할이 인정되지 않는다[제9조의 적용 예외 : 제24조(실종선고 등의 특별관할), 제56조(혼인관계에 관한 사건의 특별관할), 제57조(친생자관계에 관한 사건의 특별관할), 제58조(입양관계에 관한 사건의 특별관할), 제59조(부모·자녀간의 법률관계 등에 관한 사건의 특별관할), 제61조(후견에 관한 사건의 특별관할), 제62조(가사조정사건의 관할), 제76조 제4항(유언에 관한 사건의 특별관할), 제89조(선박소유자등의 책임제한)].

사례연구

2024-1차 변호사시험 모의시험

甲회사는 중국법에 의하여 설립되어 상하이에 주된 사무소를 두고 도검류의 수입 및 판매업을 영위하고 있고, 乙회사는 독일법에 의하여 설립되어 독일 함부르크에 주된 사무소를 두고 도검류의 생산 및 수출업을 영위하고 있다. 甲회사와 乙회사는 도검류 500상자에 대한 매매계약을 FOB 함부르크 조건으로 체결하였다. 甲회사는 네덜란드 암스테르담에 본점을 둔 해상운송업체인 丁운송회사와 이 사건 물품을 중간 기항지인 부산항까지 운송하는 해상운송계약을 丁운송회사의 본점에서 체결하였다(준거법은 지정하지 않음). 이 사건 해상운송계약서에는 "이 계약과 관련된 모든 분쟁에 대하여는 네덜란드 헤이그 법원이 관할권을 가진다."라는 규정이 있다. 그런데 甲회사가 부산항에 도착한 이 사건 물품을 검사해보니 운송 중 선장의 과실로 이 사건 물품 중 일부가 상품성이 없을 정도로 손상되어 있었다. 甲회사가 丁운송회사를 상대로 운송계약위반에 근거한 손해배상청구의 소를 대한민국 법원에 제기하였고, 丁운송회

59 손경한 외, 전게서, p.131.; Magnus/Mankowski, Brussels I Regulation(2007), pp. 701－702.

사는 이에 응소하였다.

1) 대한민국 법원은 국제재판관할권을 가지는가?

2) 준거법은?

☞ 1) 이 해상운송계약에서는 네덜란드 헤이그 법원으로 재판관할합의를 하였고, 이 관할합의는 제8조 제1항에서 규정한 무효사유에 해당되지 않고, 서면으로 하였는바, 네덜란드 헤이그 법원에 전속적 재판관할이 인정된다(제8조). 그러나 甲회사가 대한민국 법원에 제기한 소송에 대하여 丁운송회사는 응소하였는바, 제9조의 변론관할에 의하여 대한민국 법원에 국제재판관할이 인정된다. 또한, 용역제공계약의 경우 용역제공지가 대한민국인 경우 대한민국 법원에 국제재판관할이 인정된다(제41조).

2) 이 해상운송계약에서는 준거법을 지정하지 않았는바, 제46조의 객관적 준거법 규정에 의하여 준거법을 결정해야 한다. 운송계약에서는 운송인이 특징적 이행을 하며 운송계약이 운송인의 영업활동으로 체결된 경우에는 운송인의 영업소가 있는 국가의 법이 준거법이 된다. 이 해상운송계약에서 丁운송회사의 영업소는 네덜란드에 소재하는바, 네덜란드법이 이 해상운송계약의 준거법이 된다(제46조 제2항 제3호).

제10조 전속관할

제10조【전속관할】 ① 다음 각 호의 소는 법원에만 제기할 수 있다.

1. 대한민국의 공적 장부의 등기 또는 등록에 관한 소. 다만, 당사자 간의 계약에 따른 이전이나 그 밖의 처분에 관한 소로서 등기 또는 등록의 이행을 청구하는 경우는 제외한다.
2. 대한민국 법령에 따라 설립된 법인 또는 단체의 설립 무효, 해산 또는 그 기관의 결의의 유효 또는 무효에 관한 소
3. 대한민국에 있는 부동산의 물권에 관한 소 또는 부동산의 사용을 목적으로 하는 권리로서 공적 장부에 등기나 등록이 된 것에 관한 소
4. 등록 또는 기탁에 의하여 창설되는 지식재산권이 대한민국에 등록되어 있거나 등록이 신청된 경우 그 지식재산권의 성립, 유효성 또는 소멸에 관한 소
5. 대한민국에서 재판의 집행을 하려는 경우 그 집행에 관한 소

② 대한민국의 법령 또는 조약에 따른 국제재판관할의 원칙상 외국법원의 국제재판관할에 전속하는 소에 대해서는 제3조부터 제7조까지 및 제9조를 적용하지 아니한다.

③ 제1항 각 호에 따라 법원의 전속관할에 속하는 사항이 다른 소의 선결문제가 되는 경우에는 제1항을 적용하지 아니한다.

1. 전속관할의 의의

전속관할은 특정한 법원만이 배타적으로 재판관할권을 가지고 다른 법원에서는 재판할 수 없는 것을 말한다.

2. 전속관할이 인정되는 경우(제1항)

다음의 경우 대한민국 법원의 전속관할이 인정되어 대한민국 법원에만 제소할 수 있다.

1) 대한민국의 공적 장부의 등기 또는 등록에 관한 소

※ **공적장부** : 부동산 등기부만이 아니라 법인등기부, 가족관계등록부, 선박등기부도 포함

2) 대한민국 법령에 따라 설립된 법인 또는 단체의 설립 무효, 해산 또는 그 기관의 결의의 유효 또는 무효에 관한 소

3) 대한민국에 있는 부동산의 물권에 관한 소 또는 부동산의 사용을 목적으로 하는 권리로서 공적 장부에 등기나 등록이 된 것에 관한 소

4) 등록 또는 기탁에 의하여 창설되는 지식재산권이 대한민국에 등록되어 있거나 등록이 신청된 경우 그 지식재산권의 성립, 유효성 또는 소멸에 관한 소

5) 대한민국에서 재판의 집행을 하려는 경우 그 집행에 관한 소

3. 전속관할이 인정되지 않는 경우

대한민국의 공적 장부의 등기 또는 등록에 관한 소이지만, 당사자 간의 계약에 따른 이전이나 그 밖의 처분에 관한 소로서 등기 또는 등록의 이행을 청구하는 경우에는 대한민국 법원의 전속관할이 인정되지 않는다(제1항 제1호 단서). 제1항 각 호에 따라 대한민국법원의 전속관할에 속하는 사항이 다른 소의 선결문제가 되는 경우에는 제1항을 적용하지 아니한다(제3항).

4. 외국법원의 전속관할의 경우 적용배제 조항(제2항)

대한민국의 법령 또는 조약에 따른 국제재판관할의 원칙상 외국법원의 국제재판관할에 전속하는 소에 대해서는 제3조(일반관할), 제4조(사무소 특별관할), 제5조(재산소재지 특별관할), 제6조(관련사건 관할), 제7조(반소관할), 제9조(변론관할)를 적용하지 않는다.

사례연구

◖ 사례 1 ◗

일본에 등록된 특허권의 무효를 구하는 소는, 일본 법원 전속관할이고, 대한민국 법원에 재판관할권 없다.

◖ 사례 2 ◗

일본에 등록된 특허권의 양도계약의 이행을 구하는 소는, 일본 법원 전속관할이 아니다. 따라서 ⅰ) 제38조 적용대상이면, 제38조를 적용하고, ⅱ) 해당 요건을 충족하는 경우 제8조 합의관할이 적용될 수 있으며, 그 외 ⅲ) 제41조, 제3조(일반관할) 등이 적용될 수도 있다.

대법원 2011. 4. 28. 선고 2009다19093 판결

당해 사건이 외국 법원의 전속관할에 속하는지 여부와 관련하여 특허권은 등록국법에 의하여 발생하는 권리로서 법원은 다른 국가의 특허권 부여행위와 그 행위의 유효성에 대하여 판단할 수 없으므로 등록을 요하는 특허권의 성립에 관한 것이거나 유·무효 또는 취소 등을 구하는 소는 일반적으로 등록국 또는 등록이 청구된 국가 법원의 전속관할에 속하는 것으로 볼 수 있으나, 그 주된 분쟁 및 심리의 대상이 특허권의 성립, 유·무효 또는 취소와 관계없는 특허권 등을 양도하는 계약의 해석과 효력 유무일 뿐인 그 양도계약의 이행을 구하는 소는 등록국이나 등록이 청구된 국가 법원의 전속관할에 속하는 것으로 볼 수 없다.

甲이 을에게서, 을이 특허권자 또는 출원인으로 된 일본국 내 특허권 또는 특허출원과 그 특허발명들에 대응하는 일본국 외에서의 특허출원 및 등록된 특허권 일체와 관련한 모든 권리를 무상양도받기로 하는 계약을 체결하면서, 위 양도계약과 관련한 분쟁이 발생할 경우 관할법원을 대한민국 법원으로 하기로 약정한 사안에서, 위 양도계약에 기하여 특허권의 이전등록 또는 특허출원인 명의변경을 구하는 소는 주된 분쟁 및 심리의 대상이 위 양도계약의 해석 및 효력의 유무일 뿐 위 특허권의 성립, 유·무효 또는 취소를 구하는 것과 무관하므로 위 특허권의 등록국이나 출원국인 일본국 등 법원의 전속관할에 속한다고 볼 수 없고, 또한 대한민국법상 당사자 사이에 전속적 국제관할합의를 하는 것이 인정되고 당해 사건이 대한민국 법원과 합리적 관련성도 있으며, 달리 위 전속적 국제관할합의가 현저하게 불합리하거나 불공정하여 공서양속에 반한다고 볼 수 없으므로, 위 전속적 국제관할합의가 유효하다고 한 사례

제11조 국제적 소송경합

제11조 【국제적 소송경합】 ① 같은 당사자 간에 외국법원에 계속 중인 사건과 동일한 소가 법원에 다시 제기된 경우에 외국법원의 재판이 대한민국에서 승인될 것으로 예상되는 때에는 법원은 직권 또는 당사자의 신청에 의하여 결정으로 소송절차를 중지할 수 있다. 다만, 다음 각 호의 어느 하나에 해당하는 경우에는 그러하지 아니하다.

1. 전속적 국제재판관할의 합의에 따라 법원에 국제재판관할이 있는 경우
2. 법원에서 해당 사건을 재판하는 것이 외국법원에서 재판하는 것보다 더 적절함이 명백한 경우

② 당사자는 제1항에 따른 법원의 중지 결정에 대해서는 즉시항고를 할 수 있다.

③ 법원은 대한민국 법령 또는 조약에 따른 승인 요건을 갖춘 외국의 재판이 있는 경우 같은 당사자 간에 그 재판과 동일한 소가 법원에 제기된 때에는 그 소를 각하하여야 한다.

④ 외국법원이 본안에 대한 재판을 하기 위하여 필요한 조치를 하지 아니하는 경우 또는 외국법원이 합리적인 기간 내에 본안에 관하여 재판을 선고하지 아니하거나 선고하지 아니할 것으로 예상되는 경우에 당사자의 신청이 있으면 법원은 제1항에 따라 중지된 사건의 심리를 계속할 수 있다.

⑤ 제1항에 따라 소송절차의 중지 여부를 결정하는 경우 소의 선후(先後)는 소를 제기한 때를 기준으로 한다.

1. 국제적 소송경합의 의의

국제적 소송경합(또는 국제적 중복소송)이란, 동일한 사건에 대하여 서로 다른 국가의 법원에서 동일한 소송이 제기되는 것을 말한다. 서로 다른 국가의 법원에서 동일한 소송이 제기되는 경우 발생할 수 있는 판결의 모순·저촉을 피하기 위하여 승인예측설의 입장에서 국제적 소송경합에 대한 규정을 신설하였다.

참고로 준거법과 국제재판관할권이 반드시 일치할 필요는 없으며, 국제재판관할권은 배타적인 것이 아니라 병존할 수 있으며, 둘 이상의 국가에서 국제재판관할권이 인정될 수도 있다(대법원 2010. 7. 15. 선고 2010다18355 판결).

2. 국제적 소송경합과 소송절차 중지

같은 당사자 간에 외국법원에 계속 중인 사건과 동일한 소가 법원에 다시 제기된 경우에 외국법원의 재판이 대한민국에서 승인될 것으로 예상되는 때에는 대한민국 법원은 직권 또는 당사자의 신청에 의하여 결정으로 소송절차를 중지할 수 있다(제1항). 여기서 소의 선후(先後)는 소를 제기한 때를 기준으로 하며, 이 중지결정에 대해 즉시 항고할 수 있다(제2항).

다만, ⅰ) 전속적 국제재판관할의 합의에 따라 대한민국 법원에 국제재판관할이 있는 경우,

또는 ii) 대한민국 법원에서 해당 사건을 재판하는 것이 외국법원에서 재판하는 것보다 더 적절함이 명백한 경우에는 소송을 중지할 수 없다. 또한, 대한민국 법원이 당해 소송절차를 중지하였으나 i) 외국법원이 본안에 대한 재판을 하기 위하여 필요한 조치를 하지 아니하는 경우 ii) 외국법원이 합리적인 기간 내에 본안에 관하여 재판을 선고하지 아니한 경우, 또는 iii) 외국법원이 합리적인 기간 내에 본안에 관하여 재판을 선고하지 아니할 것으로 예상되는 경우 당사자의 신청이 있으면 법원은 중지한 사건의 심리를 계속할 수 있다(제4항).

이 규정은 대륙법계 국가들의 선착순 해결의 방식인 'First in time rule(우선주의 원칙, 소송우선의 원칙)'을 수용한 것이다. First in time Rule은 먼저 제기된 전소 법원에 우선권을 부여하여, 전소 법원이 스스로 관할이 있다고 결정하면 계속하여 심리하고, 후소 법원은 원칙적으로 소송을 중단하거나 각하 또는 기각하도록 한다는 원칙이다.[60] 이 원칙은 영미법계의 forum non-conveniens(불편한 법정지/부적절한 법정지) 원칙과 대비된다. 브뤼셀협약에서는 명문규정이 없었으나, 유럽연합(EU)의 브뤼셀 I 규정(Recast)에서는 First in time Rule을 규정하고(제29조[61]), 전소와 후소의 판단 기준이 되는 소송계속 여부를 가리기 위한 소장 접수, 송달 등에 관한 기준도 규정하고 있다(제32조). 한편, 헤이그 관할합의협약은 선택된 법원은 그 사건이 다른 국가의 법원에 의하여 재판되어야한다는 근거로 관할권을 행사하는 것을 거부할 수 없다고 규정하고 있다(협약 제5조 제2항).[62]

3. 외국재판과 소의 각하

대한민국 법령 또는 조약에 따른 승인 요건을 갖춘 외국의 재판이 있는 경우 같은 당사자 간에 그 재판과 동일한 소가 법원에 제기된 때에는 그 소를 각하하여야 한다(제3항).

- 국제적 소송경합에서 국내소송 중지 결정 요건
  - 외국법원에 계속 중인 사건과 동일한 소가 대한민국 법원에 다시 제기될 것

---

60 이혜민, 전게논문, pp.142-143.

61 제29조 ① 제31조 제2항에 저촉되지 않는 범위에서, 동일한 청구에 관하여 동일한 당사자들 간에 상이한 회원국들의 법원에 소가 계속된 경우, 최초로 소가 계속한 법원 이외의 법원은 최초로 소가 계속한 법원의 관할이 확정될 때까지 직권으로 소송을 중지하여야 한다.
③ 최초로 소송이 계속한 법원의 관할이 확정된 때에는 다른 법원은 그 법원을 위하여 관할권의 행사를 거부하여야 한다.

62 김희동, "헤이그 관할합의협약과 우리 국제재판관할합의 법제의 과제", 법학논총 통권 31호, 2014, p.8.

- 외국법원의 재판이 대한민국 법원에서 승인될 것으로 예측될 것(승인예측설)
- 법원의 직권 또는 당사자의 신청이 있을 것

• **국내소송 중지 불가 : 다음의 경우 소송절차 중지 결정 불가**
  - 전속적 국제재판관할의 합의에 따라 대한민국 법원에 국제재판관할이 있는 경우
  - 대한민국 법원에서 해당 사건을 재판하는 것이 외국법원에서 재판하는 것보다 더 적절함이 명백한 경우

사례연구

甲(매도인, 영국 회사)과 을(매수인, 대한민국 회사) 간의 매매계약에서 분쟁이 발생하여 甲은 영국법원에 소를 제기한 후 을이 대한민국 법원에 소를 제기한 경우

☞ 영국 법원의 재판이 대한민국에서 승인될 것이 예상되는 때에는 법원은 을의 소를 중지할 수 있다(제11조 제1항).

제12조 국제재판관할권의 불행사

제12조【국제재판관할권의 불행사】 ① 이 법에 따라 법원에 국제재판관할이 있는 경우에도 법원이 국제재판관할권을 행사하기에 부적절하고 국제재판관할이 있는 외국법원이 분쟁을 해결하기에 더 적절하다는 예외적인 사정이 명백히 존재할 때에는 피고의 신청에 의하여 법원은 본안에 관한 최초의 변론기일 또는 변론준비기일까지 소송절차를 결정으로 중지하거나 소를 각하할 수 있다. 다만, 당사자가 합의한 국제재판관할이 법원에 있는 경우에는 그러하지 아니하다.

② 제1항 본문의 경우 법원은 소송절차를 중지하거나 소를 각하하기 전에 원고에게 진술할 기회를 주어야 한다.

③ 당사자는 제1항에 따른 법원의 중지 결정에 대해서는 즉시항고를 할 수 있다.

1. 개설

국제사법에 따라 i) 대한민국 법원에 국제재판관할권이 있는 경우에도(합의관할은 제외) ii) 대한민국 법원이 국제재판관할권을 행사하기에 부적절하고 국제재판관할이 있는 외국법원이 분쟁을 해결하기에 더 적절하다는 예외적인 사정이 명백히 존재하고 iii) 피고의 신청이 있는

경우 iv) 대한민국 법원은 본안에 관한 최초의 변론기일 또는 변론준비기일까지 소송절차를 중지하거나 소를 각하할 수 있다. 이 규정은 영미법상의 forum non-conveniens(불편한 법정지, 부적절한 법정지, 비편의 법정지)[63] 법리를 반영하여 2022년 국제사법 개정에서 신설되었다.

2. 국제재판관할권 불행사의 요건

이 규정에 의하여 대한민국 법원이 소송절차를 중지하거나 소를 각하하는 결정을 하기 위한 요건은 다음과 같다. i) 국제사법에 따라 대한민국 법원에 국제재판관할권이 있을 것 ii) 외국법원에 국제재판관할권이 있을 것 iii) 대한민국 법원이 국제재판관할권을 행사하기에 부적절할 것 iv) 국제재판관할이 있는 외국법원이 분쟁을 해결하기에 더 적절할 것 v) 피고의 신청이 있을 것 vi) 본안에 관한 최초의 변론기일 또는 변론준비기일 이전일 것 vii) 대한민국 법원이 당사자의 합의에 의하여 관할을 가지는 경우가 아닐 것 viii) 대한민국 법원은 결정 전에 원고에게 진술할 기회를 줄 것

제14조 보전처분의 관할 / 제15조 비송사건의 관할

제14조【보전처분의 관할】 ① 보전처분에 대해서는 다음 각 호의 어느 하나에 해당하는 경우 법원에 국제재판관할이 있다.

1. 법원에 본안에 관한 국제재판관할이 있는 경우
2. 보전처분의 대상이 되는 재산이 대한민국에 있는 경우

② 제1항에도 불구하고 당사자는 긴급히 필요한 경우에는 대한민국에서만 효력을 가지는 보전처분을 법원에 신청할 수 있다.

제15조【비송사건의 관할】 ① 비송사건의 국제재판관할에 관하여는 성질에 반하지 아니하는 범위에서 제2조부터 제14조까지의 규정을 준용한다.

---

63 "forum non-convenience(불편한 법정지, 부적절한 법정지, 비편의 법정지) 법리"는 국내 법원에 제기된 국제민사소송에 있어 국내 법원이 관할권을 가지더라도 외국 법원이 더 적절한 法廷地임이 명백한 경우 소송을 중지하거나 소를 각하할 수 있다는 원칙이다. 이 원칙은 영국에서 인정되던 법원칙으로 법원에 과도한 재량권을 부여하고, 외국인이 제소한 사건의 재판을 거부하는 구실을 제공하는 등 불합리한 면이 있어 2001년 개정 국제사법에서는 이에 관한 명문의 규정을 두지 않았다(법무부, 전게서, p.25.). 그러나 2022 개정 국제사법에서는 제12조에 관련 규정을 신설하였다.

> ② 비송사건의 국제재판관할은 다음 각 호의 구분에 따라 해당 규정에서 정한 바에 따른다.
> 1. 실종선고 등에 관한 사건 : 제24조
> 2. 친족관계에 관한 사건 : 제56조부터 제61조까지
> 3. 상속 및 유언에 관한 사건 : 제76조
> 4. 선박소유자등의 책임제한에 관한 사건 : 제89조
>
> ③ 제2항 각 호에서 규정하는 경우 외에 개별 비송사건의 관할에 관하여 이 법에 다른 규정이 없는 경우에는 제2조에 따른다.

1. 보전처분의 관할

ⅰ) 대한민국 법원에 본안에 관한 국제재판관할이 있는 경우, 또는 ⅱ) 보전처분의 대상이 되는 재산이 대한민국에 있는 경우에는 해당 보전처분에 대해서 대한민국 법원에 국제재판관할이 있다. 한편, 이에 해당하지는 않으나 긴급히 필요한 경우에는 당사자는 대한민국에서만 효력을 가지는 보전처분을 법원에 신청할 수 있다.

2. 비송사건의 관할

2022년 국제사법 개정에서 비송사건[64]의 국제재판관할에 관한 규정을 신설하였다. 우선, 비송사건의 국제재판관할에 관하여는 성질에 반하지 아니하는 범위에서 제2조부터 제14조까지의 규정을 준용한다(제1항). 비송사건의 국제재판관할은 ⅰ) 실종선고 등에 관한 사건은 제24조, ⅱ) 친족관계에 관한 사건은 제56조부터 제61조까지, ⅲ) 상속 및 유언에 관한 사건은 제76조, ⅳ) 선박소유자등의 책임제한에 관한 사건은 제89조에서 정한 바에 따른다(제2항).

위 규정에 해당하지 않는 개별 비송사건의 경우 국제재판관할에 관하여 국제사법에 다른 규정이 없는 경우에는 제2조의 일반원칙에 따른다.

---

64 비송사건이란, 민사(가사)사건 중 소송절차로 처리하지 않는 사건으로 당사자의 주장에 의하지 않고, 법원이 후견적 입장에서 관여한다. 예 과태료 사건, 부재자재산관리, 실종선고의 취소, 친생부인, 인지 등

제3절 준거법

제16조 본국법

제16조 【본국법】 ① 당사자의 본국법에 따라야 하는 경우에 당사자가 둘 이상의 국적을 가질 때에는 그와 가장 밀접한 관련이 있는 국가의 법을 그 본국법으로 정한다. 다만, 국적 중 하나가 대한민국일 경우에는 대한민국 법을 본국법으로 한다.

② 당사자가 국적을 가지지 아니하거나 당사자의 국적을 알 수 없는 경우에는 그의 일상거소가 있는 국가의 법[이하 "일상거소지법"(日常居所地法)이라 한다]에 따르고, 일상거소를 알 수 없는 경우에는 그의 거소가 있는 국가의 법에 따른다.

③ 당사자가 지역에 따라 법을 달리하는 국가의 국적을 가질 경우에는 그 국가의 법 선택규정에 따라 지정되는 법에 따르고, 그러한 규정이 없는 경우에는 당사자와 가장 밀접한 관련이 있는 지역의 법에 따른다.

1. 본국법의 의의

본국법이란, 당사자가 국적을 가지는 국가의 법을 말한다. 한편, 법정지법이란, 소송이 계속된 법원이 소재하는 국가의 법을 말한다.

2. 이중국적의 경우 본국법

이중국적의 경우 가장 밀접한 관련이 있는 국가의 법을 본국법으로 한다. 다만, 국적 중 하나가 대한민국일 경우에는 대한민국법을 본국법으로 한다.

3. 국적이 없거나 알 수 없는 경우 본국법

국적이 없거나 알 수 없는 경우에는 일상거소가 있는 국가의 법을 본국법으로 하고, 일상거소도 알 수 없는 경우에는 거소가 있는 국가의 법을 본국법으로 한다. 이 경우 거소도 알 수 없는 경우에는 본국법의 공백이 발생한다.

4. 지역에 따라 법을 달리하는 국가(비통일법 국가)의 본국법

지역[또는 주(state)]에 따라 법이 다른 국가(비통일법 국가)[65]의 국적을 가진 당사자의 본국법 결정은 ⅰ) 그 국가의 법 선택규정이 있는 경우에는 그 법에 따라 지정되는 법에 따르고, ⅱ) 선택규정이 없는 경우에는 당사자와 가장 밀접한 관련이 있는 지역의 법에 따른다.

대법원 2012. 10. 25. 선고 2009다77754 판결

[1] 국제사법 제25조 제1항은 "계약은 당사자가 명시적 또는 묵시적으로 선택한 법에 의한다. 다만 묵시적인 선택은 계약 내용 그 밖에 모든 사정으로부터 합리적으로 인정할 수 있는 경우에 한한다."고 규정하여 계약의 준거법을 당사자가 자유롭게 선택할 수 있도록 하면서, 당사자의 준거법 선택은 명시적인 지정뿐만 아니라 묵시적인 지정도 가능하도록 하고, 다만 그것이 부당하게 확대되는 것을 방지하기 위하여 묵시적인 선택은 계약 내용 그 밖에 모든 사정으로부터 합리적으로 인정할 수 있는 경우로 제한하고 있다. 따라서 당사자가 계약의 준거법으로 지역에 따라 법을 달리하는 이른바 연방제국가의 어느 특정 지역의 법을 지정하지 않고 단순히 연방제국가의 법이라고만 약정한 경우, 선택된 법이 특정 지역의 법이 아니라 연방제국가의 법이라는 사정만으로 그러한 준거법 약정이 내용을 확정할 수 없는 것으로 당연 무효라고 보아서는 아니 되고 계약 문언, 계약 전후의 사정, 거래 관행 등 모든 사정을 고려하여 당사자가 그 국가의 어느 지역의 법을 지정한 것으로 합리적으로 인정되는지까지 살펴보아야 한다. 나아가 지역에 따라 법을 달리하는 연방제국가라고 하더라도, 어느 법률관계에 관하여 그 국가 전체에 통일적으로 적용되는 이른바 연방법이 존재한다면 적어도 그 법률관계에 관하여는 연방법이 적용되어 지역에 따라 법을 달리한다고 할 수는 없으므로, 당사자가 그 법률관계에 관한 준거법으로 연방제국가의 법을 준거법으로 선택한 약정은 그 국가의 연방법을 준거법으로 선택한 약정으로서 유효하다.

사례연구

제13회 변호사시험

B국 국적을 가진 甲(남)과 A국 국적과 B국 국적을 동시에 가진 乙(여)은 A국에서 혼인하여 10년 정도 살다가 甲의 직장 관계로 미성년 자녀와 함께 대한민국에 이주하여 3년째 살고 있다.

☞ 乙은 이중국적자로 乙의 국적은 A국과 B국에 있는데, 乙은 A국에서 혼인하여 10년 정도 살다가 최근 3년 전에 대한민국으로 이주하였는바, A국과 B국 중에서 乙과 가장 밀접한 관련이 있는 국가는 A국이고, 乙의 본국법은 A국법이다.

65 미국, 호주 등 연방제국가가 여기에 해당된다.

第17조 일상거소지법

第17조【일상거소지법】 당사자의 일상거소지법에 따라야 하는 경우에 당사자의 일상거소를 알 수 없는 경우에는 그의 거소가 있는 국가의 법에 따른다.

연결점(법률관계와 준거법의 연결)이 '일상거소지(habitual residence)'인 경우 당사자의 일상거소를 알 수 없는 경우에는 그의 거소가 있는 국가의 법에 따른다.

구 섭외사법에서는 "주소지"라는 용어를 사용하였는데, 2001 개정 국제사법에서 "상거소지"로 변경하였다. 그리고 2022 개정 국제사법에서는 "상거소지"를 "일상거소지"로 변경하였다.

일상거소지법에 의하여야 하는 경우에 일상거소를 알 수 없는 경우에 항상 거소지법에 의하는 것은 아니다. 일례로 혼인의 일반적 효력에 관하여 제64조에 의하여 i) 부부의 동일한 본국법이 1순위로 적용되고, ii) 그것이 없는 경우 2순위로 부부의 동일한 일상거소지법이 적용되며, iii) 그 다음으로 부부의 가장 밀접한 관련이 있는 곳의 법이 적용된다. 한편, 일상거소지법의 적극적 저촉(일상거소지가 2개 이상인 경우)에 대한 규정이 없는데, 이는 당사자가 복수의 일상거소를 가질 수 있는가에 관하여 논란[66]이 있기 때문이다.[67] 일상거소지는 사실상 개념으로 2개 이상 존재할 수 없다는 주장이 우세한 것 같다.[68]

第18조 외국법의 적용

第18조【외국법의 적용】 법원은 이 법에 따라 준거법으로 정해진 외국법의 내용을 직권으로 조사·적용하여야 하며, 이를 위하여 당사자에게 협력을 요구할 수 있다.

1. 개설

이 조항은 2001년 개정 국제사법에 신설되었는데(제5조), 독일법계의 영향을 받아 외국법 법률설을 명문화한 것이다.[69] 우리 대법원은 구 섭외사법 적용에서나 2001년 개정 국제사법 적용에서나 변함없이 외국법 법률설에 따르고 있다(대법원 1990. 4. 10. 선고 89다카20252 판결; 대법원

66 법무부, 전게서, p.31.
67 법무부, 전게서, p.31.
68 장지용, 전게논문, p.8.
69 한애라, "준거법인 외국법의 조사에 관한 소고", 국제사법연구 제25권 제2호, 2019, p.35.; 석광현, 전게서(2013), p.124.

2010. 3. 25. 선고 2008다88375 판결).[70]

2. 학설 및 법제

외국법의 성질에 대해서는 다음과 같은 입장이 있다.[71] 법정지의 법원에서 i) 준거법으로 지정된 외국법을 사실로 보는 경우 입증책임의 문제와 연관되고, ii) 법률로 보는 경우 법원이 직권조사의무를 부담하는지 여부 등이 문제된다.

1) **외국법 법률설**(대륙법계, 현행 국제사법)

준거법으로 지정된 외국법은 변론주의가 적용되는 '사실'로 보아야 한다는 견해이다. 이 견해에 의하면, 법원은 직권으로 외국법을 조사 · 적용한다(당사자는 협력의무만 있고 입증책임 없음. 실무적으로 준거법 소속국 법률전문가의 affidavit을 받아 법원에 제출). 2001년 개정법에서 명문화하였다(그전에는 판례로 인정). 그 외국법이 그 본국에서 현실로 해석 · 적용되는 의미 · 내용대로 해석 · 적용한다.

2) **외국법 사실설**(영미법계)

외국법을 사실로 보는 견해로서 당사자가 외국법을 주장 · 입증해야 하며, 법원은 이를 직권으로 조사하거나 적용할 수 없다. 이에 따라 i) 다른 사실(fact)와 마찬가지로 외국법은 당사자가 주장해야 하고, ii) 외국법은 증명되어야 하고[72], iii) 외국법 쟁점은 사실심에서 결정되어야 한다.[73] 외국법을 증명하고 적용하는데, 불편함이 많음에도 불구하고, 외국법 사실설에 의하면, 법원은 법정지 이외의 법을 적용할 수 없다고 본다. 참고로 영국에서는 외국법은 사실의 문제라는 것이 오랫동안 확립되어 왔는바, 어느 계약의 준거법이 외국법이라고 주장하는 당사자는 기타 다른 사실과 동일한 방법으로 해당 외국법을 증명해야 한다.[74]

3) **외국법 변질설**

국제사법에 의해 준거법으로 지정된 외국법은 내국법에 편입되어 내국법으로 변질된다는

---

70 한애라, 전게논문, p.35.

71 한애라, 전게논문, pp.34－35.

72 일반적으로 외국법 증명에 대해서는 법률전문가(통상 해당국 변호사 등)에 대한 심문과 반대심문을 요구한다.

73 David P. Currie, et. al., *Conflict of Laws: Cases, Comments, and Questions*, 8th ed, 2010, p.87.; Beal, Joseph H, A Treatise on the Conflict of Laws, Baker, Voorhis & Co., 1935.

74 Carole Murray, et. al., *Schmitthoff Export Trade: the Law and Practice of International Trade*, 11th ed., Thomson Reuters, 2007, pp.456－457.

견해이다. 이 경우 외국법은 국내법과 같이 직권으로 조사해야 한다. 이에 대하여는 국제사법 규정에 의하여 외국법을 외국법으로 적용하는 것이지 외국법이 내국법의 일부가 되는 것이 아니라는 비판이 있다.

3. 국제사법의 규정 : 외국법 법률설 채택

국제사법은 제18조에서 외국법의 내용에 대하여 법원이 직권으로 조사·적용할 의무를 부과하고, 당사자에 대하여 그에 대한 협력을 요구할 수 있도록 규정함으로써 "외국법법률설"을 취하고 있다. 당사자에게 협력의무만 부담시킬 뿐, 입증책임은 부담시키지 않는다. 외국법 법률설은 종전에 판례로 인정되어 왔는데, 2001년 개정 국제사법에서 명문화하였다. 외국법에 대하여 실무적으로는 준거법 소속국 법률전문가의 선서진술서(affidavit)를 받아 법원에 제출한다. 참고로 그 외국법이 그 본국에서 현실로 해석·적용되는 의미·내용대로 해석·적용해야 한다.

4. 외국법의 흠결과 불명의 경우 보완

외국법을 준거법으로 적용해야 하는 경우로서 외국법의 내용을 알 수 없는 경우를 '외국법의 불명'이라고 하고, 외국법이 존재하지 않는 경우를 '외국법의 흠결'이라고 한다. 외국법의 흠결과 불명의 경우 보완에 대하여는 내국법 적용설, 청구기각설, 조리적용설 등이 있다. i) 내국법 적용설은 내국법을 적용해야 한다는 견해로 "의심스러울 때는 법정지법에 의한다(in dubio lex fori)"에 근거한다. ii) 청구기각설은 외국법사실설을 바탕으로 당사자가 사실입증을 못한 경우와 동일하게 취급하여 그 당사자의 청구를 기각한다는 견해이다. iii) 조리적용설은 내국법 흠결의 경우와 마찬가지로 조리에 의한다는 견해이다.

우리 대법원은 기본적으로 조리적용설의 입장을 취하고 있다. 외국법규에 흠결이 있거나 그 존재에 관한 자료가 제출되지 아니하여 그 내용의 확인이 불가능한 경우 i) 법원(法源)에 관한 민사상의 대원칙에 따라 외국 관습법에 의할 것이고, ii) 외국 관습법도 그 내용의 확인이 불가능하면 조리에 의한다고 보고 있다(대법원 2021. 7. 8. 선고 2017다218895 판결; 대법원 2010. 3. 25. 선고 2008다88375 판결; 대법원 2000. 6. 9. 선고 98다35037 판결).

외국법 관련 대법원 판결

• 외국법 법률설 : 대법원 2010. 3. 25. 선고 2008다88375 판결

섭외적 사건에 관하여 적용될 준거법으로서의 외국법은 여전히 사실이 아니라 법으로서 법원은 직권으로 그 내용을 조사하여야 하고, 그러한 직권조사에도 불구하고 그 외국법의 내용을 확인할 수 없는 경우에 한하여 조리 등을 적용할 것이다(대법원 1990. 4. 10. 선고 89다카20252 판결; 대법원 2000. 6. 9. 선고 98다35037 판결 참조).

※ Judicial Notice : 미국법에서 법원이 사실에 대한 주장·입증 없이도 재판할 수 있는 사항을 의미한다. 민사소송법의 '현저한 사실'에 해당하는 개념이다.

• 외국법 불명 시 : 대법원 2000. 6. 9. 선고 98다35037 판결

– 대법원 1988. 2. 9. 선고 87다카1427 판결에서는 외국법 불명 시에 법정지인 대한민국법을 적용하였으나, 근래에는 조리적용설의 입장을 취한 것으로 보인다. 조리설을 취하면서 '근사법(近似法)'을 조리의 내용으로 보는 것으로 보기도 한다.

– 섭외적 사건에 관하여 적용될 외국법규의 내용을 확정하고 그 의미를 해석함에 있어서는 그 외국법이 그 본국에서 현실로 해석·적용되고 있는 의미·내용대로 해석·적용되어야 하는 것인데, 소송과정에서 적용될 외국법규에 흠결이 있거나 그 존재에 관한 자료가 제출되지 아니하여 그 내용의 확인이 불가능한 경우 법원으로서는 법원(法源)에 관한 민사상의 대원칙에 따라 외국 관습법에 의할 것이고, 외국 관습법도 그 내용의 확인이 불가능하면 조리에 의하여 재판할 수밖에 없는바, 그러한 조리의 내용은 가능하면 원래 적용되어야 할 외국법에 의한 해결과 가장 가까운 해결 방법을 취하기 위해서 그 외국법의 전체계적인 질서에 의해 보충 유추되어야 하고, 그러한 의미에서 그 외국법과 가장 유사하다고 생각되는 법이 조리의 내용으로 유추될 수도 있을 것이다.

– 참고로 이 사건은 신용장금액지급청구 사건인데, 대법원은 신용장 거래에 부수하여 이루어지는 환어음 인수인의 어음법상 의무에 관한 준거법이 환어음 지급지 소재지인 중국의 법이지만 환어음이 지급제시되고 인수될 당시 중국에 어음관계를 규율하는 법이 존재하지 않았던 경우, 그 후 시행된 중국의 어음수표법을 유추적용하는 것이 조리에 부합한다고 판단하였다.

• 외국법의 해석과 흠결 : 대법원 2021. 7. 8. 선고 2017다218895 판결

외국적 요소가 있는 법률관계에 적용될 외국법규의 내용을 확정하고 그 의미를 해석할 때는 외국법이 그 본국에서 현실로 해석·적용되고 있는 의미와 내용에 따라 해석·적용하여야 하고, 소송과정에서 적용될 외국법규에 흠결이 있거나 그 존재에 관한 자료가 제출되지 아니하여 그 내용의 확인이 불가능한 경우 법원으로서는 법원(법원)에 관한 민사상의 대원칙에 따라 외국 관습법에 의할 것이며, 외국 관습법도 그 내용의 확인이 불가능하면 조리에 의하여 재판할 수밖에 없다(대법원 2000. 6. 9. 선고 98다35037 판결; 대법원 2003. 1. 10. 선고 2000다70064 판결 등 참조).

※ 해석순서 ⅰ) 외국법 → ⅱ) 외국 관습법 → ⅲ) 조리

• 외국법의 해석 : 대법원 2024. 7. 25. 선고 2019다256501 판결

가) 외국적 요소가 있는 법률관계에 적용될 외국법규의 내용을 확정하고 그 의미를 해석할 때는 외국법이 그 본국에서 현실로 해석·적용되고 있는 의미와 내용에 따라 해석·적용하여야 한다(대법원 2021. 7. 8. 선고 2017다218895 판결 참조).

나) 영국 해상보험법(Marine Insurance Act 1906)은 보험자대위와 관련하여 제79조 제1항에서 "보험자가 보험목적의 전부에 대한 전손보험금을 지급하였거나, 화물의 경우에는 그 가분적 부분에 대한 전손보험금을 지급한 경우에는 보험자는 그때부터 보험목적의 잔존물에 대하여 피보험자의 이익을 승계할 권리를 갖는다. 그리고 보험자는 손해를 야기한 사고가 발생한 때부터 보험목적에 대한 그리고 보험목적과 관련된 피보험자의 모든 권리와 구제수단을 대위한다."라고 규정하고, 같은 조 제2항에서 "전항의 규정에 반하지 않는 한, 보험자가 분손보험금을 지급한 경우에는, 보험자는 보험목적 또는 잔존물에 대한 권리를 취득하지 못한다. 그러나 피보험자가 이 법에 따라 보상을 받은 한도에서, 보험자는 손해를 야기한 사고가 발생한 때부터 보험목적에 대한 그리고 보험목적과 관련된 피보험자의 모든 권리와 구제수단을 대위한다."라고 규정하고 있다.

영국 해상보험법에 따른 보험자대위는 보험의 목적에 발생한 피보험자의 손해를 보상하여 준 보험자가 보험목적의 잔존물에 대한 이익을 승계할 수 있는 권리를 취득하거나, 보험목적과 관련된 피보험자의 권리 또는 다른 구제수단을 대위하는 것을 의미한다. 영국 해상보험법의 법리에 따르면, 보험금을 지급한 보험자는 제79조에 의하여 피보험자의 제3자에 대한 손해배상청구권뿐만 아니라 계약상의 권리 등을 대위할 수 있고, 잔존물의 매각대금 등 피보험자가 회복한 이익을 대위할 수도 있다(대법원 2013. 9. 13. 선고 2011다81190,81206 판결 참조).

여기서 보험자가 보험목적과 관련된 피보험자의 권리 또는 다른 구제수단을 대위한다는 것은 보험자가 피보험자에게 보험금을 지급함으로써 피보험자의 이름으로 그의 권리 또는 다른 구제수단을 실현할 자격을 취득하는 것을 의미하고, 그러한 권리 등이 보험자에게 이전하는 것을 의미하는 것은 아니다.

이러한 영국 해상보험법의 법리에 따르면 보험자가 소로써 피보험자의 제3자에 대한 손해배상청구권 등의 권리를 대위하기 위해서는 원칙적으로 피보험자의 이름으로 소를 제기할 권한을 부여받아 피보험자의 이름으로 소를 제기하여야 하고, 피보험자로부터 그의 권리를 양수하지 않은 채 자신의 이름으로 권리를 행사할 수 없다.

• 외국법의 해석 : 대법원 2015. 3. 20. 선고 2012다118846,118853 판결

외국적 요소가 있는 법률관계에 관하여 적용될 외국법규의 내용을 확정하고 그 의미를 해석함에 있어서는 외국법이 그 본국에서 현실로 해석·적용되고 있는 의미와 내용에 따라 해석·적용하여야 하고, 그 본국에서 최고법원의 법해석에 관한 판단은 특별한 사정이 없는 한 존중하여야 할 것이나, 소송과정에서 그에 관한 판례나 해석 기준에 관한 자료가 충분히 제출되지 아니하여 그 내용의 확인이 불가능한 경우 법원으로서는 일반적인 법해석 기준에 따라 법의 의미와 내용을 확정할 수밖에 없다(대법원 2007. 6. 29. 선고 2006다5130 판결 등 참조).

준거법인 외국법의 직권조사 입법례[75]

• **독일** : 독일 민사소송법 제293조는 "적용될 외국법, 관습법, 규약은 그것이 법원에 알려지지 않은 때에는 증명되어야

한다. 이러한 법규범을 조사함에 있어, 법원은 당사자가 제출한 증거에 제한되지 않는다. 법원은 그 밖의 다른 자료를 사용할 수 있고, 그 사용을 위하여 필요한 사항을 명령할 수 있다."고 규정한다. 즉 독일법상 법원은 당사자가 제출한 자료에 한정됨이 없이 사용가능한 모든 인식수단을 이용하여 외국법을 조사하고 인식할 직권탐지의무를 부담한다. 오스트리아 민사소송법 제271조11)는 제1항에서 준거법인 외국법 등은 법원에 알려지지 않은 경우 증명의 대상이 된다고 규정하고, 제2항에서 법원이 당사자가 제출한 증거에 제한되지 않고 외국법을 직권조사할 수 있다고 규정한다. 한편 오스트리아 국제사법(IPRG) 제4조는 제1항에서 외국법은 직권으로 조사되어야 한다고 규정하면서도, 제2항에서는 외국법 조사를 위한 노력에도 불구하고 합리적인 기간 내에 이를 알 수 없는 경우 오스트리아법을 적용한다고 규정하여, 이 점에서는 아래의 스위스 국제사법 제2조와 유사하다.

- **스위스** : 스위스 국제사법 제16조 제1항은 "외국법의 내용은 직권으로 확정되어야 한다. 이를 위하여 당사자들의 협력이 요구될 수 있다. 재산권상의 청구권에 있어서는 당사자들에게 증명을 부담시킬 수 있다."라고 규정하고, 제2항은 "적용될 외국법의 내용이 확정될 수 없을 때에는 스위스법이 적용된다."고 규정한다. 스위스는 재산상의 청구권에 관하여는 당사자에게 증명을 부담시킬 수 있도록 하고, 준거법의 직권조사 후에도 외국법의 내용을 확정할 수 없을 경우에는 법정지법인 스위스법을 준거법으로 적용한다고 명문으로 규정하였다는 점에서 독일법과는 차이가 있다.

- **중국** : 중국의 국제사법인 섭외민사관계법률적용법은, 준거법인 외국법은 법원 등이 사명(查明)하되, 외국법을 사명할 수 없거나 해당국가의 법률에 규정이 없는 경우에는 중화인민공화국의 법률을 적용한다고 하여, 스위스 국제사법과 일부 유사한 태도를 취한다.

- **일본** : 일본의 경우에는 구 민사소송법(明治23년 민소법) 제219조가 "지방관습법, 상관습 및 규약과 외국의 현행법은 이를 증명할 수 있다. 법원은 당사자가 이를 증명하는지에 관계없이 필요한 경우 이를 직권으로 조사할 수 있다."고 규정하였으나, 大正15년 민사소송법 개정 시에 위 조문이 삭제되었다. 일본의 통설에 의하면, 준거법으로 지정된 외국법은 내국법과 차이가 없으므로, 그 내용의 파악과 정확한 해석, 적용은 법원의 당연한 직무이고, 당사자에게 외국법 증명을 위탁하는 것은 부당하다고 한다.

제19조 준거법의 범위

제19조 【준거법의 범위】 이 법에 따라 준거법으로 지정되는 외국법의 규정은 공법적 성격이 있다는 이유만으로 적용이 배제되지 아니한다.

외국적 요소가 있는 법률관계에서 외국법이 준거법으로 정해진 경우 준거법 소속국의 공법

75 한애라, 전게논문, pp.35－37.

도 해당 법률관계에 적용되는지에 대하여 문제가 된다. 전통적 국제사법 이론에 의하면, 국제사법에 의하여 지정되는 법은 사법이며 공법은 제외되는 것이 원칙이다("외국공법 부적용의 원칙").[76] 그러나 최근 사법(私法)의 공법화(公法化) 경향이 있고, 공법과 사법의 구별이 명확하지 않은 경우도 많다. 또한, 각국 정부가 사인 간의 국제거래관계에 공법적 규제를 하고 있는 현실에서 해당 법들이 공법적 성격을 가졌다는 이유만으로 적용이 배제되는 것은 부당한 면이 있다.[77] 국제사법에서는 준거법으로 지정되는 외국법의 규정은 공법적(公法的) 성격이 있다는 이유만으로 적용이 배제되지 않는다고 규정하여 이 문제에 대한 원칙을 밝히고 있다(제19조[78]). 이 조항의 신설 결과 외국법은 비록 공법적 성격을 가지더라도 당해 사법적(私法的) 법률관계에 영향을 미치는 한 적용될 수 있고, 외국공법 부적용의 원칙(준거법 소속국의 강행법규가 公法이기 때문에 적용될 수 없다는 원칙)은 더 이상 주장될 수 없게 되었다.

다만, 국제사법의 규정을 보면, 준거법 소속국인 외국의 公法을 반드시 적용해야 한다고 규정하지 않고 단지 공법적 성격이 있다는 이유만으로 적용이 배제되는 것은 아니라는 소극적인 규정방식을 취하였다. 따라서 외국 공법이 준거법 소속국의 법이라고 하여 당연히 적용될 수 있는 것은 아니고, 그 적용여부는 국제사법적 고려에 기하여 판단해야 한다.[79]

외국공법 부적용의 원칙 변화

전통적 국제사법이론에 의하면, 국제사법에 의하여 지정되는 준거법은 그 국가의 실질사법으로서 저촉규정은 물론 공법도 제외되는 것이 원칙이다.
그러나 최근에는 사법과 공법의 구별이 명확하지 않고 사법의 공법화 현상이 두드러지게 나타남에 따라 단순히 준거법으로 지정된 외국법의 내용이 공법적 성격을 가진다는 이유만으로 그 적용을 배제하는 것은 부당하다는 주장이 확산되고 있다.

제20조 대한민국 법의 강행적 적용

제20조【대한민국 법의 강행적 적용】 입법목적에 비추어 준거법에 관계없이 해당 법률관계

76 법무부, 전게서, p.35.
77 법무부, 전게서, p.35.
78 이 조항은 2001년 개정 국제사법(제6조)에서 신설되었다.
79 법무부, 전게서, pp.35-36.

에 적용되어야 하는 대한민국의 강행규정은 이 법에 따라 외국법이 준거법으로 지정되는 경우에도 적용한다.

1. 내국 강행법규의 적용[80]

국제사법에 의하여 외국법이 준거법으로 지정되더라도 그 입법 목적에 비추어 준거법에 관계없이 적용되어야 하는 법정지인 대한민국의 강행법규(예 대외무역법, 외국환거래법, 공정거래법 등)는 여전히 적용된다(제20조).[81] 이는 종래 학설, 판례 등에 의하여 당연히 인정되어 온 것을 2001년 개정 국제사법(제6조)에서 명확히 한 것이다.

이 규정에서 '법정지인 대한민국의 강행법규'는, 당사자의 합의에 의해 적용을 배제할 수 없으며, 또한 이에 추가하여 준거법이 외국법이라도 그 적용이 배제되지 않는 이른바 "**국제적 강행법규**[82]"를 말하며, 당사자의 합의에 의해 그 적용을 배제할 수 없다는 의미의 이른바 "**단순한 강행법규**[83]"가 아니다.[84] 그리고 국내의 법규정 중에서 어느 법규정이 국제적 강행규정에 해당하는지는 해당 법규정의 의미와 목적을 조사하여 개별적으로 판단해야 한다고 보고 있다.[85] 우리 대법원에서는 외국인 근로자에 대하여도 국내의 근로자들과 마찬가지로 근로기준법상의 퇴직금 지급에 관한 규정이나 최저임금법상의 최저임금의 보장에 관한 규정이 그대로 적용된다고 판단한 바 있다(대법원 2006. 12. 7. 선고 2006다53627 판결).

강행규정의 적용 : 대법원 2015. 3. 20. 선고 2012다118846,118853 판결

국제사법 제27조에서 소비자 보호를 위하여 준거법 지정과 관련하여 소비자계약에 관한 강행규정을 별도로 마련해 두고 있는 점이나 약관규제법의 입법 목적을 고려하면, 외국법을 준거법으로 하여 체결된 모든 계약에 관하여 당연히 약관규제법을 적용할 수 있는 것은 아니다(대법원 2010. 8. 26. 선고 2010다28185 판결 등 참조).

---

80 법무부, 전게서, pp.38－39.

81 법무부, 전게서, p.38.

82 국제적 강행법규는 ⅰ) "준거법 소속국의 강행법규", ⅱ) "*法廷地*의 강행법규", ⅲ) "제3국의 강행법규"로 구분된다. 현행 국제사법은 제19조(구 국제사법 제6조)에서 준거법 소속국의 강행법규에 관하여, 제20조(구 국제사법 제7조)에서 *法廷地*의 강행법규에 관하여 각 규정하고 있다. 한편, 국제사법에서는 제3국의 강행법규에 관하여는 아무런 규정을 두지 않고 학설·판례에 맡겨 놓았다. 왜냐하면 제3국의 강행법규의 처리에 관하여는 현재로서 국제적으로 정립된 견해가 없고, 이는 우리나라의 경우도 마찬가지이기 때문이다.

83 당사자자치에 관한 제45조 제4항의 강행규정, 소비자계약에 관한 제47조 제1항의 강행규정과 근로계약에 관한 제48조 제1항의 강행규정은 단순한 강행법규에 해당한다.

84 곽민희, "국제입양법상 국외로의 입양 절차에 관한 검토", 국제사법연구 제30권 제2호, 2024, p.38.; 석광현, 전게서(2013), p.141.

85 곽민희, 전게논문, p.38.

원심은, 이 사건 선박보험에 적용되는 협회기간약관[Institute Time Clauses (Hull－1/10/83)]에서 이 보험은 영국의 법률 및 관례에 준거한다고 정하고 있고, 제3조에서 계속담보가 성립하기 위한 요건과 통지 등에 관하여 규정하고 있으며, 협회담보약관에는 앞서 본 바와 같은 워런티 조항에 관하여 규정하고 있는 사실 등을 인정한 다음, 원고가 영국법상 워런티 조항의 내용과 효력, 그 위반의 효과 등에 관하여 설명하지 아니하였으므로 약관규제법 제3조에 의하여 협회담보약관이 이 사건 선박보험에 편입되었다고 볼 수 없다는 피고의 주장에 대하여, 이 사건 선박보험에서 해상보험업계의 일반적 관행에 따라 영국법 준거약관을 사용하고 있고 그것이 대한민국의 공익이나 공서양속에 반한다거나 피고의 이익을 부당하게 침해하는 것이라고 볼 수 없으므로, 이 사건 선박보험과 관련된 모든 법률관계의 준거법은 영국법이고 달리 약관규제법을 적용하여야 할 사정이 없어, 이 사건 선박보험에는 약관규제법이 적용되지 않는다고 판단하여 피고의 위 주장을 배척하였다. 원심의 위와 같은 판단은 앞서 본 법리에 따른 것으로서 정당하다. 따라서 이 사건 선박보험에 약관규제법이 적용됨을 전제로 원심판결에 설명의무 위반이 있었는지 여부에 관하여 일부 판단을 누락한 위법이 있다는 이 부분 상고이유 주장은 나아가 살필 필요 없이 받아들일 수 없다. 그리고 상고이유에서 들고 있는 대법원 2010. 9. 9. 선고 2009다105383 판결은 선박보험계약이 준거법 지정 외에 외국적 요소가 없는 순수 국내계약인 사안에 관한 것으로서, 외국적 요소가 있는 이 사건과는 사안을 달리하므로 이 사건에서 원용하기에 적절하지 아니하다.

2. 내국 강행법규의 적용근거[86]

대한민국의 국제적 강행법규가 적용되는 근거에 관하여는 공법의 속지주의(屬地主義), 공서이론(公序理論), 강행법규의 특별연결이론 등이 있으나, 국제사법에서는 결론만을 명시하였을 뿐 그 근거에 관하여는 언급하지 아니하였다. 다만, 공서조상(제23조)과 별도로 이 조항을 두고 있는 결과 이제 공서이론으로 그 근거를 설명하는 것은 어렵게 되었다.

- **공법의 속지주의** : 法廷地의 公法은 국제사법의 중개를 거칠 필요없이 屬地主義에 따라 法廷地 내에서 당연히 적용된다는 이론을 말한다.
- **공서이론** : 公序條項의 적극적 기능을 인성하여 法廷地의 강행법규가 公序로서 적용될 수 있다는 이론이다.
- **강행법규의 특별연결이론** : 法廷地의 강행법규는 국제사법상 통상의 연결원칙에 의해 결정된 준거법의 일부로서가 아니라 독립적인 특별한 연결원칙에 따라 적용된다는 이론이다. 따라서 이 이론에 의하면 法廷地의 강행법규는 당해 규정의 입법목적 등에 따라 필요한 경우 준거법의 여하에 관계없이 문제된 사안에 적용될 수 있다.

86 법무부, 전게서, p.39.

제21조 준거법 지정의 예외

제21조 【준거법 지정의 예외】 ① 이 법에 따라 지정된 준거법이 해당 법률관계와 근소한 관련이 있을 뿐이고, 그 법률관계와 가장 밀접한 관련이 있는 다른 국가의 법이 명백히 존재하는 경우에는 그 다른 국가의 법에 따른다.
② 당사자가 합의에 따라 준거법을 선택하는 경우에는 제1항을 적용하지 아니한다.

1. 준거법 지정의 예외

국제사법에 의해 지정된 준거법보다 더욱 밀접한 관련이 있는 다른 국가의 법이 명백히 존재하는 경우 예외적으로 다른 국가의 법을 적용한다("준거법 지정의 예외"). 이 예외 규정의 적용요건으로는 ⅰ) 국제사법에 따라 지정된 준거법이 해당 법률관계와 근소한 관련이 있을 뿐이고, ⅱ) 그 법률관계와 가장 밀접한 관련이 있는 다른 국가의 법이 명백히 존재하고, ⅲ) 당사자가 합의에 따라 준거법을 선택하는 경우가 아니어야 한다. 위 "준거법 지정의 예외"는 당사자자치에 의한 준거법 선택에는 적용되지 않기 때문에 당사자가 선택한 준거법(예 제45조)은 밀접한 관련성 여부와는 관계없이 준거법으로 인정된다.

이 준거법 지정의 예외 규정은, 우리 국제사법의 준거법 연결원칙인 '당해 사안과 가장 밀접한 관련을 가지는 법의 지향'이라는 원칙을 구현하기 위하여 스위스 국제사법을 모델로 하여 2001년 개정 국제사법에서 신설되었다(제8조). 그러나 예외조항은 당사자자치에 의한 준거법 선택에는 적용되지 않는다. 따라서 당사자가 선택한 준거법은 밀접한 관련성 여부와는 관계없이 준거법으로 인정될 수 있다.

2. 예외조항의 도입배경[87]

국제사법의 모든 준거법 연결원칙은 당해 사안과 가장 밀접한 관련을 가지는 법을 지정하는 것이다. 그러나 국제사법을 적용한 결과가 구체적인 사건에서 위 원칙에 부합하지 않는 경우가 발생할 수 있는데, 이러한 경우에 대비하여 구체적인 사안에서 국제사법이 지향하는 정당한 연결원칙을 실현하기 위하여 준거법 지정의 예외를 인정하는 규정을 두었다(제1항)[88]. 여기서

87 법무부, 전게서, pp.41-42.

88 이러한 '가장 밀접한 관련의 원칙'을 관철하는 방법에는 ⅰ) 오스트리아 국제사법(제1조)과 같이 원칙으로서 선언하는 방법, ⅱ) 독일 민법시행법과 같이 법 선택이 없는 경우의 계약의 준거법(제28조 제5항), 근로계약(제30조 제2항), 계약외 채무(제41조), 물권(제46조) 등 개별 법률관계마다 각각의 예외조항을 두는 방법과 ⅲ) 스위스 국제사법(제15조)과 같이

'정당한 연결'이라 함은 실질법적으로 보다 나은 법(better law)을 목표로 하는 것이 아니라 '밀접한 관련'이라는 연결체계의 유지를 의미한다.

예외조항을 둘 경우 법적 안정성을 해한다거나 법관에게 과도한 부담을 준다는 비판이 있으나, 예외조항을 둠으로써 국제사법이 규정하는 연결원칙의 경직화를 막을 수 있다는 장점이 있는데, 우리나라는 미국법과 같은 유연한 접근 방법을 취하는 대신 유형화된 법률관계별로 연결원칙을 규칙(rules)의 형식으로 규정하는 대륙법계의 전통을 따르고 있으므로 예외조항의 도입은 개별적인 사안에서 구체적으로 타당한 결과를 달성하기 위하여 불가피한 측면이 있다.[89]

사례연구

◖ 사례 1 ◗

국제사법 규정에 의해 준거법은 A국법으로 지정되었다. 그러나 A국법은 해당 법률관계와 아무런 관련이 없고, B국법이 밀접한 관련이 있다. 이 경우 준거법은?

☞ 국제사법 규정에 의해 1차적으로 A국법이 준거법으로 지정되었으나, A국법은 해당 법률관계와 아무런 관련이 없고, B국법이 밀접한 관련이 있으므로 준거법은 B국법이 된다.

◖ 사례 2 ◗

당사자들은 매매계약서에서 준거법을 A국법으로 정하였다. 그러나 A국법은 해당 매매계약과 거의 관련이 없고, B국법이 밀접한 관련이 있다. 이 경우 준거법은?

☞ 국제사법 제45조의 규정(당사자자치)에 의해 1차적으로 해당 계약의 준거법은 A국법이 된다. A국법은 해당 법률관계와 아무런 관련이 없고, B국법이 밀접한 관련이 있지만, 제21조의 예외조항은 당사자자치에 의한 준거법 지정에는 적용되지 않는다. 따라서 이 경우 준거법은 A국법이 된다.

◖ 사례 3 ◗

선박의 편의치적(flag of convenience)의 경우 구체적인 사안에서 선적(船籍)이 선적국과의 유일한 관련인 경우에는 준거법 지정의 예외 조항에 의하여 선적국법 대신 가장 밀접한 관련이 있는 다른 국가의 법이 준거법으로 적용될 수 있다. 다만, 편의치적이라는 이유만으로 당연히 예외조항이 적용되는 것은 아니며, 예외조항의 적용에 앞서 당해 사안에서 제21조의 요건이 구비되는 지 여부를 신중하게 검토해야 한다.

일반적인 예외조항을 두는 방법을 생각할 수 있다. 개정법률은 스위스 국제사법의 입장을 취하되 그 취지를 좀더 명확히 하였다.

89 법무부, 전게서, p.42.

• **편의치적 관련 판결 : 대법원 2014. 7. 24. 선고 2013다34839 판결**

국제사법 제60조 제1호, 제2호(현행법 제94조 제1호, 제2호)는 해상에 관한 준거법으로서 '선박의 소유권 및 저당권, 선박우선특권 그 밖의 선박에 관한 물권' 및 '선박에 관한 담보물권의 우선순위'는 선적국법에 의한다고 규정하고 있고, 국제사법 제8조 제1항(현행법 제21조 제1항)은 준거법 지정의 예외로서 '이 법에 의하여 지정된 준거법이 해당 법률관계와 근소한 관련이 있을 뿐이고, 그 법률관계와 가장 밀접한 관련이 있는 다른 국가의 법이 명백히 존재하는 경우에는 그 다른 국가의 법에 의한다'고 규정하고 있다.

위 각 규정의 내용과 취지에 비추어 보면, 선원의 임금채권을 근거로 하는 선박우선특권의 성립 여부나 선박우선특권과 선박저당권 사이의 우선순위를 정하는 준거법은 원칙적으로 선적국법이라고 할 것이나, 선박이 편의치적이 되어 있어 그 선적만이 선적국과 유일한 관련이 있을 뿐이고, 실질적인 선박 소유자나 선박 운영회사의 국적과 주된 영업활동장소, 선박의 주된 항해지와 근거지, 선원들의 국적, 선원들의 근로계약에 적용하기로 한 법률, 선박저당권의 피담보채권을 성립시키는 법률행위가 이루어진 장소 및 그에 대하여 적용되는 법률, 선박경매절차가 진행되는 법원이나 경매절차에 참가한 이해관계인 등은 선적국이 아닌 다른 특정 국가와 밀접한 관련이 있어 앞서 본 법률관계와 가장 밀접한 관련이 있는 다른 국가의 법이 명백히 존재하는 경우에는 그 다른 국가의 법을 준거법으로 보아야 할 것이다.

• **이혼 및 위자료 청구 : 대법원 2006. 5. 26. 선고 2005므884 판결**

미합중국 국적을 보유하고 대한민국에 거주하는 부부인 원·피고가 모두 대한민국에 상거소(상거소)를 가지고 있을 뿐 아니라 종전 주소지인 미합중국 미주리주의 법에 따른 선택에 의한 주소(domicile of choice)를 대한민국에 형성하였으므로 대한민국의 법률인 민법은 원·피고 사이의 이혼, 친권자 및 양육자지정 등 청구 사건에 대하여 충분한 관련성을 구비한 준거법으로 볼 수 있어 국제사법 제8조 제1항 이 적용되지 않는다고 한 사례.
→ 당사자의 현재 공통의 상거소인 대한민국이 더 밀접하다고 봄.

제22조 외국법에 따른 대한민국 법의 적용(반정)

제22조 【외국법에 따른 대한민국 법의 적용】 ① 이 법에 따라 외국법이 준거법으로 지정된 경우에 그 국가의 법에 따라 대한민국 법이 적용되어야 할 때에는 대한민국의 법(준거법의 지정에 관한 법규는 제외한다)에 따른다.

② 다음 각 호의 어느 하나에 해당하는 경우에는 제1항을 적용하지 아니한다.

1. 당사자가 합의로 준거법을 선택하는 경우
2. 이 법에 따라 계약의 준거법이 지정되는 경우
3. 제73조에 따라 부양의 준거법이 지정되는 경우
4. 제78조 제3항에 따라 유언의 방식의 준거법이 지정되는 경우

5. 제94조에 따라 **선적국법**이 지정되는 경우
6. 그 밖에 제1항을 적용하는 것이 이 법의 준거법 지정 취지에 반하는 경우

1. 반정(renvoi)의 의의

반정(renvoi)이란, 법정지의 국제사법은 외국법을 준거법으로 지정하고, 해당 외국의 국제사법에 의하면, 법정지법 또는 제3국법을 적용하도록 규정하는 경우, 해당 외국의 국제사법에 따라 법정지법 또는 제3국법을 준거법으로 지정하는 것을 말한다.[90]

국가에 따라 연결점이 상이하거나 법률관계의 성질결정을 달리하기 때문에 반정이 발생하게 된다. 19세기 영국의 Collier v. Rivaz (1841), Frere v. Frere (1847), The Goods of Lacroix (1877) 3개의 판결과 프랑스의 L'affair Forgo 판결 (1874－1882)[91]을 계기로 반정에 대한 논의가 활발히 진행되었다. 현재 오스트리아, 스위스, 폴란드, 독일, 네덜란드, 핀란드, 헝가리, 포루트갈, 대만, 일본, 영국, 미국, 프랑스, 이탈리아 등 다수 국가의 입법과 판례는 반정을 인정한다. 그러나 스웨덴, 덴마크, 루마니아, 그리스, 스페인, 이집트, 브라질 등은 명문으로 반정을 금지하고 있다.

반정의 유형

다음의 반정 유형 중 현행 국제사법에서는 원칙적으로 직접반정만 인정하고(제22조), 전정은 어음 · 수표의 행위능력의 경우에서만 예외적으로 인정하며(제80조), 그 외 간접반정이나 이중반정은 인정하지 않는다.

- **직접반정(Remission)** : A국(법정지) → B국법(준거법국) → A국법(법정지)
  A국(법정지) 국제사법에 의하면 B국법(실질법)이 준거법으로 지정되고, B국 국제사법에 의하면 A국법(실질법)이 준거법으로 지정되는 경우 A국 법원은 A국법(실질법)을 준거법으로 적용하는 것을 말한다.
  예 대한민국에 부동산을 남기고 사망한 영국인의 상속문제가 대한민국 법원에 제소된 경우 국제사법 제77조에 의하면 피상속인의 본국법인 영국법이 준거법으로 지정되나 영국 국제사법에 의하면 부동산 소재지법인 대한민국법이 준거법으로 지정된다. 이 경우 제22조 제1항(직접반정 인정 규정)에 의하여 대한민국 법원은 대한민국법을 준거법으로 적용한다.

---

90 예 A국의 국제사법에 의하면 B국법이 준거법이 지정되고, B국의 국제사법에 의하면 A국법 또는 C국법이 준거법으로 지정되는 경우

91 Forgo 사건(1882)
독일 바이에른 지역에서 출생한 사생자 Forgo는 5세에 프랑스로 이주하여 대부분의 삶을 프랑스에서 살았으나 프랑스법과 무관하게 살아와서 프랑스의 공식주소(official domicile)도 취득하지 못하여 법적으로는 바이에른에 거주하는 주민이 되었다(안강현, 「로스쿨 국제거래법」 제9판, 박영사, 2023, p.174.).

- **전정(轉定, Transmission)** : A국(법정지) → B국법(준거법국) → C국법(준거법국)

A국(법정지) 국제사법은 B국법(실질법)이 준거법으로 지정되고, B국 국제사법에 의하면 C국법(실질법)이 준거법으로 지정되는 경우 A국 법원은 C국법(실질법)을 준거법으로 적용하는 것을 말한다. 전정(轉定)은 재정(再定) 또는 2차적 반정이라고도 한다.

예 독일에 주소를 둔 영국인이 대한민국에 부동산을 남기고 사망한 영국인의 상속문제가 대한민국 법원에 제소된 경우 국제사법 제77조에 의하면 피상속인의 본국법인 영국법이 준거법이 되나 영국 국제사법에 의하면 <u>피상속인의 주소지법인 독일법이 준거법</u>이 된다.

현행 국제사법에서 원칙적으로 전정은 인정되지 않고, 어음·수표의 행위능력의 경우에만 예외적으로 인정하고 있다(제80조).

- **간접반정** : A국(법정지) → B국법(준거법국) → C국법(준거법국) → A국법(법정지)

A국(법정지) 국제사법은 B국법(실질법)이 준거법으로 지정되고, B국 국제사법에 의하면 C국법(실질법)이 준거법으로 지정되고, 다시 C국 국제사법에 의하면 A국법(실질법)이 준거법으로 지정되는 경우 A국 법원은 A국법(실질법)을 준거법으로 적용하는 것을 말한다.

예 미국에 주소를 둔 아르헨티나인이 대한민국에 부동산을 남기고 사망하여 상속문제가 대한민국 법원에 제소된 경우 국제사법 제77조에 의하면 피상속인의 본국법인 아르헨티나법이 준거법이 되나 아르헨티나 국제사법에 의하면 피상속인의 최후 주소지법인 미국법이 준거법이 되고, 미국 국제사법에 의하면 부동산 소재지법인 대한민국법이 준거법이 된다.

- **이중반정(Double Renvoi)** : A국(법정지) → B국법(준거법국) → A국법(법정지) → B국법(준거법국)

A국(법정지) 국제사법은 B국법(실질법)이 준거법으로 지정되고, B국 국제사법에 의하면 A국법(실질법)이 준거법으로 지정되는 경우 B국의 국제사법에는 직접반정을 인정하는 조항이 있으므로 A국 법원이 이를 고려하여 B국법(실질법)을 준거법으로 적용하는 것을 말한다. 즉 A국 법원은 A국법을 적용하는 대신 B국 법원에서 재판하는 경우 B국 법원이 B국 법을 적용할 것이라는 점을 고려하여 B국법을 준거법으로 적용한다.

예 대한민국에 주소를 둔 영국인이 영국에 동산을 남기고 사망하여 상속문제가 영국법원에서 다루어지는 경우 영국 국제사법에 의하면 피상속인의 주소지법인 대한민국법에 의하나, 국제사법 제77조에 의하면 동산상속은 피상속인의 본국법인 영국법에 의한다. 이 경우 영국 법원은 직접반정을 인정하여 영국법을 적용하는 대신 우리 법원이 재판하면 대한민국법을 적용할 것이라는 점을 고려하여 대한민국법을 준거법으로 적용한다. 이는 1926년 영국 Anneseley 사건 판결(유언의 효력이 다투어진 사건) 이래 영국 법원이 취하는 태도이다.

- **숨은 반정(hidden renvoi)** : A국(법정지) → B국법(준거법국) → A국 재판관할(법정지)

A국(법정지) 국제사법은 B국법(실질법)이 준거법으로 지정되고, B국의 재판관할규정 등에 의하면 A국의 국제재판관할을 인정하는 경우 여기서 재판관할규정 인정은 준거법 지정도 포함하는 것으로 보고 A국 법원이 이를 고려하여 A국법(실질법)을 준거법으로 적용하는 것을 말한다.

예 미합중국 국적을 보유하고 대한민국에 거주하는 부부 사이의 이혼 등 청구 사건에서 준거법을 정함에 있어, '준거법 지정시의 반정(반정)'에 관한 국제사법 제9조 제1항을 유추적용한 '숨은 반정'의 법리에 따라 법정지법인 대한민국 민법을 적용해야 한다고 한 사례(대법원 2006. 5. 26. 선고 2005므884 판결).

2. 국제사법상 반정

현행 국제사법에서는 원칙적으로 직접반정을 인정하고(제22조), 전정은 어음·수표의 행위능력의 경우에서만 예외적으로 인정하며(제80조), 그 외 간접반정이나 이중반정은 인정하지 않는다.

1) 직접반정

직접반정을 인정하여, 국제사법에 따라 외국법이 준거법으로 지정되었으나, 해당 외국의 국제사법에 따라 대한민국법이 준거법으로 지정되는 경우 법원은 대한민국의 법을 따른다(제22조 제1항). 그러나 다음의 경우에는 직접반정이 인정되지 않는다(제22조 제2항).

(1) 당사자가 합의로 준거법을 선택하는 경우
(2) 이 법에 따라 계약의 준거법이 지정되는 경우
(3) 제73조에 따라 부양의 준거법이 지정되는 경우
(4) 제78조 제3항에 따라 유언의 방식의 준거법이 지정되는 경우
(5) 제94조에 따라 선적국법이 지정되는 경우
(6) 그 밖에 제1항을 적용하는 것이 이 법의 준거법 지정 취지에 반하는 경우

직접반정 예외(제2항)

당사자가 합의로 준거법을 선택하는 경우	이 경우 반정을 인정하는 것은 당사자의 의사에 반하기 때문
이 법에 따라 계약의 준거법이 지정되는 경우	• 계약의 준거법(제46조, 제47조 제2항·제3항, 제48조 제2항) • 계약채무의 준거법에 관한 EC협약 등 관련 국제조약에서 반정을 배제하고 있다는 점 고려(Rome I Regulation)
제73조에 따라 부양의 준거법이 지정되는 경우	제73조(부양의무)는 부양의무의 준거법에 관한 헤이그협약(1973)의 내용을 수용한 것인데, 이 협약은 반정을 배제함.
제78조 제3항에 따라 유언의 방식의 준거법이 지정되는 경우	제78조 제3항(유언의 방식)은 유언방식의 준거법에 관한 헤이그협약(1961)의 내용을 수용한 것인데, 이 협약은 반정을 배제함.

제94조에 따라 선적국법이 지정되는 경우	• 선박에 관한 물권의 준거법을 선적국법으로 정한 이유는 선박 관련 이해관계자들의 예측가능성을 제고하는데 있는데, 반정이 적용되면, 이러한 예측가능성이 침해됨. • 다만, 제95조(선박충돌)와 제96조(해난구조)에는 반정이 허용됨.
그 밖에 제1항을 적용하는 것이 이 법의 준거법 지정 취지에 반하는 경우	• 독일 국제사법을 모델로 하여 반정이 허용되지 않는 경우를 포괄적으로 규정함. • 이는 개별사안별로 판단해야 하며, 다음 사항 고려 – 선택적 연결의 경우 反定이 제한될 수 있다. 예컨대 법률행위의 방식 또는 유언의 방식에 관하여 개정법률은 다양한 선택적 연결을 인정함으로써 "favor negotii(법률행위에 유리하게)" 원칙에 따르고 있다. 이는 가능한 한 법률행위의 방식 또는 유언의 방식을 쉽게 인정하기 위한 것인데 만일 反定에 의하여 선택적 연결이 부정된다면 그 취지에 반한다. – 從屬的 連結의 경우, 예컨대 불법행위를 계약의 준거법에 연결하는 것과 같이 그 취지가 복잡한 법률관계를 하나의 법질서에 연결하고자 하는 경우에는 反定이 제한될 수 있다. 그렇지 않으면 양자를 동일한 준거법에 연결하고자 하는 취지가 몰각될 수 있다. – 제9장(어음·수표)의 조항들의 경우에는 反定이 허용되지 않는다고 할 것이다. 왜냐하면 그 조항들은 당해 분야의 저촉규범을 통일하기 위한 국제조약에 근거한 것이기 때문이다. 그러나 명시적으로 轉定을 허용하는 조항(제80조 제1항 단서)의 경우에는 물론 예외이다.

2) 전정(轉定)

제80조는 어음·수표의 행위능력의 경우 예외적으로 전정을 인정하고 있다. 환어음, 약속어음 및 수표에 의하여 채무를 부담하는 자의 능력은 그의 본국법에 따른다. 다만, 그 국가의 법이 다른 국가의 법에 따르도록 정한 경우에는 그 다른 국가의 법에 따른다.

3) 숨은 반정

국제사법 규정에는 숨은 반정에 대한 명시적 규정은 없지만, 대법원에서는 제22조 제1항을 유추적용하여 숨은 반정을 허용했는데(대법원 2006. 5. 26. 선고 2005므884 판결), 숨은 반정의 요건은 다음과 같다.[92]

---

92 석광현, 전게서(2013), p.171.

(1) 국제사법에 의하여 연결대상의 준거법으로 외국법이 지정될 것
(2) 해당 외국(준거법국)에 연결대상에 대한 독립적인 저촉규정이 없을 것
(3) 해당 외국(준거법국)의 국제재판관할규정에 의하면 대한민국에 국제재판관할이 인정될 것

제23조 사회질서에 반하는 외국법의 규정

제23조(사회질서에 반하는 외국법의 규정) 외국법에 따라야 하는 경우에 그 규정의 적용이 대한민국의 선량한 풍속이나 그 밖의 사회질서에 명백히 위반될 때에는 그 규정을 적용하지 아니한다.

1. 공서조항의 의의

국제사법에 의하여 외국법이 준거법으로 지정된 경우 그 외국법을 적용한 결과 우리나라의 공서(public policy)에 “명백히” 반하는 결과가 초래되는 경우 그 외국법을 적용하지 않는다. 외국법의 규정 자체가 대한민국의 선량한 풍속 그 밖의 사회질서에 반하기 때문에 그 외국법의 적용이 배제되는 것이 아니라, 그러한 법을 적용하게 되면 대한민국의 선량한 풍속 그 밖의 사회질서를 해하는 결과를 초래하기 때문에 배제하는 것이다(대법원 2006. 5. 26. 선고 2005므884 판결). 이 규정에서 공서조항의 남용을 방지하기 위하여 “명백히”라는 문구를 추가하였다. 공서조항이 적용되기 위하여는 ⅰ) 외국법이 준거법으로 지정되고, ⅱ) 외국법을 적용한 결과가 우리나라의 공서에 명백히 반해야 한다.

공서조항의 유형으로는 일반적 배척규정과 개별적 배척규정이 있는데, **일반적 배척규정**은 제23조와 같이 공서양속에 반하는 모든 외국법의 적용을 배제하는 규정이고, **개별적 배척규정**은 제52조 제4항[93]와 같이 개별적인 섭외사법관계에 관하여 공서양속에 반하는 외국법의 적용을 배제하는 규정이다.

93 제52조【불법행위】④ 제1항부터 제3항까지의 규정에 따라 외국법이 적용되는 경우에 불법행위로 인한 손해배상청구권은 그 성질이 명백히 피해자의 적절한 배상을 위한 것이 아니거나 그 범위가 본질적으로 피해자의 적절한 배상을 위하여 필요한 정도를 넘을 때에는 인정하지 아니한다.

2. 외국법 적용배척의 결과

공서조항에 의하여 외국법을 적용할 수 없게 되는 경우 준거법의 흠결이 발생하여 어느 법을 대신 적용해야 하는지 문제가 된다. 여기에는 외국법 보충설과 내국법 보충설이 있다.

외국법 보충설은 공서조항은 해당 외국법 적용을 배제하는 것이지 외국법 법질서 전체를 배제하는 것은 아니므로 외국법 흠결에 준하여 가능한 한 유추하여 그 외국법 중에서 적용할 준거법을 찾아야 한다는 입장이다. 그리고 **내국법 보충설**은 외국법 적용 배제는 내국의 공서를 유지하기 위한 것이므로 배제 결과 생긴 공백은 내국법에 의하여 보충되어야 한다는 입장이다.[94] 우리 법원은 내국법 보충설의 입장에 있다[95](서울중앙지방법원 2007. 8. 30. 선고 2006가합53066 판결[96]; 서울중앙지방법원 1999. 7. 20. 선고 98가합48946 판결; 서울가정법원 1989. 9. 22. 자 89드16588 심판).

사례연구

제10회 변호사시험

甲(서울에 거주하는 한국인)은 丙호텔(A국 소재)의 카지노에서 도박을 하다가 자신이 소지한 여행 경비를 도박자금으로 모두 탕진하였다. 이에 甲은 丙호텔로부터 도박자금을 빌리는 내용의 신용대부계약을 체결하고(A국법을 준거법으로 선택함) 차용한 자금으로 도박을 하였다. 甲은 빌린 도박자금을 도박으로 모두 잃게 되자 丙호텔의 카지노 보안요원의 감시를 피하여 호텔을 몰래 나와 한국으로 귀국하였다. 丙호텔은 甲을 상대로 대한민국 법원에 신용대부금의 지급을 구하는 소를 제기하였다. 丙호텔의 甲에 대한 신용대부금 청구의 준거법은 무엇이고, 丙의 청구가 인용될 수 있는지를 논하시오(단, 위 소송에 관하여 대한민국 법원에 국제재판관할권이 인정됨을 전제로 함).

전제 1. A국법에 의하면 도박을 위한 금전대여로 인한 채권의 유효성과 법적 절차를 통한 강제회수가 인정된다.
2. 대한민국 민법상 불법의 원인으로 인하여 재산을 급여하거나 노무를 제공한 때에는 그 이익의 반환을 청구할 수 없다.

☞ 이 사건 신용대부계약에서는 준거법을 A국법으로 합의하여 당사자자치에 의하여 A국법이 준거법이 되고(제45조), A국법에서는 도박을 위한 금전대여가 유효하나, 이 규정은 대한민국의 공서양속에 명백히 반하는 것으로 이 사안에 적용되지 않는다. 따라서 도박자금 대여는 대한민국 민법상 불법원인 급여로 그 반환을 청구할 수 없고, 丙호텔의 신용대부금 청구는 인용될 수 없다.

---

94 김연·박정기·김인유, 「국제사법」 제3판 보정판, 법문사, 2014, p.210.

95 안강현, 「로스쿨 국제거래법」 제9판, 박영사, 2023, p.190.

96 "다만, 외국법의 적용이 우리나라의 사회질서에 반하여 당해 외국법을 문제된 법률관계에 적용할 수 없는 법률의 흠결이 발생하게 될 경우에는 우리나라의 공서양속과 사회질서를 유지하기 위해 예외적으로 외국법의 적용을 배제하는 취지에 비추어 우리나라의 법률로써 그 법률의 흠결을 보충해야 한다. 따라서 우리나라의 부정경쟁방지법에 따라 원고의 이 사건 도메인이름의 사용이 피고에 대하여 부정경쟁행위에 해당하는지 여부를 살펴보아야 한다"(서울중앙지방법원 2007. 8. 30. 선고 2006가합53066 판결).

- 대법원 2005. 11. 25. 선고 2002다59528,59535 판결

  영국 협회선박기간보험약관은 그 첫머리에 이 보험은 영국의 법률과 관습에 따른다고 규정하고 있는바, 이러한 영국법 준거약관은 오랜 기간에 걸쳐 해상보험업계의 중심이 되어 온 영국의 법률과 관습에 따라 당사자 사이의 거래관계를 명확하게 하려는 것으로서, 그것이 우리나라의 공익규정 또는 공서양속에 반하는 것이라거나 보험계약자의 이익을 부당하게 침해하는 것이라고 볼 수 없어 유효하다.

- 이혼 및 위자료 청구 : 대법원 2006. 5. 26. 선고 2005므884 판결

  국제사법 제10조(현행 제23조)는 "외국법에 의하여야 하는 경우에 그 규정의 적용이 대한민국의 선량한 풍속 그 밖의 사회질서에 명백히 위반되는 때에는 이를 적용하지 아니한다."라고 규정하고 있는데, 이는 대한민국 법원이 외국적 요소가 있는 소송사건에 대하여 준거법으로 외국법을 적용해야 할 경우에 이로 인하여 대한민국의 선량한 풍속 그 밖의 사회질서에 명백히 위반되는 결과가 발생하는지 여부 등을 심리해야 한다는 것일 뿐이고, 이와는 달리 대한민국 법원이 국내법을 적용함으로 인하여 외국법상의 공서양속에 위반하는 결과가 야기되는지 여부를 심리해야 한다는 취지는 아니다.

- 보험금 : 대법원 1991. 5. 14. 선고 90다카25314 판결

  보험증권 아래에서 야기되는 일체의 책임문제는 외국의 법률 및 관습에 의하여야 한다는 외국법 준거약관은 동 약관에 의하여 외국법이 적용되는 결과 우리 상법 보험편의 통칙의 규정보다 보험계약자에게 불리하게 된다고 하여 상법 제663조 에 따라 곧 무효로 되는 것이 아니고 동 약관이 보험자의 면책을 기도하여 본래 적용되어야 할 공서법의 적용을 면하는 것을 목적으로 하거나 합리적인 범위를 초과하여 보험계약자에게 불리하게 된다고 판단되는 것에 한하여 무효로 된다고 할 것인데, 해상보험증권 아래에서 야기되는 일체의 책임문제는 영국의 법률 및 관습에 의하여야 한다는 영국법 준거약관은 오랜 기간 동안에 걸쳐 해상보험업계의 중심이 되어 온 영국의 법률과 관습에 따라 당사자간의 거래관계를 명확하게 하려는 것으로서 우리나라의 공익규정 또는 공서양속에 반하는 것이라거나 보험계약자의 이익을 부당하게 침해하는 것이라고 볼 수 없으므로 유효하다.

CHAPTER 02

사람

제2장(사람)은 자연인과 법인의 국제재판관할규정(제24조, 제25조)과 준거법규정(제26조~제30조)으로 구성되어 있다.

제1절 국제재판관할

제24조 실종선고 등 사건의 특별관할

제24조 【실종선고 등 사건의 특별관할】 ① 실종선고에 관한 사건에 대해서는 다음 각 호의 어느 하나에 해당하는 경우 법원에 국제재판관할이 있다.

1. 부재자가 대한민국 국민인 경우
2. 부재자의 마지막 일상거소가 대한민국에 있는 경우
3. 부재자의 재산이 대한민국에 있거나 대한민국 법에 따라야 하는 법률관계가 있는 경우. 다만, 그 재산 및 법률관계에 관한 부분으로 한정한다.
4. 그 밖에 정당한 사유가 있는 경우

② 부재자 재산관리에 관한 사건에 대해서는 부재자의 마지막 일상거소 또는 재산이 대한민국에 있는 경우 법원에 국제재판관할이 있다.

1. 개설

실종선고는 권리능력 소멸에 관한 사항으로 일반적으로 당사자의 본국법에 의하고, 당사자의 본국이 재판관할권을 가지는 것으로 본다. 그러나 본국에서 실종선고를 하지 않거나 본국에 실종선고제도가 없는 경우 실종된 외국인의 신분·재산상 법률관계가 불확정한 상태로 남게 되는 문제가 초래된다. 따라서 외국인에 대하여 실종선고에 대한 관할권을 예외적으로 대한민국 법원에 인정할 필요가 있다. 제24조 제1항에서는 부재자에 대한 실종사건에 대하여 대한민국

법원의 특별재판관할을 규정하고, 제24조 제2항에서는 부재자의 재산관리에 대하여 대한민국 법원의 특별재판관할을 규정한다.

2. 규정내용

실종선고에 관한 사건에 대해서 다음의 경우 대한민국 법원에 국제재판관할이 있다.

1) 부재자가 대한민국 국민인 경우
2) 부재자의 마지막 일상거소가 대한민국에 있는 경우
3) 부재자의 재산이 대한민국에 있거나 대한민국 법에 따라야 하는 법률관계가 있는 경우(다만, 그 재산 및 법률관계에 관한 부분으로 한정)
4) 그 밖에 정당한 사유가 있는 경우

또한, 부재자 재산관리에 관한 사건에 대해서는 '부재자의 마지막 일상거소 또는 재산이 대한민국에 있는 경우' 대한민국법원에 특별재판관할이 있다.

한편, 제24조(실종선고 등 사건의 특별관할)의 규정은 비송사건에 대해서도 적용된다(제15조 제2항). 그러나 제24조(실종선고 등 사건의 특별관할)에 의해 대한민국 법원에 특별재판관할이 인정되는 경우 제8조(합의관할) 및 제9조(변론관할) 규정은 적용되지 아니한다(제13조).

사례연구

◖ 사례 1 ◗

A(베트남인)는 2년 전에 서울대학에 입학하여 계속하여 서울대학 기숙사에 거주하고 있었는데, 지난해 여름방학에 해양생태계 조사 프로그램에 참가했다가 해당 선박의 침몰로 실종되었고, 발견하지 못한 채로 1년이 경과하였다. 이에 A의 모친 B는 대한민국 법원에 민법 제27조의 특별실종에 의한 실종선고의 심판을 청구하였다. 이 사건에 대하여 대한민국 법원에 재판관할권이 있는지?

☞ A의 마지막 일상거소가 대한국민에 있으므로 대한민국 법원에 특별재판관할이 있다(제24조 제1항 제2호).

◖ 사례 2 ◗

7년 전에 A(대한민국 국민)는 필리핀으로 12개월 과정의 어학연수를 떠났는데, 어학 연수 중에 실종되었다. 이에 A의 모친 B는 대한민국 법원에 실종선고의 심판을 청구하였는데, 이 사건에 대하여 대한민국 법원에 재판관할권이 있는지?

☞ A는 한국인이므로 대한민국 법원에 특별재판관할이 있다(제24조 제1항 제1호).

제25조 사원 등에 대한 소의 특별관할

> **제25조【사원 등에 대한 소의 특별관할】** 법원이 제3조 제3항에 따른 국제재판관할을 가지는 경우 다음 각 호의 소는 법원에 제기할 수 있다.
> 1. 법인 또는 단체가 그 사원 또는 사원이었던 사람에 대하여 소를 제기하는 경우로서 그 소가 사원의 자격으로 말미암은 것인 경우
> 2. 법인 또는 단체의 사원이 다른 사원 또는 사원이었던 사람에 대하여 소를 제기하는 경우로서 그 소가 사원의 자격으로 말미암은 것인 경우
> 3. 법인 또는 단체의 사원이었던 사람이 법인·단체의 사원에 대하여 소를 제기하는 경우로서 그 소가 사원의 자격으로 말미암은 것인 경우

다음의 요건이 충족되는 경우 대한민국 법원에 사원 등에 대한 소의 특별재판관할이 인정된다. 적용 요건을 살펴보면, ⅰ) 법인·단체에 대하여 대한민국 법원에 제3조에 의한 일반관할이 인정되는 경우 ⅱ) 주된 사무소가 대한민국에 소재하거나 대한민국법에 따라 설립된 법인·단체에 대한 소와 관련하여 ⅲ) 사원의 자격으로 말미암은 ⅳ) 다음 4가지 소에 대하여 국제재판관할권이 인정된다. ⓐ 법인 또는 단체가 그 사원 또는 사원이었던 사람에 대하여 소를 제기하는 경우 ⓑ 법인 또는 단체의 사원이 다른 사원 또는 사원이었던 사람에 대하여 소를 제기하는 경우 ⓒ 법인 또는 단체의 사원이었던 사람이 법인·단체의 사원에 대하여 소를 제기하는 경우

이 규정의 취지는, 법인·단체에 대하여 대한민국에 일반관할이 있는 경우 사원 등에 대한 소의 특별관할을 인정함으로써 증거의 수집과 심리의 진행을 용이하게 하여 소송의 적정, 공평, 신속을 도모하기 위함이다.

제2절 준거법

제26조 권리능력 / 제28조 행위능력 / 제29조 거래보호

제26조【권리능력】 사람의 권리능력은 그의 본국법에 따른다.

제28조【행위능력】 ① 사람의 행위능력은 그의 본국법에 따른다. 행위능력이 혼인에 의하여 확대되는 경우에도 또한 같다.
② 이미 취득한 행위능력은 국적의 변경에 의하여 상실되거나 제한되지 아니한다.

제29조【거래보호】 ① 법률행위를 한 사람과 상대방이 법률행위의 성립 당시 동일한 국가에 있는 경우에 그 행위자가 그의 본국법에 따르면 무능력자이더라도 법률행위가 있었던 국가의 법에 따라 능력자인 때에는 그의 무능력을 주장할 수 없다. 다만, 상대방이 법률행위 당시 그의 무능력을 알았거나 알 수 있었을 경우에는 그러하지 아니하다.
② 제1항은 친족법 또는 상속법의 규정에 따른 법률행위 및 행위지 외의 국가에 있는 부동산에 관한 법률행위에는 이를 적용하지 아니한다.

1. 권리능력의 준거법(제26조)

1) 일반적 권리능력 : 본국법주의

사람의 능력과 신분은 각국의 역사·문화 등에 기초를 두고 있어 속인법(lex paesonalis) 또는 본국법에 의한다는 것이 우리 법 및 대륙법계의 전통적 원칙이나, 영미법계에서는 전통적으로 주소지법에 의하고 있다. 국제사법에서는 대륙법계의 원칙을 계수하여 사람의 권리능력은 그의 본국법에 의한다고 규정하고 있다. 그리고 제26조에서의 '권리능력'은 일반적 권리능력(즉 권리와 의무의 주체가 될 수 있는 일반적·추상적 자격)을 의미한다. 구 섭외사법에서는 "사람의 능력은 그 본국법에 의하여 이를 정한다"고 규정하였으나(제6조 제1항), 2001년 개정 국제사법에서 현행 규정과 같이 "사람의 권리능력은 그의 본국법에 따른다"고 개정하였다.

한편, 권리능력은 통상 그 始期나 終期와 관련하여 문제가 되는바, 이를 어떻게 해결할 것인지에 대하여 국제사법에서는 명시적 언급을 하지 않고 학설[1]에 맡겨 놓았다.[2]

---

1 ⅰ) 일반적 권리능력의 준거법인 당사자의 본국법에 의한다는 견해와 ⅱ) 문제가 된 개개의 법률관계의 준거법에 의한다는 견해가 대립하고 있다.

2) 개별적 권리능력

토지소유권, 상속권 등 개개의 권리는 그 자체의 준거법(부동산 물권에 관한 제33조의 준거법, 상속에 관한 제77조의 준거법)에 따라야 한다고 보는 견해(법률관계 준거법설)가 많은데[3], 권리능력의 준거법인 당사자의 본국법에 의해야 한다는 견해(본국법설)도 가능하다.

2. 행위능력의 준거법(제28조)

사람의 행위능력은 그의 본국법에 따르고, 행위능력이 혼인에 의해 확대되는 경우(혼인에 의한 성년의제 등)도 행위능력의 문제로 보아 그의 본국법에 따른다. 혼인에 의한 성년의제에 대하여 혼인의 효력의 문제로 보는 주장과 행위능력의 문제로 보는 주장이 있었는데, 국제사법에서는 이를 행위능력의 문제로 보아 당사자의 본국법을 적용하도록 규정하였다. 한편, 이미 취득한 행위능력은 국적의 변경에 의하여 상실되거나 제한되지 않는다.

행위능력이란, 단독으로 완전·유효한 법률행위를 할 수 있는 능력을 말한다. 행위능력에는 재산적 행위능력과 신분적 행위능력이 있는데, 제28조는 재산적 행위능력을 말한다. 신분적 행위능력은 각각의 신분행위에 따로 규정하고, 어음·수표의 행위능력에 대하여는 제80조에 특칙을 두고 있다.

3. 거래보호를 위한 예외(제29조)

법률행위를 한 사람과 상대방이 법률행위의 성립 당시 동일한 국가에 있는 경우에 그 행위자가 그의 본국법에 따르면 무능력자이더라도 법률행위가 있었던 국가의 법에 따라 능력자인 때에는 그의 무능력을 주장할 수 없다. 다만, 이러한 행위지법의 예외는 친족법 또는 상속법의 규정에 따른 법률행위 및 행위지 외의 국가에 있는 부동산에 관한 법률행위에는 이를 적용하지 아니하며, 이는 원칙으로 돌아가 본국법에 의한다.

---

2 2001년 섭외사법개정연구반의 당초 개정시안에서는 권리능력의 始期와 終期에 관하여 스위스 국제사법 제34조 제2항과 같이 그 권리능력을 전제로 하는 법률관계의 準據法에 의하도록 하였으나, 개정특별분과위원회에서는 학설상의 대립이 있으므로 권리능력에 대한 본국법 원칙만을 선언하고 그에 관한 명시적 규정을 두지 않기로 하였다.

3 안강현, 「로스쿨 국제거래법」 제9판, 박영사, 2023, p.207.; 김연·박정기·김인유, 「국제사법 제4판」, 법문사, 2022, p223.; 신창선, 「국제사법」, 피데스, 2006, p.206.

사례연구

◖ 사례 1 ◗

X국 국적의 A는 17세에 Y국으로 국적을 변경하였다. X국법상 성년은 17세이고, Y국법상 성년은 19세이다. 현재 A는 18세이다. A는 행위능력이 있는가?

☞ A는 X국에서 성년이 된 후 Y국으로 국적을 변경하였다. 이미 취득한 행위능력은 국적의 변경에 의하여 상실되거나 제한되지 아니한다(제28조 제2항). 따라서 Y국에서도 행위능력이 인정된다.

◖ 사례 2 ◗

A(X국 국적, 18세)와 B(Y국 국적, 19세)는 Z국에서 매매계약을 체결하였다. A는 X국법에 따라 자신의 행위무능력을 주장할 수 있는가?

※ 성년 : X국(19세), Y국(19세), Z국(18세)

☞ A는 본국법인 X국법에서는 미성년이지만, 매매계약 체결 당시 A와 B는 모두 Z국에 있었고, A는 Z국에서는 성년이므로 자신의 행위무능력을 주장할 수 없다(제29조 제1항). 다만, 위 매매계약의 목적물이 부동산이고, 그 부동산이 Z국 이외의 국가에 소재하는 경우 A는 자신의 행위무능력을 주장할 수 있다(제29조 제2항).

제27조 실종과 부재

제27조【실종과 부재】 ① 실종선고 및 부재자 재산관리는 실종자 또는 부재자의 본국법에 따른다.

② 제1항에도 불구하고 외국인에 대하여 법원이 실종선고나 그 취소 또는 부재자 재산관리의 재판을 하는 경우에는 대한민국 법에 따른다.

1. 실종선고 및 부재자 재산관리의 준거법(제27조 제1항)

실종선고 및 부재자 재산관리는 실종자 또는 부재자의 본국법에 따른다. 여기서 '실종선고'는 그 직접적 효력인 사망의 추정 또는 의제에 국한되고, 간접적 효력(실종자의 혼인관계의 소멸, 상속 개시 등의 실체법적 효과)은 각각 문제된 혼인·상속 등의 법률관계의 준거법에 의한다. 그러나 외국인에 대하여 대한민국 법원이 실종선고나 그 취소 또는 부재자 재산관리의 재판을 하는 경우에는 대한민국 법에 따른다.

2. 외국에서 내려진 실종선고의 효력(제27조 제2항)

외국에서 내려진 실종선고의 효력은 국제사법상 관할권이 있다고 인정되는 국가에서 내려지고 내국의 공서에 반하지 않는 이상 대한민국에서도 그 효력을 인정하는 것이 합당하다.

第30조 법인 및 단체

> **第30조【법인 및 단체】** 법인 또는 단체는 그 설립의 준거법에 따른다. 다만, 외국에서 설립된 법인 또는 단체가 대한민국에 주된 사무소가 있거나 대한민국에서 주된 사업을 하는 경우에는 대한민국 법에 따른다.

1. 법인의 권리능력 : 설립준거법주의(속인법)

법인(또는 단체)[4]의 일반적 권리능력은 그 법인의 설립의 준거법에 따른다(설립준거법주의). 다만, 외국에서 설립된 법인 또는 단체가 대한민국에 주된 사무소가 있거나 대한민국에서 주된 사업을 하는 경우에는 대한민국 법에 따른다. 이는 설립준거법주의를 따를 경우 발생할 수 있는 내국거래의 불안정성을 예방하기 위하여 예외를 규정한 것이다.

법인(또는 단체)의 일반적 권리능력의 준거법에 대하여 설립준거법주의(주로 영미법계)와 본거지법주의(주로 대륙법계)가 대립하고 있는데, 우리 국제사법에서는 설립준거법주의를 채택하였다. 그 이유는 설립준거법주의를 채택하는 경우 속인법이 고정되고 그 속인법의 확인이 용이하여 법적 안정성을 확보할 수 있고, 설립자들의 의사를 존중할 수 있기 때문이다.[5]

2. 규정의 적용범위

第30조에 의하여 설립준거법주의가 적용되는 범위는 법인의 설립과 소멸, 조직과 내부관계, 기관과 구성원의 권리와 의무, 행위능력 등 법인에 관한 문제 전반을 포함한다(대법원 2018. 8. 1. 선고 2017다246739 판결). 그러나 다음 사항은 그 적용범위에 포함되지 않는다. ⅰ) 법인의 소송능력은 법정지법에 따르고, ⅱ) 법인의 불법행위는 불법행위지법에 따르고, ⅲ) 법인의 개별적 행위능력은 개개의 권리의 준거법에 따른다.

---

4 여기서 단체에는 법인격 없는 사단과 재단, 조합이 포함된다.

5 석광현, 「국제사법 해설」, 박영사, 2013, p.203.

대법원 2018. 8. 1. 선고 2017다246739 판결

국제사법 제16조(현행 제30조) 본문은 "법인 또는 단체는 그 설립의 준거법에 의한다."라고 하여 법인의 준거법은 원칙적으로 설립 준거법을 기준으로 정하고 있다. 이 조항이 적용되는 사항을 제한하는 규정이 없는데, 그 적용범위는 법인의 설립과 소멸, 조직과 내부관계, 기관과 구성원의 권리와 의무, 행위능력 등 법인에 관한 문제 전반을 포함한다고 보아야 한다. 따라서 법인의 구성원이 법인의 채권자에 대하여 책임을 부담하는지, 만일 책임을 부담한다면 그 범위는 어디까지인지 등에 관하여도 해당 법인의 설립 준거법에 따라야 한다.

CHAPTER 03

법률행위

제31조 법률행위의 방식

제31조【법률행위의 방식】 ① 법률행위의 방식은 그 행위의 준거법에 따른다.
② 행위지법에 따라 한 법률행위의 방식은 제1항에도 불구하고 유효하다.
③ 당사자가 계약체결 시 서로 다른 국가에 있을 때에는 그 국가 중 어느 한 국가의 법에서 정한 법률행위의 방식에 따를 수 있다.
④ 대리인에 의한 법률행위의 경우에는 대리인이 있는 국가를 기준으로 행위지법을 정한다.
⑤ 제2항부터 제4항까지의 규정은 물권이나 그 밖에 등기하여야 하는 권리를 설정하거나 처분하는 법률행위의 방식에는 적용하지 아니한다.

우선적용 규정 : 소비자계약의 방식(제47조 제3항), 혼인의 방식(제63조 제2항), 유언의 방식(제78조 제3항), 어음·수표행위의 방식(제82조 제1항)

1. 개설

법률행위의 준거법은 i) 법률행위 실질의 문제(법률행위의 실질적 성립요건과 효력)와 ii) 법률행위 방식의 문제(법률행위의 형식적 성립요건)를 구분해야 한다. 법률행위 실질의 준거법에 대해서는 공통의 규칙이 없으나, 법률행위 방식의 준거법에 대해서는 공통의 규칙이 있다.

법률행위의 방식은 법률행위의 형식적 성립요건을 말한다(예 계약에서 서면성 요구, 증여에서 서면성 요구, 유언에서 증인 참여 등). 그리고 법률행위의 실질은 법률행위의 성립 및 효력의 문제에서 방식의 문제를 제외한 것을 말한다.

현행 국제사법에서는 법률행위 실질의 준거법은 각 개별 법률행위에 대하여 별도의 규정을 두고, 법률행위 방식의 준거법에 대해서 제31조에 통칙을 두고 있고, 소비자계약의 방식(제47조 제3항), 혼인의 방식(제63조 제2항), 유언의 방식(제78조 제3항), 어음·수표행위의 방식(제82조 제1항) 등에 별도의 규정을 두어 제31조의 통칙보다 우선 적용하고 있다.

국제사법에서 규정한 법률행위 실질의 준거법

- 물권법상의 법률행위 : 동산 · 부동산의 소재지법(제33조)
- 채권법상의 법률행위 : 당사자의 선택법(제45조), 최밀접관련국법(제46조)
- 친족법상의 법률행위 : 당사자의 본국법 · 일상거소지법 · 최밀접장소법(제63조~제75조)
- 상속법상의 법률행위 : 사망 당시 피상속인의 본국법(제75조) 등

2. 법률행위방식의 준거법(제31조)

1) 원칙 : 법률행위 실질의 준거법

법률행위의 방식은 원칙적으로 그 법률행위의 실질의 준거법에 따른다. 이는 법률행위의 방식은 법률행위의 실질과 밀접한 관련이 있기 때문에 '법률행위 실질의 준거법'에 따르는 것이 합당하기 때문이다.

예 러시아에서 체결한 대한민국 회사와 러시아 회사 간의 물품매매계약(준거법 : 러시아법)에서 해당 계약의 방식은 러시아법(매매계약 실질의 준거법)에 의한다(제1항). 러시아법에서는 계약의 서면성을 요구하고 있어 이 매매계약은 서면으로 체결해야 한다.

2) 보칙(제2항~제4항)

(1) 행위지법의 선택적 적용(제2항) 행위지법에 의한 법률행위의 방식은 제1항에도 불구하고 유효하다. 이는 장소는 행위를 지배한다는 원칙을 인정한 것이다.

예 '대한민국에서 체결한' 대한민국 회사와 러시아 회사 간의 물품매매계약(준거법 : 러시아법)에서 해당 계약의 방식은 러시아법(매매계약 실질의 준거법)에 의한다(제1항). 러시아법에서는 계약의 서면성을 요구하고 있어 이 매매계약은 서면으로 체결해야 한다(제1항). 그러나 이 계약은 대한민국에서 체결하였고, 대한민국법에서는 물품매매계약의 서면성을 요구하지 않으므로 이 계약은 서면으로 체결하지 않아도 유효하다(제2항).

(2) 당사자가 서로 다른 국가에 있는 경우 행위지의 결정(제3항) 당사자가 계약체결 시 서로 다른 국가에 있을 때에는 그 국가 중 어느 한 국가의 법에서 정한 법률행위의 방식에 따를 수 있다.

예 대한민국 회사와 러시아 회사의 물품매매계약(준거법 : 중국법, 계약체결 시 각각 당사국에 소재)의 방식은 중국법을 따를 수 있고(제1항), 대한민국법이나 러시아법을 따를 수도 있다(제3항).

(3) 대리의 경우 행위지의 결정(제4항) 대리인에 의한 법률행위의 경우에는 대리인이 있는 국가를 기준으로 행위지법을 정한다.

예 미국 회사는 대한민국 회사에게 물품매매계약 체결을 위임하였고, 이 대리권에 기해 대한민국 회사는 미국 회사를 대리하여 러시아 회사와 물품매매계약(준거법 : 영국법, 계약체결시 각각 당사국에 소재)을 체결하였다.

→ 이 매매계약은 ⅰ) 대한민국법(대리인이 있는 국가)에서 정한 방식을 따를 수 있다(제3항·제4항). ⅱ) 영국법(매매계약 실질의 준거법)에서 정한 방식을 따를 수 있다(제1항). ⅲ) 러시아법에서 정한 방식을 따를 수 있다(제3항). ⅳ) 그러나 미국법에서 정한 방식을 따를 수는 없다(제4항).

(4) 보칙 적용의 예외 위 보칙(제1항~제4항)은 물권이나 그 밖에 등기하여야 하는 권리를 설정하거나 처분하는 법률행위의 방식에는 적용하지 아니한다.

3) 특칙

법률행위 방식의 준거법에 대하여 별도의 규정(특칙)이 있는 경우 그 규정이 제31조에 우선하여 적용한다. 국제사법에서 규정하고 있는 특칙에는 소비자계약의 방식(제47조 제3항), 혼인의 방식(제63조 제2항), 유언의 방식(제78조 제3항), 어음·수표행위의 방식(제82조 제1항)이 있다.

제32조 임의대리

제32조 【임의대리】 ① 본인과 대리인 간의 관계는 당사자 간의 법률관계의 준거법에 따른다.
② 대리인의 행위로 인하여 본인이 제3자에 대하여 의무를 부담하는지 여부는 대리인의 영업소가 있는 국가의 법에 따르며, 대리인의 영업소가 없거나 영업소가 있더라도 제3자가 알 수 없는 경우에는 대리인이 실제로 대리행위를 한 국가의 법에 따른다.
③ 대리인이 본인과 근로계약 관계에 있고, 그의 영업소가 없는 경우에는 본인의 주된 영업소를 그의 영업소로 본다.
④ 본인은 제2항 및 제3항에도 불구하고 대리의 준거법을 선택할 수 있다. 다만, 준거법의 선택은 대리권을 증명하는 서면에 명시되거나 본인 또는 대리인이 제3자에게 서면으로 통지한 경우에만 그 효력이 있다.
⑤ 대리권이 없는 대리인과 제3자 간의 관계에 관하여는 제2항을 준용한다.

1. 개설

어떤 법률행위에 대리가 허용되는가의 문제는 법률행위 실질의 문제로서 그 법률행위의 준거법에 의한다. 예를 들어, 매매계약에서 대리가 허용되는지는 매매계약의 준거법에 의한다.[1] 제32조에서는 임의대리에 관한 규정을 두고, 선장의 대리권에 대하여는 제95조 제6호[2]에 별도의

1 예 대리인 X는 본인 A사를 대리하여 B사와 기술이전 계약 체결(준거법 : 독일법). 이 계약에서 대리가 허용되는지의 문제는 해당 계약의 준거법인 독일법에 따른다.

규정을 두고 있다. 한편, 법정대리는 본인의 의사가 아닌 법률의 규정에 의하여 직접 발생하므로 대리권 발생원인이 되는 법률관계의 준거법에 의하면 충분하다고 보아 그에 관한 별도의 규정을 두지 않았다.[3]

2. 법정대리

법정대리의 경우 대리권은 법률의 규정에 의하여 당연히 발생하는 것이므로 대리권의 발생·변경·소멸 등의 문제는 대리권 발생의 원인이 된 법률관계의 준거법에 의한다[예 친권자의 대리권은 친권의 준거법(즉 친자간의 법률관계의 준거법인 제72조에 의함), 후견인의 대리권은 후견의 준거법 등)]. 이는 본인과 대리인 사이의 내부관계는 물론 외부관계[대리인과 제3자 사이의 법률관계(대리행위의 성립과 효과), 본인과 제3자 사이의 법률관계(대리행위의 효과의 본인 귀속)]에도 일률적으로 적용된다.

- 본인과 대리인 간의 법률관계 → 당사자 간의 법률관계의 준거법(예 위임계약·도급계약·고용계약의 준거법)
- **본인과 제3자 간의 법률관계** : 대리행위의 효과의 본인에게로 귀속 문제 → 대리인의 영업소 소재지법(영업소가 없거나 알 수 없는 경우 대리행위지법)
- **대리인과 제3자 간의 법률관계** : 대리행위의 성립 및 효과에 관한 문제 → 그 대리행위에 적용될 준거법(예 매매계약 → 계약채권의 준거법)

3. 임의대리 : 대리의 3면 관계를 전제로 규정

1) 본인과 대리인 사이의 관계(대리권)(제1항)

본인과 대리인 간의 관계는 당사자간의 법률관계의 준거법에 의한다(제1항). 즉, 수권행위의 준거법(대리권을 부여하는 법률행위의 준거법)에 의한다. 독립한 법률행위로서 수권행위가 존재하는 경우에는 그 독립한 수권행위의 준거법에 의한다. 다만, 일반적으로 수권행위는 독립해서 행사되기보다는 위임계약, 도급계약, 고용계약 등에 있어서 그 이행을 돕기 위해 이루어지는 경우가 많으며

---

2 제94조【해상】해상에 관한 다음 각 호의 사항은 선적국법에 따른다.
1. 선박의 소유권 및 저당권, 선박우선특권, 그 밖의 선박에 관한 물권
2. 선박에 관한 담보물권의 우선순위
3. 선장과 해원(海員)의 행위에 대한 선박소유자의 책임범위
4. 선박소유자등이 책임제한을 주장할 수 있는지 여부 및 그 책임제한의 범위
5. 공동해손
6. 선장의 대리권

3 법무부, 「국제사법 해설」, 2001, p.73.

이 경우 본인과 대리인 간의 관계는 해당 위임계약, 도급계약, 고용계약 등의 준거법에 의한다.

2) **본인과 제3자 사이의 관계**(대리효과)(제2항 · 제3항)

대리인의 행위로 인하여 본인이 제3자에 대하여 의무를 부담하는지 여부는 ⅰ) 대리인이 영업소를 가지고 있는 경우에는 '**대리인의 영업소가 있는 국가의 법**'에 의하고, ⅱ) 대리인의 영업소가 없거나 영업소가 있더라도 제3자가 이를 알 수 없는 경우에는 대리인이 '**실제로 대리행위를 한 국가의 법**'에 의한다(제2항). 한편, 대리인이 본인과 근로계약 관계에 있고, 그의 영업소가 없는 경우에는 '본인의 주된 영업소'를 그의 영업소로 본다(제3항). 이 규정은 거래의 안전 내지 상대방 보호를 위한 규정이다. 당사자자치를 인정하여 이 제3항 및 제4항에도 불구하고 본인은 대리의 준거법을 선택할 수 있다(제4항).

사례연구 : 대법원 1990. 4. 10. 선고 89다카20252 판결

乙(대한민국회사)의 런던사무소책임자 丙은 런던에서 乙을 대리하여 甲(영국회사)과 강철봉 매매계약을 체결하였는데, 해당 매매매계약 제13조에는 '본 계약의 효력, 해석 및 이행은 영국법에 따라 규율되며, 그 효력, 해석 및 이행을 포함하여 본 계약하에서 또는 그와 관련하여 발생하는 모든 분쟁은 본 계약일의 런던중재 법원규칙에 따라 중재에 의하여 결정된다. … ("중재조항")라고 기재되어 있다. 이 경우 위 丙의 중재계약상의 대리행위(위 제13조 중재합의의 효력이 본인 乙에게 미치는지)에 관한 준거법은?

☞ **대법원 판단** "임의대리에 있어서 대리인 혹은 대리인으로 칭한 자와 거래를 한 상대방에 대하여 본인에게 거래당사자로서의 책임이 있는지의 여부는 거래의 안전 내지 상대방 보호를 위한 측면을 고려할 때 대리행위지법에 의하여 판단되어야 함이 상당하다고 하겠으므로 영국에서 한국회사인 乙의 런던사무소책임자인 丙이 乙을 대리하여 영국회사인 甲과 사이에 중재계약을 체결한 경우에 있어서 위 丙의 중재계약상의 대리행위에 관한 준거법은 대리 행위지법인 영국법이다"(대법원 1990. 4. 10. 선고 89다카20252 판결).

해설 1 | 현행 국제사법 규정에 의하면

현행 국제사법 제32조에 의하면, 대리효과(본인에게 거래당사자로서의 책임이 있는지)는 원칙적으로 대리인의 영업소가 있는 국가의 법에 따르고(제32조 제2항), 대리인이 본인과 근로계약 관계에 있고, 그의 영업소가 없는 경우에는 본인의 주된 영업소를 그의 영업소로 본다(제32조 제3항). 丙은 乙과 근로계약 관계에 있고, 별도의 영업소가 없고, 乙의 주된 영업소를 丙의 영업소로 보는데, 乙의 주된 영업소는 대한민국에 있으므로 丙의 중재계약상의 대리행위에 관한 준거법은 대한민국법이 된다. 그렇다면, 현행 국제사법은 종전 대법원 판결(대법원 1990. 4. 10. 선고 89다카20252 판결)과 다른 결론에 이르게 한다.

해설 2 이 사안에서 丙이 乙(대한민국회사)의 런던사무소장이 아니고, 독일에 영업소를 둔 사업자라면, 丙의 중재계약상의 대리행위에 관한 준거법은 독일법(대리인의 영업소 소재지법)이 된다.

3) 대리인과 제3자 사이의 관계(대리행위)

대리인과 제3자 사이의 관계(즉 대리행위 자체의 성립과 효력)에 관해서 국제사법은 별도의 규정을 두고 있지 않다. 대리행위의 관계는 통상의 법률행위와 마찬가지이므로 제45조 이하의 법률행위의 규정이 적용될 것이다.[4]

4) 임의대리의 준거법에 대한 당사자자치의 인정(제4항)

임의대리의 준거법에 대하여 당사자자치가 인정되어 당사자는 대리의 준거법을 선택할 수 있다. 다만, 준거법의 선택은 대리권을 증명하는 서면에 명시되거나 본인 또는 대리인에 의하여 제3자에게 서면으로 통지된 경우에 한하여 그 효력이 있다.

4. 무권대리 · 표현대리

1) 본인과 무권대리인 간의 관계

본인과 무권대리인 간의 관계는 ⅰ) 무권대리를 본인이 추인하는 경우 무권대리인의 행위는 사무관리가 되어 사무관리의 준거법(제50조)에 의하고, ⅱ) 사무관리가 성립되지 않는 경우 무권대리인의 불법행위가 되어 불법행위의 준거법(제52조)에 의해야 할 것이다. 다만, 대리의 준거법에 따라 표현대리가 인정되는 경우 본인과 표현대리인 간의 관계는 ⅰ) 본인과 표현대리인 사이에 기초적 내부관계가 존재하는 경우 해당 기초적 내부관계의 준거법에 의하고(제1항), ⅱ) 기초적 내부관계가 없는 경우 불법행위가 문제된다.

예 1 본인 X사와 A 간에 건설공사 도급계약(준거법 독일법) 체결하고, 해당 건설공사에 사용될 조경수에 대하여 A는 대리권 없이 Y사와 조경수 구매계약 체결. 이 대리행위에 대하여 X사는 A에 대한 손해배상을 청구하는 경우 준거법은? → 독일법(기초적 내부관계인 도급계약의 준거법)

예 2 본인 X사와의 아무런 계약관계 없는 A는 대리권 없이 대한민국에서 Y사와 조경수 구매계약 체결. 이 대리행위에 대하여 X사는 A에 대하여 불법행위의 손해배상을 청구하는 경우 준거법은? → 대한민국법(불법행위의 준거법-불법행위지법)

2) 본인과 제3자 간의 관계

무권대리인이나 표현대리인이 한 대리행위에 대하여 본인이 제3자에 대하여 책임을 부담하는지 여부는 제32조 제2항에 의한다.

예 1 본인 X사(독일 회사)의 대리인 A로펌(영업소 영국 런던)은 X사를 대리하여 X사와 Y사 사이에 특허권 양도

4 안강현, 「로스쿨 국제거래법」 제9판, 박영사, 2023, p.217.; 석광현, 전게서(2013), p.231.

계약을 체결함. X사는 A로펌에 특허권 양도 계약 체결에 대하여 명시적으로 대리권을 수여하지 않음. → 이 경우 ⅰ) 이 무권대리행위에 대하여 X사와 A로펌 간의 관계는 해당 위임계약에 의하고, ⅱ) X사가 Y사에 대하여 특허권 양도의무를 부담하는지는 대리인 A로펌의 영업소 소재지법(영국법)에 의함

예 2 무권대리인(또는 표현대리인) A(영업소 영국)는 본인 X사를 대리하여 Y사와 경영컨설팅 계약(준거법 선택 없음)을 체결하였다. X사가 Y사에 대하여 경영컨설팅 의무를 부담하는지의 준거법? → 영국법(무권대리인의 영업소 소재지법)

예 3 무권대리인(또는 표현대리인) A(영업소 영국)는 본인 X사를 대리하여 Y사와 경영컨설팅 계약(대한민국법을 준거법으로 선택)을 체결하였다. X사가 Y사에 대하여 경영컨설팅 의무를 부담하는지의 준거법? → 준거법 선택 조항이 서면인 경우 대한민국법(당사자자치 인정)

3) 무권대리인과 제3자 간의 관계(제5항)

무권대리인과 제3자의 관계에 대하여는 제32조 제2항의 규정을 준용한다(제5항). 이는 본인이 제3자에게 의무를 부담하는지 여부를 판단하는 준거법과 무권대리인의 제3자에 대한 관계를 규율하는 법을 동일하게 함으로써 양자간에 저촉이 발생하지 않도록 하기 위한 것이다.

- **대법원 2018. 11. 29. 선고 2016다18753 판결 — 서울고등법원 2016. 4. 7. 선고 2015나8423 판결**

  원고(Eu-Apex B.V., 네덜란드 법인)의 대리인(네덜란드 로펌)이 피고(신한Apex, 대한민국 법인)와 사이에 작성한 특허이전 양도증서의 효력에 관하여 표현대리(대리인이 원고로부터 이 사건 특허 양도증서 작성에 관한 대리권을 명시적으로 수여받았다고 볼 만한 자료가 없음)가 문제된 사안에서 법원은 다음과 같이 판단함

  "국제사법에는 본인과 대리인 간의 관계는 당사자 간의 법률관계의 준거법에 의하고(제18조 제1항), 대리인의 행위로 인하여 본인이 제3자에 대하여 의무를 부담하는지는 대리인의 영업소가 있는 국가의 법에 의하며(제18조 제2항), 대리권이 없는 대리인과 제3자간의 관계에 관하여도 마찬가지(제18조 제5항)라고 규정되어 있는데, 원고는 네덜란드 회사이고 원고 측 대리인은 네덜란드 로펌이어서 원고와 원고의 대리인 사이의 관계 및 원고가 원고 측 대리인의 행위로 인하여 피고에 대하여 의무를 부담하는지는 네덜란드 법에 의하여 결정된다.

- **대법원 2024. 3. 12. 선고 2023다288772 판결**

  [1] 우리나라가 가입한 국제조약은 일반적으로 민법이나 상법 또는 국제사법보다 우선적으로 적용된다. 중화인민공화국과 대한민국은 모두 '국제물품매매계약에 관한 국제연합 협약'(United Nations Convention on Contracts for the International Sale of Goods 1980, 이하 '매매협약'이라 한다)에 가입하였으므로, 중화인민공화국과 대한민국 당사자 사이의 물품매매계약에 관하여는 매매협약 제1조 제1항에 따라 위 협약이 우선 적용된다. 다만 매매협약이 그 적용을 배제하거나 규율하고 있지 않은 사항에 해당하는 법률관계에 대해서는 법정지 국제사법에 따라 결정되는 준거법이 적용된다. 매매협약은 국제물품매매계약의 성립, 매도인과 매수인의 의무, 위험의 이전 및 손해배상 범위 등에 관하여 규율하고 있으나 당사자의 권리능력, 행위능력과 대리권 등 매매계약의 유효성에 영향을 미치는 사항에 관하여는 규율하고 있지 않다. 따라서 대리권의 수여, 존부, 내용 및 범위와 소멸 등

대리를 둘러싼 법률관계에 대해서는 법정지인 우리나라 국제사법에 따라 결정되는 준거법이 적용되어야 한다. [2] 구 국제사법(2022. 1. 4. 법률 제18670호로 전부 개정되기 전의 것) 제18조 제1항(현행 제32조 제1항)은 "본인과 대리인 간의 관계는 당사자 간의 법률관계의 준거법에 의한다."라고 규정하고 있다. 따라서 본인과 대리인 간에 위임계약 등의 법률관계가 존재하는 경우 대리인이 본인으로부터 대리권을 적법하게 수여받았는지는 그 위임계약 등에서 명시적 또는 묵시적으로 선택한 법에 따르고(구 국제사법 제25조 제1항), 준거법을 선택하지 아니한 경우에는 그 계약과 가장 밀접한 관련이 있는 국가의 법에 따른다(구 국제사법 제25조 제1항, 제26조 제1항). 한편 구 국제사법 제26조 제2항 제3호에 따르면, 위임계약이나 이와 유사한 용역제공계약의 경우에는 위임사무를 처리해야 하는 수임인이나 그 용역을 이행하는 자의 상거소지나 영업소(그 계약이 직업 또는 영업활동으로 체결된 경우)가 있는 국가의 법이 가장 밀접한 관련이 있는 것으로 추정된다(구 국제사법 제26조 제2항 제3호).

CHAPTER 04

물권

제33조 물권

제33조【물권】 ① 동산 및 부동산에 관한 물권 또는 등기하여야 하는 권리는 그 동산·부동산의 소재지법에 따른다.
② 제1항에 규정된 권리의 취득·상실·변경은 그 원인된 행위 또는 사실의 완성 당시 그 동산·부동산의 소재지법에 따른다.

1. 동산 · 부동산에 관한 물권의 목적물 소재지법주의 및 동칙주의

동산 및 부동산에 관한 물권 또는 등기하여야 하는 권리는 그 동산·부동산의 소재지법에 따른다. 동산과 부동산에 관한 물권적 법률관계에 대해서 "목적물 소재지주의"와 "동칙주의(통일주의)"를 채택하고 있다.

동산 · 부동산에 관한 물권의 준거법

- 이칙주의(이원주의)의 개념 및 논거
  - 이칙주의(이원주의)는 부동산과 동산에 대하여 각기 다른 기준에 의해 준거법을 정하는 것을 말한다. 주로 부동산은 소재지법에 의하고, 동산은 주소지법 등에 의한다.
  - 동산은 부동산과 달리 이동이 자유롭고 소재지가 쉽게 변경될 수 있어 목적물 소재지법에 의하게 될 경우 권리관계가 불안정하게 된다.
- 동칙주의(통일주의)의 개념 및 논거(국제사법의 입장)
  - 동칙주의(통일주의)는 부동산과 동산에 대하여 동일한 기준에 의해 준거법을 정하는 것을 말한다. 주로 목적물 소재지법에 의한다.
  - 동산과 부동산은 법적 개념으로 국가마다 반드시 동일하지 않다. 따라서 이칙주의에 따라 동산과 부동산을 구별하여 준거법을 정하는 것이 곤란하다.
  - 주소를 달리하는 사람이 동산에 관한 권리를 다투는 경우 또는 주소를 달리하는 여러 사람이 동산을 공유하는 경우에는 적용할 주소지법의 결정이 곤란하다.

- 동산의 소재지와 소유자의 주소지가 일치하지 않는 경우가 많아 거래의 안전 및 원활을 위하여 동칙주의를 취하는 것이 바람직하다.

2. 물권의 준거법과 채권의 준거법과의 관계

물권의 준거법인 목적물 소재지법은 물권행위에만 적용되고, 그 원인행위인 채권행위에는 적용되지 않는다. 예를 들어, 매매계약에 따른(매매계약의 이행의 일부로서) 물건의 소유권 이전의 경우 ⅰ) 소유권 이전은 당사자의 의사표시만으로 가능한가(의사주의) 아니면 인도 또는 등기를 요하는가(형식주의)[1]하는 물권변동의 문제만이 소재지법에 의하는 것이고, ⅱ) 매매계약 자체의 유효 여부 또는 채권·채무의 내용 등은 채권의 문제이므로 매매계약 자체의 준거법(제45조, 제46조)에 의한다.

대법원 2008. 1. 31. 선고 2004다26454 판결

- 가압류 목적물인 기계에 대한 채무자의 소유권 유무가 문제된 사건에서, 가압류 채무자에 이르기까지 필리핀국에서 순차 체결된 위 기계에 대한 매매계약의 효력에 관하여 매매계약 체결 당시 목적물 소재지법인 필리핀국법을 적용하여야 한다고 한 사례
- 필리핀국 법원조직법 및 대법원판결에 의하면 국립노동위원회의 판결·결정·명령에 대한 배타적 항소심 관할권은 항소법원에 있으므로, 국립노동위원회의 낙찰허가결정에 관하여 항소법원이 무효라고 결정하였다면 그 경매는 모두 무효가 되었다고 한 사례

"이 사건은 필리핀국 국립노동위원회(National Labor Relations Commission)가 시행한 경매절차에서 필리핀국 법인인 필립스 엑스포트 인더스트리즈 아이엔씨(Philips Export Industries. Inc., 다음부터 '필립스사'라고만 한다)에 대한 채권자로서 필리핀국 국민인 해고근로자들이 필리핀국 내에 있던 이 사건 기계를 낙찰받은 것이 유효한지, 그 뒤 필리핀국 내에서 이 사건 기계에 대하여 순차로 체결된 위 해고근로자들과 내국인인 신청외인 사이의 매매계약, 신청외인 과 채무자 사이의 매매계약의 효력은 어떤지가 문제되는 사건으로서, 위와 같은 각 매매계약이 체결된 후 우연한 사정에 의하여 이 사건 기계가 국내로 반입되었고, 이 사건 채권자와 채무자가 모두 내국인이라고 하더라도 그 전에 이루어진 모든 외국적 요소를 무시한 채 국제사법의 규정에 따르지 않고 곧바로 내국법을 적용하는 것은 합리적이라고 할 수 없다."

"국제사법 제19조(현행 제33조)는 "동산 및 부동산에 관한 물권 또는 등기하여야 하는 권리는 그 목적물의 소재지법

1 물권변동의 의사주의와 형식주의 예시
A(매도인)가 B(매수인)에게 아이패드 매도 후 A가 점유하고 있는 상태에서 C가 해당 아이패드 절도한 경우 1) 의사주의에 의하면, 해당 아이패드의 소유권은 B에게 이전되어 B는 C에게 아이패드 반환청구권을 행사할 수 있다. 또한, B의 채권자 D는 해당 아이패드를 가압류할 수 있다. 2) 형식주의에 의하면, 해당 아이패드의 소유권은 B에게 이전되지 않아 B는 C에게 아이패드 반환청구권을 행사할 수 없다(A가 반한청구권 행사). 또한, B의 채권자 D는 해당 아이패드를 가압류할 수 없다.

에 의한다(제1항). 제1항 에 규정된 권리의 득실변경은 그 원인된 행위 또는 사실의 완성 당시 그 목적물의 소재지법에 의한다(제2항)"고 규정하고 있는바, 위 각 매매계약이 체결된 당시 목적물인 이 사건 기계가 필리핀국 내에 있었으므로 위 각 매매계약에 관하여는 필리핀국법을 적용하여 그 법률효과를 판단하여야 한다."

3. 물건 · 물권 또는 등기하여야 하는 권리의 준거법

1) 물건(동산 · 부동산)

국제사법은 물권의 준거법에서 동산 · 부동산을 구별할 필요 없이 통일주의를 채택하고 있어 동산 · 부동산을 포함하는 물건의 개념만 결정하면 된다. 동산 · 부동산의 구별은 국제사법상의 개념 결정이 아니며 실질의 준거법이 확정할 사항이다.

2) 물권

제33조에서의 '물권'은 동산 · 부동산의 물건에 관한 권리인 것이다. 따라서 지식재산권은 제33조에 속하지 않는다. 참고로 물품을 포함한 유체동산의 소유권 이전의 준거법에 대해서는 소유권 이전 시점의 해당 유체동산의 소재지법(lex situs)으로 보는 의견이 있는데[2], 각 사안별로 해당 국제협약이 있으면, 그 협약이 우선 적용되고, 그렇지 않으면 법정지의 국제사법(저촉법)에 의해 최종 준거법이 결정된다.

3) 등기하여야 할 권리

등기하여야 할 권리도 물권과 마찬가지로 목적물의 소재지법에 의한다. 이때 등기하여야 할 권리는 물건에 관한 권리로서 등기를 하면 물권과 동일한 효력 또는 유사한 효력, 즉 대항력이 생기는 권리를 의미한다[예 부동산 환매권(민법 제590조, 제592조), 부동산 임차권(민법 제618조, 제621조)].[3] 주의할 점은 이 경우에 목적물의 소재지법에 의한다는 것은 등기에 의하여 생기는 물권적 대항력에 관한 문제뿐이고, 그 권리의 성립 및 효력의 문제는 여전히 그 권리의 발생원인인 법률관계의 준거법(예 매매계약의 준거법, 임대차계약의 준거법 등)에 의한다는 것이다.

예 A(임대인, 한국인)와 B(임차인, 영국인) 사이의 서울에 소재하는 아파트 임대차 계약에서 i) 아파트 임차권의 성립 여부는 해당 임대차계약의 준거법에 의하고, ii) B의 아파트 임차권의 대항력(예 등기 필요 여부)은 부동산 소재지법(대한민국법)에 의한다.

---

2 Alexander Von Zuegler, et. al., Transfer of Ownership in International Trade, 2nd ed., Wolters Kluwer & International Chamber of Commerce, 2011, p.2.

3 신창섭, 「국제사법」 제4판, 세창출판사, 2018, p.228.; 석광현, 「국제사법 해설」, 박영사, 2013, p.236.

4) 준거법(목적물의 소재지법)의 적용범위

(1) 물건 물권의 객체, 동산·부동산, 주물·종물, 융통물·불융통물, 독립물·비독립물의 구별과 관계는 모두 목적물의 소재지법에 의한다.

(2) 물권

① 물권적 권리능력의 준거법 물권을 향유할 수 있는 능력은 개별적 권리능력의 문제로서 물권의 준거법(즉 목적물 소재지법)에 의한다. 예를 들어, 독일인이 일본에 소재하는 부동산의 소유권을 취득할 수 있는지는 해당 물권의 준거법(즉 목적물 소재지인 일본법)에 의한다.

② 물권의 종류와 내용, 점유권·소유권, 용익물권의 준거법 물권의 종류와 내용, 점유권·소유권, 용익물권은 모두 목적물 소재지법에 의한다. i) 물권의 종류, 내용, 효력, 존속기간 등 물권에 관한 모든 사항은 물권의 준거법(목적물의 소재지법)에 의한다. ii) 점유의 물권성·양태·효과, 점유권의 양도·상속, 선의취득 및 소유권의 내용, 공동소유, 공유물의 분할, 상린관계 등은 모두 목적물 소재지법에 의한다. 예 점유권에 있어서 점유권의 취득과 소멸[민법 제192조), 소유권의 내용(민법 제211조)] iii) 지상권, 지역권, 전세권 등 용익물권에 관한 사항도 목적물의 소재지법에 의한다.

③ 약정담보물권과 법정담보물권의 준거법 i) 유형의 물건에 대한 약정담보물권(질권, 저당권 등)의 성립요건이나 효력도 물권의 문제로서 목적물 소재지법에 의한다. 다만, 무기명증권을 대상으로 하는 경우에는 무기명증권에 관한 제35조[4]가 적용되어 무기명증권에 관한 권리의 취득·상실·변경은 그 원인된 행위 또는 사실의 완성 당시 그 무기명증권의 소재지법에 따른다. ii) 법정담보물권(유치권 등)은 특정한 채권을 담보하기 위하여 법에 의하여 인정되는 권리이므로 주된 채권의 준거법과 목적물의 소재지법이 모두 이를 인정하는 경우에만 성립할 수 있다고 본다.[5]

예 1 **약정담보물권** : A사(영국회사)와 B사(한국회사)는 중장비(B사 소유, 독일 소재)에 대한 질권 설정 계약(준거법 영국법)을 체결함. 이 경우 A사의 질권 취득 여부의 준거법은? → 독일법(목적물 소재지법)

예 2 **법정담보물권** : A사(영국회사)와 B사(한국회사)는 중장비(B사 소유, 독일 소재)를 수리하는 계약(준거법 영국법)을 체결함. A사는 중장비 수리를 완료하였으나, 수리비를 지급하지 않는 경우 중장비에 대한 A사의 유치권 취득 여부는? → 영국법(주된 채권(중장비 수리 계약)의 준거법)과 독일법(목적물 소재지법)이 모두 인정하는 경우에만 유치권 취득

---

4 제35조【무기명증권】무기명증권에 관한 권리의 취득·상실·변경은 그 원인된 행위 또는 사실의 완성 당시 그 무기명증권의 소재지법에 따른다

5 안강현, 「로스쿨 국제거래법」 제9판, 박영사, 2023, p.223.; 김연·박정기·김인유, 「국제사법 제4판」, 법문사, 2022. p.266.; 서희원, 「국제사법강의」, 일조각, 1998, p.193.

4. 물건의 소재지 변경과 물권 변동의 준거법(제2항)

물권의 취득·상실·변경은 그 원인된 행위 또는 사실의 완성 당시 그 목적물의 소재지법에 의한다(제33조 제2항). 이 조항이 적용되는 것은 물권의 득실변경의 효과에만 그치는 것이고, 그렇게 발생한 물권이 어떠한 내용과 효력을 가지는가는 제1항이 적용된다. 여기서 물권의 득실변경은 예를 들어 매매계약에서 소유권 이전의 요건으로 의사주의, 인도, 등기 등을 의미하고, 매매계약의 유효 등은 제45조나 제46조가 적용된다.

한편, 물권변동의 원인이 되는 요건 또는 사실이 완성되지 아니한 상태에서 물건의 소재지가 변경된 경우에 어느 시점을 기준으로 소재지를 확정해서 준거법을 결정할 것인지 문제된다. 이 경우 물권변동의 법률요건이 충족된 시점의 소재법에 의해야 할 것이다.

사례연구

◖ 사례 1 ◗

재판상이혼에 따른 위자료, 결혼비용반환청구는 이혼의 준거법에 따라야 할 것이므로 국제사법 제66조에 따라 우선 부부의 동일한 본국법에 의할 것이나, 재판상이혼청구에 이혼당사자 사이의 소유재산반환청구가 병합되어 제기된 경우에는 그 준거법은 성질상 별도로 결정되어야 하며, 이 경우 그 준거법은 국제사법 제33조 제1항에 따라 목적물 소재지법이 된다(대전지방법원 천안지원 1989. 3. 14. 선고 88드2012 가사심판부심판).

◖ 사례 2 ◗

갑이 미국의 인터넷경매사이트에서 '일본 석재 거북(Japanese Hardstone Turtle)"이라는 제목으로 경매에 부친 물건을 낙찰받아 국내로 반입한 다음, 전문가들에게 확인한 결과 위 물건이 '인조계비 장렬왕후 어보'인 사실을 확인하였고, 국립고궁박물관에 어보를 매수할 것을 신청한 후 인도하였는데, 국립고궁박물관이 심의한 결과 도난품에 해당한다는 이유로 매입 및 반환을 거부하자, 대한민국을 상대로 하여 어보의 반환을, 예비적으로 매도신청가액 상당의 손해배상을 구한 사안에서, 위 어보는 대한민국이 소유관리하던 중 도난당한 도품에 해당되는데, 갑이 낙찰받을 당시 위 어보는 버지니아주에 있었고, 그 후 甲이 어보를 국내로 반입하였으므로, 갑이 어보에 대한 소유권을 취득하였는지 여부에 관한 준거법은 원인된 행위 또는 사실의 완성 당시 목적물의 소재지법인 미국 버지니아주법이다. 영미법에서는 도품에 관하여 누구도 자신이 가지지 않는 것을 양도할 수 없다는 원칙이 지배하고 있어 도품에 대한 선의취득을 인정하고 있지 않고, 버지니아주법 또한 도품에 대한 선의취득을 인정하지 않고 있어 갑은 버지니아주법에 따라 어보에 관한 소유권을 취득하지 못하였으므로, 갑의 반환청구는 이유 없고, 제반 사정 등에 비추어 보면 갑이 어보에 관하여 어떠한 재산권을 가진다고 볼 수 없으며, 대한민국 산하 국립고궁박물간이 갑에게 어보에 관한 대가를 지급하지 않은 채 반환을 거부하는 것이 불법행위를 구성한다고 보기 어렵다(서울중앙지방법원 2017. 8. 25. 선고 2017가합518187 판결).

◖ 사례 3 ◗

대한민국 국민 갑이 미국 캘리포니아주에서 미국 리스회사와 차량 리스계약 체결(준거법 선택 없음. 따라서 국제사법 제46조 제2항 제2호에 따라 리스회사의 소재지법인 캘리포니아주법이 준거법). 리스기간 중에 갑이 위 차량을 을에게 처분하고, 을이 위 차량을 대한민국으로 수입함. 위 리스계약상 차량에 대한 소유권이 리스이용자에게 이전하였는가는 리스계약의 준거법(제46조 적용)에 의해야 하며, 제33조에 의한 소재지법이 아님(대법원 2011. 4. 28. 선고 2010도15350 판결)

제34조 운송수단

제34조【운송수단】 항공기에 관한 물권은 그 항공기의 국적이 소속된 국가의 법에 따르고, 철도차량에 관한 물권은 그 철도차량의 운행을 허가한 국가의 법에 따른다.

1. 운송수단(항공기, 철도차량)에 관한 물권의 준거법

항공기나 철도차량 등 운송수단은 성질상 계속적으로 이동하는 물건이므로 물권에 대한 일반적인 준거법인 목적물 소재지법에 의할 경우 매 순간 준거법이 변경되어 법적 안정성을 확보할 수 없고, 운송수단의 경우 목적물의 소재지가 밀접한 연결점이라고 보기도 어렵다. 이에 따라 제34조에서는 '항공기에 관한 물권은 그 국적소속국법에 의하고, 철도차량에 관한 물권은 그 운행허가국법에 의한다'고 규정하고 있다. 한편, 선박에 대하여는 선적국법에 의한다(제60조).

물권의 준거법

- 항공기 : 국적소속국법(제34조)
- 철도차량 : 운행허가국법(제34조)
- 선박 : 선적국법(제60조)
- 자동차 : 소재지법(제33조). 일반 동산과 같이 취급하여도 별문제 없어 별도의 규정 두지 않음

제35조 무기명증권

> **제35조【무기명증권】** 무기명증권에 관한 권리의 취득·상실·변경은 그 원인된 행위 또는 사실의 완성 당시 그 무기명증권의 소재지법에 따른다.

1. 무기명증권의 득실변경

무기명증권에 관한 권리의 취득·상실·변경은 그 원인된 행위 또는 사실의 완성 당시 그 무기명증권의 소재지법에 의한다. 무기명으로 발행된 주권, 사채권, 상품권 등은 그 자체로서 권리를 화체하고 있고, 그 권리의 득실변경도 양도에 의하여 이루어지고 있기 때문에 일반 동산과 다를 바 없다. 따라서 일반 동산과 동일한 내용의 규정을 두고 있다.

그러나 어느 유가증권이 무기명증권인지의 여부는 당해 증권에 화체된 권리의 준거법에 의하여 결정되어야 한다.

2. 무기명증권을 대상으로 하는 약정담보물권

무기명증권을 약정담보물권으로 제공할 경우 그 준거법 결정에 대하여는 제37조 단서에서 제35조에 의하도록 규정하고 있다.

제36조 이동 중인 물건

> **제36조【이동 중인 물건】** 이동 중인 물건에 관한 물권의 취득·상실·변경은 그 목적지가 속하는 국가의 법에 따른다.

1. 이동 중인 물건에 관한 물권의 준거법

'이동 중인 물건'에 관한 물권의 취득·상실·변경은 그 목적지가 속하는 국가의 법에 따른다. 제33조에서 규정한 물건에 관한 물권의 취득·상실·변경의 소재지법주의에 대한 예외로서 이동 중인 물건에 대하여는 **목적지법주의**를 채택하고 있다. 물건의 소재지가 명백한 경우에는 물권행위 당시의 물건의 소재지를 찾아내어 그 소재지법을 적용하면 되지만, 소재지가 명백하지 않은 경우에는 물권의 득실변경을 하나의 고정된 장소에 연결할 필요가 있다.

2. 선하증권 또는 화물상환증과 운송중의 물건

운송 중의 물건에 대하여 선하증권(또는 화물상환증)이 발행되어 선하증권의 처분(양도)에 의하여 물건의 처분(양도)이 이루어지는 경우에 물권변동의 중심은 증권소재지로 이전되었다고 볼 수 있는바, 물권변동의 준거법은 선하증권(또는 화물상환증) 소재지법이 된다.[6] 다만, 이는 선하증권(또는 화물상환증)의 물권적 효력에 대한 것이며, 운송인과 선하증권(또는 화물상환증)소지인 간의 채권관계(예 운임의 지불, 운송물의 인도 등)는 운송계약의 준거법에 의한다.[7]

제37조 채권 등에 대한 약정담보물권

제37조【채권 등에 대한 약정담보물권】 채권·주식, 그 밖의 권리 또는 이를 표창하는 유가증권을 대상으로 하는 약정담보물권은 담보대상인 권리의 준거법에 따른다. 다만, 무기명증권을 대상으로 하는 약정담보물권은 제35조에 따른다.

채권·주식 그 밖의 권리 또는 이를 표창하는 유가증권을 대상으로 하는 약정담보물권은 담보대상인 권리의 준거법에 의한다. 따라서 채권질은 채권의 준거법에 의하고, 주식질은 주식회사의 속인법에 의한다. 다만, 무기명증권을 대상으로 하는 경우에는 무기명증권에 관한 제35조가 적용된다.

담보물권의 준거법 요약

- 부동산 저당권의 준거법 → 목적물 소재지법(제33조 목적물 소재지법)
- 동산 질권의 준거법 → 목적물 소재지법(제33조 목적물 소재지법)
- 권리 질권의 준거법 → 그 권리의 준거법(제37조 담보대상인 권리의 준거법)
  - 매출채권에 대한 질권의 준거법 → 매출채권(즉, 매매계약)의 준거법
  - 주식에 대한 질권 → 주식의 준거법(즉, 주식회사의 속인법)
  - 유가증권에 대한 질권 → 유가증권의 준거법

---

6 안강현, 전게서, p.227.
7 서희원, 「국제사법강의」, 일조각, 1998, p.203.

사례연구 : 약정담보물권의 준거법

채권을 대상으로 하는 약정담보물권(질권설정)은 담보 대상인 권리의 준거법에 의한다(제37조). 따라서 이 사건 임대차 보증금 반환채권에 관한 질권이 유효하게 성립되었는지 여부는 이 사건 임대차보증금 반환채권의 준거법인 대한민국 법에 따른다(목적물 소재지법 제33조)(서울고등법원 2013. 3. 28. 선고 2012나72225 판결).

CHAPTER 05

지식재산권

제1절 국제재판관할

제38조 지식재산권 계약에 관한 소의 특별관할

제38조【지식재산권 계약에 관한 소의 특별관할】 ① 지식재산권의 양도, 담보권 설정, 사용허락 등의 계약에 관한 소는 다음 각 호의 어느 하나에 해당하는 경우 법원에 제기할 수 있다.

1. 지식재산권이 대한민국에서 보호되거나 사용 또는 행사되는 경우
2. 지식재산권에 관한 권리가 대한민국에서 등록되는 경우

② 제1항에 따른 국제재판관할이 적용되는 소에는 제41조를 적용하지 아니한다.

i) 지식재산권이 대한민국에서 보호되거나 사용 또는 행사되는 경우, 또는 ii) 지식재산권에 관한 권리가 대한민국에서 등록되는 경우 지식재산권의 양도, 담보권 설정, 사용허락 등의 계약에 관한 소에서 대한민국의 특별관할이 인정된다(제38조 제1항). 그리고 제1항에 따라 국제재판관할이 정해지는 경우 제41조(계약에 관한 소의 특별관할)는 적용하지 아니한다.

예 A사(한국 회사)는 B사(베트남 회사)에게 대한민국에 등록된 상표권의 사용을 허락하는 라이센스계약 체결 → 상표권이 대한민국에서 등록되었고, 이 라이센스계약은 상표권의 사용허락을 목적으로 하므로 이 라이센스 계약 관련 분쟁은 대한민국 법원에 재판관할이 있음.

지식재산권에 관련 소의 재판관할(제10조, 제38조, 제39조)

- 대한민국에 등록되어 있거나 등록이 신청된 지식재산권의 성립, 유·무효, 취소 등에 관한 소 → 대한민국 법원의 전속관할(제10조)
- 지식재산권의 양도, 담보권 설정, 사용허락 등의 계약에 관한 소[i) 지식재산권이 대한민국에서 보호되거나 사용 또는 행사되는 경우 ii) 지식재산권에 관한 권리가 대한민국에서 등록되는 경우] → 대한민국 법원의 특별관할(제38조)
- 지식재산권 침해에 관한 소[i) 침해행위를 대한민국에서 한 경우 ii) 침해의 결과가 대한민국에서 발생한 경우

iii) 침해행위를 대한민국을 향하여 한 경우] → 대한민국 법원의 특별관할(제39조)

제39조 지식재산권 침해에 관한 소의 특별관할

제39조【지식재산권 침해에 관한 소의 특별관할】 ① 지식재산권 침해에 관한 소는 다음 각 호의 어느 하나에 해당하는 경우 법원에 제기할 수 있다. 다만, 이 경우 대한민국에서 발생한 결과에 한정한다.

1. 침해행위를 대한민국에서 한 경우
2. 침해의 결과가 대한민국에서 발생한 경우
3. 침해행위를 대한민국을 향하여 한 경우

② 제1항에 따라 소를 제기하는 경우 제6조 제1항을 적용하지 아니한다.

③ 제1항 및 제2항에도 불구하고 지식재산권에 대한 주된 침해행위가 대한민국에서 일어난 경우에는 외국에서 발생하는 결과를 포함하여 침해행위로 인한 모든 결과에 관한 소를 법원에 제기할 수 있다.

④ 제1항 및 제3항에 따라 소를 제기하는 경우 제44조를 적용하지 아니한다.

1. 지식재산권 침해에 관한 소(대한민국에서 발생한 결과에 한정한다)에서 대한민국 법원의 특별관할이 인정되는 경우(제1항)

1) 침해행위를 대한민국에서 한 경우

2) 침해의 결과가 대한민국에서 발생한 경우

3) 침해행위를 대한민국을 향하여 한 경우

예 A사(중국 법인)는 B사(한국 법인)의 디자인권을 침해한 상품을 제조하여 대한민국에서 판매한 경우 → 이 디자인권 침해소송에서 대한민국 법원에 특별관할권 있음(대한민국에서 침해행위)

2. 관련 사건 관할적용 배제(소의 객관적 병합의 적용배제)(소의 객관적 병합의 적용제)(제2항)

지식재산권 침해에 관한 소가 제기된 경우 관련 사건 관할 규정인 제6조 제1항은 적용되지 않는다. 다른 국가에서 그 침해의 결과가 발생한 경우까지 관할권을 행사하는 경우를 방지하기 위하여 지식재산권침해에 관한 소에 대해서는 제6조 제1항의 적용을 배제한다. 이는 제39조 제1항이 결과발생지가 대한민국인 경우로 한정하여 관할을 인정하는 것과 모순되게 제6조 제1항이 적용되어 관할이 인정되는 경우를 방지하기 위한 규정이다.

예 S전자(주된 사무소 대한민국)의 X특허기술침해(침해자 A의 주된 사무소 중국, 침해결과 발생지 대한민국), Y특허기술침해(침해자의 A의 주된 사무소 중국, 침해행위 · 결과 발생지 중국) → X기술침해사건에 대하여 대한민국법원에 재판관할권 인정(제39조 제1항). 그러나 지식재산권 침해 사건으로 X특허기술침해사건과 Y특허기술침해사건을 하나의 소로 대한민국법원에 제소할 수 없음(제6조 제1항, 제39조 제2항)

3. 지식재산권에 대한 주된 침해행위가 대한민국에서 일어난 경우(제2항)

'침해의 결과'가 대한민국 외 다른 국가에서 발생한 경우 제39조 제1항 및 제2항에 의해 대한민국 법원에는 관할이 인정되지 않는 것이 원칙이나, 지식재산권에 대한 주된 '침해행위'가 대한민국에서 일어난 경우 예외적으로 외국에서 발생하는 결과를 포함하여 침해행위로 인한 모든 결과에 관한 소를 법원에 제기할 수 있다.

제2절 준거법

제40조 지식재산권의 보호

> **제40조【지식재산권의 보호】** 지식재산권의 보호는 그 침해지법에 따른다.

1. 침해지법(보호국법)주의 채택

지식재산권의 보호는 그 침해지법에 의한다(보호국법주의). 침해지는, 지식재산권의 보호가 요구되는 국가인 동시에 지식재산권의 이용행위 또는 침해행위가 행하여진 국가가 된다. 다만, 국제사법에서는 지식재산권의 성립·이전 등의 전반적인 문제에 대하여는 아무런 규정을 두고 있지 않다.

제40조는 지식재산권의 보호에서 보호국법주의를 채택하고 있다. 여기서 보호국은 '그의 영토 내에서 해당 지식재산권을 어떠한 형태로든 사용하거나, 제3자에 대해 방어하고자 하는 국가'를 말한다.[1] 여기서 보호국은 법정지국과 구분할 필요가 있다. 예를 들어 일본에서 지식재산권 침해를 이유로 한국에 일상거소가 있는 한국인을 상대로 한국 법원에 손해배상청구의 소를 제기한 경우, 법정지는 한국이지만, 보호국은 일본이므로 제40조에 따라 일본법이 준거법이 된다.

사례연구

◖ 사례 1 ◗

대한민국의 A는 일본 상표를 위조하여 부착한 의류를 일본 보따리상들에게 대량으로 판매하여 일본에서의 일본 상표권 침해행위를 용이하게 하였다. 일본 상표권자가 A를 상대로 대한민국 법원에 상표권 침해로 인한 손해배상청구의 소를 제기하였다. 이 경우 준거법은?

☞ 상표권의 침해지법인 일본법(즉 일본 상표법)(대법원 2004. 7. 22. 선고 2003다62910 판결)

◖ 사례 2 ◗

- 사용자인 원고(갑 회사)와 종업원인 피고 사이에 맺어진 근로계약에 따라 직무발명이 완성되어 대한민국에서 등록한 특허권 및 실용신안권에 관한 직무발명에 기초하여 외국에서 등록되는 특허권 또는 실용신안권에 대하여 **갑 회사가 통상실시권을 취득하는지**가 문제 된 사안에서[원고는 대한민국 법률에 의하여 설립된 법인이고 피고는 대한민국 국민으로서 대한민국에 거주하고 있는 사실, 이 사건은 원고의 피고에 대한 영업방해금지청구의 선결문제로서

1 석광현, 「국제사법 해설」, 박영사, 2013, p.278.

피고가 원고와 맺은 근로계약에 따라 완성되어 대한민국에서 등록한 원심판시 특허권 및 실용신안권에 관한 직무발명(이하 '이 사건 직무발명'이라 한다)에 기초하여 외국에서 등록되는 특허권 또는 실용신안권에 대하여 원고가 통상실시권을 취득하는지 여부가 문제가 됨]

- 직무발명에서 특허를 받을 권리의 귀속과 승계, 사용자의 통상실시권의 취득 및 종업원의 보상금청구권에 관한 사항은 사용자와 종업원 사이의 고용관계를 기초로 한 권리의무 관계에 해당한다. 따라서 직무발명에 의하여 발생되는 권리의무는 비록 섭외적 법률관계에 관한 것이라도 성질상 등록이 필요한 특허권의 성립이나 유·무효 또는 취소 등에 관한 것이 아니어서, 속지주의의 원칙이나 이에 기초하여 지식재산권의 보호에 관하여 규정하고 있는 국제사법 제24조(현행 제40조)의 적용대상이라 할 수 없다. 직무발명에 대하여 각국에서 특허를 받을 권리는 하나의 고용관계에 기초하여 실질적으로 하나의 사회적 사실로 평가되는 동일한 발명으로부터 발생한 것이며, 당사자들의 이익보호 및 법적 안정성을 위하여 직무발명으로부터 비롯되는 법률관계에 대하여 고용관계 준거법 국가의 법률에 의한 통일적인 해석이 필요하다. 이러한 사정들을 종합하여 보면, 직무발명에 관한 섭외적 법률관계에 적용될 준거법은 발생의 기초가 된 근로계약에 관한 준거법으로서 국제사법 제28조 제1항, 제2항(현행법 제48조 제1항, 제2항) 등에 따라 정하여지는 법률이라고 봄이 타당하다. 그리고 이러한 법리는 실용신안에 관하여도 마찬가지로 적용된다.
- **원고는 대한민국 법률에 의하여 설립된 법인이고 피고도 대한민국 국민으로서 원고와의 근로계약을 수행한 곳**이 대한민국임은 앞서 본 것과 같고, 이러한 사정 등을 고려한 당사자들의 합리적인 의사 등에 비추어 보면, 원고와 피고는 그 근로계약 체결에 관하여 대한민국 법률을 준거법으로 하려는 묵시적인 의사가 있다고 보아야 하고, 설령 그렇지 않더라도 **피고가 일상적으로 노무를 제공한 곳이 대한민국이므로 원·피고 사이의 근로계약에 관한 준거법**은 국제사법 제28조 제1항 또는 제2항(현행법 제48조 제1항, 제2항)에 따라 대한민국 법률로 보아야 한다(대법원 2015. 1. 15. 선고 2012다4763 판결).

2. 불법행위와의 관계

지식재산권의 침해가 기본적으로 불법행위의 성격을 지니는 점에서 불법행위와 관련한 조항들과의 연결 여부가 문제된다. 대법원에서는 불법행위지의 개념에 행위지뿐만 아니라 결과발생지도 포함하는 것으로 해석하고 있다(대법원 1994. 1. 28. 선고 93다18167 판결). 따라서 지식재산권의 침해를 불법행위의 준거법에 연결하게 되면, 행위지법과 결과발생지법이 준거법이 될 수 있다. 그러나 양법의 보호가 다른 경우에 발생하는 문제를 해소하기 위해서라도 지식재산권의 침해는 국제사법 제40조에 의하여 해결되어야 하며(즉, 침해지법), 일반 불법행위와 연결하여서는 안 된다.[2]

- **대법원 2024. 5. 9. 선고 2020다250561 판결**

구 국제사법(2022. 1. 4. 법률 제18670호로 전부 개정되기 전의 것, 이하 같다) 제24조는 "지식재산권의 보호는

2 법무부, 「국제사법 해설」, 2001, p.88.

그 침해지법에 의한다."라고 규정하여 보호국법주의를 채택하고 있다. 저작권의 성립과 내용, 저작권의 이전이 가능한지 여부, 저작권의 이전과 귀속에 어떠한 절차나 형식의 이행이 필요한지 여부 등은 저작권의 대세적인 효력이나 저작권 자체의 보호와 밀접하게 관련되어 있으므로, 특별한 사정이 없는 한 이러한 사항에 대하여는 구 국제사법 제24조에 따라 보호국법이 준거법으로 결정되어 적용된다. 한편 저작권 이전의 원인이 된 계약 등의 법률관계는 단지 그 목적물이 저작권일 뿐 성질상 저작권의 대세적인 효력이나 저작권 자체의 보호에 관한 것이 아니어서 구 국제사법 제24조에 따라 준거법을 결정할 수는 없고, 그 계약 등의 법률관계에 관하여 적용될 준거법을 별도로 결정하여야 한다.

• 대법원 2004. 7. 22. 선고 2003다62910 판결

국제사법 제24조(현행 제40조)에 의하면, **지적재산권의 침해로 인한 불법행위의 준거법은 그 침해지법**이 된다 할 것이므로 일본 보따리상들의 일본에서의 일본 상표권 침해행위에 피고가 교사 또는 방조하였음을 이유로 하는 **이 부분 손해배상청구의 당부는 침해지법인 일본 상표법 제37조 등의 해석에 따라야** 할 것인데, 위조한 상표를 부착한 의류를 일본 보따리상들에게 대량으로 판매함으로써 일본에서의 일본 상표권 침해행위를 용이하게 하여 준 피고의 행위가 위 침해행위에 대한 방조가 될 수 있다 하더라도, 기록에 나타난 지적재산권에 관한 일본 법원의 해석론에 비추어 보면, 속지주의 원칙을 채용하고 있는 일본 상표법하에서는 상표권이 등록된 나라의 영역 외에서 당해 상표권의 등록국에서의 침해행위를 유도하는 등 이에 관여하는 행위는 불법행위를 구성하지 아니하는 것으로 해석됨을 알 수 있으므로 이 부분 원심의 설시에 일부 적절하지 아니한 점은 있으나 피고의 공동불법행위책임의 성립을 인정하지 아니한 그 결론에 있어서는 정당하다 할 것이고 거기에 상고이유에서 주장하는 바와 같은 법리오해 및 심리미진 등의 위법이 있다고 할 수 없다. 이 부분 상고이유의 주장도 이유 없다.

3. 상고이유 제4, 5점에 대하여 본다.

원심판결 이유에 의하면, 원심은 원고가 피고의 이 사건 판매행위로 인하여 그 주장과 같은 신용훼손 등의 손해를 입었음을 인정할 증거가 없고, 또한 원고의 한국 상표권의 경우 그 손해의 발생사실이, 일본 상표권의 경우 그 손해에 대한 피고의 공동불법행위책임이 각 인정되지 아니한다는 이유로 위 신용훼손에 기한 손해배상청구 및 위 각 상표권 침해에 기한 부당이득반환의 주장을 모두 배척하였는바, 앞서 살펴 본 법리와 기록에 비추어 보면, 위와 같은 원심의 사실인정 및 판단은 모두 정당하고, 거기에 상고이유에서 주장하는 것처럼 법리오해 및 판단유탈 등의 위법이 있다고 할 수 없다. 이 부분 상고이유의 주장도 이유 없다.

4. 그러므로 상고를 기각하고, 상고비용은 패소자가 부담하는 것으로 하여 관여 대법관의 일치된 의견으로 주문과 같이 판결한다.

CHAPTER 06

채권

제1절 국제재판관할

제41조 계약에 관한 소의 특별관할

제41조【계약에 관한 소의 특별관할】 ① 계약에 관한 소는 다음 각 호의 어느 하나에 해당하는 곳이 대한민국에 있는 경우 법원에 제기할 수 있다.

1. 물품공급계약의 경우에는 물품인도지
2. 용역제공계약의 경우에는 용역제공지
3. 물품인도지와 용역제공지가 복수이거나 물품공급과 용역제공을 함께 목적으로 하는 계약의 경우에는 의무의 주된 부분의 이행지

② 제1항에서 정한 계약 외의 계약에 관한 소는 청구의 근거인 의무가 이행된 곳 또는 그 의무가 이행되어야 할 곳으로 계약당사자가 합의한 곳이 대한민국에 있는 경우 법원에 제기할 수 있다.

1. 계약에 관한 소의 특별관할

i) 계약에 관한 소는 다음의 특징적 의무이행지가 대한민국인 경우 ii) 그 외의 계약에 관한 소는 청구의 근거인 의무가 이행된 곳 또는 그 의무가 이행되어야 할 곳으로 계약당사자가 합의한 곳이 대한민국에 있는 경우 대한민국 법원에 특별관할이 인정된다.

특징적 의무이행지

1. 물품공급계약의 경우에는 **물품인도지**
2. 용역제공계약의 경우에는 **용역제공지**
3. 물품인도지와 용역제공지가 복수이거나 물품공급과 용역제공을 함께 목적으로 하는 계약의 경우에는 **의무의 주된 부분의 이행지**

사례연구

◖ 사례 1 ◗ **2024년도 제1차 변호사시험 모의시험**

甲회사(중국법에 의하여 설립되어 상하이에 주된 사무소)는 丁운송회사(네덜란드에 본점)와 이 사건 물품을 중간 기항지인 부산항까지 운송하는 해상운송계약을 丁운송회사의 본점에서 체결(준거법 및 재판관할권은 정하지 않음. 용역제공지는 목적항 소재지). 그런데 甲회사가 부산항에 도착한 이 사건 물품을 검사해보니 운송 중 선장의 과실로 이 사건 물품 중 일부가 상품성이 없을 정도로 손상됨. 甲회사가 丁운송회사를 상대로 운송계약위반에 근거한 손해배상청구의 소를 대한민국 법원에 제기한 경우 대한민국 법원은 국제재판관할권을 가지는가?

☞ 이 소는 해상운송계약에 관한 소이고, 용역제공지는 목적항인 부산항이므로 대한민국 법원에 국제재판관할이 인정된다(제41조).

◖ 사례 2 ◗ **제8회 변호사시험**

대한민국 법률에 의해 설립되고 주된 영업소를 대한민국에 두고 있는 甲회사는 그 소유의 파나마 선적인 로스토치호를 이용하여 남태평양 해상에서 참치를 어획하는 영업을 영위하고 있다. A국에 영업소를 두고 해상운송업을 영위하는 乙회사는 甲회사와, 甲회사가 남태평양에서 어획한 참치를 乙회사가 그 소유의 사이프러스 선적인 카주비호를 이용하여 부산항까지 해상운송하기로 하는 계약을 체결하였으나, 위 운송계약의 준거법에 관해서는 약정하지 아니하였다. 甲회사는 또한 위 참치의 해상운송에 관하여 B국에 영업소를 두고 있는 丙보험회사와 적하보험계약을 체결하였고, 위 보험계약의 준거법을 영국법으로 약정하였다. 부산항에서 위 참치의 하역작업을 하던 중 甲회사는 위 카주비호의 냉동장치 고장으로 인해 위 참치의 일부가 멸실되었고 나머지 참치도 냉동이 잘못되어 변질된 사실을 발견하였다(이하 '이 사건 보험사고'라 함). 丙보험회사는 甲회사에 이 사건 보험사고에 대한 보험금을 지급한 후 甲회사가 乙회사에 대하여 가지는 계약위반에 기한 손해배상청구권의 대위를 주장하며 대한민국 법원에 乙회사를 상대로 손해배상청구의 소를 제기하였다.

전제 해상운송계약에서 용역제공지는 목적항 소재지

1) 대한민국 법원에 재판관할권이 있는지?

2) 준거법은?

☞ 1) 이 소송은 운송계약에 관한 것이고, 전제에서 용역제공지는 부산항이므로 대한민국 법원에 특별관할이 인정된다(제41조 제1항).

2) 운송계약에서 준거법을 정하지 않았으므로 제46조의 객관적 준거법이 적용되고, 운송계약에서는 운송인이 특징적 이행을 하는바, 운송인 乙회사는 A국에 영업소를 두고 있어 A국법이 준거법이 된다.

제42조 소비자계약의 관할

제42조 【소비자계약의 관할】 ① 소비자가 자신의 직업 또는 영업활동 외의 목적으로 체결하는 계약으로서 다음 각 호의 어느 하나에 해당하는 경우 대한민국에 일상거소가 있는

소비자는 계약의 상대방(직업 또는 영업활동으로 계약을 체결하는 자를 말한다. 이하 “사업자”라 한다)에 대하여 법원에 소를 제기할 수 있다.

1. 사업자가 계약체결에 앞서 소비자의 일상거소가 있는 국가(이하 “일상거소지국”이라 한다)에서 광고에 의한 거래 권유 등 직업 또는 영업활동을 행하거나 소비자의 일상거소지국 외의 지역에서 소비자의 일상거소지국을 향하여 광고에 의한 거래의 권유 등 직업 또는 영업활동을 행하고 그 계약이 사업자의 직업 또는 영업활동의 범위에 속하는 경우
2. 사업자가 소비자의 일상거소지국에서 소비자의 주문을 받은 경우
3. 사업자가 소비자로 하여금 소비자의 일상거소지국이 아닌 국가에 가서 주문을 하도록 유도한 경우

② 제1항에 따른 계약(이하 “소비자계약”이라 한다)의 경우에 소비자의 일상거소가 대한민국에 있는 경우에는 사업자가 소비자에 대하여 제기하는 소 는 법원에만 제기할 수 있다.

③ 소비자계약의 당사자 간에 제8조에 따른 국제재판관할의 합의가 있을 때 그 합의는 다음 각 호의 어느 하나에 해당하는 경우에만 효력이 있다.

1. 분쟁이 이미 발생한 후 국제재판관할의 합의를 한 경우
2. 국제재판관할의 합의에서 법원 외에 외국법원에도 소비자가 소를 제기할 수 있도록 한 경우

1. 소비자계약의 의의 및 요건

제42조는 사회, 경제적 약자로서의 소비자를 보호하기 위한 국제재판관할 특칙으로 내용상 보호적 관할이라고도 한다. 구 국제사법(2001 개정)의 규정(제27조 제4항)에서는 대한민국인지와 관계없이 관련 국가의 국제재판관할권을 인정하는 양면적 규정의 형식을 취하는 데 반하여, 개정 국제사법은 대한민국이 국제재판관할을 가지는 경우만을 정하는 일면적 규정의 형식을 취하였다.[1]

국제사법에서 규정하는 소비자계약이란, ⅰ) 대한민국에 일상거소가 있는 소비자가 ⅱ) 자신의 직업 또는 영업활동 외의 목적으로 체결하는 계약으로 ⅲ) 상대방인 사업자는 직업 또는

1 이는 양면적 규정을 취할 경우 외국 법원의 국제재판관할을 규정함으로써 외국의 재판관할권에 간섭하는 듯한 인상을 주는 것을 우려하여 개정 국제사법이 전반적으로 일면적 규정의 형식을 취하기로 한 것에 발맞춘 것이다.(이연, “개정 국제사법상 소비자계약의 특칙에 관한 연구 –개정법 제42조와 제47조의 문언에 기초한 해석론을 중심으로–”, 국제사법연구 제28권 제1호, 2022, p. 297.).

영업활동으로 계약을 체결하며 iv) 다음[1)~3)]의 하나에 해당하는 계약을 말한다(제42조 제1항).

1) 사업자가 계약체결에 앞서 i) 소비자의 일상거소지국에서 광고에 의한 거래의 권유 등 직업 또는 영업활동을 행하거나 ii) 소비자의 일상거소지국 외의 지역에서 소비자의 일상거소지국을 향하여 광고에 의한 거래의 권유 등 직업 또는 영업활동을 행하고, 그 계약이 사업자의 업 또는 영업활동의 범위에 속하는 경우

예 1 외국기업이 국내 소비자를 상대로 통신판매를 하는 경우

예 2 미국의 애플사가 대한민국에서 아이폰 판매 온라인광고를 하고, 대한민국에 일상거소가 있는 소비자가 대한민국에서 아이폰 구매계약 체결

2) 사업자가 소비자의 일상거소지국에서 소비자의 주문을 받은 경우

예 중국의 알리익스레스가 온라인을 통하여 대한민국에서 대한민국 소비자로부터 헤드폰 주문을 받음

3) 사업자가 소비자로 하여금 소비자의 일상거소지국이 아닌 국가에 가서 주문을 하도록 유도한 경우

예 독일의 BMW사가 온라인 광고를 통하여 대한민국에서 대한민국 소비자로 하여금 독일에서 자동차를 구매할 것을 유도하고, 대한민국 소비자는 독일에 가서 자동차 구매계약 체결(외국으로의 쇼핑 주선)

국제사법에서는 특칙의 적용범위에 속하는 소비자가 자연인에만 한정되는지에 대하여 명시적 규정을 두지 않고 있어 법인(또는 회사, 사업자)도 포함되는지 문제가 된다. 이 규정은 사회·경제적 약자로서의 소비자를 보호하기 위한 정책적 고려에 의한 규정으로 볼 수 있는바, 사업을 위하여 거래하는 자를 소비자에 포함시키는 것은 입법취지에는 부합하지 않는다고 본다.[2]

2. 소비자계약에서 재판관할의 특칙

1) 소비자가 사업자에게 제기하는 소(제1항)

대한민국에 일상거소가 있는 소비자는 사업자에 대하여 대한민국 법원에 소를 제기할 수 있다.

2) 사업자가 소비자를 상대로 하는 소(제2항)

소비자의 일상거소가 대한민국에 있는 경우에는 사업자가 소비자에 대하여 제기하는 소는 대한민국 법원에만 제기할 수 있다. 이는 '원고는 피고의 法廷地를 따른다(actor sequitur forum rei)'는 원칙을 적용한 것과 큰 차이가 없으나, 그것이 전속적(exclusive)이라는 점에 의의가 있다.

---

2 이연, 전게논문, p.301.; 석광현, "국제사법상 소비자계약의 범위에 관한 판례의 소개와 검토 : 제27조의 목적론적 축소와 관련하여", 국제사법연구 제22권 제1호, 2016, p.45.

3) 합의관할의 제한(제6조)

부당한 재판관할합의를 막기 위하여 당사자 간의 재판관할합의는 아래 중 하나에 해당하는 경우에만 유효하다.

(1) 사후적 합의　　분쟁이 이미 발생한 후 국제재판관할의 합의를 한 경우

(2) 사전적 합의　　소비자에게 유리한 추가 합의일 것(대한민국 법원 외에 외국법원에도 소비자가 소를 제기할 수 있도록 한 경우)

사례연구

◖ 사례 1 ◗ 제13회 변호사시험

B국 국적을 가진 甲(남편)은 대한민국에 이주하여 3년째 살고 있다. 한국어에 능통한 甲은 서울에서 인터넷 검색을 하던 중, 대한민국에 있는 고객을 상대로 주문방법과 대금지급방법 등을 한국어로 설명하는 A국 소재 X회사가 제조한 핸드백 팝업 광고를 보고 서울에 거주하는 乙(부인)에게 핸드백을 선물할 생각이었으나, 급한 해외 출장으로 인하여 나중에 다른 물품과 비교해서 결정하기 위하여 X회사의 홈페이지를 즐겨찾기에 추가하였다. 그 후 甲은 B국으로 출장을 갔으며 그곳에서 위 홈페이지에 접속하여 신용카드로 대금을 지급하고 핸드백을 주문하였다. 甲은 핸드백을 구입하면서 "X회사와 구매자 간의 분쟁에 대해서는 A국 법원만을 관할법원으로 하고, 준거법도 A국법으로 한다."라고 규정되어 있는 약관을 읽고 동의한다는 칸을 클릭하였다. X회사는 대한민국에 매장이 전혀 없고 A국에만 매장을 두고 있다.

☞ X회사는 대한민국에서 또는 대한민국을 향하여 광고에 의한 거래 권유를 했다(제42조 제1항 제1호). 이 계약은 소비자계약에 해당되어 甲은 대한민국 법원에 소송을 제기할 수 있다(소비자계약의 특별관할)

※ 또한, X회사가 대한민국에서 또는 대한민국을 향하여 계속적이고 조직적인 사업 또는 영업활동을 한 경우 제4조 제2항에 의거하여 대한민국 법원에 특별관할이 인정된다(영업소 특별관할)

◖ 사례 2 ◗ 제10회 변호사시험

甲은 서울에 거주하고 있는 한국인이다. A국에 영업소를 두고 있는 乙 여행사(이하 '乙'이라 함)는 홈페이지를 통하여 A국 여행 패키지 상품을 광고하고 있었다. 甲은 휴가 기간 중 乙의 홈페이지에 접속하였다가 여행 패키지 상품을 싸게 구매할 수 있다는 내용의 한국어 광고를 보게 되었다. 乙의 홈페이지에는 해당 여행 패키지 상품 구매와 관련된 분쟁은 A국 법원에서만 소를 제기할 수 있다고 기재되어 있는 한편 준거법에 대하여는 아무런 기재가 없었다. 甲은 乙의 홈페이지에 게시된 구매 조건에 동의한다는 부분에 체크하고 여행 패키지 상품을 홈페이지를 통하여 구매하였다(이하 '이 사건 여행계약'이라 함). 이 여행계약 분쟁에서

1) 甲은 乙 여행사를 상대로 대한민국 법원에 소를 제기할 수 있는가?

2) A국 법원의 관할합의가 비전속적(또는 부가적) 관할합의인 경우 乙 여행사는 甲을 A국 법원에 소를 제기할 수 있는가?

☞ 1) 이 여행계약은 소비자계약에 해당된다(제42조 제1항). 이 계약에서 A국법원 전속관할합의는 무효이다(제42

조 제3항). 그리고 소비자계약에서 소비자의 일상거소지국인 대한민국을 향하여 광고에 의한 거래의 권유 등을 한 경우에는 소비자는 대한민국법원에 제소할 수 있다(제42조 제1항 제1호). 2) 이 여행계약은 소비자계약에 해당되고(제42조 제1항), A국법원 비전속적(또는 부가적) 관할합의는 그 효력이 있다(제42조 제3항). 그러나 이 사안에서 소비자 甲의 일상거소가 대한민국에 있고, 사업자 乙 여행사가 소비자에게 대하여 제기하는 소는 대한민국 법원에만 제기할 수 있다(제42조 제2항).

3. 소비자의 일상거소가 없는 경우 거소의 원용

소비자의 일상거소가 어느 국가에도 없거나 일상거소를 알 수 없는 경우 제3조 제1항을 원용하여 소비자의 거소지를 원용할 수 있는지 문제가 된다. 소비자의 일상거소가 어느 국가에도 없거나 일상거소를 알 수 없는 경우에도 소비자보호는 필요하다. 현행 국제사법 체제에서는 제3조 제1항을 원용하여 소비자의 거소지를 원용하는 것이 필요하다고 본다.

대법원 2023. 4. 13. 선고 2017다219232 판결

[2] 구 국제사법(2022. 1. 4. 법률 제18670호로 전부 개정되기 전의 것, 이하 '구 국제사법'이라 한다) 제27조는 소비자가 직업 또는 영업활동 외의 목적으로 체결하는 계약으로서 제1항 각호에 해당하는 소비자계약이 체결된 경우, 소비자가 그의 상거소가 있는 국가(이하 '상거소지국'이라 한다)에서도 상대방에 대하여 위 소비자계약에 관한 소를 제기할 수 있도록 규정하고 있다(구 국제사법 제27조 제4항). 그리고 소비자계약의 한 유형으로, 상대방이 계약체결에 앞서 소비자의 상거소지국에서 혹은 그 외의 지역에서 위 상거소지국으로 광고에 의한 거래의 권유 등 직업 또는 영업활동을 행하고, 소비자가 그 상거소지국에서 계약체결에 필요한 행위를 한 경우를 들고 있다(구 국제사법 제27조 제1항 제1호). 이는 상거소지국에서 확인할 수 있는 상대방의 광고 등에 이끌려 그 국가에서 계약체결에 필요한 행위를 하게 된 수동적 소비자가 가지는 상거소지국의 소비자보호규정 적용에 대한 합리적 기대를 보호하면서, 외국법원 등에 소를 제기하는 데 어려움이 있는 소비자의 재판청구권을 실질적으로 보장하기 위한 것이다. 따라서 이러한 구 국제사법 제27조의 목적과 취지를 고려한다면 이를 소비자에게 불리하게 해석하는 데에는 신중해야 하므로, 상대방이 소비자의 나이, 성별, 위치, 행동 패턴 등에 관한 정보를 활용하는 등으로 수익을 창출하고 있는 경우에는 그 소비자가 계약상 상대방에게 직접 지급하는 사용료 등 대가가 없다고 하더라도, 특별한 사정이 없는 한 그와 같은 사유만으로 구 국제사법 제27조 제1항 제1호에 따른 소비자계약에서 제외할 수 없다. 한편 소비자계약의 당사자도 서면에 의하여 국제재판관할에 관한 합의를 할 수는 있으나, 이러한 합의는 분쟁이 발생한 후에 체결되거나(구 국제사법 제27조 제6항 단서 제1호), 분쟁이 발생하기 전에 체결된 경우는 구 국제사법 제27조에 의한 관할법원에 추가하여 다른 법원에 제소하는 것을 허용하는 때에만 유효하다(같은 단서 제2호). 이는 분쟁이 구체적으로 발생한 후 소비자가 그 의미나 결과를 정확히 파악한 상태에서 국제재판관할에 관한 합의를 하도록 하고 그 이전에는 소비자에게 유리한 부가적 재판관할합의만을 허용함으로써, 구 국제사법이 소비자에게 부여하는 보호가 당사자 간의 재판관할합의로 쉽게 박탈되지 않도록 그 합의의 효력을 제한한 것이다. 따라서 당사자 간에 국제재판관할합의를 하였다고 하더라도 그 합의가 분쟁이 구체적으로 발생하기 전에 이루어진 것이고

그 내용도 부가적 관할합의가 아니라 전속적 관할합의에 해당한다면, 그와 같은 합의는 소비자계약에 대해서는 효력이 없다고 보아야 하므로, 소비자는 그와 같은 재판관할합의에도 불구하고 구 국제사법 제27조 제4항에 따라 그 상거소지국 법원에 상대방에 대한 소를 제기할 수 있다.

제43조 근로계약의 관할

제43조(근로계약의 관할) ① 근로자가 대한민국에서 일상적으로 노무를 제공하거나 최후로 일상적 노무를 제공한 경우에는 사용자에 대한 근로계약에 관한 소를 법원에 제기할 수 있다. 근로자가 일상적으로 대한민국에서 노무를 제공하지 아니하거나 아니하였던 경우에 사용자가 그를 고용한 영업소가 대한민국에 있거나 있었을 때에도 또한 같다.

② 사용자가 근로자에 대하여 제기하는 근로계약에 관한 소는 근로자의 일상거소가 대한민국에 있거나 근로자가 대한민국에서 일상적으로 노무를 제공하는 경우에는 법원에만 제기할 수 있다.

③ 근로계약의 당사자 간에 제8조에 따른 국제재판관할의 합의가 있을 때 그 합의는 다음 각 호의 어느 하나에 해당하는 경우에만 효력이 있다.

1. 분쟁이 이미 발생한 경우
2. 국제재판관할의 합의에서 법원 외에 외국법원에도 근로자가 소를 제기할 수 있도록 한 경우

1. 근로자가 사용자에 대하여 소를 제기하는 경우

다음의 경우 근로자는 사용자에 대하여 대한민국 법원에 소를 제기할 수 있다. i) 근로자가 대한민국에서 일상적으로 노무를 제공하거나 최후로 일상적 노무를 제공한 경우 ii) 근로자가 일상적으로 대한민국에서 노무를 제공하지 아니하거나 아니하였던 경우에 사용자가 그를 고용한 영업소가 대한민국에 있거나 있었을 때

2. 사용자가 근로자에 대하여 소를 제기하는 경우

사용자가 근로자에 대하여 제기하는 근로계약에 관한 소는 근로자의 일상거소가 대한민국에 있거나 근로자가 대한민국에서 일상적으로 노무를 제공하는 경우에는 **대한민국 법원에만** 제기할

수 있다. 이는 대한민국 법원의 전속적 재판관할이다.

3. 관할합의의 제한

근로계약의 재판관할합의는 다음의 경우에만 유효하다.

1) 사후적 합의

분쟁이 이미 발생한 후 국제재판관할의 합의를 한 경우

2) 근로자에게 유리한 추가적 합의

대한민국 법원 외에 외국법원에도 소비자가 소를 제기할 수 있도록 한 경우

대법원 2006. 12. 7. 선고 2006다53627 판결

국제사법 제28조 제5항(현행 제43조 제3항)에 의하면, 국제재판관할에 관한 합의는 분쟁이 이미 발생한 경우(제1호) 또는 근로자에게 이 조에 의한 관할법원에 추가하여 다른 법원에 제소하는 것을 허용하는 경우(제2호)에 한하여 허용되는 것이므로, 근로계약의 당사자가 분쟁이 발생하기 전에 대한민국 법원의 국제재판관할권을 배제하기로 하는 내용의 합의를 하였다고 하더라도, 그러한 합의는 국제사법 제28조 제5항에 위반하는 것이어서 아무런 효력이 없다.

제44조 불법행위에 관한 소의 특별관할

제44조【불법행위에 관한 소의 특별관할】 불법행위에 관한 소는 그 행위가 대한민국에서 행하여지거나 대한민국을 향하여 행하여지는 경우 또는 대한민국에서 그 결과가 발생하는 경우 법원에 제기할 수 있다. 다만, 불법행위의 결과가 대한민국에서 발생할 것을 예견할 수 없었던 경우에는 그러하지 아니하다.

불법행위에 관한 소는 다음의 경우 대한민국 법원에 특별관할이 있다. i) 불법행위가 대한민국에서 행하여진 경우 ii) 불법행위가 대한민국을 향하여 행하여진 경우 iii) 불법행위의 결과가 대한민국에서 발생하였고, 그 결과가 대한민국에서 발생할 것을 예견할 수 있었던 경우

제2절 준거법

제45조 당사자자치

제45조 【당사자자치】 ① 계약은 당사자가 명시적 또는 묵시적으로 선택한 법에 따른다. 다만, 묵시적인 선택은 계약내용이나 그 밖의 모든 사정으로부터 합리적으로 인정할 수 있는 경우로 한정한다.

② 당사자는 계약의 일부에 관하여도 준거법을 선택할 수 있다.

③ 당사자는 합의에 의하여 이 조 또는 제46조에 따른 준거법을 변경할 수 있다. 다만, 계약체결 후 이루어진 준거법의 변경은 계약 방식의 유효 여부와 제3자의 권리에 영향을 미치지 아니한다.

④ 모든 요소가 오로지 한 국가와 관련이 있음에도 불구하고 당사자가 그 외의 다른 국가의 법을 선택한 경우에 관련된 국가의 강행규정은 적용이 배제되지 아니한다.

⑤ 준거법 선택에 관한 당사자 간 합의의 성립 및 유효성에 관하여는 제49조를 준용한다.

채권은 발생원인에 따라 계약채권과 법정채권(사무관리, 부당이득, 불법행위 등)으로 구분되고, 이에 따라 준거법도 구분된다.

계약채권(법률행위채권)**과 법정채권의 준거법 규정**

계약채권	제45조(당사자자치), 제46조(준거법 결정시의 객관적 연결), 제47조(소비자계약), 제48조(근로계약), 제49조(계약의 성립 및 유효성)
법정채권	제50조(사무관리), 제51조(부당이득), 제52조(불법행위), 제53조(준거법에 관한 사후적 합의)
공통(계약채권 · 법정채권)	제54조(채권의 양도 및 채무의 인수), 제55조(법률에 의한 채권의 이전)

1. 개설

채권적 법률행위(계약 등)의 준거법 결정의 원칙에는 객관주의(비의사주의)와 주관주의(의사주의)가 있다. i) 객관주의(비의사주의)는 채권적 법률행위의 성립과 효력의 준거법을 일률적 · 정형적으로 정하는 것이고, ii) 주관주의(의사주의)는 이를 당사자의 의사에 맡기는 것이다. 주관주의(의사주의)를 인정하는 원칙을 당사자자치의 원칙(또는 의사자치의 원칙)이라고 한다.

- 객관주의(비의사주의) → 준거법을 일률적 · 정형적으로 결정
- 주관주의(의사주의) → 준거법 결정을 당사자의 의사에 맡김. 당사자자치의 원칙 / 의사자치의 원칙

2. 당사자자치의 원칙 : 당사자의 준거법 지정 허용

1) 의의

당사자자치의 원칙(principle of party autonomy)이란, 채권적 법률행위(계약 등)의 성립과 효력의 준거법을 당사자의 의사에 따라 결정한다는 국제사법상의 원칙이다. 당사자자치의 원칙은 프랑스 법규분류학파 학자인 뒤물랭(Dumoulin)에 의해서 최초로 제창되었다.

참고로 당사자자치의 원칙은 채권의 준거법 결정에 대해서만 인정되는 것이 일반적이지만, 최근에는 다른 법률관계(예 물권관계, 불법행위, 혼인의 효력, 이혼 및 부부재산제 등)에서도 제한적 범위에서 당사자자치의 원칙을 인정하려는 경향이 있다. 이러한 국제적 추세를 반영하여 국제사법에서는 제53조(법정채권의 준거법에 관한 사후적 합의), 제65조(부부재산제), 제77조(상속) 등의 규정을 통하여 사무관리, 부당이득, 불법행위, 부부재산제 및 상속 등의 법률관계에서 제한적으로 당사자자치의 원칙을 도입하였다.

2) 당사자자치의 인정(제1항)

계약은 당사자가 명시적 또는 묵시적으로 선택한 법에 따른다. 다만, 묵시적인 선택은 계약 내용이나 그 밖의 모든 사정으로부터 합리적으로 인정할 수 있는 경우로 한정되는데[3], 이는 묵시적 선택이 부당하게 확대되는 것을 방지하기 위한 것이다. 한편, 지역에 따라 법을 달리하는 연방제국가에서 '지역의 법(예 뉴욕주법)'을 선택하지 않고, '연방법(예 미국법)'만 선택한 경우 ⅰ) 무효라는 견해도 있으나 ⅱ) 대법원에서는 '지역의 법'을 선택한 것으로 합리적으로 인정되는 경우 그 효력을 인정하고 있다.

사례연구

◀ 사례 1 ▶

항해용선계약에서 당사자가 영국법을 준거법으로 선택한 경우 용선료채권의 성립이나 소멸 등에 관한 준거법은 영국법이 된다(대법원 2014. 12. 11. 선고 2012다119443 판결).

---

3 준거법의 묵시적 선택은 모든 사정을 고려하여 합리적으로 인정되어야 한다.

◖ 사례 2 ◗

영국 협회선박기간보험약관은 그 첫머리에 '이 보험은 영국의 법률과 관습에 따른다(The insurance is subject to English law and practice)'고 규정하고 있는바, 이러한 영국법 준거약관은 오랜 기간에 걸쳐 해상보험업계의 중심이 되어 온 영국의 법률과 관습에 따라 당사자 사이의 거래관계를 명확하게 하려는 것으로서, 그것이 우리나라의 공익규정 또는 공서양속에 반하는 것이라거나 보험계약자의 이익을 부당하게 침해하는 것이라고 볼 수 없어 유효하다(대법원 2005. 11. 25. 선고 2002다59528,59535 판결).

◖ 사례 3 ◗

수입신용장 개설은행의 신용장에 따른 대금지급의무는 법률행위인 신용장상의 지급확약에 의하여 발생하는 것인바, 그 법률행위의 성립과 효력 등에 관하여는 섭외사법 제9조(현행 제45조)에 따라 당사자가 지정한 준거법에 의하며, 당사자가 명시적으로나 묵시적으로 준거법을 정하지 아니한 경우에는 같은 조의 단서를 적용하여 행위지법에 의하나, 신용장 매입은행이 개설은행의 소재지와는 다른 법률이 적용하는 곳에 존재하는 경우에는 같은 법 제11조(현행 제46조)에 의하여 신용장 개설은행의 지급확약 의사표시를 통지한 곳, 즉 개설은행의 소재지에서 시행되는 법이 행위지법으로 간주된다(대법원 1997. 5. 9. 선고 95다34385 판결).

대법원 2012. 10. 25. 선고 2009다77754 판결

국제사법 제25조 제1항(현행 제45조 제1항)은 "계약은 당사자가 명시적 또는 묵시적으로 선택한 법에 의한다. 다만 묵시적인 선택은 계약 내용 그 밖에 모든 사정으로부터 합리적으로 인정할 수 있는 경우에 한한다."고 규정하여 계약의 준거법을 당사자가 자유롭게 선택할 수 있도록 하면서, 당사자의 준거법 선택은 명시적인 지정뿐만 아니라 묵시적인 지정도 가능하도록 하고, 다만 그것이 부당하게 확대되는 것을 방지하기 위하여 묵시적인 선택은 계약 내용 그 밖에 모든 사정으로부터 합리적으로 인정할 수 있는 경우로 제한하고 있다.

따라서 당사자가 계약의 준거법으로 지역에 따라 법을 달리하는 이른바 연방제국가의 어느 특정 지역의 법을 지정하지 않고 단순히 연방제국가의 법이라고만 약정한 경우, 선택된 법이 특정 지역의 법이 아니라 연방제국가의 법이라는 사정만으로 그러한 준거법 약정이 내용을 확정할 수 없는 것으로 당연 무효라고 보아서는 아니 되고 계약 문언, 계약 전후의 사정, 거래 관행 등 모든 사정을 고려하여 당사자가 그 국가의 어느 지역의 법을 지정한 것으로 합리적으로 인정되는지까지 살펴보아야 한다. 나아가 지역에 따라 법을 달리하는 연방제국가라고 하더라도, 어느 법률관계에 관하여 그 국가 전체에 통일적으로 적용되는 이른바 **연방법이 존재한다면** 적어도 그 법률관계에 관하여는 연방법이 적용되어 지역에 따라 법을 달리한다고 할 수는 없으므로, 당사자가 그 법률관계에 관한 준거법으로 연방제국가의 법을 준거법으로 선택한 약정은 그 국가의 연방법을 준거법으로 선택한 약정으로서 유효하다.

3) 준거법의 분할 · 분열(계약 일부의 당사자자치)(제2항)

계약의 일부에 관하여도 준거법을 선택할 수 있다. 따라서 분할 가능한 계약의 구성부분에 관하여 각기 다른 준거법을 지정하는 준거법의 분열 또는 분할이 가능하다. 다만, 이러한 준거법의 분할·분열은 논리적으로 분할이 가능하고 양립이 가능해야 한다.

예를 들어, 매도인의 권리의 준거법은 영국법으로 하고, 매수인의 의무의 준거법은 대한민국 법으로 하는 것은 허용되지 않는다.[4] 계약의 일부에 대해서만 준거법을 선택한 경우, 나머지 부분에 대해서는 제46조 제1항이 적용되어 '계약과 가장 밀접한 관련이 있는 국가의 법'이 준거법이 된다.

사례연구

제11회 변호사시험

대한민국 수원에 주된 사무소를 두고 TV를 생산해 수출하는 법인인 甲회사는 일본 도쿄에 주된 사무소를 두고 있는 丁보험회사와 보험목적물을 이 사건 화물로, 보험금액을 미화 100만 달러로, 피보험자를 乙회사로 하는 해상적하보험계약을 체결하였다. 이 해상적하보험계약에는 "본 보험증권에 따라 발생하는 책임에 관한 모든 문제는 영국의 법률과 관습에 따른다."라는 내용의 준거법 약관이 기재되어 있었다.

☞ 제45조 제2항은 '당사자는 계약의 일부에 관하여도 준거법을 선택할 수 있다'고 규정하여 준거법의 분할(분열)을 허용한다. 따라서 당사자가 계약의 일부에 관하여만 준거법을 선택한 경우 해당 부분에 대해서는 당사자가 선택한 법이 준거법이 되지만, 나머지 부분에 관하여는 별도의 준거법이 결정되어야 한다. 이 사안에서는 '보험증권에 따라 발생하는 책임'에 대해서만, 준거법을 지정하였고, 보험약관 설명의무에 관한 사항은 준거법의 지정이 없다. 따라서 제46조에 따라 최밀접관련국은 일본[용역을 이행하는 당사자(즉 丁보험회사)의 주된 사무소 소재지]이고, 일본법이 준거법이 된다.

대법원 2016. 6. 23. 선고 2015다5194 판결

[판결요지] 국제사법 제25조(현행 제45조)는 제1항 본문 및 제2항에서, "계약은 당사자가 명시적 또는 묵시적으로 선택한 법에 의한다.", "당사자는 계약의 일부에 관하여도 준거법을 선택할 수 있다."라고 규정하고, 제26조(현행 제46조) 제1항 에서 "당사자가 준거법을 선택하지 아니한 경우에 계약은 그 계약과 가장 밀접한 관련이 있는 국가의 법에 의한다."라고 규정하고 있다. 따라서 외국적 요소가 있는 계약에서 당사자가 계약의 일부에 관하여만 준거법을 선택한 경우에 해당 부분에 관하여는 당사자가 선택한 법이 준거법이 되지만, 준거법 선택이 없는 부분에 관하여는 계약과 가장 밀접한 관련이 있는 국가의 법이 준거법이 된다.

[판결문] 1) 이 사건 준거법 약관★은 이 사건 보험계약 전부에 대한 준거법을 지정한 것이 아니라 보험자의 '책임' 문제에 한정하여 영국의 법률과 관습에 따르기로 한 것이므로 보험자의 책임에 관한 것이 아닌 사항에 관하여는 이 사건 보험계약과 가장 밀접한 관련이 있는 우리나라의 법이 적용된다고 할 것인데, 약관의 설명의무에 관한 사항은 약관의 내용이 계약내용이 되는지 여부에 관한 문제로서 보험자의 책임에 관한 것이라고 볼 수 없으므로(대

4 석광현, 「국제사법 해설」, 박영사, 2013, p.298.; 안강현, 「로스쿨 국제거래법」 제9판, 박영사, 2023, p.245.

법원 2001. 7. 27. 선고 99다55533 판결 참조), 이에 관하여는 영국법이 아니라 우리나라의 약관규제법이 적용된다.
★ 준거법 약관 본 보험증권에 따라 발생하는 책임에 관한 모든 문제는 영국의 법과 관습이 적용된다(All questions of liability arising under this policy are to be governed by the laws and customs of England).

4) 저촉법적 지정과 실질법적 지정[5]

당사자의 법 지정에는 '저촉법적 지정'과 '실질법적 지정'이 있는데, 제45조의 당사자자치의 원칙은 '저촉법적 지정'을 의미하다.[6]

(1) 실질법적 지정

① 계약 내용을 구체적으로 정하는 대신, 특정 외국법[예 영국 물품매매법(SGA 1979)]을 지정하여 그 법을 계약 내용에 편입하는 것을 말한다(준거법을 일종의 약관처럼 계약에 편입되어 계약의 내용이 될 뿐임. 당사자가 그 외국법의 내용을 입증해야 함). 특정 외국법 지정 후 그 법이 개정되는 경우 개정 전의 외국법이 적용된다.

② '실질법적 지정'은 당사자가 계약 내용을 직접 정하는 대신에 특정 국가의 법규나 관습을 원용함으로써 계약 내용을 보충하는 것을 말한다. 즉 특정 국가의 법을 약관처럼 계약 내용으로 편입시키려는 것이다.

(2) 저촉법적 지정

① 저촉법적 지정은 당사자가 준거법을 지정하는 것을 의미한다. 준거법 지정 후에 외국법이 개정되는 경우 개정 외국법이 적용된다. 외국법도 법이므로 법원은 직권으로 외국법을 조사해야 한다.

② '저촉법적 지정'은 당사자가 계약 내용을 직접 정하되, 계약의 해석·보충으로서 적용되는 준거법을 정하는 것이다.

1. 적하보험계약에서 영국법 지정

1) 준거법 지정 유형에는 다음이 있음

(1) ① 본건 보험계약은 영국의 법과 관습에 따른다(The insurance is subject to English law and practice.).

(2) ② 이 보험증권상 발생하는 모든 책임문제는 영국의 법률과 관습에 의하여 규율되어야 한다(All questions of liability arising under this policy are to be governed by the laws and customs of England).

(3) ③ 이 보험증권에 포함되어 있거나 또는 이 보험증권에 첨부되는 어떠한 반대되는 규정이 있음에도 불구하고

---

5 석광현, 전게서(2013), pp.304−305.
6 석광현, 전게서(2013), p.304.

이 보험은 일체의 전보청구 및 결제에 관해서 영국의 법률과 관습에만 의한다(Notwithstanding anything contained herein or attached hereto to the contrary, this insurance is understood and agreed to be subject to English laws and practice only as to liability for and settlement of any and all claims.).

2) 대법원 판단

(1) ① 문언 : 전부지정설(대법원 1996. 10. 11. 선고 94다60332 판결)

(2) ② 문언 : 부분지정설(보험계약 전부에 대한 준거법을 지정한 것이 아니라 보험자의 '책임' 문제에 한정하여 영국의 법률과 관습에 따르기로 한 것임(대법원 2016. 6. 23. 선고 2015다5194 판결)

(3) ③ 문언 : 부분 지정설(대법원 1998. 7. 14. 선고 96다39707 판결)

- 대법원 1996. 10. 11. 선고 94다60332 판결

  보험증권에 그 준거법을 영국의 법률과 관습에 따르기로 하는 규정과 아울러 감항증명서의 발급을 담보한다는 내용의 명시적 규정이 있는 경우 이는 영국 해상보험법 제33조 소정의 명시적 담보에 관한 규정에 해당하고, 명시적 담보는 위험의 발생과 관련하여 중요한 것이든 아니든 불문하고 정확하게(exactly) 충족되어야 하는 조건(condition)이라 할 것인데, 해상보험에 있어서 감항성 또는 감항능력이 '특정의 항해에 있어서의 통상적인 위험에 견딜 수 있는 능력'(at the time of the insurance able to perform the voyage unless any external accident should happen)을 의미하는 상대적인 개념으로서 어떤 선박이 감항성을 갖추고 있느냐의 여부를 확정하는 확정적이고 절대적인 기준은 없으며 특정 항해에 있어서의 특정한 사정에 따라 상대적으로 결정되어야 하는 점 등에 비추어 보면, 부보선박이 특정 항해에 있어서 그 감항성을 갖추고 있음을 인정하는 감항증명서는 매 항해시마다 발급받아야 비로소 그 담보조건이 충족된다.

- 대법원 2016. 6. 23. 선고 2015다5194 판결

  이 사건 준거법 약관*은 이 사건 보험계약 전부에 대한 준거법을 지정한 것이 아니라 보험자의 '책임' 문제에 한정하여 영국의 법률과 관습에 따르기로 한 것이므로 보험자의 책임에 관한 것이 아닌 사항에 관하여는 이 사건 보험계약과 가장 밀접한 관련이 있는 우리나라의 법이 적용된다고 할 것인데, 약관의 설명의무에 관한 사항은 약관의 내용이 계약내용이 되는지 여부에 관한 문제로서 보험자의 책임에 관한 것이라고 볼 수 없으므로(대법원 2001. 7. 27. 선고 99다55533 판결 참조), 이에 관하여는 영국법이 아니라 우리나라의 약관규제법이 적용된다.

- 대법원 1998. 7. 14. 선고 96다39707 판결

  해상적하보험증권상 "이 보험증권에 포함되어 있거나 또는 이 보험증권에 첨부되는 어떠한 반대되는 규정이 있음에도 불구하고, 이 보험은 일체의 전보청구 및 결제에 관해서 영국의 법률과 관습에만 의한다."라는 영국법 준거약관은 <u>보험계약의 보험목적물이 무엇인지 여부에 관한 사항, 즉 보험계약의 성립 여부에 관한 사항에까지 영국의 법률과 실무에 따르기로 하기로 한 것으로는 볼 수 없으므로</u>, 이와 같은 사항에는 우리나라의 법률이 적용되어야 한다.

2. 선하증권에서 지상약관(paramount clause)

1) 개설

(1) 지상약관(paramount clause)은 선하증권 전문(前文)의 일반적인 준거법에 대한 규정이 있음에도 불구하고, 후문(後文)에 운송인의 책임범위에 관하여 국제협약(또는 국제협약을 입법화한 특정 국가의 법)을 우선 적용하기로 하는 조항을 말함.

(2) 일반적인 준거법 조항에도 불구하고 선하증권상 지상약관에 운송인의 책임제한에 관하여 다른 특정 국가의 법으로 정한 경우, 운송인의 책임제한에 관하여 다른 특정 국가의 법을 준거법으로 적용해야 하는지 문제되는데, 이는 ⅰ) 선하증권상 지상약관의 성질이 "저촉법적 지정"인지 또는 "실질법적 지정인지" 여부, ⅱ) 지상약관에 준거법의 분할이 허용되는지 여부 등에 관한 문제로 귀결됨.

(3) 대법원은 기본적으로 당사자의 의사표시 해석의 문제로 보아 저촉법적 지정으로 판단한 것으로 보임(대법원 2018. 3. 29. 선고 2014다41469 판결).

> 국제계약에서 준거법 지정이 허용되는 것은 당사자자치(party autonomy)의 원칙에 근거하고 있다. 선하증권에 일반적인 준거법에 대한 규정이 있음에도 운송인의 책임범위에 관하여 국제협약이나 그 국제협약을 입법화한 특정 국가의 법을 우선 적용하기로 하는 이른바 '지상약관(Clause Paramount)'이 준거법의 부분지정(분할)인지 해당 국제협약이나 외국 법률규정의 계약 내용으로의 편입인지는 기본적으로 당사자의 의사표시 해석의 문제이다. 일반적 준거법 조항이 있음에도 운송인의 책임범위에 관하여 국제협약을 입법화한 특정 국가의 법을 따르도록 규정하고, 그것이 해당 국가 법률의 적용요건을 구비하였다면, 특별한 사정이 없는 한 운송인의 책임제한에는 그 국가의 법을 준거법으로 우선적으로 적용하는 것이 당사자의 의사에 부합한다.

- 일반적인 준거법 조항이 있음에도 운송인의 책임범위에 관하여 국제협약을 입법화한 특정 국가의 법을 따르도록 규정하고, 그것이 해당 국가 법률의 적용요건을 구비하였다면, 특별한 사정이 없는 한 운송인의 책임제한에는 그 국가의 법을 준거법으로 우선적으로 적용하는 것이 당사자의 의사에 부합하기 때문임.
- 또한, 대법원은 선하증권 후문상 지상약관을 저촉법적 지정이 아니라 실질법적 지정으로 본다면, 선하증권 전문에 의하여 전체적으로 준거법으로 지정된 영국법의 강행규정에 위반될 수 없고, 그에 따라 책임제한도 미국 해상화물운송법보다 책임제한 한도가 높은 영국법 규정에 의하게 되는데(미국 해상화물운송법에 따르면 책임제한액은 포장당 혹은 관습적인 운임단위당 미화 500달러로, 포장당 666.67SDR 혹은 2SDR/kg중에서 큰 것을 책임제한액으로 하는 영국법보다 지극히 낮게 산정됨), 선하증권 후문에서 미국 해상화물운송법에 반하는 운송인의 책임의 포기뿐만 아니라 책임의 증가도 부정하면서 선하증권의 다른 어떠한 기재도 이에 위반할 수 없도록 한 규정에 정면으로 위배되어 당사자의 의사와 불일치하게 된다고 판단한 것이다(상기 대법원 【2014다41469】 사건 판결서 참조).
- 결론적으로 선하증권상 지상약관에 따른 준거법 결정에 관한 대법원의 입장에 따르면, 해상운송인과 화주의 입장에서는 선하증권상 지상약관의 준거법 결정에 따라 책임제한액의 해석의 분쟁이 충분히 발생할 수 있으므로, 쌍방 당사자의 의사에 부합하도록 선하증권상 준거법에 관한 약정 등을 작성할 시 보다 신중한 접근이 필요하다고 하겠다.

- 이는 당사자가 계약관계를 규율하는 법률을 합의한 경우로 이해하는 저촉법적 지정으로 해석할 수도 있고, 계약의 내용을 정하는 대신에 특정의 법률 규정에 의하기로 한 경우로 이해하는 실질법적 지정으로 해석할 수도 있다.
- 후자의 경우는 계약조항을 정함에 있어서 계약관계의 준거법은 별도로 있고, 그 조항은 준거법이 임의법으로 하는 부분에서만 효력을 가지게 된다.

5) 준거법의 사후적 변경(제3항)

당사자는 합의에 의하여 제45조(당사자자치에 의한 준거법) 또는 제46조(객관적 준거법)에 따른 준거법을 변경할 수 있다. 다만, 계약체결 후 이루어진 준거법의 변경은 계약 방식의 유효 여부와 제3자의 권리에 영향을 미치지 아니한다.

이 조항은, 당사자의 의사를 존중하여 당사자자치에 의한 준거법(제45조) 또는 객관적 준거법(제46조)에 의하여 결정된 계약의 준거법을 사후적으로 변경하는 것을 인정한 것이다.

※ 이러한 사후적 준거법 변경은 당사자의 의사에 따라 소급효 여부가 결정되는데, 당사자의 합의로 소급효를 인정하는 경우에도 계약방식의 유효성과 제3자의 권리에 영향을 미치지 아니한다.

6) 관련 국가의 강행법규의 적용(제4항)

모든 요소가 오로지 한 국가와 관련이 있음에도 불구하고 당사자가 그 외의 다른 국가의 법을 선택한 경우에 관련된 국가의 강행규정은 적용이 배제되지 아니한다.

예 대한민국에만 영업소를 두고 있는 당사자들이 대한민국에서 매매계약을 체결하면서, 준거법을 소말리아법으로 선택한 경우 대한민국의 강행규정은 배제되지 않는다.

7) 준거법 선택 합의의 성립 및 유효성(제45조 제5항 및 제49조)

준거법 선택에 관한 당사자의 합의의 성립 및 유효성은 그 준거법을 기준으로 한다(제45조 제5항 및 제49조). 다만, 위 준거법을 기준으로 준거법 선택의 유효성을 판단하는 것이 명백히 부당한 경우 당사자는 준거법 선택에 동의하지 아니하였음을 주장하기 위해 그의 일상거소지법을 원용할 수 있다.

3. 당사자자치의 제한

1) 순수한 국내계약에서 외국법 준거법 지정(제4항)

모든 요소가 한 국가와 관련이 있음에도 불구하고 다른 국가의 법을 준거법으로 지정한 경우 관련된 국가의 강행규정은 그 적용이 배제되지 아니한다.

예 순수한 국내거래인 대한민국 국민들 간의 매매계약(국내에서만 물품이동 및 대금지급)에서 몽골법을 준거법으로 지정한 경우 → 몽골법은 준거법으로 인정되지만, 대한민국법의 강행규정은 배제되지 않는다. 결과적으로 매매계약에 대한 대한민국법의 강행규정이 적용되고 그 외의 사항은 몽골법이 적용된다.

2) 공서조항에 의한 제한(제23조)

당사자가 계약의 준거법으로 선택한 법을 적용하는 경우 대한민국의 공서양속(선량한 풍속 그 밖의 사회질서)에 명백히 위반되는 때에는 이를 적용하지 않는다.

※ 공서양속은 강행규정보다 좁은 개념이다.

3) 강행규정에 의한 제한(제20조)

입법목적에 비추어 준거법에 관계없이 해당 법률관계에 적용되어야 하는 대한민국의 강행규정은 외국법이 준거법으로 지정되는 경우에도 적용된다(제20조).

※ 소비자계약(제47조), 근로계약(제48조)

국제재판관할합의/준거법합의와 당사자자치의 제한

- 국제재판관할합의가 현저하게 불합리하고 불공정한 경우에는 그 관할합의는 공서양속에 반하는 법률행위에 해당된다는 점에서 무효하고 할 것이다(대법원 1997. 9. 9. 선고 96다20093 판결)
- 준거법 합의도 현저하게 불합리하고 불공정한 경우에는 공서양속에 반하는 법률행위에 해당되어 무효라고 볼 여지가 있다.[7]

4. 당사자자치 존중(예외조항 적용배제)

국제사법에서는 당사자자치의 원칙을 존중하여 준거법 지정에 있어서 당사자가 합의에 의하여 준거법을 선택한 경우에는 예외조항을 적용하지 않는 규정을 두고 있다. 구체적인 조항은 다음과 같다.

1) 제21조 준거법 지정의 예외

제21조 제1항에서는"이 법에 따라 지정된 준거법이 해당 법률관계와 근소한 관련이 있을 뿐이고, 그 법률관계와 가장 밀접한 관련이 있는 다른 국가의 법이 명백히 존재하는 경우에는

7 석광현, 전게서(2013), p.295.

그 다른 국가의 법에 의한다"고 규정하고 있으나, 제21조 제2항에서는 "제1항의 규정은 당사자가 합의에 의하여 준거법을 선택하는 경우에는 이를 적용하지 아니한다"고 규정하고 있다.

2) 제22조 준거법 지정 시의 반정

제22조 제1항에서는 "이 법에 의하여 외국법이 준거법으로 지정된 경우에 그 국가의 법에 의하여 대한민국 법이 적용되어야 하는 때에는 대한민국의 법(준거법의 지정에 관한 법규를 제외한다)에 의한다"고 규정하고("직접반정") 있다. 그러나 제22조 제2항에서는"당사자가 합의에 의하여 준거법을 선택하는 경우"에는 제1항을 적용하지 않는다고 규정하고 있다.

단독행위의 준거법[8]

국제사법 제45조는 계약에 적용되는 준거법의 선택에 관하여 규정하고 있을뿐, 단독행위에 적용될 준거법의 선택에 관해서는 규정하고 있지 않다. 단독행위는 당사자 일방만의 의사표시에 의하여 성립하는 법률행위로서 원인된 법률관계의 일부로서 고려되어야 할 것이다. 따라서 계약의 취소나 해제 등 계약과 관련해서 행해지는 단독행위가 유효한지 여부는 문제된 계약의 성립 또는 효력의 문제로서 그 계약의 준거법에 의하여 판단되는 것이지, 단독행위에 관하여 따로 당사자 의사를 통하여 준거법을 정하는 것은 허용되지 않는다.

제46조 준거법 결정 시의 객관적 연결

제46조【준거법 결정 시의 객관적 연결】 ① 당사자가 준거법을 선택하지 아니한 경우에 계약은 그 계약과 가장 밀접한 관련이 있는 국가의 법에 따른다.

② 당사자가 계약에 따라 다음 각 호의 어느 하나에 해당하는 이행을 하여야 하는 경우에는 계약체결 당시 그의 일상거소가 있는 국가의 법(당사자가 법인 또는 단체인 경우에는 주된 사무소가 있는 국가의 법을 말한다)이 가장 밀접한 관련이 있는 것으로 추정한다. 다만, 계약이 당사자의 직업 또는 영업활동으로 체결된 경우에는 당사자의 영업소가 있는 국가의 법이 가장 밀접한 관련이 있는 것으로 추정한다.

1. 양도계약의 경우에는 양도인의 이행
2. 이용계약의 경우에는 물건 또는 권리를 이용하도록 하는 당사자의 이행

8 신창섭,「국제사법」제4판, 세창출판사, 2018, p.251.; 신창선·윤남선,「신국제사법」제2판, FIDES, 2016, p.293.

3. 위임·도급계약 및 이와 유사한 용역제공계약의 경우에는 용역의 이행
③ 부동산에 대한 권리를 대상으로 하는 계약의 경우에는 부동산이 있는 국가의 법이 가장 밀접한 관련이 있는 것으로 추정한다.

1. 객관적 준거법 : 최밀접관련국법(제1항)

제46조에서는 당사자가 준거법을 선택하지 않은 경우의 준거법 결정(객관적 준거법)에 관하여 규정하고 있다. 당사자가 준거법을 선택하지 아니한 경우에 계약은 그 계약과 가장 밀접한 관련이 있는 국가의 법에 의한다(제1항). 객관적 준거법 기준으로 행위지법 원칙(구 섭외사법)을 폐기하고, 최밀접관련국주의를 택하고 있다.

2. 특징적 이행과 최밀접관련국(제2항)

특징적 이행[9]의 경우 최밀접관련국법의 추정 규정을 두고 있다. 특징적 이행 의무자가 계약 체결 당시 일상거소(자연인의 경우), 주된 사무소(법인 또는 단체의 경우), 영업소(직업상 또는 영업상 계약의 경우)를 가지는 경우 그 국가의 법을 최밀접관련국법으로 추정한다. 특징적 이행 의무자의 의무이행지를 기준으로 하는 것이 아니며, 특징적 이행을 정할 수 없는 경우에는 제2항의 추정규정은 적용되지 않는다.[10]

※ 국제사법 제46조는 로마 I 규칙(Rome I Regulation) 제4조에서의 특징적 이행(characteristic performance)이라는 용어를 사용하고 있지 않음.

특징적 이행(characteristic performance)과 최밀접관련지 추정

	당사자가 ①~③의 이행을 해야 하는 경우	다음이 가장 밀접한 관련지로 추정
제46조 제2항	① 양도계약의 경우에는 양도인의 이행 ② 이용계약의 경우에는 물건 또는 권리를 이용하도록 하는 당사자의 이행	• ①~③ 계약이 당사자의 직업·영업활동으로 체결된 경우 → 당사자(이행·이용제공 당사자)의 영업소 소재지

9 참고로 로마 I 규칙(Rome I Regulation)에서는 특징적 이행(characteristic performance)이라는 용어를 사용하고 있는데(제4조), 국제사법 제46조에서는 이 용어를 사용하지 않고 있으나, 그 내용은 로마 I 규칙(Rome I Regulation)의 '특징적 이행(characteristic performance)'에 해당된다.

10 석광현, 전게서(2013), p.311.

제46조 제2항	③ 위임·도급계약 및 이와 유사한 용역제공계약의 경우에는 용역의 이행	• 자연인 → 계약체결 당시 당사자(이행·이용제공 당사자)의 일상거소지 • 법인·단체 → 계약체결 당시 당사자(이행·이용제공 당사자)의 주된 사무소소재지
제46조 제3항	부동산에 대한 권리를 대상으로 하는 계약의 경우	부동산이 소재한 국가의 법

3. 부동산의 최밀접관련국(제3항) : 부동산 소재지국법

제46조 제3항에서는 '부동산에 대한 권리를 대상으로 하는 계약의 경우에는 부동산이 소재하는 국가의 법이 가장 밀접한 관련이 있는 것으로 추정한다'고 규정하고 있다. 즉 객관적 준거법의 결정에서 부동산은 소재지법을 최밀접관련국법으로 규정하고 있다.

부동산 소재지국법 예시

- 양도계약의 경우에는 양도인의 이행 → **상품무역은 매도인(수출자)의 영업소 소재지법(즉, 통상 수출국법)**
- 이용계약의 경우에는 물건 또는 권리를 이용하도록 하는 당사자의 이행 → **임대수출은 수출자의 영업소 소재지법(즉, 통상 수출국법)**
- 위임·도급계약 및 이와 유사한 용역제공계약의 경우에는 용역의 이행 → **서비스무역은 수출자의 영업소 소재지법(즉, 통상 수출국법)**

대법원 2011. 1. 27. 선고 2009다10249 판결

수입신용장 개설은행의 신용장에 따른 대금지급의무는 법률행위인 신용장상의 지급확약에 의한 국제사법 제26조 제1항(현행법 제46조 제1항)은 외국적 요소가 있는 법률관계에서 당사자가 준거법을 선택하지 아니한 경우에 계약은 그 계약과 가장 밀접한 관련이 있는 국가의 법에 의하여야 한다고 규정하고, 제26조 제2항 제3호(현행법 제46조 제2항 제3호)에서는 위임사무의 준거법은 위임사무 이행의무 당사자의 계약체결 당시의 주된 사무소 등의 소재지법을 가장 밀접한 관련이 있는 법으로 추정하고 있다. 그런데 신용장에 기한 환어음 등을 매입하는 매입은행은 신용장 개설은행의 수권에 의하여 매입하긴 하지만, 이는 어디까지나 자기의 계산에 따라 독자적인 영업행위로서 매입하는 것이고 신용장 개설은행을 위한 위임사무의 이행으로서 신용장을 매입하는 것은 아니므로, 신용장 개설은행과 매입은행 사이의 신용장대금 상환의 법률관계에 관한 준거법의 결정에는 위임사무의 이행에 관한 준거법의 추정 규정인 국제사법 제26조 제2항 제3호(현행법 제46조 제2항 제3호)를 적용할 수 없고, 환어음 등의 매입을 수권하고

신용장대금의 상환을 약정하여 신용장대금 상환의무를 이행하여야 하는 신용장 개설은행의 소재지법이 계약과 가장 밀접한 관련이 있는 국가의 법으로서 준거법이 된다.

주요 법률관계의 준거법

1. 신용장

1) 개설은행과 수익자 사이의 법률관계 → 개설은행 소재지법

(1) 특징적 이행을 하는 당사자의 영업소 소재지법(제46조 제2항)[11]

(2) 가장 밀접한 관련이 있는 국가의 법(제46조 제1항) – 사견

2) 개설은행과 매입은행 사이의 신용장대금상환 법률관계 → 신용장 개설은행 소재지법(대법원 2011. 1. 27. 선고 2009다10249 판결)

"환어음 등의 매입을 수권하고 신용장대금의 상환을 약정하여야 하는 신용장 개설은행의 소재지법이 계약과 가장 밀접한 관련이 있는 국가의 법으로서 준거법이 된다."

2. 해상물건운송계약, 해상여객운송계약 → 제46조 제2항 적용(별도의 규정 없음)

운송인의 영업소 소재지법(로마 I 규칙 제4조 제1항 'service provider's habitual residence')

3. 선하증권 : 선하증권 소지인과 운송인의 법률관계

1) 통상 선하증권에 준거법 조항을 둠.[12]

2) 선하증권에 준거법 조항이 없는 경우 → **선하증권과 가장 밀접한 관련을 가지는 국가의 법**(제46조 제1항)

(1) 양하지(목적지법) : 독일 유력 견해[13]

(2) 양하지(의무이행지) : 울산지방법원 2014. 2. 6. 선고 2012가합3810 판결[14]

4. 국제재판관할합의[15]

1) 관할합의의 유효요건 · 방식 · 효력 → 법정지법에 의해 판단

2) 관할합의의 성립과 유효성 → 법정지의 국제사법에 의한 준거법에 의해 판단(법정지 소송법이 별도의 규정을 두지 않는 한)

11 석광현, 전게서(2013), p.317.

12 석광현, 전게서(2013), p.318. 참고로, 현대상선(HMM) 선하증권의 경우 대한민국법을 준거법으로 지정.

13 석광현, 전게서(2013), p.319.

14 안강현, 「로스쿨 국제거래법」 제9판, 박영사, 2023, p.252.

계약의 준거법의 적용범위(제45조, 제46조)[16]

국제사법 제45조 및 제46조에 의하여 정해진 계약의 준거법은 원칙적으로 계약의 성립 및 효력과 관련한 모든 문제에 적용된다. 특히 계약의 성립 성립에 적용될 준거법에 관해서 제49조 제1항은 '계약의 성립 및 유효성은 그 계약이 유효하게 성립하였을 경우 이 법에 의하여 적용되어야 하는 준거법에 따라 판단한다'고 규정함으로써 계약의 유효한 성립에 관한 문제도 계약의 준거법이 적용될 것을 분명히 하였다.

- **계약의 성립 및 유효성** : 계약의 성립에 적용될 계약의 준거법은 행위능력과 법률행위의 방식을 제외한 모든 문제에 적용된다.
- **계약의 효력** : 계약에 적용될 준거법은 계약의 효력에 관한 모든 문제에 적용된다. 즈 권리 · 의무의 내용, 계약위반에 대한 구제수단, 불가항력 사유에 기한 면책, 동시이행의 항변, 하자담보책임 등.
- **계약의 방식의 준거법** : 계약의 형식적 성립요건인 계약의 방식은 제31조 제1항에 따라 원칙적으로 계약의 준거법에 의한다.

대법원 2017. 10. 26. 선고 2015다42599 판결
책임보험계약에서 제3자 직접청구의 행사에 관한 법률관계에 대하여는 그 기초가 되는 책임보험계약에 적용되는 국가의 법이 가장 밀접한 관련이 있다고 보이므로 그 국가의 준거법 그 국가의 법이 준거법으로 된다고 해석함이 타당하다. 위 사건의 해상적하책임보험계약상 보험자의 책임에 관하여 영국법을 적용하기로 하는 영국법 준거조항이 포함되어 있으므로, 위 보험계약에 따른 보험자의 책임에 관한 준거법은 영국법이 되어 위 사건 피해자의 보험자에 대한 직접청구권 행사에는 위 사건 보험계약의 준거법인 영국법이 적용된다.

Rome Ⅰ Regulation

Article 4 Applicable law in the absence of choice

1. To the extent that the law applicable to the contract has not been chosen in accordance with Article 3 and without prejudice to Articles 5 to 8, the law governing the contract shall be determined as follows:
   (a) a contract for the sale of goods shall be governed by the law of the country where the seller has his habitual residence;
   (b) a contract for the provision of services shall be governed by the law of the country where the service provider has his habitual residence;
   (c) a contract relating to a right in rem in immovable property or to a tenancy of immovable property shall be governed by the law of the country where the property is situated;
   (d) notwithstanding point (c), a tenancy of immovable property concluded for temporary private use for

15 석광현, 전게서(2013), pp.319-320.
16 신창섭, 전게서, p.256.

a period of no more than six consecutive months shall be governed by the law of the country where the landlord has his habitual residence, provided that the tenant is a natural person and has his habitual residence in the same country;

(e) a franchise contract shall be governed by the law of the country where the franchisee has his habitual residence;

(f) a distribution contract shall be governed by the law of the country where the distributor has his habitual residence;

(g) a contract for the sale of goods by auction shall be governed by the law of the country where the auction takes place, if such a place can be determined;

(h) a contract concluded within a multilateral system which brings together or facilitates the bringing together of multiple third-party buying and selling interests in financial instruments, as defined by Article 4(1), point (17) of Directive 2004/39/EC, in accordance with non-discretionary rules and governed by a single law, shall be governed by that law.

2. Where the contract is not covered by paragraph 1 or where the elements of the contract would be covered by more than one of points (a) to (h) of paragraph 1, the contract shall be governed by the law of the country where the party required to effect the characteristic performance of the contract has his habitual residence.

제47조 소비자계약

제47조【소비자계약】 ① 소비자계약의 당사자가 준거법을 선택하더라도 소비자의 일상거소가 있는 국가의 강행규정에 따라 소비자에게 부여되는 보호를 박탈할 수 없다.

② 소비자계약의 당사자가 준거법을 선택하지 아니한 경우에는 제46조에도 불구하고 소비자의 일상거소지법에 따른다.

③ 소비자계약의 방식은 제31조 제1항부터 제3항까지의 규정에도 불구하고 소비자의 일상거소지법에 따른다.

1. 개설

오늘날 사회·경제적 약자인 소비자를 보호하기 위한 특별법을 두고 있다. 이러한 규정들은 당사자들이 합의에 의하여 적용을 배제할 수 없는 강행규정의 성질을 가지는 경우가 많다. 당사자들이 외국법을 준거법으로 지정하여 이러한 강행규정을 피하는 것을 제한할 필요가 있다.

이에 따라 국제사법에서는 소비자계약에 있어 당사자자치의 원칙을 제한하고(제1항), 객관적 준거법의 결정 및 계약의 방식에 관하여도 일반원칙을 수정하여 소비자의 일상거소지법에 의하도록 규정하였다(제2항~제3항).

2. 주요내용

1) 소비자계약의 의의 및 요건

현행 국제사법에서 규정하는 소비자계약이란, ⅰ) 대한민국에 일상거소가 있는 소비자가 ⅱ) 자신의 직업 또는 영업활동 외의 목적으로 체결하는 계약으로 ⅲ) 상대방인 사업자는 직업 또는 영업활동으로 계약을 체결하며 ⅳ) 다음[(1)~(3)]의 하나에 해당하는 계약을 말한다(제42조 제1항).

(1) 사업자가 계약체결에 앞서 ⅰ) 소비자의 일상거소지국에서 광고에 의한 거래의 권유 등 직업 또는 영업활동을 행하거나 ⅱ) 소비자의 일상거소지국 외의 지역에서 소비자의 일상거소지국을 향하여 광고에 의한 거래의 권유 등 직업 또는 영업활동을 행하고, 그 계약이 사업자의 업 또는 영업활동의 범위에 속하는 경우

- 예 1 외국기업이 국내 소비자를 상대로 통신판매를 하는 경우
- 예 2 미국의 애플사가 대한민국에서 아이폰 판매 온라인광고를 하고, 대한민국에 일상거소가 있는 소비자가 대한민국에서 아이폰 구매계약 체결
- 예 3 미국의 GM사가 대한민국에서 자동차 판매 온라인광고를 하고, 대한민국에 일상거소가 있는 소비자가 대한민국에서 자동차 구매계약 체결

(2) 사업자가 소비자의 일상거소지국에서 소비자의 주문을 받은 경우

- 예 1 중국의 알리익스레스가 온라인을 통하여 대한민국에서 대한민국 소비자로부터 헤드폰 주문을 받음.
- 예 2 미국의 GM사사가 대한민국에서 대한민국 소비자로부터 자동차 주문을 받음.

(3) 사업자가 소비자로 하여금 소비자의 일상거소지국이 아닌 국가에 가서 주문을 하도록 유도한 경우

- 예 1 독일의 BMW사가 온라인 광고를 통하여 대한민국에서 대한민국 소비자로 하여금 독일에서 자동차를 구매할 것을 유도하고, 대한민국 소비자는 독일에 가서 자동차 구매계약 체결(외국으로의 쇼핑 주선)
- 예 2 미국의 GM사가 대한민국에서 대한민국 소비자로하여금 미국에서 자동차를 구매할 것을 유도하고, 대한민국 소비자는 미국에 가서 자동차 구매계약 체결(외국으로의 쇼핑 주선)

2) 당사자자치의 제한(제1항)

소비자계약의 경우에도 제45조의 당사자자치의 원칙에 따라 준거법을 자유로이 선택할 수 있으나, 당사자의 법의 선택은 소비자의 일상거소지국의 강행법규[17]가 소비자에게 부여하는

보호[18]를 박탈할 수 없다. 이는 준거법 합의에도 불구하고 소비자의 환경을 이루고 있는 국가의 강행법규가 부여하는 보호를 관철시키고자 하는 것이다. 이로써 소비자의 일상거소지법이 당사자가 선택한 준거법보다 소비자에게 유리한 점이 있는 경우 그 범위 내에서는 소비자의 일상거소지법의 보호를 받게 된다.

준거법의 결정과 관련하여 소비자를 보호하고자 하는 경우 당사자자치를 제한하는 방법에는 스위스 국제사법과 같이 준거법의 선택을 아예 배제하는 방안과 로마협약과 같이 준거법의 선택을 허용하되 소비자의 환경을 이루는 법이 제공하는 보호를 박탈하지 못하도록 하는 방안이 있다. 그런데 전자와 같이 당사자자치를 완전히 배제하는 것은 과도한 제한이라 할 것이므로 국제사법은 후자의 입장을 취하였다.

3) 소비자계약에서의 객관적 준거법 결정(제2항)

소비자계약에서 당사자가 준거법을 선택하지 않은 경우 소비자의 일상거소지법에 의한다.

소비자계약은 제46조에 의한 객관적 준거법의 결정에 관한 일반원칙에 따르는 것이 아니라 소비자 보호를 위하여 소비자의 환경을 이루고 있는 그의 일상거소지법에 의한다.

4) 소비자계약의 방식(제3항)

소비자계약의 방식은 소비자의 일상거소지법에 의한다. 다시 말해, 소비자계약의 방식은 법률행위의 일반적 방식에 관한 제31조 제1항~제3항의 규정이 적용되지 아니하고, 소비자 보호를 위하여 소비자의 환경을 이루고 있는 소비자의 일상거소지법에 의한다.

사례연구

제13회 변호사시험

B국 국적을 가진 甲(남편)은 대한민국에 이주하여 3년째 살고 있다. 한국어에 능통한 甲은 서울에서 인터넷 검색을 하던 중, 대한민국에 있는 고객을 상대로 주문방법과 대금지급방법 등을 한국어로 설명하는 A국 소재 X회사가 제조한 핸드백 팝업 광고를 보고 서울에 거주하는 乙(부인)에게 핸드백을 선물할 생각이었으나, 급한 해외 출장으로 인하여

17 여기서의 강행법규는 근로계약에 관한 제48조 제1항의 그것과 같이 "당사자의 계약에 의하여 배제될 수 없는 법규" 즉, 단순한 강행법규를 의미한다. 이 점에서 제20조의 국제적 강행법규와는 구별된다. 그러나, 소비자의 보호를 위한 강행법규 중에도 입법자의 의도에 따라서는 국제적 강행법규가 있을 수 있다.

18 예컨대 방문판매등에관한법률 제10조, 제21조, 제35조에서와 같이 소비자가 당해 계약에 관한 청약을 철회할 수 있는 권한 등을 들 수 있을 것이다.

나중에 다른 물품과 비교해서 결정하기 위하여 X회사의 홈페이지를 즐겨찾기에 추가하였다. 그 후 甲은 B국으로 출장을 갔으며 그곳에서 위 홈페이지에 접속하여 신용카드로 대금을 지급하고 핸드백을 주문하였다. 甲은 핸드백을 구입하면서 "X회사와 구매자 간의 분쟁에 대해서는 A국 법원만을 관할법원으로 하고, **준거법도 A국법**으로 한다."라고 규정되어 있는 약관을 읽고 동의한다는 칸을 클릭하였다. X회사는 대한민국에 매장이 전혀 없고 A국에만 매장을 두고 있다.

☞ X회사는 대한민국에서 또는 대한민국을 향하여 광고에 의한 거래 권유를 했다(제42조 제1항 제1호). 이 계약은 소비자계약에 해당되어 A국법을 준거법으로 선택하였지만, 대한민국의 강행규정은 배제되지 않는다(제47조 제1항).

대법원 2023. 4. 13. 선고 2017다219232 판결

구 국제사법(2022. 1. 4. 법률 제18670호로 전부 개정되기 전의 것, 이하 '구 국제사법'이라 한다) 제25조는 계약은 당사자가 명시적 또는 묵시적으로 선택한 법에 의한다고 규정하여 계약상 채무의 준거법 선택에 당사자자치를 허용하고 있는데, 이러한 원칙은 소비자계약에도 마찬가지로 적용된다. 다만 구 국제사법 제27조 제1항 각호에 해당하는 소비자계약이 체결된 경우에는, 당사자의 준거법 선택에도 불구하고 소비자의 상거소가 있는 국가(이하 '상거소지국'이라 한다) 강행규정이 소비자에게 부여하는 보호를 박탈할 수는 없다(구 국제사법 제27조 제1항). 이는 구 국제사법이 소비자에게 부여하는 보호가 당사자 간의 준거법 선택으로 쉽게 박탈되지 않도록 그 준거법 합의의 효력을 제한한 것이다. 따라서 소비자계약의 당사자가 소비자의 상거소지국이 아닌 국가의 법을 준거법으로 선택한 경우에도 소비자의 상거소지국 강행규정은 그 적용이 배제되지 아니한다.

제48조 근로계약

제48조【근로계약】 ① 근로계약의 당사자가 준거법을 선택하더라도 제2항에 따라 지정되는 준거법 소속 국가의 강행규정에 따라 근로자에게 부여되는 보호를 박탈할 수 없다.

② 근로계약의 당사자가 준거법을 선택하지 아니한 경우 근로계약은 제46조에도 불구하고 근로자가 일상적으로 노무를 제공하는 국가의 법에 따르며, 근로자가 일상적으로 어느 한 국가 안에서 노무를 제공하지 아니하는 경우에는 사용자가 근로자를 고용한 영업소가 있는 국가의 법에 따른다.

1. 개설

오늘날 사회·경제적 약자인 근로자를 보호하기 위한 특별법을 두고 있다. 이러한 규정들은 당사자들이 합의에 의하여 적용을 배제할 수 없는 강행규정의 성질을 가지는 경우가 많다. 당사자들이 외국법을 준거법으로 지정하여 이러한 강행규정을 피하는 것을 제한할 필요가 있다. 이에 따라 국제사법에서는 근로계약에 있어 당사자자치의 원칙을 제한하고(제1항), 객관적 준거법의 결정에 관하여도 일반원칙을 수정하였다(제2항).

개별적 근로계약에만 적용[19]

제48조는 개별적 근로계약에만 적용되고 단체협약 등 단체적 근로계약에는 적용되지 않는다. 이 점과 관련하여 2001년 국제사법 개정특별분과위원회에서는 개별적 근로계약으로 명시할 것을 검토하였으나, 우리법상 근로계약이라고 하면 개별적 근로계약만을 의미하는 것으로 해석되므로 단순히 근로계약이라고만 하였다.

2. 주요내용

1) 당사자자치의 제한(제1항)

근로계약의 경우에도 당사자는 제45조의 당사자자치의 원칙에 따라 준거법을 자유로이 선택할 수 있다. 그러나 당사자의 법의 선택은 당사자가 준거법을 선택하지 않는 경우에 적용될 객관적 준거법(노무 제공지법, 사용자의 영업소 소재지법)의 강행법규[20]가 근로자에게 부여하는 보호를 박탈할 수 없다. 이에 따라 근로계약의 객관적 준거법이 당사자가 선택한 준거법보다 근로자에게 유리한 점이 있는 경우 그 범위 내에서는 객관적 준거법의 보호를 받는다.

준거법 결정과 관련하여 근로자를 보호하고자 하는 경우 당사자자치를 제한하는 방법에는 준거법의 선택을 아예 배제하는 방법, 당사자가 선택할 수 있는 준거법을 일정한 범위 내로 제한하는 방법, 준거법의 선택을 허용하되 근로자의 노무제공지의 법이 제공하는 보호를 박탈하지 못하도록 하는 방법 등이 있다. 당사자자치를 완전히 배제하는 것은 과도한 제한이므로 국제사법은 그 중 마지막의 입장을 취하였다(제1항).

2) 근로계약에서 객관적 준거법 결정(제2항)

근로계약의 당사자가 준거법을 선택하지 아니한 경우 근로계약은 i) 근로자가 계약의 이행으로 일상적으로 그의 노무를 제공하는 국가의 법에 따르며, ii) 근로자가 일상적으로 어느 하나의 국가 내에서 노무를 제공하지 아니하는 경우에는 사용자가 근로자를 고용한 영업소가 소재하는 국가의 법에 따른다(제2항). 이것은 근로계약의 연결에 있어서 근로지(locus laboris)와

19 법무부,「국제사법 해설」, 2001, p.107.
20 여기서의 강행법규는 제47조 제1항의 그것과 같이 당사자의 계약에 의하여 배제될 수 없는 단순한 강행법규를 의미한다.

사용자의 영업소를 중시하는 입장을 반영한 것이다.

선원근로계약에서 일상적 노무제공지

• 학설

선원근로계약에서 i) 선적국(船籍國)이 근로자가 일상적으로 노무를 제공하는 국가이므로 선적국법이 준거법이라는 견해 ii) 근로자가 일상적으로 노무를 제공하는 국가가 존재하지 않으므로 사용자가 근로자를 고용한 영업소가 소재하는 국가의 법이 준거법이라는 견해 등이 있다.

• 대법원 판례

- 선원근로계약에 관하여는 선적국을 선원이 일상적으로 노무를 제공하는 국가로 볼 수 있어 선원근로계약에 의하여 발생되는 임금채권에 관한 사항에 대하여는 특별한 사정이 없는 한 국제사법 제28조 제2항(현행 제48조 제2항)에 의하여 선적국법이 준거법이 되므로, 결국 선원임금채권의 양도가능성, 채무자 및 제3자에 대한 채권양도의 효력과 선원임금채권의 대위에 관한 사항은 그 선원임금채권을 담보하는 선박우선특권에 관한 사항과 마찬가지로 선적국법에 의한다(대법원 2007. 7. 12. 선고 2005다47939 판결).
- 선원근로계약에 관하여는 선적국을 선원이 일상적으로 노무를 제공하는 국가로 볼 수 있어 선원근로계약에 의하여 발생하는 임금채권에 관한 사항에 대하여는 특별한 사정이 없는 한 국제사법 제28조 제2항(현행 제48조 제2항)에 의하여 선적국법이 준거법이 되므로, 결국 선원임금채권의 대위에 관한 사항은 그 선원임금채권을 담보하는 선박우선특권에 관한 사항과 마찬가지로 선적국법에 의한다(대법원 2007. 7. 12. 선고 2005다39617 판결).

제49조 계약의 성립 및 유효성

제49조【계약의 성립 및 유효성】 ① 계약의 성립 및 유효성은 그 계약이 유효하게 성립하였을 경우 이 법에 따라 적용되어야 하는 준거법에 따라 판단한다.

② 제1항에 따른 준거법에 따라 당사자의 행위의 효력을 판단하는 것이 모든 사정에 비추어 명백히 부당한 경우에는 그 당사자는 계약에 동의하지 아니하였음을 주장하기 위하여 그의 일상거소지법을 원용할 수 있다.

1. 계약의 성립 및 유효성 판단의 준거법(제1항)

제49조 제1항에서는 계약의 성립 및 유효성(validity)은 계약의 준거법에 따른다고 규정하고

있다.[21] 그 결과 당사자들이 준거법 합의를 하는 경우 당사자간에 유효한 계약이 존재하는가의 문제도 당사자들이 합의한 당해 준거법에 의하여 규율된다. **계약의 성립**은 청약과 승낙에 의한 계약의 성립을 말하고, **계약의 유효성**(validity)은 계약의 방식상의 유효성과 대비되는 실질적 유효성을 말한다. 따라서 계약의 유효성은 청약 또는 승낙의 유효성(착오 · 사기 · 강박 등 의사표시의 하자에 의한 영향), 계약의 적법성, 사회적 타당성 등을 포함하는 개념이다.[22]

제49조 제1항의 규정 목적은 계약의 준거법 적용 범위를 규정하는 것이 아니고, 계약의 준거법은 계약이 유효하게 성립한 경우에만 적용될 수 있는데, 계약의 성립 및 유효성이 계약의 준거법에 의해 규율된다는 것은 논리적으로 모순된다는 문제를 입법적으로 해결하기 위한 것이다.[23]

2. 계약의 성립을 부정하기 위한 일상거소지법의 원용(제2항)

제49조 제1항에 의한 준거법 적용은 당사자 일방에게 예측하지 않은 불이익[24]을 초래할 수 있다. 제49조 제2항에서는 제1항의 규정에 의한 준거법에 따라 당사자의 행위의 효력을 판단하는 것이 모든 사정에 비추어 명백히 부당한 경우에는 그 당사자는 계약에 동의하지 아니하였음을 주장하기 위하여 **그의 일상거소지법을 원용**할 수 있다고 규정하고 있다. 참고로 제2항은 **계약의 성립에만 적용**되고, 유효성에는 적용되지 않는다. 따라서 당사자는 계약의 성립을 부정하기 위하여 그의 일상거소지법을 원용할 수 있으나, 계약의 효력을 부정하기 위하여 그의 일상거소지법을 원용할 수 없다.

법정채권의 준거법

- 제50조~제52조에서는 사무관리, 부당이득, 불법행위 등 법정채권의 준거법에 관하여 규정하고 있다. 종속적 연결방법을 채택하여 법정채권이 당사자 사이에 존재하는 법률관계에 기하여 발생하는 경우에는 그 법률관계의 준거법에 의하도록 규정하고 있다(제50조 제1항 단서, 제51조 단서, 제52조 제3항).

---

21 이 규정은 로마협약을 수용한 것이다.
22 법무부, 전게서, p.109.
23 석광현, 전게서(2013), p.371.
24 예를 들어, 당사자들이 구두로 중요한 계약조건에 관하여 합의한 뒤에 일방당사자가 계약조건을 확인하는 서면을 송부하면서 자신의 약관을 첨부하여 그것이 적용됨을 선언한 데 대하여 상대방이 침묵한 경우에 발생한다. 이 경우 준거법에 따라서는 상대방의 침묵이 확인 서면에 첨부된 약관을 승낙한 것으로 해석될 수도 있는 바, 이를 막기 위하여 상대방은 일상거소지법을 원용할 수 있다.(법무부, 전게서, p.110.).

- 제53조에서는 이러한 법정채권에 대해서 당사자에게 준거법 선택을 허용하고 있는데, 준거법 선택은 대한민국법으로 제한된다.

제50조 사무관리

제50조【사무관리】 ① 사무관리는 그 관리가 행하여진 곳의 법에 따른다. 다만, 사무관리가 당사자 간의 법률관계에 근거하여 행하여진 경우에는 그 법률관계의 준거법에 따른다.
② 다른 사람의 채무를 변제함으로써 발생하는 청구권은 그 채무의 준거법에 따른다.

1. 개설

사무관리는 법률상 의무 없이 타인을 위하여 그 사무를 관리하는 행위이다(민법 제734조). 사무관리의 준거법에 대하여는 채무자 본국법주의, 채무자의 주소지법주의, 사무관리지법주의 등이 주장되고 있는데, 대체로 사무관리지법주의를 택하고 있다. 국제사법에서도 '사무관리지법주의'를 원칙으로 하고 있다.

사무관리, 부당이득, 불법행위는 준거법의 원칙을 일부 공유할 수는 있으나, 실무상 원용되는 빈도가 현저하게 다를 뿐 아니라 특칙의 내용 등에서 차이가 있으므로 개별적 법률관계별로 별도의 조문을 두어 그 내용은 사무관리지법주의를 유지하되(제1항 본문), 종속적 연결을 명문화하였다(제1항 단서 및 제2항).[25]

사무관리는 법률상 의무 없이 타인의 사무를 처리하는 것인바, 그러한 의무의 존재여부는 사무관리의 선결문제로 그 의무 자체의 준거법에 의한다(제50조 제1항 단서). 예를 들어, 위임관계의 존부는 위임계약의 준거법에 의하여 정해진다.[26]

2. 주요내용

1) 사무관리지법주의

사무관리는 그 관리가 행하여진 곳의 법에 의한다(제1항 본문). 국제사법은 사무관리지법주의

25 국제사법에서는 사무관리, 부당이득, 불법행위에 대하여 개별적 법률관계별로 별도의 조문을 두어 규율하게 된 것이다.
26 신창섭, 전게서, p.269.

를 채택하였다. 여기서 '그 관리가 행하여진 곳'은 사무관리라는 법률관계를 성립하게 하는 사실로서의 관리행위가 현실적으로 행하여진 곳을 말한다. 사무관리가 행하여진 곳과 그 효과가 발생하는 곳이 서로 다른 경우에는 전자를 사무관리지로 보는 것이 일반적 입장이다.[27]

사무관리지는 사무가 현실적으로 행하여진 곳으로서 관리의 객체가 소재하는 곳을 말하는데, 재산의 관리에 있어서는 재산의 소재지, 사람의 관리에 있어서는 관리되는 사람의 체재지, 영업의 관리에 있어서는 영업소 소재지 등 관리되는 객체가 여러 지역에 소재하는 경우에는 그 각각의 소재지가 사무관리지가 된다.[28]

2) 종속적 연결의 인정

사무관리가 당사자간의 법률관계에 기하여 행하여진 경우에는 그 법률관계의 준거법에 의한다(제1항 단서 및 제2항). 이러한 종속적 연결은 당사자 간에 이미 존재하는 법률관계에 기하여 당사자들이 가지고 있는 정당한 기대를 존중하기 위한 것이다.[29] 예를 들어, 위임계약에 따라 수임인이 사무를 처리한 경우 그 사무처리가 본래의 위임계약상 채무의 범위를 넘는다는 다툼이 생긴 경우에 그 부분에 관하여는 사무관리지법이 아닌 위임계약의 준거법에 의하여 사무관리의 성립 여부를 판단한다. 한편, 타인의 채무의 변제에 기한 청구권은 그 채무의 준거법에 의하는데(제2항), 이는 제3자간의 법률관계에 있어서도 그 성질상 종속적 연결을 인정할 필요가 있기 때문이다.

사례연구

◖ 사례 1 ◗

A(위임인, 영국인)과 B(수임인, 한국인)과의 위임계약(준거법 합의 : 영국법)에 근거하여 B는 한국에서 위임사무를 수행하였는데, 사무수행의 범위가 위임계약의 범위를 벗어나서 그 부분에 대하여 사무관리가 성립하는지 다툼이 되었다. 이 경우 사무관리의 준거법은?

☞ ⅰ) 당사자 간의 법률관계인 위임계약에 근거하여 사무관리가 행하여졌으므로 준거법은 영국법(위임계약의 준거법)(제50조 제1항 단서) ⅱ) 만약, A와 B사이에 위임계약이 없었다면, 준거법은 대한민국법(사무관리지법)(제50조 제1항)

27 신창섭, 전게서, p.267.; 신창선·윤남선,「신국제사법」 제2판, FIDES, 2016, p.267.; 김연·박정기·김인유, 「국제사법」 제3판 보정판, 법문사, 2014, pp.329−330.
28 신창섭, 전게서, p.267.
29 신창섭, 전게서, p.268.

◖ **사례 2** ◗

A사(주된 사무소 영국)과 B사(주된 사무소 한국)의 운송물보관계약(준거법 영국법)에서 B사는 보관계약상의 의무를 초과하여 관리한 경우 사무관리의 준거법은?

☞ 영국법(운송물보관계약의 준거법)(제50조 제1항 단서)

◖ **사례 3** ◗

A사(주된 사무소 영국)과 C사(주된 사무소 일본)의 매매계약(준거법 일본법)에서 B사(주된 사무소 한국)는 대한민국에서 A사의 매매대금을 대신 변제하였다. 이 경우 B사의 청구권에 대한 준거법은?

☞ B사가 다른 사람(A사)의 채무를 변제함으로써 발생하는 청구권으로 A사의 채무(매매계약상 채무)의 준거법인 일본법(제50조 제2항)

3) 대한민국법을 준거법으로 사후적 합의(제53조)

당사자는 제50조 내지 제52조의 규정에 불구하고 사무관리 · 부당이득 · 불법행위가 발생한 후 합의에 의하여 대한민국 법을 그 준거법으로 선택할 수 있는데, 그로 인하여 제3자의 권리에 영향을 미치지 아니한다(제53조). 따라서 사무관리행위가 있은 후 당사자 간에 그 사무관리에 적용될 준거법에 관하여 대한민국법으로 합의할 수 있는데, 이 경우 대한민국법을 준거법으로 하는 합의가 없었더라면 적용되었을 준거법에 의해서 제3자에게 부여되는 권리가 당사자간 합의에 의한 준거법에 의해서 박탈되지 않는다.

4) 공통의 속인법의 적용

사무관리(제50조)에 대해서는 불법행위(제53조)와 달리 공통의 속인법을 준거법으로 하는 규정이 없으나, 제50조 및 제21조(준거법 지정의 예외)의 결합으로 동일한 결론을 도출할 수 있다고 보고 있다.[30]

사무관리의 준거법 우선 순위

ⅰ) 준거법 사후적 합의(제53조) → ⅱ) 채무의 준거법(제50조 제2항) → ⅲ) 종속적 연결(제50조 제1항 단서) → ⅳ) 사무관리지법(제50조 제1항)

30 석광현, 전게서(2013), p.384.

3. 준거법의 적용범위

사무관리의 준거법인 사무관리지법은 사무관리의 성립 및 효력에 관한 모든 문제에 적용된다. 그러나 사무관리로 행한 개개의 행위는 사무관리 자체와는 구별되어 그 행위의 준거법에 의한다[예 물권행위이면 물권의 준거법인 목적물의 소재지법에 의하고(제33조), 채권행위이면 채권의 준거법인 당사자가 선택한 법(제45조)이나 그 계약과 가장 밀접한 관련이 있는 국가의 법(제46조)에 의하고, 해양사고구조에는 특별규정이 있다(제96조)].

한편, 사무관리능력의 문제는 행위능력의 준거법인 당사자의 본국법에 의하지 않고 사무관리지법에 의한다. 그 이유는 행위능력에 적용되는 준거법에 관한 규정인 제28조는 법률행위능력에만 적용되고, 사무관리 자체는 특정한 법률효과를 의욕하는 법률행위가 아니라 사실행위이기 때문에 제28조가 적용되지 않기 때문이다.

사무관리지법의 적용 범위

- 사무관리의 성립요건
  - 사무관리자가 본인을 위한다는 의사를 가지고 있어야 하는지 여부
  - 의무 없이 타인의 사무를 관리하는 것
  - 본인에게 불리하지 않을 것
  - 본인의 의사에 반하지 않을 것
- 사무관리의 효력요건
  - 사무관리자의 관리계속의무
  - 관리의 방법
  - 본인의 비용상환의무
  - 본인의 의사에 반하지 않는 사무관리의 효과

제51조 부당이득

제51조 【부당이득】 부당이득은 그 이득이 발생한 곳의 법에 따른다. 다만, 부당이득이 당사자 간의 법률관계에 근거한 이행으로부터 발생한 경우에는 그 법률관계의 준거법에 따른다.

1. 개설

부당이득(unjust enrichment)은 법률상 원인 없이 타인의 재화 또는 노무로 인하여 이득을 얻고, 이로 인하여 타인에게 손해를 가한 자에게 그 이익을 반환하게 하는 제도이다(민법 제741조). 부당이득의 준거법에 대해서는 채무자의 본국법 또는 주소지법, 기본관계의 준거법, 부당이득지법(사실발생지법) 등이 주장되는데, 그 중에서 부당이득지법(사실발생지법)이 일반적이다. 이는 부당이득도 사무관리와 마찬가지로 정의·공평의 견지에서 인정되는 제도로 공익적 성격이 강하기 때문이다. 국제사법에서는 부당이득지법주의를 유지하면서(본문), 종속적 연결을 수용하였다(단서).

2. 부당이득지법주의와 종속적 연결

부당이득은 그 이득이 발생한 곳의 법에 의한다(제51조). 이 문구에 따라 부당이득에서 "이익"과 "손실"이 각각 다른 법역에서 발생한 경우에는 "이득이 발생한 곳"이 부당이득지가 된다.

부당이득이 당사자간의 법률관계에 기하여 행하여진 이행으로부터 발생한 경우에는 그 법률관계의 준거법에 의한다(제51조 단서). 부당이득의 발생원인 내지 유형을 단일화하고 통일적 원칙하에 이를 파악하고 있음을 고려하여 종속적 연결을 급부와 관련된 경우로 제한하였다.[31] 참고로 독일의 경우 부당이득을 기능적 차이에 따라 급부부당이득, 침해부당이득, 기타의 부당이득으로 나누어 급부부당이득 뿐 아니라 침해부당이득의 경우에도 從屬的 連結을 명문화하고 있다(독일 국제사법 제38조).[32]

급부와 관련된 부당이득의 전형적인 예로는 계약이 이행된 후 해제되어 청산의 방법으로 부당이득의 반환을 구하는 경우를 들 수 있는데, 국제사법이 도입한 從屬的 連結에 의하면 이 경우 부당이득은 바로 이행의 근거가 된 계약자체의 준거법에 따르게 되는 것이다. 이러한 從屬的 連結의 취지는 다음과 같다. 즉, 각국은 무효나 취소된 채권관계를 청산하는 관계에 있어 부당이득, 손해배상, 계약해제 등의 다양한 방법을 자국법의 체계와 역사적 발전에 맞추어 사용하여 왔는바, 하나의 법률관계에서 나오는 다양한 구제수단에 각각 다른 준거법을 정하여 규범의 중첩이나 공백을 초래하기보다는 이들 모두에게 공통된 준거법을 정하는 것이 바람직하다. 더구나 급부부당이득의 유형은 이득이 발생하는 곳이 우연에 달려 있거나 당사자들의 관계와 아무런 연관도 없을 수 있기 때문에 부당이득지법의 실질적 관련성이 미미한 경우가 있다는 것이다.

---

31 오스트리아 국제사법 제46조도 같은 입장을 취하고 있다.

32 급부부당이득은 무산된 채권관계의 청산을 목적으로 하는 것으로 그 채권관계를 규율하는 준거법이 적용되며, 침해부당이득은 법익보호를 목적으로 하는 것으로 그 침해가 일어난 곳의 법이 준거법이 된다. 한편 기타의 부당이득으로는 부당이득자의 관여가 전혀 없이 타인의 잘못된 인도나 지급 또는 법적인 근거 없는 사용에 의해 얻어진 부당이득 등을 들 수 있는데, 이 경우 부당이득자를 위하여 부당이득지법이 준거법이 된다.

부당이득지법주의 예시

- A사(주된사무소 영국)와 B사(주된사무소 한국)의 매매계약(준거법은 영국법)에서 매도인 A사는 계약서상의 수량을 초과하여 물품을 인도하였다. A사가 초과분에 대하여 부당이득반환 청구를 하는 경우의 준거법은? → **영국법(매매계약의 준거법)**
- A사(주된사무소 영국)와 B사(주된사무소 한국)의 매매계약(준거법은 영국법)에서 매수인 B사는 계약금액을 초과하여 결제하였다. B사가 초과결제분에 대하여 부당이득반환 청구를 하는 경우의 준거법은? → **영국법(매매계약의 준거법)**

제52조 불법행위

제52조【불법행위】 ① 불법행위는 그 행위를 하거나 그 결과가 발생하는 곳의 법에 따른다.

② 불법행위를 한 당시 동일한 국가 안에 가해자와 피해자의 일상거소가 있는 경우에는 제1항에도 불구하고 그 국가의 법에 따른다.

③ 가해자와 피해자 간에 존재하는 법률관계가 불법행위에 의하여 침해되는 경우에는 제1항 및 제2항에도 불구하고 그 법률관계의 준거법에 따른다.

④ 제1항부터 제3항까지의 규정에 따라 외국법이 적용되는 경우에 불법행위로 인한 손해배상청구권은 그 성질이 명백히 피해자의 적절한 배상을 위한 것이 아니거나 그 범위가 본질적으로 피해자의 적절한 배상을 위하여 필요한 정도를 넘을 때에는 인정하지 아니한다.

불법행위의 준거법 우선순위 ⅰ) 준거법 사후적 합의(제53조) → ⅱ) 종속적 연결(제52조 제3항) → ⅲ) 공통의 속인법(제52조 제2항) → ⅳ) 불법행위지법(제52조 제1항)

1. 개설

불법행위는 고의 또는 과실로 인한 위법행위로 타인에게 손해를 가한 자에게 그 손해를 배상하게 하는 제도이다. 불법행위의 준거법으로는 법정지법, 불법행위지법, 절충주의 등이 있다. 제52조에서도 불법행위지법 원칙(principle of lex loci delicti commissi)을 규정하고 있는데, 이는 불법행위지법이 가장 널리 인정되고 있기 때문이다.[33]

33 이종혁, “불법행위의 준거법에 관한 우리 국제사법과 로마Ⅱ규정의 비교연구 －순전한 재산적 손해를 발생시키는 불법행위의 준거법 결정원칙을 포함하여－”, 국제사법연구 제25권 제2호, 2019, p.221.

2. 주요내용

1) 불법행위지법주의 채택(제1항)

불법행위는 그 행위를 하거나 그 결과가 발생하는 곳의 법에 따른다(제52조 제1항). 이와 같이 국제사법에서는 불법행위지법주의를 채택하였다.[34] 다만, 국제사법 규정에 의하면, ⅰ) 준거법의 사후적 합의(제53조)가 가장 우선하고, ⅱ) 그 다음으로 법률관계의 준거법(從屬的 連結)(제52조 제3항), ⅲ) 공통의 일상거소지법(공통의 속인법)(제52조 제2항)순이고, ⅳ) 이러한 특칙이 적용되지 않는 경우에 비로소 불법행위지법이 적용된다(제52조 제1항).

구 섭외사법에서는 '불법행위로 인하여 생긴 채권의 성립 및 효력은 그 원인된 사실이 발생한 곳의 법에 의한다'고 규정하고, 구 국제사법(2022년 개정 전의 법)에서는 '불법행위는 그 행위가 행하여진 곳의 법에 의한다'고 규정하여 불법행위지가 행동지를 의미하는지, 결과발생지를 의미하는지 분명하지 않았으나[35], 법원에서는 불법행위지에는 행동지(가해행위지)뿐만 아니라 손해의 결과발생지도 포함된다고 보았다(대법원 1983. 3. 22. 선고 82다카1533 전원합의체 판결[36]; 대법원 2013. 7. 12. 선고 2006다17539 판결[37]). 또한, 법원에서는 불법행위의 행동지와 결과발생지가 상이한 경우에는 준거법으로 지정될 수 있는 행동지법과 결과발생지법은 각각 그 지정을 정당화하는 이익에 의하여 뒷받침되고 그 이익의 우열을 판단하기는 어렵다고 보아야 할 것이므로, 피해자는 다른 준거법을 적용할 때보다 더 유리한 판결을 받을 수 있다고 판단하는 준거법이 있다면 그 법률을 준거법으로 선택할 수 있다(서울고등법원 2006. 1. 26. 선고 2002나32662 판결).

현행 국제사법(2022년 개정)에서는 '불법행위는 그 행위를 하거나 그 결과가 발생하는 곳의 법에 따른다'고 규정하여(제52조 제1항), 불법행위지에는 행동지(가해행위지)와 손해의 결과발생지가 모두 포함된다는 것이 명확해졌고, 피해자는 행동지법과 결과발생지법 중에서 유리한 법을 선택

34 구섭외사법에서는 원칙적으로 불법행위지법에 의하면서도 불법행위의 성립 및 효력에 관하여 *法廷地法*인 우리 법에 의하여 제한을 가하는 절충주의를 취하였으나, 개정 국제사법은 *法廷地法*에 의한 제한을 삭제함으로써 순수한 불법행위지법주의를 취한 것이다.

35 손경한 외, 「국제사법 개정 방안 연구」, 기술과법 연구소, 2012, p.242.

36 '섭외사법 제13조 제1항에 의하면 불법행위로 인하여 생긴 채권의 성립 및 효력은 그 원인된 사실이 발생한 곳의 법에 의한다고 규정하고 있는 바, 여기에서 원인된 사실이 발생한 곳이라 함은 불법행위를 한 행동지뿐만 아니라 손해의 결과발생지도 포함하므로 화물을 운송한 선박이 대한민국의 영역에 도착할 때까지도 손해발생이 계속되었다면 대한민국도 손해의 결과발생지에 포함된다고 보는것이 타당하고, 이 경우 대한민국의 영역에 이르기 전까지 발생한 손해와 그 영역에 이른 뒤에 발생한 손해는 일련의 계속된 과실행위에 기인한 것으로서 명확히 구분하기 어려우므로 통틀어 그 손해 전부에 대한 배상청구에 관하여 대한민국법을 준거법으로 정할수 있는 것이다'(대법원 1983. 3. 22. 선고 82다카1533 전원합의체 판결).

37 "구 섭외사법(2001. 4. 7. 법률 제6465호 국제사법으로 전부 개정되기 전의 것) 제13조 제1항에 의하면, 외국적 요소가 있는 섭외사건에서 불법행위로 인하여 생긴 채권의 성립 및 효력은 그 원인이 된 사실이 발생한 곳의 법에 의하여 판단하여야 하고, 불법행위에서 그 원인이 된 사실이 발생한 곳에는 불법행위를 한 행동지뿐만 아니라 손해의 결과발생지도 포함된다"(대법원 2013. 7. 12. 선고 2006다17539 판결).

할 수 있다고 본다.[38]

불법행위에서 준거법의 우선순위

ⅰ) 준거법의 사후적 합의(제53조) : 불법행위 발생 후 합의. 준거법은 대한민국법만 가능 → ⅱ) 법률관계의 준거법(從屬的 連結)(제52조 제3항) → ⅲ) 공통의 일상거소지법(공통의 속인법)(제52조 제2항) → ⅳ) 불법행위지법(제52조 제1항)

격지(隔地) **불법행위의 문제**(행동지와 결과발생지가 다른 경우)

이러한 불법행위지법주의의 원칙은 불법행위의 "행동지"와 "결과발생지"가 상이한 이른바 隔地 불법행위의 경우의 준거법 결정에 관하여 정확한 해답을 제공해 주지 못한다는 비판이 있었는데[39], 2001년 개정 국제사법 논의 과정에서는 이러한 해석상의 혼란을 방지하기 위하여 가해자의 예견가능성 및 피해자의 선택권 행사를 전제로 결과발생지법의 적용을 인정하는 명문의 규정을 둘 것을 검토하였다. 그러나 유사한 규정을 가진 독일에서도 피해자의 선택권 행사에 과도한 부담이 있고 법원의 업무 경감이라는 당초의 목적도 달성하지 못하였다는 비판이 있는 점을 감안하여 위와 같은 명문의 규정을 두지 아니하고 개정전 법률과 마찬가지로 해석에 맡기기로 최종 결정하였다(2001년 개정 국제사법 제32조 ① 불법행위는 그 행위가 행하여진 곳의 법에 의한다.). 그러나 2022년 개정 국제사법에서는 이 규정을 '불법행위는 그 행위를 하거나 그 결과가 발생하는 곳의 법에 따른다'고 변경하였다. 그 결과 현행 국제사법에 의하더라도 隔地 불법행위의 경우 일응 행동지법과 결과발생지법 모두가 준거법으로 된다고 해석할 수 있는데, 이 경우 어느 것이 우선하는지 여전히 문제가 된다.[40]

---

38 구섭외사법의 규정에서도 법원은 피해자는 행동지법과 결과발생지법 중에서 유리한 법을 선택할 수 있다고 판단하였는바(서울고등법원 2006. 1. 26. 선고 2002나32662 판결), 현행 국제사법에서는 피해자는 행동지법과 결과발생지법 중에서 유리한 법을 선택할 수 있다고 해석하는 것이 합당하다.

39 이와 관련하여 불법행위의 '원인된 사실이 발생한 곳'의 개념에는 행동지뿐만 아니라 결과발생지도 포함된다는 대법원 판결이 있었다(대법원 1983. 3. 22. 선고 82다카 1533 전원합의체 판결). 그러나 이 판결만으로는 행동지와 결과발생지가 상이한 경우 어느 법이 준거법이 되는지, 당사자에게 선택권이 있는지 여부가 명확하게 해결되지 아니하며, 특히 위 판결은 행동지와 결과발생지의 어느 한쪽이 대한민국인 경우에는 언제나 대한민국법이 적용되도록 한 것은 아닌가 하는 의문이 제기되기도 하였다.

40 참고로 구 국제사법(2001 개정)의 규정에 대하여 1) 국제사법상 불법행위지의 개념에는 행동지와 결과발생지가 모두 포함되므로, '피해자로 하여금 불법행위의 준거법으로 행동지법과 결과발생지법 중 피해자에게 유리한 것을 선택(편재원칙(遍在原則, principle of ubiquity)'하도록 하는 것이 필요하다는 의견이 있고(이종혁, "불법행위의 준거법에 관한 우리 국제사법과 로마Ⅱ규정의 비교연구 -순전한 재산적 손해를 발생시키는 불법행위의 준거법 결정원칙을 포함하여-", 국제사법연구 제25권 제2호, 2019, p.224.), 2) 국제사법의 해석론으로 결과발생지법을 우선시켜야 한다는 의견(석광현, 전게서(2013), p.394), 3) 과실책임의 원칙이 개인간의 불법행위에서는 행동지법을, 기업에 의한 불법행위에서는 결과발생지법을 적용해야 한다는 의견, 4) 법원이 실질법의 목적이나 입법취지 등을 고려하여 사안과 가장 밀접한 관련이 있는 법을 선택하도록 하자는 견해 등이 있었다(임치용, "국제사법에 있어서 사무관리·부당이득·불법행위", 국제사법연구 제7호, 2002, p.163.).

2) **공통의 일상거소지법**(일상거소를 기초로 하는 공통의 속인법주의)(제2항)

불법행위를 한 당시 동일한 국가 안에 가해자와 피해자의 일상거소[41]가 있는 경우에는 제1항에도 불구하고 그 국가의 법에 따른다(제52조 제2항). 이에 따라 '공통의 일상거소지법'은 '불법행위지법'보다 우선한다. 이는 불법행위에 관하여 공통의 속인법(屬人法)을 존중하는 대법원 판결(대법원 1981. 2. 10. 선고 80다2236 판결[42]; 대법원 1979. 11. 13. 선고 78다1343 판결[43] 등)의 취지에 따라 가해자와 피해자의 공통 속인법의 우선 적용을 규정한 것이다.

3) **법률관계의 준거법**(종속적 연결의 인정)(제3항)

가해자와 피해자 간에 존재하는 법률관계가 불법행위에 의하여 침해되는 경우에는 제1항 및 제2항에도 불구하고 그 법률관계의 준거법에 따른다(제52조 제3항). 이로써 불법행위에 있어서도 종속적 연결을 인정하였는데, 이는 제1항의 불법행위지법 및 제2항의 공통의 일상거소지법(공통의 屬人法)에 우선하여 적용된다. 이러한 종속적 연결의 취지는 당사자간에 기왕에 존재하는 법률관계가 있고, 이러한 법률관계로 형성되는 의무가 불법행위로 인하여 침해되는 경우에 당사자들은 그 법률관계에 적용되는 법규범에 의하여 규율될 것을 예견하고 있으므로 그에 따라 불법행위의 성립 여부 등을 판단하는 것이 가장 적절하다는 것이다.[44]

---

41 실질적인 연결 가능성을 높이고, 개정의 전반적 방향과도 궤를 같이 하기 위하여 국적이 아닌 日常居所를 공통의 屬人法 판단의 기준으로 하였는데, 이는 독일 국제사법과 같은 입장이다.

42 교통사고의 발생지가 외국이더라도 자기를 위하여 자동차를 운행하는 자가 국내 법인이고, 그에 의하여 고용된 사고차의 운전자와 피해자가 다 같이 우리나라 국민이라면 국내법이 적용되어야 하고 섭외사법을 적용할 것은 아니라고 판시한 사안이다.

43 외국에서 발생한 내국인간의 불법행위에 관한 준거법에 관하여 양당사자가 모두 내국인인 경우에 있어서 원인행위의 발생지가 단순히 우연적이고 형식적인 의미를 갖는데 그치는 경우에는 일반적으로 섭외사법을 적용해서 처리할 합리적인 이유는 없다고 판시하였다. 이 판결에 대하여는 당해 사건의 섭외적 성격을 부인하였다는 점에서 많은 비판이 있었다.

44 이와 관련하여 개정법률 제52조 제3항이 불법행위책임을 부정하고 계약책임만을 묻도록 강요하는 것이 되어 請求權競合說을 취하는 우리 대법원 판례(대법원 1983. 3. 22. 선고 82다카1533 전원합의체 판결)와 배치되는 것은 아닌가 하는 의문이 제기되었다. 그러나 이 조항의 취지는 계약상의 의무가 불법행위로 인하여 침해되는 경우와 같이 양자간에 밀접한 관련이 있는 경우에는 당사자간의 계약의 준거법 등을 기초로 불법행위의 성립여부 등을 판단한다는 의미일 뿐 이로 인하여 계약책임과는 별도로 불법행위책임이 성립할 수 없다는 것은 아니다. 즉, 계약의 준거법이 계약책임과 별도로 불법행위책임의 성립을 허용한다면 불법행위책임이 인정되는 것이다. 물론 계약의 준거법이 계약과는 별도로 불법행위의 성립을 인정하지 않거나 그 책임범위를 계약과 동일하게 제한하고 있는 경우에는 결과적으로 불법행위책임이 부정되는 결과에 이를 수 있으나, 그로 인하여 從屬的 連結이 청구권경합 자체를 부정한다는 의미는 전혀 아니다. 또한 계약책임의 준거법이 외국법이고 불법행위책임의 준거법이 한국법인 경우처럼 兩者의 준거법이 상이한 경우에는 어떠한 법질서하에서 兩者의 관계를 파악할 것인지를 먼저 고려해야 하는데, 이 단계에서 국제사법적 고려를 보다 충실히 하여 절차법적 정의를 실현하고자 하는 것이 바로 從屬的 連結의 취지인 것이다.

법률관계의 준거법 예시

- 임차인이 과실로 임대목적물을 소실케 하였다면 그로 인하여 임대차계약은 존속이 불가능해지는바, 이 경우 그것이 불법행위가 되느냐의 여부는 바로 이 임대차계약의 준거법에 의한다(제52조 제3항).
- 혼인관계의 계속 중에 부인이 남편의 재산을 절취하였다면 부인의 불법행위책임에 관하여는 제64조의 혼인의 일반적 효력의 준거법에 따르게 된다.

4) 불법행위 책임제한(제4항)

제1항부터 제3항까지의 규정에 따라 외국법이 적용되는 경우에 불법행위로 인한 손해배상청구권은 그 성질이 명백히 피해자의 적절한 배상을 위한 것이 아니거나 그 범위가 본질적으로 피해자의 적절한 배상을 위하여 필요한 정도를 넘을 때에는 인정하지 아니한다(제52조 제4항). 이 조항은 불법행위 책임제한을 명문화한 규정으로 미국법에서 인정되는 징벌적 손해배상(punitive damages) 기타 과도한 금액의 배상 등은 적용이 제한된다.[45] 이러한 규정도 성격상으로는 공서조항의 일반적 규율에 맡길 수 있는 것이나, 규제의 현실적 필요가 큰 부분이기 때문에 실질적 고려에 따라 이를 별도로 명문화한 독일 국제사법의 입장을 따른 것이다.

서울고등법원 2015. 6. 9. 선고 2012나29269 판결

2) 주위적 원고의 직접청구권에 관한 준거법

주위적 원고와 피고 사이에 어느 법을 준거법으로 하여야 하는지에 관하여 본다.

브라이트해운과 피고 사이에서는 영국법을 준거법으로 하는 합의가 이루어진 사실은 앞서 본 바와 같으나, 쌍방 당사자 사이의 준거법 합의는 제3자에게 영향을 미치지 아니하므로 주위적 원고와 피고 사이에 위 준거법 합의가 영향을 미치지 아니한다. 한편 우리 국제사법에는 이 사건과 같이 피해자가 보험자에 대하여 직접청구권을 주장하는 경우에 관한 규정은 존재하지 아니한다. 따라서 불법행위 등의 피해자가 보험계약에 기하여 보험자에게 직접청구권을 행사하는 경우 보험계약에 관한 준거법이 적용될 것인지 여부가 결국 이 사건의 준거법 결정에 있어서의 핵심이라고 할 것이다. 살피건대, ① 피해자가 보험자에 대하여 직접청구를 하는 것은 보험자가 보험계약을 체결하였다는 것에 그 직접적인 근거를 두고 있는 점, ② 직접청구권이 인정될 경우 그 내용(보상의 범위, 지급시기 등) 역시 보험계약에 따라 정해질 수밖에 없는 점, ③ 피보험자의 보험금지급청구권의 인정 여부는 보험계약의 준거법에 의하고, 피해자의 직접청구권은 다른 준거법에 따른다면 하나의 계약관계에서 파생

45 참고로 서울지방법원 동부지원 1995. 2. 10. 선고 93가합19069 판결은 미국에서 발생한 한국인간의 강간사건과 관련하여 미국법원이 내린 미화 금 50만 달러의 손해배상 판결을 그 2분의 1인 25만 달러 범위 내에서만 승인하는 집행판결을 하면서 개정전 법률 제13조 제3항을 그 근거의 하나로 제시하였다. 다만, 위 사건은 외국판결의 승인·집행의 문제로 제13조 제3항이 직접 적용된 것은 아니었다.

되는 밀접한 법률효과에 있어 준거법을 분리시키게 되어 보험계약 당사자의 의사에도 반할 뿐만 아니라 법해석에 있어 모순 및 충돌의 가능성이 있는 점, ④ 우리 국제사법은 '연결점'이라는 개념을 중심으로 준거법을 정하고 그러한 연결점을 정하는 여러 기준을 제시하되 그와 별도로 당사자 사이에서 국제사법이 정한 준거법과 다른 준거법을 정하는 것의 효력을 인정하면서, 당사자의 의사 합치가 준거법에 있어서 가장 중요한 요소로 작용하는 것을 허용하고 있는데, 피해자의 직접청구권에 있어서 보험자와 피보험자 사이에 합의된 준거법과 다른 법을 적용하는 것은 피해자의 직접청구권이 보험자의 의무 범위와 직결되어 있는 점에 비추어 위와 같은 국제사법의 규정 취지에도 부합하지 않는 점 등을 종합하여 보면, 피해자가 보험자에 대하여 직접청구권을 행사하는 경우에는 '보험계약에 따른 준거법'에 의하는 것이 상당하다. 결국 이 사건에 있어서는 영국법이 준거법이 된다.

3) 선하증권 소지인과 운송인 사이의 법률관계의 준거법

국제사법 제25조 제2항(현행 제45조 제2항)에 따르면 당사자는 계약의 일부에 관하여도 준거법을 선택할 수 있다. 을10의 기재에 의하면, 이 사건 선하증권의 이면약관 제3조(선적항부터 양하항까지 운송책임)에 '이 계약에는 선적지국에서 입법화된 헤이그−비스비 규칙[Protocol to Amend the International Convention for the Unification of Certain Rules of Law Relating to Bills of Lading, 1968, 아래에서 보는 브뤼셀에서 1924. 8. 25. 성립된 선하증권에 대한 규정의 통일에 관한 국제협약에 포함된 헤이그 규칙(International Convention for the Unification of Certain Rules of Law Relating to Bills of Lading, 1924) 중 일부를 개정한 것이다](선적지국에서 입법화된 법률이 없는 경우에는 도착지국에서 입법화된 헤이그−비스비 규칙)이 적용된다. 선적지국이나 도착지국에서 헤이그−비스비 규칙을 입법화한 법률이 없는 때에는, 선적지국에서 입법화된 헤이그 규칙(선적지국에서 입법화된 법률이 없는 경우에는 도착지국에서 입법화된 헤이그 규칙)이 강행적으로 적용되는 경우를 제외하고 이 계약에는 헤이그−비스비 규칙이 적용된다.'고 규정되어 있고, 제4조(준거법과 관할)에 '이 사건 선하증권으로부터 발생하거나 이와 관련된 분쟁에 관하여는 운송인의 주된 영업소가 소재한 국가의 법에 따르고 그 국가의 법원이 전속적 관할을 보유한다'고 정하고 있다. 이와 같이 위 선하증권의 이면약관 제3조는 위 운송계약에 헤이그−비스비 규칙의 적용에 관하여 규정하고 있는 반면 제4조는 준거법을 운송인의 주된 영업소가 소재한 국가의 법에 따른다고 규정하고 있는 점, 위 헤이그 규칙 또는 헤이그−비스비 규칙을 국제사법에서 정의하는 준거법으로서의 외국법에 해당한다고 볼 수도 없는 점 등에 비추어 볼 때, 위 제3조에서 헤이그−비스비 규칙이 적용될 수 있다고 규정하고 있는 것은 준거법을 지정한 것이 아니라 당해 규칙을 선하증권의 내용으로 편입하기로 한 것으로 봄이 타당하다. 이 사건의 경우 선적지국인 태국이나 도착지국인 사우디아라비아가 헤이그 규칙 및 헤이그−비스비 규칙을 입법화하였다는 자료를 찾아볼 수 없으므로, 위 약관 제3조에 따라 운송인의 책임과 의무 및 그 제한에 관하여는 선하증권에 편입된 헤이그−비스비 규칙이 적용되고, 그 외 위 규칙에서 정하고 있지 아니한 사항에 관하여는 운송인인 피고의 본점이 소재한 대한민국의 법률이 적용된다고 보아야 한다.

2001년 법 개정에서 불법행위의 유형별 특칙의 유보(2022년 법 개정도 동일)

불법행위의 유형별로 특칙을 둘 것인가에 대하여는 개정 논의과정에서 상당한 논란이 있었다. 이러한 유형화를 시도한 입법례로는 스위스 국제사법[46]이 있고, 미국의 리스테이먼트[47]에서도 불법행위의 유형별로 조문을 두고 있다.

불법행위의 일반 원칙에 대한 예외로서 특수한 불법행위의 유형을 명시하고 그에 대한 별도의 준거법 원칙을 만드는 것은 개별적 법률관계의 특성에 맞는 보다 밀접한 관련이 있는 법을 준거법으로 지정할 수 있는 장점이 있다. 그러나 이러한 형태의 입법이 가능하려면 개별적으로 준거법 원칙을 달리할 필요가 있는 불법행위의 유형을 파악하고 그 특성에 맞는 별도의 준거법 원칙이 존재할 수 있다는 점에 대한 공감대가 형성되어 있어야 하는 데, 우리의 현실 하에서는 아직 그러한 여건이 성숙되어 있다고 보기 어렵다. 특히 민법이나 특별법의 발전이 병행되어 실질법 분야에서 불법행위의 유형화 및 그에 따른 저촉규범의 분화에 관한 합의가 이루어져야 비로소 국제사법에서 불법행위의 유형에 따른 준거법의 개별화가 가능할 것이다.[48]

따라서 현재로서는 특수한 불법행위의 유형에 대응하는 특칙을 명문화하는 것이 시기상조이고, 이러한 특칙을 두지 않더라도 필요한 경우 준거법 지정의 예외에 관한 개정법률 제8조를 활용하여 해결할 수 있다는 입장에 따라 특칙을 두지 아니하였다.

대법원 2012. 10. 25. 선고 2009다77754 판결

국제사법 제32조(현행 제52조)는 제1항에서 "불법행위는 그 행위가 행하여진 곳의 법에 의한다."고 하여 불법행위의 준거법으로 불법행위지법 원칙을 규정하면서도, 나아가 제3항에서 "가해자와 피해자 간에 존재하는 법률관계가 불법행위에 의하여 침해되는 경우에는 제1항 및 제2항의 규정에 불구하고 그 법률관계의 준거법에 의한다."고 규정한다. 따라서 가해자와 피해자 간에 존재하는 법률관계가 불법행위에 의하여 침해되는 경우에 불법행위에 대한 준거법은 불법행위지법이 아니라 침해되는 법률관계의 준거법이 우선적으로 적용된다.

제53조 준거법에 관한 사후적 합의

제53조(준거법에 관한 사후적 합의) 당사자는 제50조부터 제52조까지의 규정에도 불구하고 사무관리 · 부당이득 · 불법행위가 발생한 후 합의에 의하여 대한민국 법을 그 준거법으로 선택할 수 있다. 다만, 그로 인하여 제3자의 권리에 영향을 미치지 아니한다.

1. 준거법의 사후적 합의 : 당사자자치 원칙 도입. 준거법 선택 대상 제한

당사자는 제50조 내지 제52조의 규정에 불구하고 사무관리 · 부당이득 · 불법행위가 발생한

46 스위스 국제사법은 도로교통사고(제134조), 제조물책임(제135조), 부정경쟁(제136조), 경쟁방해(제137조), 임미시온(제138조), 인격침해(제139조) 등에 유형별 특칙을 두고 있다.

47 미국의 Restatement(Second, 1971)는 제146조에서 제155조 사이에 인신사고, 명예훼손, 프라이버시 침해, 혼인관계 침해, 악의의 起訴 등 개별적 불법행위를 유형화하고 특칙에 해당하는 조문을 두고 있다.

48 준거법의 개별적 유형화의 필요성에 대한 보편적 인식이 가장 강하게 형성된 영역 중의 하나로서 제조물책임을 들 수 있다. 우리나라에서는 2000년 1월 제조물책임법 제정되어 2002년 7월 1일 시행.

후 합의에 의하여 대한민국 법을 그 준거법으로 선택할 수 있다. 법정채권(사무관리·부당이득·불법행위) 전반에 있어 '준거법의 사후적 합의'(사무관리·부당이득·불법행위가 발생한 후에 당사자들이 합의에 의하여 준거법을 임의로 선택)할 수 있도록 허용하고 그에 대하여 우선적 효력을 인정하였다. 다만, i) 준거법의 사후적 합의는 법정지인 '대한민국법'으로 제한되고, ii) 준거법의 사후적 합의로 인하여 제3자의 권리에 영향을 미치지 않는다.

사례연구

제11회 변호사시험

매도인 甲회사(수원에 주된 사무소)는 중국 상하이에 주된 사무소를 두고 대한민국 부산에 유일한 영업소를 두고 있는 丙운송회사와 이 사건 화물을 대한민국 부산항에서 베트남 호찌민항까지 운송하기로 하는 해상운송계약을 체결하였다(준거법 지정은 없었음).

매수인 乙회사(베트남 호찌민에 주된 사무소)가 베트남 호찌민항에 도착한 이 사건 화물을 검사한 결과 그랜드 피스호의 선장 戊(파나마국 국적이고, 대한민국에 상거소를 둠)의 과실로 컨테이너 1개가 해상에 떨어져 이 사건 화물 중 일부가 멸실된 사실이 밝혀졌다. 甲회사가 丙운송회사를 상대로 선장 戊의 과실을 들어서 불법행위로 인한 손해배상청구소송을 대한민국 법원에 제기하였고, 소제기 이후 甲회사와 丙운송회사가 합의하여 일본법을 불법행위의 준거법으로 선택하였다면, 이에 적용될 준거법은 무엇인지 논하시오.

☞ 소 제기 이후 일본법을 불법행위의 준거법으로 선택하였으나, 대한민국법이 아니므로 제53조에 의한 사후적 합의는 인정되지 않는다. 따라서 제52조에 의해 준거법을 정해야 하는데, 선장 戊의 불법행위로 인하여 甲과 丙의 운송관계가 침해되었으므로 제52조 제3항에 따라 운송계약의 준거법이 이 사건 불법행위의 준거법이 된다. 그리고 위 운송계약에서는 운송인 丙의 영업소가 소재한 대한민국이 최밀접관련국이 되어 대한민국법이 준거법이 된다(제46조 제2항).

제54조 채권의 양도 및 채무의 인수

제54조 【채권의 양도 및 채무의 인수】 ① 채권의 양도인과 양수인 간의 법률관계는 당사자 간의 계약의 준거법에 따른다. 다만, 채권의 양도가능성, 채무자 및 제3자에 대한 채권양도의 효력은 양도되는 채권의 준거법에 따른다.

② 채무인수에 관하여는 제1항을 준용한다.

1. 채권의 양도

1) 채권양도의 의의

채권의 양도는 양도인과 양수인 간의 양수도계약에 의한 채권의 이전이다. 이는 채권의 이전 자체를 목적으로 하는 준물권행위로서 채권양도의 원인행위인 매매, 증여, 교환 등과 구별해야 한다.

2) 채권 양도인과 양수인 간의 법률관계 → 당사자자치 인정

채권 양도인과 양수인 간의 법률관계는 당사자 간의 계약의 준거법에 의한다(제1항 본문). 이에 따라 채권 양도인과 양수인 간의 법률관계에 있어서는 당사자자치가 인정된다고 볼 수 있다.

3) 채권의 양도가능성, 채무자 및 제3자에 대한 효력 → 채권의 준거법

채권의 양도가능성, 채무자 및 제3자에 대한 효력은 양도의 목적인 채권의 준거법에 의한다(제1항 단서). 채권의 양도가능성, 채무자 및 제3자에 대한 효력은 채권의 성립에서부터 소멸에 이르기까지의 발생하는 해당 채권 자체의 문제로서 해당 채권과 가장 밀접한 관련이 있다고 본다. 특히 제3자에 대한 관계에서도 제3자의 이익만이 아니라 양도인, 양수인, 채무자, 제3자간 이익을 균형 있게 고려하여, 양도의 목적인 채권 자체의 준거법에 의하도록 규정하였다.[49]

계약채권의 양도 예시

A(seller)와 B(buyer)의 매매계약(준거법은 영국법으로 합의)에서 A가 매출채권을 C에게 양도한 경우(채권양도계약에서 준거법은 독일법으로 합의)

- A와 C 사이의 법률관계(양도인과 양수인)의 준거법 → **해당 채권양도계약의 준거법(즉, 독일법)**
- 매출채권의 양도가능성, B(매수인, 채무자)에 대한 양도의 효력(C가 B에게 매매대금의 지급을 청구할 수 있는지)의 준거법 → **매매계약의 준거법(즉, 영국법)**

법정채권의 양도 예시

독일에서 A의 자동차가 B의 사고유발로 파손되어 손해배상청구권이 발생하고, A는 손해배상청구권을 C에게 양도한

49 채무자 및 제3자에 대한 채권양도의 효력을 양도되는 채권 자체의 준거법에 의하도록 하여도 채무자 및 제3자의 보호에 미흡하다고 볼 수 없다. 즉, 채무자로서는 자신이 당사자인 채권의 준거법에 의하게 되므로 큰 부담이 없고, 채무자 이외의 제3자로서도 채권양도의 제3자에 대한 효력의 준거법을 인식할 필요가 있는데 양도되는 채권이 자신과 관계되어 있으므로 그 채권의 준거법을 파악하여 동 법률상의 대항요건이 구비되었는지 확인해 둘 것을 요구하여도 가혹하다고 하기 어렵기 때문이다.

경우(손해배상청구권 양도 합의서에서 준거법은 프랑스법으로 합의)
- A(양도인)와 C(양수인)의 법률관계의 준거법 → **손해배상청구권 양도계약의 준거법(즉, 프랑스법)**
- 손해배상청구권의 양도가능성, B(채무자)에 대한 양도의 효력(C가 B에게 손해배상을 청구할 수 있는지)의 준거법 → **위 불법행위(자동차사고)의 준거법(즉, 불법행위지인 독일법)**

2. 채무의 인수 : 채권의 양도와 동일

채무의 인수에 대하여는 채권의 양도 규정(제1항)을 준용한다. 채무인수는 그 제도의 성질과 구조상 채권양도와 유사하므로 채권양도 규정을 준용하도록 규정하였다. ⅰ) 채무자와 채무인수인의 법률관계는 당사자 간의 계약(채무인수계약)의 준거법에 의하고, ⅱ) 채무인수의 가능성, 채권자 및 제3자에 대한 채무인수의 효력 등은 인수되는 채무의 준거법에 의한다. 제54조의 '채무인수'는 면책적 채무인수만을 의미하는지, 병존적 채무인수까지 포함하는지 불분명한데, 면책적 채무인수만 의미한다는 견해가 있고[50], 병존적 채무인수도 포함된다고 보는 견해도 있는데[51], 전자의 견해가 국제사법 학계에서 널리 받아들여진 것으로 보고 있다.[52] 그러나 대법원은 병존적 채무인수도 포함되는 것으로 판단하고 있다(대법원 2022. 7. 28. 선고 2019다201662 판결). 이 쟁점은 구 국제사법에서도 대두되었지만, 현행 국제사법 규정도 구 국제사법과 실질적으로 동일하므로(특히 "채무인수" 용어 유지), 현행 국제사법 규정에서도 동일하다. 오래전부터 쟁점이 되어 왔음에도 불구하고, 현행 국제사법에서 '면책적 채무인수'라는 용어를 사용하지 않고, 여전히 '채무인수'라는 용어만 사용하고 있어 이를 '면책적 채무인수'만 의미하는 것으로 볼 수 없다. 민법상 "채무인수"(제453조~제459조)는 면책적 채무인수를 의미하는 것으로 해석된다[53]는 사유로 국제사법상(제54조)의 '채무인수'가 곧바로 '면책적 채무인수'를 의미하는 것으로 해석할 수는 없다. 민법의 채무인수 규정은 1958년 제정 민법에서 도입되었고(제453조~제459조), 국내법률관계에 적용만을 목적으로 하는 것이지만, 국제사법에서 채무인수 규정은 2001년 개정 국제사법에서 도입되어 43년의 시차가 존재하고, 외국적 요소가 있는 법률관계(즉, 국내외법률관계)에의 적용이 내재되어 있어 국제적 기준도 고려할 필요가 있기 때문이다. 또한, 병존적 채무인수도 매우 빈번하게 발생하고 있는 점도 고려할 필요가 있다.

---

50 석광현, 「국제사법 해설」, 박영사, 2013, p.428.; 안춘수,「국제사법」 제2판, 법문사, 2023, p.302.; 안강현, 전게서, p.268.

51 김영석, "채무인수의 준거법 등 국제사법의 몇 가지 쟁점에 관한 소고 – 대법원 2022. 7. 28. 선고 2019다201662 판결을 중심으로", 국제사법연구 제29권 제2호, 2023. pp.97–99.

52 이주연, "국제사법 제54조 제2항의 적용범위에 대한 소고 : 대법원 2022. 7. 28. 선고 2019다201662 판결을 중심으로 본 면책적 채무인수와 병존적 채무인수의 준거법 논의", 국제사법연구 제29권 제2호, 2023, p.122.

53 이주연, 전게논문, p.136.

• 대법원 2022. 7. 28. 선고 2019다201662 판결

[1] 구 국제사법(2022. 1. 4. 법률 제18670호로 전부 개정되기 전의 것) 제34조는 채권의 양도인과 양수인 간의 법률관계는 이들 간의 계약의 준거법에 의하도록 정하고(제1항 본문), 채무자 및 제3자에 대한 채권양도의 효력은 양도되는 채권의 준거법에 의하도록 정하면서(제1항 단서), 채무인수에 대해서도 이를 준용하고 있다(제2항). 이때 채무인수에는 면책적 채무인수뿐만 아니라 병존적 채무인수도 포함된다고 봄이 타당하다. 병존적 채무인수의 경우 채무자와 인수인 사이의 법률관계는 이들 사이의 계약의 준거법에 의하고, 채권자에 대한 채무인수의 효력은 인수되는 채무의 준거법, 즉 채권자와 채무자 사이의 법률관계에 적용되는 준거법에 의하게 되며, 이는 채권자, 채무자, 인수인이 함께 채무인수에 관한 합의를 한 경우에도 마찬가지이다. 따라서 채권자, 채무자, 인수인 사이의 합의를 통해 병존적 채무인수가 이루어진 경우, 인수인이 채권자에 대하여 부담하는 채무에 관한 준거법은 채권자와 채무자 사이의 법률관계에 적용되는 준거법과 동일하다.

• 대법원 2017. 10. 26. 선고 2015다42599 판결

[1] 제3자가 외국의 법률이 준거법인 책임보험계약의 피보험자에 대하여 대한민국 법률에 의하여 손해배상청구권을 갖게 되어 우리나라에서 보험자에 대한 직접청구권을 행사할 경우의 준거법을 정하는 기준에 관하여 국제사법에는 직접적인 규정이 없다.

책임보험계약에서 보험자와 제3자 사이의 직접청구권에 관한 법률관계는 법적 성질이 법률에 의하여 보험자가 피보험자의 제3자인 피해자에 대한 손해배상채무를 병존적으로 인수한 관계에 해당한다(대법원 1994. 5. 27. 선고 94다6819 판결 등 참조).

[2] 국제사법 제34조는 채권양도 및 채무인수의 법률관계를 동일하게 취급하여, 채권의 양도가능성, 채무자 및 제3자에 대한 채권양도의 효력은 양도되는 채권의 준거법에 의하도록 규정하고(제1항), 채무인수에 대하여도 이를 준용하고 있다(제2항). 또한 국제사법 제35조는 법률에 의한 채권의 이전에 관하여, 이전의 원인이 된 구채권자와 신채권자 사이의 법률관계의 준거법에 의하지만, 만약 이러한 법률관계가 존재하지 아니하는 경우에는 채권양도 및 채무인수의 경우와 마찬가지로 이전되는 채권의 준거법에 의하도록 규정하고 있다. 이에 비추어 보면, 채무인수 및 법률에 의한 채권의 이전에 관하여 이전되는 채무·채권의 준거법에 의하도록 한 국제사법 제34조 및 제35조의 기준은 법률에 의한 채무의 인수의 경우에도 참작함이 타당하다.

그런데 보험자가 피보험자의 손해배상채무를 병존적으로 인수하게 되는 원인은, 피보험자가 제3자에 대하여 손해배상채무를 부담하는 것과는 별개로, 기초가 되는 보험자와 피보험자 사이의 법률관계인 책임보험계약에 관하여 제3자의 보험자에 대한 직접청구권을 인정하는 법 규정이 존재하기 때문이다. 그리고 제3자 직접청구권이 인정되는 경우에 보험자가 제3자에 대하여 부담하는 구체적인 책임의 범위와 내용은 책임보험계약에 따라 정해질 수밖에 없고, 책임보험계약에 따라 보험자와 피보험자가 부담하는 권리의무도 변경된다.

위와 같은 사정들을 종합하여 보면, 외국적 요소가 있는 책임보험계약에서 제3자 직접청구권의 행사에 관한 법률관계에 대하여는 기초가 되는 책임보험계약에 적용되는 국가의 법이 가장 밀접한 관련이 있다고 보이므로, 그 국가의 법이 준거법으로 된다고 해석함이 타당하다.

계약인수의 준거법

국제사법에서는 계약 인수의 준거법에 대한 규정이 없다. 참고로 대법원에서는 "계약 자체의 준거법"에 의한다고 보고 있다.
"섭외사법의 해석상 한국법인인 원고와 네덜란드법인인 소외 게로와의 사이에 체결된 이 사건 계약상의 소외 게로의 지위를 네덜란드법인인 피고 켐펜이 인수함에 있어 계약인수가 허용되는지 또는 그 요건과 효과는 어떠한지에 대하여는 인수된 계약 자체의 준거법이 적용된다 할 것이고, … (대법원 1991. 12. 10. 선고 90다9728 판결)."

사례연구

◖ 사례 1 ◗

주방용품을 제조수출하는 한국의 A사는 네덜란드의 수입자 B사와의 사이에 8년간 월 30만개 정도의 물품을 판매하는 독점판매권계약을 체결함(준거법 독일법). 그 후 B사의 주식이 전부 네덜란드의 C사에 양도되었고, 위 독점판매권계약상의 B사의 지위가 C사에 인수되었는지 다툼이 되었다.

☞ 위 계약상지위의 인수가 허용되는지, 그 요건과 효과에 대하여는 인수된 계약(독점판매권계약) 자체의 준거법인 독일법이 적용된다.

◖ 사례 2 ◗

A(매도인, 독일회사)와 B(매수인, 한국회사)의 매매계약에서 B의 대금지급채무를 C(일본회사)가 인수한 경우, A가 C에게 대금지급청구를 할 수 있는지의 준거법은?

☞ 위 매매계약의 준거법(제54조 제2항, 제1항 단서)

第55조 법률에 따른 채권의 이전

第55조【법률에 따른 채권의 이전】 ① 법률에 따른 채권의 이전은 그 이전의 원인이 된 구(舊)채권자와 신(新)채권자 간의 법률관계의 준거법에 따른다. 다만, 이전되는 채권의 준거법에 채무자 보호를 위한 규정이 있는 경우에는 그 규정이 적용된다.
② 제1항과 같은 법률관계가 존재하지 아니하는 경우에는 이전되는 채권의 준거법에 따른다.

법률에 의한 채권의 이전은 법률에 의하여 채권이 당연히 제3자에게 이전되는 것을 말한다. (예 제3자 변제에 의한 변제자 대위, 물상보증인의 대위, 보험자의 법정대위 등) 법률에 의한 채권의 이전의 준거법은 다음과 같다.

i) 채권 이전의 원인이 된 구채권자와 신채권자(보증인, 보험자 등) 간의 법률관계가 존재하는 경우에는 그 법률관계의 준거법(예 보증계약 또는 보험계약)에 의한다(제1항 본문). 다만, 이전되는 채권의 준거법에 채무자보호를 위한 규정[54]이 있는 경우에는 채무자 보호를 위하여 준거법에도 불구하고 이 채무자보호규정이 적용된다(제1항 단서). ii) 채권 이전의 원인이 된 구채권자와 신채권자 간의 법률관계가 존재하지 아니하는 경우에는 이전되는 채권 자체의 준거법에 의한다(제2항).

사례연구

제8회 변호사시험

甲회사는 丙보험사와 적하보험계약 체결(준거법은 영국법). 乙회사의 보험사고 유발로 화물이 멸실되어 丙보험사는 甲회사에 보험금을 지급하고, 甲회사의 乙회사에 대한 불법행위의 손해배상청구권을 대위하는 경우 대위의 준거법은? (또는 甲회사의 乙회사에 대한 불법행위의 손해배상청구권을 보험자대위하는 경우 보험자대위에 의한 채권이전의 준거법은?)

☞ 법률에 따른 채권의 이전은 구채권자와 신채권자 간의 법률관계가 존재하는 경우에는 그 법률관계의 준거법에 따른다(제55조 제1항). 이 사안에서 보험자대위는 법률에 의한 채권의 이전이고, 구채권자 甲회사와 신채권자 丙회사 사이에는 보험계약이라는 법률관계가 존재하므로 대위의 준거법은 보험계약의 준거법에 따른다. 따라서 보험계약의 준거법인 영국법이 대위의 준거법이 된다.

채권의 소멸[55]

채권의 소멸은 채권의 효력의 한 모습이므로 원칙적으로 그 채권의 준거법에 의하며, 다음 사항에 대해서는 검토가 필요하다.

- **변제** : 변제에 관한 모든 문제는 그 채권의 준거법에 의한다. 다만, 지급수단인 화폐의 종류와 같은 변제의 태양에 관하여는 변제지법이 보조준거법으로 적용되는 경우가 있다.
- **상계** : 상계를 절차법상의 제도로 파악하고 있는 영미법계 국가에서는 법정지법에 의하도록 하고, 상계를 실질법상의 제도로 파악하는 대륙법계(대한민국 포함)에서는 채권의 준거법에 의하는 것이 타당하다. 상계로 채권이 소멸하기 위하여는 문제된 양 채권의 준거법상 소멸이 인정되어야 한다.

54 예컨대, 채권자의 교체가 생긴 것을 알지 못한 善意者 보호에 관한 규정, 채권자로 칭하는 자가 복수인 경우 공탁가능성 및 항변이나 상계가능성의 보유에 관한 규정 등을 들 수 있다.

55 안강현, 전게서, pp.270－272.

- **면제** : 면제에 의하여 채권이 소멸되는가는 채권의 효력의 문제이므로 채권 자체의 준거법에 의한다.
- **소멸시효** : 소멸시효의 준거법에 관하여 법정지법설, 채권준거법설, 채무자의 주소지법설 등이 있으나, 채권준거법설이 타당하다. 시효기간도 채권의 준거법에 의한다.

- 대법원 2024. 10. 25. 선고 2022다243550 판결

[1] 외국적 요소가 있는 보험계약에서 보험자가 보험계약에 따라 피보험자에게 보험금을 지급하고 피보험자의 제3자에 대한 권리를 취득하는지 여부를 둘러싼 법률관계는 피보험자와 보험자 사이의 법률관계인 보험계약의 준거법에 따른다[구 국제사법(2022. 1. 4. 법률 제18670호로 전부 개정되기 전의 것) 제35조 제1항(현행 제55조 제1항) 참조].

영국 해상보험법(Marine Insurance Act 1906)의 법리에 따르면, 보험자가 소로써 피보험자의 제3자에 대한 손해배상청구권 등의 권리를 대위하기 위해서는 원칙적으로 피보험자의 이름으로 소를 제기할 권한을 부여받아 피보험자의 이름으로 소를 제기하여야 하고, 피보험자로부터 그의 권리를 양수하지 않은 채 자신의 이름으로 권리를 행사할 수 없다.

[2] 채권의 양도인과 양수인 사이의 채권양도에 관한 법률관계에 외국적 요소가 있는 경우에는 당사자 사이의 채권양도계약의 준거법에 따라 그 계약의 성립과 유효성을 판단한다[구 국제사법(2022. 1. 4. 법률 제18670호로 전부 개정되기 전의 것) 제29조 제1항, 제34조 제1항 참조]. 보험자가 피보험자로부터 그의 제3자에 대한 권리를 양수하는 법률관계에 외국적 요소가 있는 경우에는 보험자와 피보험자 사이의 채권양도계약의 준거법에 따라 그 계약의 성립과 유효성을 판단한다.

[판시사항]

[1] 외국적 요소가 있는 보험계약에서 보험자가 피보험자에게 보험금을 지급하고 피보험자의 제3자에 대한 권리를 취득하는지에 관한 법률관계의 준거법(=보험계약의 준거법)

[2] 외국적 요소가 있는 법률관계에 적용될 외국법규의 내용을 확정하고 그 의미를 해석하는 방법

[3] 영국 해상보험법(Marine Insurance Act 1906)에 따른 보험자대위의 의미와 범위 및 여기서 보험자가 '보험목적과 관련된 피보험자의 권리 또는 다른 구제수단을 대위한다.'는 것의 의미 / 영국 해상보험법상 보험자가 소로써 피보험자의 제3자에 대한 손해배상청구권 등의 권리를 대위하는 방법

[4] 영국 재산법(Law of Property Act 1925)상 채권적 권리의 양도가 유효하기 위한 요건 및 영국 형평법상 양도의 요건과 판단기준

[5] 갑 주식회사가 미국 소재 외국회사로부터 발전기 등을 수입하면서 화물의 운송을 을 주식회사에 의뢰한 후 병 보험회사와 피보험자를 갑 회사로 하고 협회적하약관(Institute Cargo Clauses A) 등을 보험조건으로 하는 적하보험계약을 체결하였는데, 정 주식회사가 을 회사의 미국 소재 파트너사로부터 의뢰를 받아 국내로 운송하여 갑 회사에 인도한 화물에 물리적 충격에 의한 손상이 있음이 확인되자, 병 회사가 갑 회사에 보험금을 지급하고 대위증서(Letter of Subrogation)를 교부받아 을 회사를 상대로 갑 회사의 손해배상청구권을 행사한 사안에서, 병 회사가 갑 회사에 보험금을 지급하고 갑 회사의 을 회사에 대한 손해배상청구권을 취득하는지를 둘러싼

법률관계는 적하보험계약에 관한 준거법인 영국법에 따르는데, 영국 해상보험법(Marine Insurance Act 1906)의 법리에 따르면 갑 회사에 보험금을 지급하더라도 갑 회사의 을 회사에 대한 손해배상청구권이 병 회사에 이전하는 것은 아니고, 위 대위증서의 기재 내용만으로는 영국 재산법(Law of Property Act 1925) 제136조 제1항에서 규정한 채권적 권리의 양도 요건이나 영국의 형평법상 양도 요건을 갖추었다고 보기도 어려우므로, 병 회사는 갑 회사의 을 회사에 대한 손해배상청구권을 행사할 수 없다고 한 사례

- 대법원 2024. 7. 25. 선고 2019다256501 판결

[1] 손해가 제3자의 행위로 인하여 발생한 경우에 보험금을 지급한 보험자가 제3자에 대한 보험계약자 또는 피보험자의 권리를 취득하는 법률관계는 그 법적 성질이 법률에 의한 채권의 이전에 해당한다.

구 국제사법(2022. 1. 4. 법률 제18670호로 전부 개정되기 전의 것, 이하 같다) 제35조 제1항 본문은 "법률에 의한 채권의 이전은 그 이전의 원인이 된 구채권자와 신채권자간의 법률관계의 준거법에 의한다."라고 규정하고 있으므로, 법률에 의하여 채권이 이전되는지 여부를 둘러싼 법률관계는 그 이전의 원인이 된 구채권자와 신채권자 사이의 법률관계의 준거법에 따른다.

이러한 구 국제사법 제35조 제1항 규정에 의하면, 외국적 요소가 있는 보험계약에서 보험자가 보험계약에 따라 피보험자에게 보험금을 지급하고 피보험자의 제3자에 대한 권리를 취득하는지 여부를 둘러싼 법률관계는 피보험자와 보험자 사이의 법률관계인 보험계약의 준거법에 따른다.

- 대법원 2007. 7. 12. 선고 2005다39617 판결

선박우선특권은 일정한 채권을 담보하기 위하여 법률에 의하여 특별히 인정된 권리로서 일반적으로 그 피담보채권과 분리되어 독립적으로 존재하거나 이전되기는 어려우므로, 선박우선특권이 유효하게 이전되는지 여부는 그 선박우선특권이 담보하는 채권의 이전이 인정되는 경우에 비로소 논할 수 있는 것인바, 국제사법 제60조(현행법 제94조) 제1호, 제2호에서 선적국법에 의하도록 규정하고 있는 사항은 선박우선특권의 성립 여부, 일정한 채권이 선박우선특권에 의하여 담보되는지 여부, 선박우선특권이 미치는 대상의 범위, 선박우선특권의 순위 등으로서 선박우선특권에 의하여 담보되는 채권 자체의 대위에 관한 사항은 포함되어 있지 않다고 해석되므로, 그 피담보채권의 임의대위에 관한 사항은 특별한 사정이 없는 한 국제사법 제35조 제2항(현행 제55조 제2항)에 의하여 그 피담보채권의 준거법에 의하여야 한다.

CHAPTER 07

친족

제1절 국제재판관할

제56조 혼인관계에 관한 사건의 특별관할

제56조【혼인관계에 관한 사건의 특별관할】 ① 혼인관계에 관한 사건에 대해서는 다음 각 호의 어느 하나에 해당하는 경우 법원에 국제재판관할이 있다.

1. 부부 중 한쪽의 일상거소가 대한민국에 있고 부부의 마지막 공동 일상거소가 대한민국에 있었던 경우
2. 원고와 미성년 자녀 전부 또는 일부의 일상거소가 대한민국에 있는 경우
3. 부부 모두가 대한민국 국민인 경우
4. 대한민국 국민으로서 대한민국에 일상거소를 둔 원고가 혼인관계 해소만을 목적으로 제기하는 사건의 경우

② 부부 모두를 상대로 하는 혼인관계에 관한 사건에 대해서는 다음 각 호의 어느 하나에 해당하는 경우 법원에 국제재판관할이 있다.

1. 부부 중 한쪽의 일상거소가 대한민국에 있는 경우
2. 부부 중 한쪽이 사망한 때에는 생존한 다른 한쪽의 일상거소가 대한민국에 있는 경우
3. 부부 모두가 사망한 때에는 부부 중 한쪽의 마지막 일상거소가 대한민국에 있었던 경우
4. 부부 모두가 대한민국 국민인 경우

관련 조항 제13조 : 합의관할(제8조), 변론관할(제9조) 비적용

1. 혼인관계에 관한 사건의 특별관할

혼인관계에 관한 사건에 대해서는 다음의 경우 대한민국 법원에 국제재판관할이 있다.

1) 부부 중 한쪽의 일상거소가 대한민국에 있고 부부의 마지막 공동 일상거소가 대한민국에 있었던 경우

2) 원고와 미성년 자녀 전부 또는 일부의 일상거소가 대한민국에 있는 경우
3) 부부 모두가 대한민국 국민인 경우
4) 대한민국 국민으로서 대한민국에 일상거소를 둔 원고가 혼인관계 해소만을 목적으로 제기하는 사건의 경우

사례연구

A(夫)와 B(婦)는 부부관계. B는 A를 상대로 대한민국 법원에 이혼 및 재산분할청구의 소 제기한 경우 대한민국 법원의 재판관할권은?

※ 참고로, 이혼은 혼인의 성립을 전제로 하므로 이혼소송에서 '혼인의 성립 여부'는 선결문제이고, '이혼의 허용 여부'는 본문제임. 따라서 이혼소송에서 피고가 '혼인의 불성립'을 다투는 경우, 우선 선결문제를 해결하여야 함. 선결문제의 준거법은 본 교재 '제1부 제2장 1. 법률관계의 성질결정과 선결문제' 참조.

◖ 사례 1 ◗
혼인 후 A와 B는 3년간 서울에 거주하다가 1년 전 A는 재직회사의 일본 지사 인사 발령으로 일본에 거주하고 있는 경우
☞ 대한민국 법원의 특별관할 인정(제56조 제1항 제1호)

◖ 사례 2 ◗
B(원고)는 미성년 아들 C와 서울에 거주하고 있고, A는 일본에 거주하고 있는 경우
☞ 대한민국 법원의 특별관할 인정(제56조 제1항 제2호)

◖ 사례 3 ◗
A와 B는 모두 대한민국 국적인 경우
☞ 대한민국 법원의 특별관할 인정(제56조 제1항 제3호)

◖ 사례 4 ◗
B(일상거소 서울)는 A(일상거소 일본)를 상대로 대한민국 법원에 혼인관계 해소만을 목적으로 이혼의 소 제기한 경우
☞ 대한민국 법원의 특별관할 인정(제56조 제1항 제4호)

◖ 사례 5 ◗
A(일본 국적)와 B(베트남 국적)은 현재 서울에 거주. 대한민국 법원에 혼인관계 해소만을 목적으로 이혼의 소 제기한 경우
☞ 대한민국 법원의 특별관할 인정(제56조 제1항 제1호)

2. 부부 모두를 상대로 하는 혼인관계에 관한 사건의 특별관할

부부 모두를 상대로 하는 혼인관계에 관한 사건에 대해서는 다음의 경우 대한민국 법원에 국제재판관할이 있다.

1) 부부 중 한쪽의 일상거소가 대한민국에 있는 경우
2) 부부 중 한쪽이 사망한 때에는 생존한 다른 한쪽의 일상거소가 대한민국에 있는 경우
3) 부부 모두가 사망한 때에는 부부 중 한쪽의 마지막 일상거소가 대한민국에 있었던 경우
4) 부부 모두가 대한민국 국민인 경우

사례연구

A(夫)와 B(婦)는 부부관계. A의 모친 C는 A와 B를 상대로 혼인 무효의 소 제기하는 경우 대한민국 법원의 관할권은?

◖ 사례 1 ◗
A의 일상거소 한국, B의 일상거소 베트남인 경우
☞ 대한민국 법원의 특별관할 인정(제56조 제2항 제1호)

◖ 사례 2 ◗
A는 한국국적 및 일상거소 베트남, B는 한국국적 취득 / 일상거소 베트남인 경우
☞ 대한민국 법원의 특별관할 인정(제56조 제2항 제4호)

3. 적용제외 규정(제13조)

제56조에 의하여 국제재판관할이 정하여지는 사건에는 제13조 규정에 따라 제8조의 합의관할, 제9조의 변론관할이 인정되지 아니한다.

제13조는 가사사건의 특수성을 참작하여 국제사법상 친족에 관한 사건 중 부양에 관한 사건의 관할규정(제60조)을 제외하고, 모든 사건에 합의관할·변론관할 규정의 적용을 배제한다. 따라서 원칙적으로 부양에 관한 사건에 합의관할·변론관할이 인정되기는 하나 그 규정에서 별도로 각 관할을 제한하고 있다.

4. 관련사건의 관할

혼인관계 사건의 주된 청구에 대하여 제56조에 따라 대한민국 법원에 국제재판관할이 인정

되는 경우, 이에 부수되는 청구에 대하여도 대한민국 법원에 소를 제기할 수 있다(제6조 제3항). 다만, 부수적 청구에 대해서만 대한민국 법원에 국제재판관할이 인정되는 경우 그 주된 청구에 대한 소를 대한민국 법원에 제기할 수 없다(제6조 제4항).

가사사건에서 주된 청구에 대하여 관할이 인정되는 경우 친권자·양육자 지정, 부양료 지급 등 해당 주된 청구에 부수되는 부수적 청구에 대해서도 관할이 인정된다. 그러나 부수적 청구에 대해서만 법원에 관할이 인정되는 경우 주된 청구에 대한 관할이 인정되지는 아니한다.

대법원 2021. 2. 4. 선고 2017므12552 판결

[2] 국제사법 제2조 제2항은 "법원은 국내법의 관할 규정을 참작하여 국제재판관할권의 유무를 판단하되, 제1항의 규정의 취지에 비추어 국제재판관할의 특수성을 충분히 고려하여야 한다."라고 정하고 있다. 따라서 국제재판관할권을 판단할 때 국내법의 관할 규정을 가장 기본적인 판단 기준으로 삼되, 해당 사건의 법적 성격이나 그 밖의 개별적·구체적 사정을 고려하여 국제재판관할 배분의 이념에 부합하도록 합리적으로 수정할 수 있다.

국제재판관할권에 관한 국제사법 제2조는 가사사건에도 마찬가지로 적용된다. 따라서 가사사건에 대하여 대한민국 법원이 재판관할권을 가지려면 대한민국이 해당 사건의 당사자 또는 분쟁이 된 사안과 실질적 관련이 있어야 한다. 그런데 가사사건은 일반 민사사건과 달리 공동생활의 근간이 되는 가족과 친족이라는 신분관계에 관한 사건이거나 신분관계와 밀접하게 관련된 재산, 권리, 그 밖의 법률관계에 관한 사건으로서 사회생활의 기본토대에 중대한 영향을 미친다. 가사사건에서는 피고의 방어권 보장뿐만 아니라 해당 쟁점에 대한 재판의 적정과 능률, 당사자의 정당한 이익 보호, 가족제도와 사회질서의 유지 등 공적 가치를 가지는 요소도 고려할 필요가 있다. 따라서 가사사건에서 '실질적 관련의 유무'는 국내법의 관할 규정뿐만 아니라 당사자의 국적이나 주소 또는 상거소(상거소), 분쟁의 원인이 되는 사실관계가 이루어진 장소(예를 들어 혼인의 취소나 이혼 사유가 발생한 장소, 자녀의 양육권이 문제되는 경우 자녀가 생활하는 곳, 재산분할이 주요 쟁점인 경우 해당 재산의 소재지 등), 해당 사건에 적용되는 준거법, 사건 관련 자료(증인이나 물적 증거, 준거법 해석과 적용을 위한 자료, 그 밖의 소송자료 등) 수집의 용이성, 당사자들 소송 수행의 편의와 권익보호의 필요성, 판결의 실효성 등을 종합적으로 고려하여 판단하여야 한다.

[3] 재판상 이혼과 같은 혼인관계를 다투는 사건에서 대한민국에 당사자들의 국적이나 주소가 없어 대한민국 법원에 국내법의 관할 규정에 따른 관할이 인정되기 어려운 경우라도 이혼청구의 주요 원인이 된 사실관계가 대한민국에서 형성되었고(부부의 국적이나 주소가 해외에 있더라도 부부의 한쪽이 대한민국에 상당 기간 체류함으로써 부부의 별거상태가 형성되는 경우 등) 이혼과 함께 청구된 재산분할사건에서 대한민국에 있는 재산이 재산분할대상인지 여부가 첨예하게 다투어지고 있다면, 피고의 예측가능성, 당사자의 권리구제, 해당 쟁점의 심리 편의와 판결의 실효성 차원에서 대한민국과 해당 사안 간의 실질적 관련성을 인정할 여지가 크다.

사례연구

A(夫)와 B(婦)는 모두 외국국적이고 외국에 주소 및 일상거소를 두고 있다. 그러나 A는 상당기간 한국에 체류하고,

부부 별거로 이혼 사유가 발생한 경우에 재판상 이혼청구에서 재산분할 대상의 재산이 한국에 있는 경우 대한민국 법원의 재판관할권은?

☞ 재산이 재산분할대상인지 여부가 첨예하게 다투어지고 있다면, 대한민국과의 실질적 관련성을 인정하여 대한민국 법원의 재판관할권을 인정할 수 있는데(제2조 제1항), 이 경우 법원은 실질적 관련의 유무를 판단할 때에 당사자 간의 공평, 재판의 적정, 신속 및 경제를 꾀한다는 국제재판관할 배분의 이념에 부합하는 합리적인 원칙에 따라야 한다. 현행 국제사법(2022 개정법)에서는 제2조의 일반원칙에 의한 재판관할권 인정은 구 국제사법(2001 개정법)에 비해 엄격하게 인정되어야 할 것이다.

제57조 친생자관계에 관한 사건의 특별관할

제57조【친생자관계에 관한 사건의 특별관할】 친생자관계의 성립 및 해소에 관한 사건에 대해서는 다음 각 호의 어느 하나에 해당하는 경우 법원에 국제재판관할이 있다.

1. 자녀의 일상거소가 대한민국에 있는 경우
2. 자녀와 피고가 되는 부모 중 한쪽이 대한민국 국민인 경우

친생자관계의 성립 및 해소에 관한 사건에 대해서는 ⅰ) 자녀의 일상거소가 대한민국에 있는 경우 또는 ⅱ) 자녀와 피고가 되는 부모 중 한쪽이 대한민국 국민인 경우 대한민국 법원에 국제재판관할이 있다.

친생자관계에 관한 사건의 특별관할 예시

- A(자녀)가 B(부친)를 상대로 친생자관계존재확인의 소 제기하는 경우, 대한민국 법원의 재판관할권은?
  - A(일상거소 한국) → **대한민국 법원에 특별관할(제57조 제1호)**
  - A(한국인), B(한국인) → **대한민국 법원에 특별관할(제57조 제2호)**

- B(부친)가 A(자녀)를 상대로 친생부인의 소 제기하는 경우, 대한민국 법원의 재판관할권은?
  - A(일상거소 한국) → **대한민국 법원에 특별관할(제57조 제1호)**
  - A(한국인). B(한국인) → **대한민국 법원에 특별관할(제57조 제2호)**

- **친생부인의 소** : 명백하게 친생자로 추정되는 자녀(예 혼인 중 출생, 혼인 성립 200일 이후 출생, 혼인종료 300일

이내 출생)가 친생자가 아님을 밝히고, 본인과 자녀 사이의 관계를 수정하기 위한 소송. 친생부인의 소는 夫 또는 婦는 다른 일반 또는 子를 상대로 그 사유가 있음을 안 날로 2년 이내 제기할 것(민법 제847조)

- **친생자관계부존재확인의 소** : 자녀가 명백하게 친생자로 추정하기 곤란한 경우에 제기하는 소

제58조 입양관계에 관한 사건의 특별관할

제58조【입양관계에 관한 사건의 특별관할】 ① 입양의 성립에 관한 사건에 대해서는 양자가 되려는 사람 또는 양친이 되려는 사람의 일상거소가 대한민국에 있는 경우 법원에 국제재판관할이 있다.

② 양친자관계의 존부확인, 입양의 취소 또는 파양(罷養)에 관한 사건에 관하여는 제57조를 준용한다.

ⅰ) 입양의 성립에 관한 사건에 대해서는 양자가 되려는 사람 또는 양친이 되려는 사람의 일상거소가 대한민국에 있는 경우 대한민국 법원에 국제재판관할이 있다. ⅱ) 양친자관계의 존부확인, 입양의 취소 또는 파양(罷養)에 관한 사건에 관하여는 ⓐ 양자의 일상거소가 대한민국에 있는 경우 또는 ⓑ 양자와 피고가 되는 부모 중 한쪽이 대한민국 국민인 경우 대한민국 법원에 국제재판관할이 있다.

사례연구

A(양자)는 B(양친)를 상대로 입양 무효의 소(또는 입양 취소의 소, 양친자관계 부존재확인의 소)를 제기하는 경우 대한민국 법원의 관할권은?

◖ 사례 1 ◗

A의 일상거소가 한국에 있고, B의 일상거소는 일본에 있는 경우

☞ 대한민국 법원에 특별관할(제58조 제2항, 제57조 제1호)

◖ 사례 2 ◗

A와 B 모두 한국인인 경우

☞ 대한민국 법원에 특별관할(제58조 제2항, 제57조 제2호)

第59조 부모 · 자녀 간의 법률관계에 관한 사건의 특별관할

> **第59조【부모 · 자녀 간의 법률관계 등에 관한 사건의 특별관할】** 미성년인 자녀 등에 대한 친권, 양육권 및 면접교섭권에 관한 사건에 대해서는 다음 각 호의 어느 하나에 해당하는 경우 법원에 국제재판관할이 있다.
> 1. 자녀의 일상거소가 대한민국에 있는 경우
> 2. 부모 중 한쪽과 자녀가 대한민국 국민인 경우

미성년인 자녀 등에 대한 친권, 양육권 및 면접교섭권에 관한 사건에 대해서는 i) 자녀의 일상거소가 대한민국에 있는 경우 또는 ii) 부모 중 한쪽과 자녀가 대한민국 국민인 경우 대한민국 법원에 국제재판관할이 있다.

第60조 부양에 관한 사건의 관할

> **第60조【부양에 관한 사건의 관할】** ① 부양에 관한 사건에 대해서는 부양권리자의 일상거소가 대한민국에 있는 경우 법원에 국제재판관할이 있다.
> ② 당사자가 부양에 관한 사건에 대하여 제8조에 따라 국제재판관할의 합의를 하는 경우 다음 각 호의 어느 하나에 해당하면 합의의 효력이 없다.
> 1. 부양권리자가 미성년자이거나 피후견인인 경우. 다만, 해당 합의에서 미성년자이거나 피후견인인 부양권리자에게 법원 외에 외국법원에도 소를 제기할 수 있도록 한 경우는 제외한다.
> 2. 합의로 지정된 국가가 사안과 아무런 관련이 없거나 근소한 관련만 있는 경우
>
> ③ 부양에 관한 사건이 다음 각 호의 어느 하나에 해당하는 경우에는 제9조를 적용하지 아니한다.
> 1. 부양권리자가 미성년자이거나 피후견인인 경우
> 2. 대한민국이 사안과 아무런 관련이 없거나 근소한 관련만 있는 경우

1. 부양사건의 관할(제1항)

부양에 관한 사건에 대해서는 부양권리자의 일상거소가 대한민국에 있는 경우 대한민국

법원에 국제재판관할이 있다. 이는 부양권리자의 보호필요성을 고려한 것이다.

2. 부양사건의 관할합의(제2항)

부양에 관한 사건도 제8조에 따라 관할합의를 할 수 있다. 그러나 관할합의가 다음 어느 하나에 해당하면 합의의 효력이 없다.

1) 부양권리자가 미성년자이거나 피후견인인 경우

※ 다만, 해당 합의에서 미성년자이거나 피후견인인 부양권리자에게 대한민국 법원 외에 외국법원에도 소를 제기할 수 있도록 한 경우는 관할합의 인정

2) 합의로 지정된 국가가 사안과 아무런 관련이 없거나 근소한 관련만 있는 경우

3. 부양사건의 변론관할(제3항)

부양에 관한 사건도 제9조의 변론관할이 적용된다. 그러나 다음 어느 하나에 해당하면 제9조의 변론관할이 적용되지 않는다.

1) 부양권리자가 미성년자이거나 피후견인인 경우

2) 대한민국이 사안과 아무런 관련이 없거나 근소한 관련만 있는 경우

제61조 후견에 관한 사건의 특별관할

제61조【후견에 관한 사건의 특별관할】 ① 성년인 사람의 후견에 관한 사건에 대해서는 다음 각 호의 어느 하나에 해당하는 경우 법원에 국제재판관할이 있다.

1. 피후견인(피후견인이 될 사람을 포함한다. 이하 같다)의 일상거소가 대한민국에 있는 경우
2. 피후견인이 대한민국 국민인 경우
3. 피후견인의 재산이 대한민국에 있고 피후견인을 보호하여야 할 필요가 있는 경우

② 미성년자의 후견에 관한 사건에 대해서는 다음 각 호의 어느 하나에 해당하는 경우 법원에 국제재판관할이 있다.

1. 미성년자의 일상거소가 대한민국에 있는 경우
2. 미성년자의 재산이 대한민국에 있고 미성년자를 보호하여야 할 필요가 있는 경우

1. 성년후견 사건의 국제재판관할(제1항)

성년인 사람의 후견에 관한 사건에 대해서는 다음 어느 하나에 해당하는 경우 대한민국 법원에 국제재판관할이 있다.

1) 피후견인(피후견인이 될 사람을 포함한다. 이하 같다)의 일상거소가 대한민국에 있는 경우
2) 피후견인이 대한민국 국민인 경우
3) 피후견인의 재산이 대한민국에 있고 피후견인을 보호하여야 할 필요가 있는 경우

2. 미성년후견 사건의 국제재판관할(제2항)

미성년자의 후견에 관한 사건에 대해서는 다음 어느 하나에 해당하는 경우 대한민국 법원에 국제재판관할이 있다.

1) 미성년자의 일상거소가 대한민국에 있는 경우
2) 미성년자의 재산이 대한민국에 있고 미성년자를 보호하여야 할 필요가 있는 경우

제62조 가사조정사건의 관할

제62조【가사조정사건의 관할】 제56조부터 제61조까지의 규정에 따라 법원에 국제재판관할이 있는 사건의 경우에는 그 조정사건에 대해서도 법원에 국제재판관할이 있다.

제56조부터 제61조까지의 규정에 따라 친족사건에서 대한민국 법원에 국제재판관할이 있는 경우에는 그 조정사건에 대해서도 대한민국 법원에 국제재판관할이 있다.

비송사건의 관할

제15조는 친족관계에 관한 비송사건에도 소에 대한 국제재판관할이 적용된다고 규정하고 있는바, 국제재판관할 규칙이 비송사건에 대하여도 직접 적용된다.

제2절 준거법

친족에 관한 법률관계에 대하여 속인법 중 본국법을 적용받는 것으로 하여 제63조~제73조에서 개별적인 규정을 두고 제74조에 보충적인 규정을 두며, 제75조에서는 후견에 관한 규정을 두고 있다.

第63조 혼인의 성립

> **第63조【혼인의 성립】** ① 혼인의 성립요건은 각 당사자에 관하여 그 본국법에 따른다.
> ② 혼인의 방식은 혼인을 한 곳의 법 또는 당사자 중 한쪽의 본국법에 따른다. 다만, 대한민국에서 혼인을 하는 경우에 당사자 중 한쪽이 대한민국 국민인 때에는 대한민국 법에 따른다.

1. 혼인의 성립요건(실질적 성립요건)(제1항)

혼인의 성립요건은 각 당사자에 관하여 그 본국법에 따른다. 여기서 혼인의 성립요건은 실질적 성립요건을 말하는 것으로 혼인연령, 혼인의사의 부존재, 사기·강박에 의한 혼인, 중혼의 금지, 근친혼금지 등이 해당된다.

혼인의 성립요건 예시

- A(X국인, 17세)와 B(Y국인, 18세)의 혼인. 혼인연령(X국법 18세, Y국법 17세) → **B(Y국인)는 Y국법상 혼인연령에 이르지 않아서 혼인 무효**
- A(X국, 18세)와 B(Y국, 17세)의 혼인. 혼인연령(X국 18세, Y국 17세) → **A(X국인)는 X국법에 따라 혼인연령, B(Y국인)는 Y국법에 따라 혼인연령에 이르러 혼인 유효**

2. 혼인의 방식(형식적 성립요건)(제2항)

혼인의 방식은 혼인을 한 곳의 법 또는 당사자 중 한쪽의 본국법에 따른다. 다만, 대한민국에서 혼인을 하는 경우에 당사자 중 한쪽이 대한민국 국민인 때에는 대한민국 법에 따른다. 여기서 혼인의 방식은 형식적 성립요건을 말하는 것으로 호적공무원(또는 성직자) 앞에서 혼인의 합의의 선언, 혼인신고 등이 여기에 해당된다.

현행 국제사법에서는 혼인거행지법 외에 당사자 일방의 본국법에 의한 혼인의 방식도 유효한 것으로 규정하는데, 이는 혼인의 보호를 위하여 혼인의 방식의 준거법을 보다 넓게 선택적으로 인정한 것이다.[1] 다만, 대한민국에서 혼인을 하는 경우 혼인당사자 중 한쪽이 한국인이면, 한국의 혼인 방식에 따르도록 규정하는데(이는 소위 "내국인조항"이라고 함), 이는 위와 같은 경우에 한국법이 아닌 타방 당사자의 본국법에 의한 방식만으로 혼인이 성립되는 것을 인정한다면 그 혼인관계가 우리 호적부에 전혀 명시되지 않은 채 유효하게 성립되어 신분관계에 혼란을 가져올 수 있으며, 그 혼인관계에서 출생한 자녀의 국적이나 지위가 불안정해지는 문제점을 고려한 것이다.[2]

사례연구

제6회 변호사시험

A국인 甲과 A국인 乙은 대한민국에 일상거소를 두고 있다. 甲과 乙은 100명의 하객이 참석한 가운데 서울에서 혼인식을 거행하였다. 甲은 유효한 유언장을 혼인 전에 작성하였고 자신의 재산상속에 관한 준거법으로 대한민국법을 지정하였다. 乙의 부모는 甲과 乙의 혼인이 유효하게 성립하지 않았다고 주장하는바, 그 당부를 판단하는 준거법은?

☞ 乙의 부모의 주장은 혼인의 실질적 요건 또는 형식적 요건 흠결을 주장하는 것이다. ⅰ) 혼인의 실질적 요건의 준거법은 각 당사자의 본국법(제63조 제1항)이므로 A국법(甲과 乙의 본국법)이 된다. ⅱ) 혼인의 형식적 요건인 혼인의 방식의 준거법은 혼인거행지법 또는 당사자 중 한쪽의 본국법인데(다만, 대한민국에서 혼인을 하는 경우에 당사자 중 한쪽이 대한민국 국민인 때에는 대한민국 법)(제63조 제2항), 이 사안에서는 서울에서 혼인식을 했으므로 준거법은 대한민국법(혼인거행지법) 또는 A국법(당사자중 한쪽의 본국법)이 된다.
만약, 이 사안에서 갑 또는 을이 대한민국 국적인 경우 혼인의 형식적 요건은 반드시 대한민국법에 따른다.

- **대법원 2022. 1. 27. 선고 2017므1224 판결【혼인의 무효 및 위자료】**
  [1] 국제사법 제36조 제1항은 "혼인의 성립요건은 각 당사자에 관하여 그 본국법에 의한다."라고 정하고 있다. 따라서 대한민국 국민과 베트남 국민 사이에 혼인의 성립요건을 갖추었는지를 판단하는 준거법은 대한민국 국민에 관해서는 대한민국 민법, 베트남 국민에 관해서는 베트남 혼인·가족법이다.
  대한민국 민법 제815조 제1호는 당사자 사이에 혼인의 합의가 없는 때에는 그 혼인을 무효로 한다고 정하고 있고, 베트남 혼인·가족법 제8조 제1항은 남녀의 자유의사에 따라 혼인을 결정하도록 정하고 있다. 따라서

1 법무부, 「국제사법 해설」, 2001, p.131.
2 법무부, 전게서, p.131.

대한민국 국민에게만 혼인의 의사가 있고 상대방인 베트남 국민과 혼인의 합의가 없는 때에는 대한민국 민법과 베트남 혼인·가족법 어느 법에 따르더라도 혼인의 성립요건을 갖추었다고 볼 수 없다.

국제사법 제36조(현행 제63조) 제1항은 실체법적인 혼인의 성립요건을 판단하기 위한 준거법을 정한 것이고, 성립요건을 갖추지 못한 혼인의 해소에 관한 쟁송 방법이나 쟁송 이후의 신분법적 효과까지 규율하고 있는 것은 아니다. 따라서 대한민국 국민이 당사자 사이에 혼인의 합의가 없어 혼인이 성립되지 않았음을 이유로 혼인의 해소를 구하는 소송에 관하여 법원은 대한민국 민법에 따라 혼인무효 여부를 판단할 수 있다.

[2] 민법 제815조 제1호에서 혼인무효의 사유로 정한 '당사자 간에 혼인의 합의가 없는 때'란 당사자 사이에 사회관념상 부부라고 인정되는 정신적·육체적 결합을 생기게 할 의사의 합치가 없는 경우를 뜻한다. 가정법원은 혼인에 이르게 된 동기나 경위 등 여러 사정을 살펴서 당사자들이 처음부터 혼인신고라는 부부로서의 외관만을 만들어 내려고 한 것인지, 아니면 혼인 이후에 혼인을 유지할 의사가 없어지거나 혼인관계의 지속을 포기하게 된 것인지에 대해서 구체적으로 심리·판단해야 하고, 상대방 배우자가 혼인을 유지하기 위한 노력을 게을리하였다거나 혼인관계 종료를 의도하는 언행을 하였다는 사정만으로 혼인신고 당시에 혼인의사가 없었다고 단정할 것은 아니다.

대한민국 국민이 베트남 배우자와 혼인을 할 때에는 대한민국에서 혼인신고를 할 뿐만 아니라 베트남에서 혼인 관련 법령이 정하는 바에 따라 혼인신고 등의 절차를 마치고 혼인증서를 교부받은 후 베트남 배우자가 출입국관리 법령에 따라 결혼동거 목적의 사증을 발급받아 대한민국에 입국하여 혼인생활을 하게 되는 경우가 많다. 이와 같이 대한민국 국민이 베트남 배우자와 혼인을 하기 위해서는 양국 법령에 정해진 여러 절차를 거쳐야 하고 언어 장벽이나 문화와 관습의 차이 등으로 혼인생활의 양상이 다를 가능성이 있기 때문에, 이러한 사정도 감안하여 당사자 사이에 혼인의 합의가 없는지 여부를 세심하게 판단할 필요가 있다.

- 대법원 2019. 12. 27. 선고 2018두55418 판결

국제사법에 의하면, 혼인의 성립요건은 각 당사자에 관하여 그 본국법에 의하고(제36조 제1항), 혼인의 방식은 혼인거행지법 또는 당사자 일방의 본국법에 의한다(제36조 제2항 본문). 이 규정은 우리나라 사람들 사이 또는 우리나라 사람과 외국인 사이의 혼인이 외국에서 거행되는 경우 그 혼인의 방식, 즉 형식적 성립요건은 그 혼인거행지의 법에 따라 정하여야 한다는 취지이고, 그 나라의 법이 정하는 방식에 따른 혼인절차를 마친 경우에는 혼인이 유효하게 성립하는 것이고 별도로 우리나라의 법에 따른 혼인신고를 하지 않더라도 혼인의 성립에 영향이 없으며, 당사자가 「가족관계의 등록 등에 관한 법률」 제34조, 제35조에 의하여 혼인신고를 한다 하더라도 이는 창설적 신고가 아니라 이미 유효하게 성립한 혼인에 관한 보고적 신고에 불과하다(대법원 1994. 6. 28. 선고 94므413 판결 참조).

제64조 혼인의 일반적 효력

제64조 【혼인의 일반적 효력】 혼인의 일반적 효력은 다음 각 호의 법의 순위에 따른다.

1. 부부의 동일한 본국법
2. 부부의 동일한 일상거소지법
3. 부부와 가장 밀접한 관련이 있는 곳의 법

혼인의 일반적 효력의 준거법은 ⅰ) 부부의 동일한 본국법(1순위) ⅱ) 부부의 동일한 일상거소지법(2순위) ⅲ) 부부와 가장 밀접한 관련이 있는 곳의 법(3순위)의 순위에 의한다. 이 규정은 제65조의 부부재산제, 제73조의 부부간의 부양문제를 제외한 혼인과 관련한 모든 문제에 적용된다. 여기서 '혼인의 효력'은 혼인이 성립하였는지 또는 혼인이 유효한지의 문제가 아니라, 유효하게 성립한 혼인의 결과 어떤 법적 효과 내지는 효력이 발생하는지의 문제이다.[3]

국제사법은 혼인의 효력의 준거법을 복수로 하여 '단계적 연결방법'[4]을 택했다. 우선 1단계로 신분문제에 있어 기본원칙인 본국법주의에 따라 부부의 동일한 본국법에 의하도록 하고(제1호), 국적이 다른 부부인 관계로 동일한 본국법이 없는 경우에는 2단계로서 부부의 동일한 일상거소지법을 준거법으로 하고(제2호), 만약 부부의 동일한 일상거소지법도 없는 경우에는 최종 3단계로 부부와 가장 밀접한 관련이 있는 곳의 법을 준거법으로 하였다(제3호). 참고로 제64조(혼인의 일반적 효력)에서는 부부의 '동일한 본국법'이라는 표현을 사용하고, 제73조(부양)에서는 당사자의 '공통 본국법'이라는 표현을 사용했는데, 이는 당사자 중 이중국적자가 있는 경우 의미에 차이가 생길 수 있다.

혼인의 효력 관련 준거법 규정

구 분	적용규정
동거의무	제64조 : 혼인의 일반적 효력에 해당
부양의무	제73조 : 이혼시의 부양의무를 제외한(제73조 제2항) 모든 부양의무는 제73조 적용
혼인 성년의제	제28조 : 행위능력의 문제로 보아 본국법

3 석광현, 「국제사법 해설」, 박영사, 2013, p.455.

4 혼인의 효력에 있어 단계적 연결방법으로는 크게 독일과 오스트리아가 취하고 있는 5단계법과 일본이 취하고 있는 3단계법으로 나뉜다. 3단계법은 동일한 본국법, 동일한 日常居所地法, 밀접관련지법 순으로 연결하는 방법이고, 5단계법은 동일한 본국법, 과거의 동일한 본국법, 동일한 日常居所地法, 과거의 동일한 日常居所地法, 밀접관련지법 순으로 연결하는 방법이다. 개정 심의과정에서 양자를 검토한 결과 5단계법보다 3단계법이 보다 단순명확하고, 또 과거의 屬人法보다는 현재의 屬人法이 현재 발생된 혼인의 효력문제를 해결하는데 보다 적절하며, 과거의 屬人法은 3단계법 하에서도 밀접관련지법으로서 고려 대상이 될 수 있다는 점에 따라 3단계법을 채택하였다(법무부, 전게서, p.133.).

제65조 부부재산제

제65조【부부재산제】 ① 부부재산제에 관하여는 제64조를 준용한다.

② 부부가 합의에 의하여 다음 각 호의 어느 하나에 해당하는 법을 선택한 경우 부부재산제는 제1항에도 불구하고 그 법에 따른다. 다만, 그 합의는 날짜와 부부의 기명날인 또는 서명이 있는 서면으로 작성된 경우에만 그 효력이 있다.

1. 부부 중 한쪽이 국적을 가지는 법
2. 부부 중 한쪽의 일상거소지법
3. 부동산에 관한 부부재산제에 대해서는 그 부동산의 소재지법

③ 대한민국에서 행한 법률행위 및 대한민국에 있는 재산에 관하여는 외국법에 따른 부부재산제로써 선의의 제3자에게 대항할 수 없다. 이 경우 외국법에 따를 수 없을 때에 제3자와의 관계에서 부부재산제는 대한민국 법에 따른다.

④ 제3항에도 불구하고 외국법에 따라 체결된 부부재산계약을 대한민국에서 등기한 경우에는 제3자에게 대항할 수 있다.

부부재산제의 준거법은 ⅰ) 합의에 의한 준거법이 우선하고(1순위), ⅱ) 합의에 의한 준거법이 없는 경우 ⓐ 부부의 동일한 본국법(2순위) ⓑ 부부의 동일한 일상거소지법(3순위) ⓒ 부부와 가장 밀접한 관련이 있는 곳의 법(4순위)의 순위에 의한다. 여기서 '부부재산제의 준거법'의 규율사항은 부부간에 부부재산계약을 체결할 수 있는지, 체결시기, 부부재산계약의 내용과 변경가능성 등이다.

1. 합의에 의한 준거법 선택(제2항)

부부재산제에 당사자자치 원칙을 도입하여 부부가 준거법을 선택하는 것을 허용하고[5], 준거법 선택시에는 이를 우선적으로 적용하도록 하였다(제2항 본문). 부부가 합의에 의하여 다음 어느 하나에 해당하는 법을 선택한 경우 부부재산제는 그 법에 따른다. 다만, 합의는 날짜[6]와 부부의

5 부부재산제에 當事者自治 원칙을 도입한 것은 다음과 같은 이유에서였다. 첫째, 부부재산제의 준거법에 관한 헤이그협약(Hague Convention on the Law Applicable to Matrimonial Property Regimes, 1978)과 최근 많은 외국의 입법례에서 이를 허용하고 있으므로 국제적 통일을 기할 수 있다. 둘째, 부부재산제는 재산적 측면이 강하므로 그 문제를 부부의 의사에 맡겨 그들간에 자유로운 재산관계의 형성과 관리를 가능하게 하는 것이 타당하다. 셋째, 부부재산제의 원칙적(객관적) 준거법에 단계적 연결방법이 도입됨으로써 밀접관련지와 같이 준거법의 예측이 곤란한 경우가 생기므로 예측가능성을 확보해 주기 위해 준거법 선택을 인정하는 것이 바람직하다. 넷째, 원칙적 준거법에 변경주의를 취하므로 부부재산제에 명확성과 고정성을 바라는 당사자의 의사를 존중해 주는 것이 좋다(법무부, 전게서, p.138.).

6 여기서는 일자만 기재되어 있으면 족하고, 확정일자를 요구하는 것은 아니다. 부부재산제의 준거법에 관한 헤이그협약 제13조도 동일한 취지로 규정하고 있다.

기명날인 또는 서명이 있는 서면으로 작성되어야 한다.

1) 부부 중 한쪽이 국적을 가지는 법
2) 부부 중 한쪽의 일상거소지법
3) 부동산에 관한 부부재산제에 대해서는 그 부동산의 소재지법

2. 혼인의 일반적 효력에 관한 제64조 준용(제1항)

부부재산제의 원칙적 준거법에 대하여는 혼인의 일반적 효력에 관한 규정을 준용하였다(제1항). 그 이유는 혼인의 재산적 효력을 혼인의 일반적 효력의 문제와 동일한 준거법에 의하도록 하는 것이 타당하기 때문이다. 따라서 합의에 의한 준거법 선택이 인정되지 않는 경우 부부재산제에 관하여는 다음 순서에 의한다.

1) 부부의 동일한 본국법
2) 부부의 동일한 일상거소지법
3) 부부와 가장 밀접한 관련이 있는 곳의 법

3. 내국거래 보호(제3항 · 제4항)

대한민국에서 행한 법률행위 및 대한민국에 있는 재산에 관하여는 외국법에 따른 부부재산제로써 선의의 제3자에게 대항할 수 없다. 이 경우 외국법에 따를 수 없을 때에 제3자와의 관계에서 부부재산제는 대한민국 법에 따른다. 그러나 외국법에 따라 체결된 부부재산계약을 대한민국에서 등기한 경우에는 제3자에게 대항할 수 있다.

부부재산제의 문제는 거래상대방인 제3자의 이익에도 영향을 미치며, 특히 준거법이 외국법인 경우 내국에서의 거래보호문제가 발생하게 된다. 국제사법은 이 문제를 해결하기 위하여 내국거래 보호조항을 마련하였다.

사례연구

한국인 남편 甲과 A국인 처 乙이 혼인한 후 한국에서 거주하면서 부부재산관계는 A국법에 의한다는 서면합의(날짜 기재하고, 각자 서명함)를 하였다. 甲은 혼인후 취득하여 자신 명의로 등기된 한국 내 토지를 무단으로 제3자인 한국인 丙에게 매각하고 소유권이전등기를 넘겨주었다. A국법에 의하면 혼인 후 취득한 부동산은 부부의 공통재산이

되어 각자 2분의 1 지분을 갖는 것으로 되어 있다. 이때 乙이 丙을 상대로 한국 법원에 소유권이전등기말소 청구를 제기한 경우 이것이 허용되는지의 여부를 어느 나라의 법률에 의할 것인가가 문제된다.

☞ 이 경우 丙이 선의라면 위 부부재산계약을 丙에게 대항할 수 없고, 또한 한국법에 따르게 되며, 만일 丙이 악의라면 A국법에 의한다(제65조 제3항). 그러나 위 부부재산계약을 우리나라에서 등기했다면 丙의 선의·악의를 불문하고 항상 A국법에 의하게 된다(제65조 제4항).

제66조 이혼

제66조【이혼】 이혼에 관하여는 제64조를 준용한다. 다만, 부부 중 한쪽이 대한민국에 일상거소가 있는 대한민국 국민인 경우 이혼은 대한민국 법에 따른다.

ⅰ) 부부 중 한쪽이 대한민국에 일상거소가 있는 대한민국 국민인 경우 이혼은 대한민국 법에 따르고(1순위), ⅱ) 그렇지 않은 경우 ⓐ 부부의 동일한 본국법(2순위) ⓑ 부부의 동일한 일상거소지법(3순위) ⓒ 부부와 가장 밀접한 관련이 있는 곳의 법(4순위)의 순위에 의한다.

이 규정은 이혼의 성립 및 효력(효과)를 규율한다. 이혼의 허용여부, 이혼사유, 이혼의 방법과 방식, 혼인의 해소, 기타 이혼의 효과(유책배우자의 위자료, 결혼비용 반환청구, 재산분할 등) 등 이혼과 관련된 모든 문제에 적용된다. 다만, 이혼한 당사자 간의 부양의무는 제73조 제2항에 의하고, 이혼청구에서 소유재산 반환청구는 소유재산 소재지법한다.

사례연구

◖ 사례 1 ◗

베트남 국민 甲과 대한민국 국민 乙은 혼인신고를 마친 법률상 부부임. 甲이 乙을 상대로 乙의 계속된 폭행 등으로 혼인이 파탄되었다고 주장하며 대한민국 법원에 이혼소송 제기

1) 재판관할권은?

2) 준거법은?

☞ ⅰ) 부부 모두가 대한민국 국민으로 재판관할권 인정(제56조 제1항) ⅱ) 乙은 대한민국 국민으로서 대한민국에 일상거소를 두고 있어 이혼에 관한 준거법은 대한민국법(즉, 민법)임(제66조 단서)(대법원 2021. 3. 25. 선고 2020므14763 판결).

◖ 사례 2 ◗

재판상이혼에 따른 위자료, 결혼비용반환청구는 이혼의 준거법에 따라야 할 것이므로 국제사법 제66조에 따라 우선 부부의 동일한 본국법에 의할 것이나, 재판상이혼청구에 이혼당사자 사이의 소유재산반환청구가 병합되어 제기된 경우에는 그 준거법은 성질상 별도로 결정되어야 하며, 이 경우 그 준거법은 국제사법 제33조 제1항에 따라 목적물 소재지법이 된다(대전지방법원 천안지원 1989. 3. 14. 선고 88드2012 가사심판부심판).

보충설명

부부 중 일방이 한국에 일상거소지를 둔 대한민국 국민인 경우 그가 협의이혼 신고서를 한국에서 호적공무원에게 제출하면 호적공무원은 이혼의 성립 여부를 검토하기 위해 준거법을 정해야 한다. 그런데 호적공무원의 입장에서는 부부의 동일한 본국이 한국이거나 동일한 일상거소지가 한국이라면 한국법의 요건을 검토하여 수리하면 되지만 그러한 공통점이 없다면 밀접관련지법을 적용해야 하는데(제64조 참조) 이는 확정하기가 매우 곤란하다. 더우기 혼인의 효력 문제와는 달리 이혼의 경우에는 동일한 일상거소지도 없는 경우가 자주 발생하게 되므로 이러한 문제의 발생가능성은 매우 클 것이다. 따라서 이러한 실무상의 난점을 피하기 위해 둔 것이 바로 단서 규정이다.

제67조 혼인 중의 부모 · 자녀관계 / 제68조 혼인 외의 부모 · 자녀관계

제67조【혼인 중의 부모 · 자녀관계】 ① 혼인 중의 부모 · 자녀관계의 성립은 자녀의 출생 당시 부부 중 한쪽의 본국법에 따른다.

② 제1항의 경우에 남편이 자녀의 출생 전에 사망한 때에는 남편의 사망 당시 본국법을 그의 본국법으로 본다.

제68조【혼인 외의 부모 · 자녀관계】 ① 혼인 외의 부모 · 자녀관계의 성립은 자녀의 출생 당시 어머니의 본국법에 따른다. 다만, 아버지와 자녀 간의 관계의 성립은 자녀의 출생 당시 아버지의 본국법 또는 현재 자녀의 일상거소지법에 따를 수 있다.

② 인지는 제1항에서 정하는 법 외에 인지 당시 인지자의 본국법에 따를 수 있다.

③ 제1항의 경우에 아버지가 자녀의 출생 전에 사망한 때에는 사망 당시 본국법을 그의 본국법으로 보고, 제2항의 경우에 인지자가 인지 전에 사망한 때에는 사망 당시 본국법을 그의 본국법으로 본다.

1. 혼인 중의 부모 · 자녀 관계(제67조)

혼인 중의 부모·자녀 관계의 성립은 자녀의 출생 당시 부부 중 한쪽의 본국법에 따른다. 다만, 남편이 자녀의 출생 전에 사망한 때에는 남편의 사망 당시 본국법을 그의 본국법으로 본다. 친자관계의 성립은 친자관계를 부인하지 아니할 것을 전제하는 것이므로 친생부인의 문제도 제67조에 따른다.

2. 혼인 외의 부모 · 자녀 관계(제68조)

1) 혼인 외의 부모 · 자녀 관계 성립의 준거법(제1항)

혼인 외의 부모·자녀관계의 성립은 자녀의 출생 당시 어머니의 본국법에 따른다. 다만, 아버지와 자녀 간의 관계의 성립은 자녀의 출생 당시 아버지의 본국법 또는 현재 자녀의 일상거소지법에 따를 수 있다.

2) 인지의 준거법 : 認知에서의 선택적 연결 인정

제1항에서 정하는 준거법 외에 인지 당시 인지자의 본국법에 따를 수 있다. 다만, 인지자가 인지 전에 사망[7]한 때에는 사망 당시 본국법을 그의 본국법으로 본다. 참고로 인지방식의 준거법은 법률행위 방식의 준거법인 제31조에 따른다.

제69조 혼인 외의 출생자

제69조 【혼인 외의 출생자】 ① 혼인 외의 출생자가 혼인 중의 출생자로 그 지위가 변동되는 경우에 관하여는 그 요건인 사실의 완성 당시 아버지 또는 어머니의 본국법 또는 자녀의 일상거소지법에 따른다.

② 제1항의 경우에 아버지 또는 어머니가 그 요건인 사실이 완성되기 전에 사망한 때에는 아버지 또는 어머니의 사망 당시 본국법을 그의 본국법으로 본다.

7 인지자가 인지 전에 사망한 때로는 재판에 의한 强制認知(민법 제 863조)의 경우 인지청구의 상대방이 사망한 때(이 경우에도 인지자는 사망자임)와 遺言認知(민법 859조 제2항, 이 경우 인지의 효력은 인지자가 사망한 때에야 발생하게 됨)에 의한 때를 생각할 수 있을 것이다(법무부, 전게서, p.152.).

준정(準正)이란, 혼인외의 출생자가 부모의 혼인을 원인으로 하여 혼인중의 출생자의 신분을 취득하는 제도를 말한다. 준정(準正)에 대한 준거법으로 ⅰ) 그 요건인 사실의 완성 당시 아버지 또는 어머니의 본국법 또는 자녀의 일상거소지법 중 선택할 수 있는데(제1항), ⅱ) 아버지 또는 어머니가 그 요건인 사실이 완성되기 전에 사망한 때에는 아버지 또는 어머니의 사망 당시 본국법을 그의 본국법으로 본다.[8]

준정 규정(제69조)은 2001년 개정 국제사법에서 신설했는데, 그 이유는 혼인중의 출생자와 혼인 외의 출생자를 구별하는 이상 그 의미는 계속 존재하며, 우리 민법 역시 準正을 인정하고 있으므로 국제사법의 차원에서도 준정에 관한 규정이 필요하기 때문이었다.

보충설명

준정(準正)[9]

우리 민법은「혼인에 의한 準正」만을 규정하고 있으나(민법 제855조 제2항),「혼인 중의 準正」 및「혼인해소 후의 準正」도 인정되는 것으로 해석되고 있다. 準正의 유형 중 ⅰ) 혼인에 의한 준정은 혼인 전에 출생하여 父로부터 認知를 받고 있는 子가 부모의 혼인에 의하여 準正되는 것이고, ⅱ) 혼인 중의 準正은 혼인 외의 子가 혼인 중에 비로소 부모로부터 認知를 받음으로써 準正되는 것이며, ⅲ) 혼인해소 후의 準正은 혼인 외의 子가 부모의 혼인 중에 인지되지 않고 있다가 부모의 혼인이 취소되거나 해소된 후에 認知됨으로써 準正되는 것을 말한다. 혼인에 의한 準正의 경우 부모가 혼인한 때에 準正의 효과가 발생하며(민법 제855조 제2항). 그 밖의 準正의 경우에도 명문의 규정은 없으나 부모가 혼인한 때로부터 혼인중의 출생자로 된다고 해석되고 있다.

제70조 입양 및 파양

제70조【입양 및 파양】 입양 및 파양은 입양 당시 양부모의 본국법에 따른다.

제71조【동의】 제68조부터 제70조까지의 규정에 따른 부모·자녀관계의 성립에 관하여 자녀의 본국법이 자녀 또는 제3자의 승낙이나 동의 등을 요건으로 할 때에는 그 요건도 갖추어야 한다.

8 이 규정은 혼인전의 출생자가 부모의 혼인 중에 인지되지 않고 있다가 부모의 혼인이 사망 등으로 해소된 후에 認知됨으로써 準正되는 경우 또는 국가기관에 의해 準正이 인정되는 경우 등에서 적용될 수 있을 것이다.

9 법무부, 전게서, p.150.

입양 및 파양은 입양 당시 양부모의 본국법에 따르고(제70조), 자녀의 본국법이 자녀 또는 제3자의 승낙이나 동의 등을 요건으로 할 때에는 그 요건도 갖추어야 한다(제71조). 국제사법에서는 입양의 성립 및 입양 자체의 효력에 관한 준거법을 양부모의 본국법으로 단일화하고, 입양의 성립과 관련한 자녀(또는 제3자)의 동의에 관하여 별도의 조항(제71조)을 두어 양부모의 본국법과 누적적으로 적용하도록 규정하였다.

제70조에 의한 준거법은 입양의 허부, 입양당사자의 연령, 입양 절차, 입양의 무효·취소, 입양의 효력(입양에 의한 양부모와 자녀 사이의 입양관계의 발생 및 확정), 파양 등에 적용된다. 그러나 '입양의 방식'은 형식적 성립요건으로 방식에 관한 일반원칙인 제31조의 적용을 받는다.

제71조 동의

제71조 【동의】 제68조부터 제70조까지의 규정에 따른 부모·자녀관계의 성립에 관하여 자녀의 본국법이 자녀 또는 제3자의 승낙이나 동의 등을 요건으로 할 때에는 그 요건도 갖추어야 한다.

제71조에서는 인지, 준정, 파양 등 친자관계의 성립에 있어서 자녀를 보호하기 위하여 일괄적인 동의 규정(이른바 세이프가드 규정)을 마련하였다. 혼인 외의 부모·자녀 관계(제68조), 혼인 외의 출생자(제69조), 입양 및 파양(제70조)에 따른 부모·자녀관계의 성립에 관하여 자녀의 본국법이 자녀 또는 제3자의 승낙이나 동의 등을 요건으로 할 때에는 그 요건도 갖추어야 한다. 인지나 준정에서 친자관계의 성립을 용이하게 하는 것이 반드시 자녀를 위한 것이라고 볼 수는 없다. 각국의 실질법은 이에 대비하여 입양을 비롯하여 인지나 준정 시 자녀를 보호하기 위해 자녀나 모(母)의 동의나 승낙, 공적기관의 허락 등을 요구하는 경우가 많다. 만약 子의 본국법에서 친자관계의 성립에 이처럼 子 측의 동의 등을 요구하고 있다면 그러한 동의 규정은 진정으로 자녀를 보호한다는 관점에서 국제사법적으로도 적용되어야 한다. 이에 따라 국제사법은 제71조에 친자관계의 성립 및 입양에 적용될 일괄적인 동의 규정을 두었다. 이때 자녀의 본국법은 누적적으로 적용되며, 연결시점은 성립당시(즉, 입양시, 認知시, 準正시)가 될 것이다. 한편 제71조의 동의규정은 친자관계의 성립에만 적용되므로, 입양의 효력이나 파양의 경우에는 子의 본국법이 적용되지 아니한다.[10] 참고로 제71조는 자녀를 보호하기 위하여 자녀의 본국법을 누적적으로

10 법무부, 전게서, p.159.

적용하는 규정인바, 반정은 허용되지 않는다고 보는 것이 규정취지에 부합할 것이다.[11]

제72조 부모 · 자녀 간의 법률관계

제72조【부모 · 자녀 간의 법률관계】 부모 · 자녀 간의 법률관계는 부모와 자녀의 본국법이 모두 동일한 경우에는 그 법에 따르고, 그 외의 경우에는 자녀의 일상거소지법에 따른다.

부모 · 자녀 간의 법률관계는 ⅰ) 부모와 자녀의 본국법이 모두 동일한 경우에는 그 법에 따르고, ⅱ) 그 외의 경우에는 자녀의 일상거소지법에 따른다. '부모 · 자녀 간의 법률관계'란, 친자관계가 성립한 경우에 당해 친자 간에 발생하는 권리의무관계를 말한다.

부모 · 자녀 간의 법률관계 예시

친권자의 결정(부모 공동친권, 단독친권 등), 아동의 신상감호(감호교육, 거소지정권, 면접교섭권, 아동반환청구권 등), 아동의 재산관리(재산의 관리권과 우익권, 법정대리권, 재산행위에 대한 동의권 등), 기타 친권의 효력 및 소멸 등

제73조 부양

제73조【부양】 ① 부양의 의무는 부양권리자의 일상거소지법에 따른다. 다만, 그 법에 따르면 부양권리자가 부양의무자로부터 부양을 받을 수 없을 때에는 당사자의 공통 본국법에 따른다.

② 대한민국에서 이혼이 이루어지거나 승인된 경우에 이혼한 당사자 간의 부양의무는 제1항에도 불구하고 그 이혼에 관하여 적용된 법에 따른다.

③ 방계혈족 간 또는 인척 간의 부양의무와 관련하여 부양의무자는 부양권리자의 청구에 대하여 당사자의 공통 본국법에 따라 부양의무가 없다는 주장을 할 수 있으며, 그러한 법이 없을 때에는 부양의무자의 일상거소지법에 따라 부양의무가 없다는 주장을 할 수 있다.

11 석광현, 「국제사법 해설」, 박영사, 2013, p.509.

④ 부양권리자와 부양의무자가 모두 대한민국 국민이고, 부양의무자가 대한민국에 일상거소가 있는 경우에는 대한민국 법에 따른다.

1. 부양의무의 준거법(제1항)

부양의 의무는 부양권리자의 일상거소지법에 따른다. 다만, 부양권리자의 일상거소지법에 따르면 부양권리자가 부양의무자로부터 부양을 받을 수 없을 때에는 당사자의 공통 본국법에 따른다. 따라서 당사자의 일방 또는 쌍방이 복수의 국적을 가진 경우 국적 중 공통되는 것이 있으면 그 국가의 법이 공통 본국법이 된다.

2. 이혼한 당사자 간 부양의무의 준거법(제2항)

대한민국에서 이혼이 이루어지거나 승인된 경우에 이혼한 당사자 간의 부양의무는 제1항에도 불구하고 그 이혼에 관하여 적용된 법에 따른다.

3. 방계혈족 간 또는 인척간의 부양의무(제3항)

부양의무자는 부양권리자의 청구에 대하여 당사자의 공통 본국법에 따라 부양의무가 없다는 주장을 할 수 있으며, 그러한 법이 없을 때에는 부양의무자의 일상거소지법에 따라 부양의무가 없다는 주장을 할 수 있다.

4. 내국법 적용의 특례(제4항)

부양권리자와 부양의무자가 모두 대한민국 국민이고, 부양의무자가 대한민국에 일상거소가 있는 경우에는 대한민국 법에 따른다.

5. 반정의 배제(제22조)

제73조 규정에 의하여 부양의 준거법이 지정되는 경우 반정은 인정되지 않는다(제22조 제2항 제2호).

第74조 그 밖의 친족관계

第74조【그 밖의 친족관계】 친족관계의 성립 및 친족관계에서 발생하는 권리의무에 관하여 이 법에 특별한 규정이 없는 경우에는 각 당사자의 본국법에 따른다.

친족관계의 성립 및 친족관계에서 발생하는 권리의무에 관하여 이 법에 특별한 규정이 없는 경우에는 각 당사자의 본국법에 따른다(제74조). 이 규정은 친족관계에서 발생할 수 있는 법의 흠결에 대비한 규정이다.

第75조 후견

第75조【후견】 ① 후견은 피후견인의 본국법에 따른다.

② 법원이 제61조에 따라 성년 또는 미성년자인 외국인의 후견사건에 관한 재판을 하는 때에는 제1항에도 불구하고 다음 각 호의 어느 하나에 해당하는 경우 대한민국 법에 따른다.

1. 피후견인의 본국법에 따른 후견개시의 원인이 있더라도 그 후견사무를 수행할 사람이 없거나, 후견사무를 수행할 사람이 있더라도 후견사무를 수행할 수 없는 경우
2. 대한민국에서 후견개시의 심판(임의후견감독인선임 심판을 포함한다)을 하였거나 하는 경우
3. 피후견인의 재산이 대한민국에 있고 피후견인을 보호하여야 할 필요가 있는 경우

1. 후견의 준거법(제1항)

후견의 준거법은 피후견인의 본국법으로 한다(제1항). 후견의 준거법에 관하여는 피후견인의 본국법주의, 피후견인의 주소지법주의, 재산소재비법주의 등이 있는데, 국제사법은 피후견인의 본국법주의를 취하고 있다.

2. 내국법 적용의 특례(제2항)

후견의 준거법에 대하여 피후견인의 본국법주의를 관철하는 경우 피후견인의 보호에 미흡하거나 공익을 해치게 되는 결과를 초래하는 경우에 대비하여 내국법 적용(대한민국법 적용)의 특례를 규정하고 있다.

내국법 적용(대한민국법 적용) 특례의 요건은 다음과 같다. i) 제61조에 따라 대한민국 법원이 후견에 대하여 재판관할권을 가지고 ii) 외국인의 후견사건에 관한 재판을 하는 경우 iii) 다음 어느 하나에 해당되는 경우 대한민국 법이 준거법이 된다.

1) 피후견인의 본국법에 따른 후견개시의 원인이 있더라도 그 후견사무를 수행할 사람이 없거나, 후견사무를 수행할 사람이 있더라도 후견사무를 수행할 수 없는 경우

2) 대한민국에서 후견개시의 심판(임의후견감독인선임 심판을 포함한다)을 하였거나 하는 경우

3) 피후견인의 재산이 대한민국에 있고 피후견인을 보호하여야 할 필요가 있는 경우

후견의 준거법의 적용범위

- 후견개시의 원인
- 후견인의 선임 · 사임 · 해임
- 피후견인과 후견인 간의 권리의무(피후견인의 신상에 대한 후견인의 보호 · 교양권과 피후견인 인도청구권)
- 후견인의 법정대리권과 그에 대한 제한
- 후견인의 보수와 후견인의 재산에 대한 피후견인의 법정담보권을 포함한 피후견인과 후견인 간의 관계

대법원 2021. 7. 21. 선고 2021다201306 판결

미합중국 시민권자인 갑에 대해 미국법원에서 후견심판을 하여 갑의 아들 을이 후견인으로 선임되었는데, 후견기간 중에 갑의 동생 병이 갑의 대리인임을 주장하면서 갑 소유의 부동산에 관하여 매매계약 등을 체결하여 등기를 마쳤고, 이에 을이 위 매매계약 등은 을의 동의 없이 이루어진 것으로써 무효이므로 위 등기의 말소를 구한 사안에서, 국제사법에 의하면 행위능력은 그 본국법에 의하고(제13조 제1항), 후견은 피후견인의 본국법에 의하도록(제48조 제1항) 각 규정되어 있는바 미합중국인인 갑의 행위능력과 후견은 미합중국의 법률에 따라야 하므로 재산권에 관한 계약을 체결할 권리에 대해 행위무능력자가 된 갑의 재산에 관해 그 후견인인 을의 동의 없이 체결된 계약은 모두 무효라고 한 원심판단을 수긍한 사례

CHAPTER 08

상속

제1절 국제재판관할

제76조 상속 및 유언에 관한 사건의 관할

제76조【상속 및 유언에 관한 사건의 관할】 ① 상속에 관한 사건에 대해서는 다음 각 호의 어느 하나에 해당하는 경우 법원에 국제재판관할이 있다.

1. 피상속인의 사망 당시 일상거소가 대한민국에 있는 경우. 피상속인의 일상거소가 어느 국가에도 없거나 이를 알 수 없고 그의 마지막 일상거소가 대한민국에 있었던 경우에도 또한 같다.
2. 대한민국에 상속재산이 있는 경우. 다만, 그 상속재산의 가액이 현저하게 적은 경우에는 그러하지 아니하다.

② 당사자가 상속에 관한 사건에 대하여 제8조에 따라 국제재판관할의 합의를 하는 경우에 다음 각 호의 어느 하나에 해당하면 합의의 효력이 없다.

1. 당사자가 미성년자이거나 피후견인인 경우. 다만, 해당 합의에서 미성년자이거나 피후견인인 당사자에게 법원 외에 외국법원에도 소를 제기하는 것을 허용하는 경우는 제외한다.
2. 합의로 지정된 국가가 사안과 아무런 관련이 없거나 근소한 관련만 있는 경우

③ 상속에 관한 사건이 다음 각 호의 어느 하나에 해당하는 경우에는 제9조를 적용하지 아니한다.

1. 당사자가 미성년자이거나 피후견인인 경우
2. 대한민국이 사안과 아무런 관련이 없거나 근소한 관련만 있는 경우

④ 유언에 관한 사건은 유언자의 유언 당시 일상거소가 대한민국에 있거나 유언의 대상이 되는 재산이 대한민국에 있는 경우 법원에 국제재판관할이 있다.

⑤ 제1항에 따라 법원에 국제재판관할이 있는 사건의 경우에는 그 조정사건에 관하여도 법원에 국제재판관할이 있다.

1. 상속사건 및 그 조정사건의 국제재판관할(제1항 · 제5항)

1) 다음의 경우 대한민국 법원에 국제재판관할이 있다(제1항).

(1) 피상속인의 사망 당시 일상거소가 대한민국에 있는 경우(피상속인의 일상거소가 어느 국가에도 없거나 이를 알 수 없고 그의 마지막 일상거소가 대한민국에 있었던 경우에도 같다).

(2) 대한민국에 상속재산이 있는 경우. 다만, 그 상속재산의 가액이 현저하게 적은 경우에는 그러하지 아니하다.

2) 제76조 제1항에 따라 대한민국 법원에 상속사건에 대한 국제재판관할이 있는 경우 그 조정사건에 관하여도 대한민국 법원에 국제재판관할이 있다(제5항).

2. 상속에 관한 국제재판관할합의의 허용 및 그 한계(제2항)

원칙적으로 상속에 관한 국제재판관할합의는 허용된다. 그러나 ⅰ) 당사자가 미성년자이거나 피후견인인 경우[해당 합의에서 미성년자이거나 피후견인인 당사자에게 법원 외에 외국법원에도 소를 제기하는 것을 허용하는 경우(추가적 관할 인정)는 제외] 또는 ⅱ) 합의로 지정된 국가가 사안과 아무런 관련이 없거나 근소한 관련만 있는 경우에는 관할합의의 효력이 없다.

3. 상속에 관한 사건의 변론관할(제3항)

상속에 관한 사건도 원칙적으로 제9조의 변론관할이 인정된다. 그러나 ⅰ) 당사자가 미성년자이거나 피후견인인 경우 또는 ⅱ) 대한민국이 사안과 아무런 관련이 없거나 근소한 관련만 있는 경우에는 변론관할이 제한된다.

4. 유언사건의 특별관할(제5항)

유언에 관한 사건은 ⅰ) 유언자의 유언 당시 일상거소가 대한민국에 있거나 ⅱ) 유언의 대상이 되는 재산이 대한민국에 있는 경우 법원에 국제재판관할이 있다(제76조 제5항). 그리고 이 규정에 따라 대한민국 법원에 국제재판관할이 인정되는 경우 합의관할(제8조), 변론관할(제9조)의 규정을 적용하지 아니한다(제13조).

제2절 준거법

제77조 상속

> **제77조 【상속】** ① 상속은 사망 당시 피상속인의 본국법에 따른다.
> ② 피상속인이 유언에 적용되는 방식에 의하여 명시적으로 다음 각 호의 어느 하나에 해당하는 법을 지정할 때에는 상속은 제1항에도 불구하고 그 법에 따른다.
> 1. 지정 당시 피상속인의 일상거소지법. 다만, 그 지정은 피상속인이 사망 시까지 그 국가에 일상거소를 유지한 경우에만 효력이 있다.
> 2. 부동산에 관한 상속에 대해서는 그 부동산의 소재지법

1. 상속의 준거법 결정에서 상속분할주의와 상속통일주의

상속의 준거법 결정에는 상속분할주의와 상속통일주의가 있다. ⅰ) 상속분할주의에서는 부동산상속은 소재지법, 동산상속은 피상속인의 주소지법 또는 본국법을 적용하고, ⅱ) 상속통일주의에서는 부동산·동산 모두 피상속인의 주소지법 또는 본국법을 적용한다.

2. 상속의 준거법(상속통일주의)(제1항)

상속의 준거법은 사망 당시 피상속인의 본국법을 준거법으로 한다. 이와 같이 국제사법은 상속통일주의를 채택하고 있다. 여기서 상속은 재산상속과 신분상속, 포괄상속과 특정상속, 법정상속과 유언상속을 구별하지 않는다. 그리고 상속의 준거법은 상속개시의 원인과 시기, 상속인의 범위, 상속능력, 상속결격사유, 상속의 승인 및 포기, 상속분 등에 적용된다. 한편, 피상속인의 본국법이 대한민국의 공서에 반하는 경우(제23조) 그 적용이 배제된다.

3. 당사자자치의 도입(제2항)

피상속인이 유언에 적용되는 방식(제78조 제3항)에 의하여 명시적으로 다음의 어느 하나에 해당하는 법을 지정할 때에는 상속은 제1항에도 불구하고 그 법에 따른다.

1) 지정 당시 피상속인의 일상거소지법. 다만, 그 지정은 피상속인이 사망 시까지 그 국가에 일상거소를 유지한 경우에만 효력이 있다.

2) 부동산에 관한 상속에 대해서는 그 부동산의 소재지법

상속의 준거법의 적용범위

- 상속의 개시 : 상속개시의 원인, 시기, 장소
- 상속인 : 누가 상속인이 되는가
- 상속재산 : 상속재산의 구성과 그 이전
- 상속분, 유류분
- 상속의 승인 및 포기
- 사인증여 : 채권계약의 준거법 견해와 상속의 준거법 견해의 대립

사례연구

제6회 변호사시험

A국인 甲과 A국인 乙은 대한민국에 일상거소를 두고 있다. 甲과 乙은 100명의 하객이 참석한 가운데 서울에서 혼인식을 거행하였다. 甲은 유효한 유언장을 혼인 전에 작성하였고 자신의 재산상속에 관한 준거법으로 대한민국법을 지정하였다. 甲과 乙은 예정대로 태국으로 신혼여행을 갔다. 태국에서 해상여행 중 그들이 탑승한 소형 선박이 정비불량으로 침몰하여 甲과 乙 모두 실종되었다. 태국경찰은 실종자 수색 끝에 甲과 乙을 발견하였으나, 乙은 이미 사망한 상태였고 甲은 구조된 후 3일 뒤 사망하였다. 甲의 부모는 乙의 재산이 甲에게 상속된 뒤, 乙의 재산 및 甲의 재산 모두가 다시 甲의 부모에게 상속되었다고 주장한다. 甲과 乙의 유효한 혼인이 성립되었음을 전제로, 이러한 **1) 甲의 부모의 주장에 대한 준거법은? 2) 위 상속사건 관련 甲의 부모의 제소에 대해 대한민국법원에 국제재판관할권이 있는지?**

전제 A국법상 자녀가 없는 부부 중 일방이 사망한 경우, 그의 재산 전부는 생존 배우자에게 상속된다.

☞ 1. 甲의 부모의 주장에 대한 준거법

상속은 사망 당시 피상속인의 본국법에 의한다(제77조 제1항). 피상속인은 상속의 준거법으로 지정 당시 피상속인의 일상거소지법으로 지정할 수 있다(제77조 제2항). 1) 乙이 먼저 사망하였는바, **乙의 상속의 준거법**은 사망 당시 자신의 본국법인 A국법이다. A국법에 따라 乙의 재산은 甲에게 상속된다. 2) 피상속인이 유언에 적용되는 방식에 의하여 명시적으로 지정 당시 피상속인의 일상거소지법을 지정한 경우(다만, 그 지정은 피상속인의 사망 시까지 그 국가에 일상거소를 유지할 것) 그 법이 상속의 준거법이 된다(제77조 제2항 제1호). 피상속인 甲은 자신의 일상거소지국법(대한민국법)을 재산상속의 준거법으로 지정하였고, 사망시까지 대한민국에 일상거소를 유지하였으므로 **甲의 재산상속의 준거법**은 대한민국법이 된다. 따라서 이 사안에서 甲의 부모의 주장에 대한 준거법은 대한민국법이 된다.

2. 대한민국법원의 재판관할권

피상속인의 사망 당시 일상거소가 대한민국에 있는 경우 대한민국 법원에 국제재판관할이 있다(제76조 제1

항). 사망 당시 甲의 일상거소는 대한민국에 있었기 때문에 갑의 재산상속에 대하여 대한민국법원은 국제재판관할을 가진다. 한편, 乙의 재산상속도 쟁점이 될 수 있는바, 사망 당시 乙의 일상거소는 대한민국에 있었기 때문에 乙의 재산상속에 대하여도 대한민국법원은 국제재판관할을 가진다.

제78조 유언

제78조【유언】 ① 유언은 유언 당시 유언자의 본국법에 따른다.

② 유언의 변경 또는 철회는 그 당시 유언자의 본국법에 따른다.

③ 유언의 방식은 다음 각 호의 어느 하나의 법에 따른다.

1. 유언자가 유언 당시 또는 사망 당시 국적을 가지는 국가의 법
2. 유언자의 유언 당시 또는 사망 당시 일상거소지법
3. 유언 당시 행위지법
4. 부동산에 관한 유언의 방식에 대해서는 그 부동산의 소재지법

관련 조항 제78조 제3항에 따라 유언의 방식의 준거법이 지정되는 경우 반정(제22조) 비적용

1. 유언의 성립과 효력, 유언의 철회(제1항 · 제3항)

유언은 유언 당시 유언자의 본국법에 따른다. 그리고 유언의 변경 또는 철회는 그 당시 유언자의 본국법에 따른다.

2. 유언의 방식(제3항)

유언의 방식은 다음 각 호의 어느 하나의 법에 따른다. 이는 유언방식의 준거법에 관한 헤이그협약을 수용한 것으로 다음 중에서 어느 하나의 방식요건을 충족하면 유효하다.

1) 유언자가 유언 당시 또는 사망 당시 국적을 가지는 국가의 법

2) 유언자의 유언 당시 또는 사망 당시 일상거소지법

3) 유언 당시 행위지법

4) 부동산에 관한 유언의 방식에 대해서는 그 부동산의 소재지법

한편, 이 규정에 따라 유언의 방식의 준거법이 지정되는 경우 반정이 적용되지 않는다(제22조 제2항 제4호).

CHAPTER 09

어음 · 수표

추심결제방식의 무역거래에서는 항상 환어음이 발행되고, 신용장방식의 무역거래에서도 환어음이 발행되는 경우가 많다. 또한, 해외건설, 자원개발, 선박수출 등 대규모 국제거래에서는 약속어음이 발행되는 경우가 있다. 그 외 국제결제 수단으로 오랜 기간 동안 수표가 사용되어 왔다(다만, SWIFT를 통한 전신송금의 보편화로 최근에는 거의 사용되지 않음). 국제거래(무역거래)에서 환어음·약속어음·수표 등이 사용되는 경우 발행·배서·인수·지급 등 일련의 어음·수표행위가 서로 다른 국가에서 행해지는 경우가 많은데, 이 경우에 어음·수표의 관련 문제를 어느 국가의 법에 따라 해결할 것인지의 문제가 발생한다.

제1절 국제재판관할

제79조 어음 · 수표에 관한 소의 특별관할

> **제79조【어음 · 수표에 관한 소의 특별관할】** 어음·수표에 관한 소는 어음·수표의 지급지가 대한민국에 있는 경우 법원에 제기할 수 있다.

어음·수표의 지급지가 대한민국에 있는 경우 대한민국 법원에 특별관할이 인정된다. 민사소송법 제9조에서는 어음·수표 지급지의 특별재판적(어음·수표에 관한 소를 제기하는 경우에는 지급지의 법원에 제기할 수 있다)을 규정하고 있는데, 국제사법 제79조는 이를 수용한 규정이다.[1] 발행인, 배서인 등 다양한 이해관계인이 존재하는 어음·수표에 관한 소에 관하여 지급지에 특별관할을 인정하여 분쟁의 통일적 해결이 가능하도록 하였다. 이 특별관할규정은 어음·수표의 지급청구와 상환청구에 적용된다.

1 석광현, 「국제재판관할법」, 박영사, 2022, p.284.

사례연구

매도인 A사(한국회사)와 매수인 B사(영국회사) 간의 농업용 트랙터 10대 매매계약(대한민국법으로 준거법 합의)에서 대금결제조건은 추심결제방식으로 정하였고, A사는 물품(트랙터 10대)을 선적한 후 B사를 지급인으로, 지급지는 대한민국으로 하는 환어음을 발행하여 선적서류와 함께 C은행(한국의 시중은행)에 매도하였다. B사가 환어음을 인수한 후 만기일에 결제를 거절하자 C은행은 B사를 상대로 환어음 지급청구의 소를 대한민국 법원에 제기하였다. 대한민국 법원에 특별관할이 인정되는지?

☞ 환어음의 지급지는 대한민국이므로 대한민국 법원에 특별관할(제79조)

제2절 준거법

제80조 행위능력

제80조 【행위능력】 ① 환어음, 약속어음 및 수표에 의하여 채무를 부담하는 자의 능력은 그의 본국법에 따른다. 다만, 그 국가의 법이 다른 국가의 법에 따르도록 정한 경우에는 그 다른 국가의 법에 따른다.

② 제1항에 따르면 능력이 없는 자라 할지라도 다른 국가에서 서명을 하고 그 국가의 법에 따라 능력이 있을 때에는 그 채무를 부담할 수 있는 능력이 있는 것으로 본다.

1. 어음 · 수표 행위능력의 준거법 → 본국법주의와 전정의 허용(제1항)

환어음, 약속어음 및 수표에 의하여 채무를 부담하는 자의 능력은 그의 본국법에 의한다(본국법주의). 다만, 그 국가의 법(채무를 부담하는 자의 본국법)이 다른 국가의 법(제3국)에 따르도록 정한 경우에는 그 다른 국가의 법에 따른다[전정(轉定)의 허용]. 또한, 국제사법에 따라 외국법이 준거법으로 지정된 경우 그 국가의 국제사법에 따라 대한민국법이 적용되는 경우에는 대한민국법에 따른다(제22조 제1항).

전정(轉定)을 인정한 취지는 국제적 조화의 실현을 위한 것이다. 영미법계 국가의 다수가 제네바협약에 가입하지 않고 있고, 또한 이들 국가의 다수가 어음능력에 대해 본국법주의를 채택하고 있지 않은 점을 고려하여 전정(轉定)을 인정함으로써 해당 국가들이 지정하는 것과 동일한 준거법의 지정을 확보하기 위한 것이다.

2. 어음 · 수표 행위능력 → 행위지법의 보충적 적용(제2항)

제1항에 따르면 능력이 없는 자라 할지라도 다른 국가에서 서명을 하고 그 국가의 법에 따라 능력이 있을 때에는 그 채무를 부담할 수 있는 능력이 있는 것으로 본다. 따라서 어음 · 수표의 채무자가 본국법에 의하여 제한능력자인 경우에도 서명을 한 국가의 법에 의하여 능력자인 경우에는 어음·수표 행위에 대하여 책임을 지게 된다.

보충설명

제한능력자의 법률행위에 대하여 예외적으로 행위지법의 적용을 규정하는 제29조 제1항은 법률행위자와 그 상대방이 법률행위의 성립 당시에 동일한 국가 내에 있을 것을 요구. 그러나 제80조 제2항은 이를 요구하지 않는다.

제81조 수표지급인의 자격

제81조【수표지급인의 자격】 ① 수표지급인이 될 수 있는 자의 자격은 지급지법에 따른다.
② 지급지법에 따르면 지급인이 될 수 없는 자를 지급인으로 하여 수표가 무효인 경우에도 동일한 규정이 없는 다른 국가에서 한 서명으로부터 생긴 채무의 효력에는 영향을 미치지 아니한다.

1. 수표지급인의 자격 : 지급지법

수표지급인이 될 수 있는 자의 자격은 지급지법에 따른다(제1항). 대부분의 입법례가 어음지급인의 자격에는 제한을 두지 않으나, 수표지급인의 자격은 은행으로 제한하고 있다. 국제사법 제81조 제1항에서는 '누가 수표지급인이 될 수 있는지', '그에 위반한 경우(예 은행이외의 자를 지급인으로 발행한 수표)의 효력은 어떠한지' 등의 문제를 지급지의 법에 의하도록 규정하였다.

한편, 지급지법에 따르면 지급인이 될 수 없는 자를 지급인으로 하여 수표가 무효인 경우에도 동일한 규정이 없는 다른 국가에서 한 서명으로부터 생긴 채무의 효력에는 영향을 미치지 아니한다(제2항). 이 규정은 거래안전의 보호를 위한 규정이다. 문면상 무효인 수표에 배서나 보증 등 수표행위를 한 경우에 원칙적으로 이들 수표행위 자체는 아무런 효력이 없지만, 수표소지인이 수표의 발행인이나 배서인 등에 대해 갖는 상환청구의 이익을 고려하여 예외적으로 다른 국가에서 한 수표행위의 효력을 인정한 것이다.

제82조 방식

제82조【방식】 ① 환어음·약속어음의 어음행위 및 수표행위의 방식은 서명지법에 따른다. 다만, 수표행위의 방식은 지급지법에 따를 수 있다.

② 제1항에서 정한 법에 따를 때 행위가 무효인 경우에도 그 후 행위지법에 따라 행위가 적법한 때에는 그 전 행위의 무효는 그 후 행위의 효력에 영향을 미치지 아니한다.
③ 대한민국 국민이 외국에서 한 환어음·약속어음의 어음행위 및 수표행위의 방식이 행위지법에 따르면 무효인 경우에도 대한민국 법에 따라 적법한 때에는 다른 대한민국 국민에 대하여 효력이 있다.

1. 어음 · 수표의 방식 : 행위지법주의 원칙(제1항)

환어음, 약속어음 및 수표행위의 방식은 서명지법에 의한다. 다만, 수표행위의 방식은 지급지법에 의할 수도 있다.

2. 어음 · 수표의 방식 : 행위지법주의의 예외(제2항 · 제3항)

1) 어음 · 수표행위의 독립성(제2항)

제1항에서 정한 법에 따를 때 행위가 무효인 경우에도 그 후 행위지법에 따라 행위가 적법한 때에는 그 전 행위의 무효는 그 후 행위의 효력에 영향을 미치지 아니한다.

사례연구 : 행위지법주의의 예외

매도인 A(X국)는 X국에서 환어음을 발행하고, 서명하였다. X국법상 환어음의 발행지는 필수요건인데, A는 이를 누락하였다. 한편, 매수인 B(Y국)는 Y국에서 해당 환어음에 날인하여 인수(accept)하였는데, 이 환어음 인수는 Y국법상 적법하다.

☞ 환어음의 방식은 서명지법인 X국법에 의하는데, X국법에 따르면, 이 환어음은 무효이다. 그러나 B의 환어음 인수는 그 행위지법인 Y국법상 적법하므로 환어음은 유효하다.

2) 대한민국 국민 간의 어음 · 수표행위의 특칙(제3항)

대한민국 국민이 외국에서 한 환어음·약속어음의 어음행위 및 수표행위의 방식이 행위지법에 따르면 무효인 경우에도 대한민국 법에 따라 적법한 때에는 다른 대한민국 국민에 대하여 효력이 있다.

대한민국 국민 간의 어음·수표행위의 특칙 예시

- 매도인 A(중국)는 상하이에서 신용장 개설은행인 대한민국의 X은행 상하이 지점을 지급인으로 환어음을 발행하고, 대한민국의 Y은행 상하이 지점에 이 환어음을 매도하였으며, X은행 상하이 지점이 이 환어음을 인수하였다. 이 경우 X은행의 환어음 인수방식에 대하여는 대한민국법이 준거법이 될 수 있다(제82조 제3항).
- 매도인 A(대한민국)는 X국에서 약속어음을 발행하고, 서명하였다. X국법상 이 약속어음의 방식은 무효이지만, 대한민국법상 적법하다. 이 경우 약속어음은 매도인 A에 대하여 효력이 있다.

보충설명

법률행위는 "행위는 장소를 지배한다"는 원칙에 의하여 행위지법이 적용되는 것이 원칙이다. 그러나 어음·수표행위의 경우에는 그 특수성으로 인하여 학설과 입법례는 이행지법주의, 행위지법주의, 절충주의(행위지법 원칙+예외 인정) 등이 있다.

제83조 효력

제83조【효력】 ① 환어음의 인수인과 약속어음의 발행인의 채무는 지급지법에 따르고, 수표로부터 생긴 채무는 서명지법에 따른다.
② 제1항에 규정된 자 외의 자의 환어음·약속어음에 의한 채무는 서명지법에 따른다.
③ 환어음, 약속어음 및 수표의 상환청구권을 행사하는 기간은 모든 서명자에 대하여 발행지법에 따른다.

1. 어음·수표의 채무

환어음의 인수인과 약속어음의 발행인의 채무는 지급지법에 의하고, 수표로부터 생긴 채무(예 수표발행인의 의무)는 서명지법에 의하며, 그 외의 자(예 환어음의 발행인, 약속어음의 배서인)의 환어음 및 약속어음에 의한 채무는 서명지법에 의한다(예를 들어, 배서에 의한 권리 이전의 효력도 서명지법에 의함).

어음 · 수표의 채무 예시

매도인 A(X국)는 X국에서 매수인 B(Y국)를 지급인으로(또한, 지급장소 Y국) 하는 환어음을 발행하였고, 매수인 B는 이 환어음을 정히 인수하였다. 이 경우 매수인 B(Y국)의 환어음상 지급책임의 준거법은? → **지급지법(Y국법)**

2. 상환청구권 행사기간 : 발행지법(제3항)

환어음, 약속어음 및 수표의 상환청구권(소구권)을 행사하는 기간은 모든 서명자에 대하여 발행지법에 의한다.

환어음 인수인의 어음법상 의무 : 대법원 2000. 6. 9. 선고 98다35037 판결【신용장금액지급청구】

이 판결은, 신용장 거래에 부수하여 이루어지는 **환어음 인수인의 어음법상 의무**에 관한 **준거법이 환어음 지급지 소재지인 중국의 법**이지만 환어음이 지급제시되고 인수될 당시 중국에 어음관계를 규율하는 법이 존재하지 않았던 경우, 그 후 시행된 중국의 어음수표법을 유추적용하는 것이 조리에 부합한다고 한 사례임

기록에 의하여 이 사건에 관하여 보건대, 대한민국 법인인 원고가 이 사건 각 신용장에 기한 환어음 및 선적서류 등의 매입은행으로서 위 각 신용장의 개설은행인 중국법인인 피고에 대하여 그 신용장 대금의 지급을 구하고 있는 이 사건은 위 각 신용장이 외국법인인 피고에 의하여 개설된 점 등에 비추어 섭외적 생활관계에 따른 분쟁이라 할 것인바, 당사자 사이에 이 사건 각 신용장에는 1983년에 개정된 신용장통일규칙(Uniform Customs and Practice for Documentary Credit, 1983. Revision, I.C.C. Publication No.400, 이하 '제4차 신용장통일규칙'이라 한다)이 적용된다는 기재 외에 달리 준거법에 대한 약정이 없으므로, 먼저 이 사건 신용장 개설은행의 신용장에 따른 대금지급의무에 관하여는 위 당사자 사이의 약정에 의한 제4차 신용장통일규칙에 따르는 이외에는 섭외사법 제9조 및 제11조 제1항에 따라 행위지법인 신용장 개설은행이 지급 확약의 의사표시를 통지한 개설은행 소재지에서 시행되는 법인 중국법이 준거법이 된다고 할 것이고, 나아가 위 신용장 거래에 부수하여 이루어지는 환어음 인수인의 어음법상의 의무에 관하여는 섭외사법 제37조 제1항에 따라 이 사건 환어음의 지급지인 중국은행 라이아오닝 지점 소재지에서 시행되는 법인 중국법이 준거법이 된다고 할 것이다.

그런데 이 사건 각 환어음이 지급인에게 제시되고 조건부로 인수될 무렵 중국에는 어음관계를 규율하는 법이 존재하지 아니하여 외국법이 흠결된 경우에 해당하고, 나아가 당사자가 제출하는 모든 증거에 의하더라도 중국에서의 환어음 인수에 관한 관습법의 내용을 확인할 수 없으므로, 결국 법원으로서는 조리에 따라 재판하여야 할 것인바, 그 조리의 내용으로서는 앞서 본 바와 같은 법리에 따라 그 당시 중국에서 어음관계에 적용될 수 있는 법과 가장 유사하다고 생각되는 이 사건 환어음 제시 이후인 1995. 5. 10. 제정되고 1996. 1. 1.부터 시행되는 중국의 어음수표법 등을 참조하여 유추할 수 있다 할 것이다.

第84조 원인채권의 취득

第84조【원인채권의 취득】 어음의 소지인이 그 발행의 원인이 되는 채권을 취득하는지 여부는 어음의 발행지법에 따른다.

어음의 소지인이 그 발행의 원인이 되는 채권을 취득하는지 여부는 어음의 발행지법에 따른다.

第85조 일부인수 및 일부지급

第85조【일부인수 및 일부지급】 ① 환어음의 인수를 어음 금액의 일부로 제한할 수 있는지 여부 및 소지인이 일부지급을 수락할 의무가 있는지 여부는 지급지법에 따른다.
② 약속어음의 지급에 관하여는 제1항을 준용한다.

환어음의 인수를 어음 금액의 일부로 제한할 수 있는지 여부 및 소지인이 일부지급을 수락할 의무가 있는지 여부는 지급지법에 따른다. 그리고 이 규정은 약속어음의 지급에 관하여 준용한다. 이 준용규정에 따라 약속어음 발행인의 지급을 일부로 제한할 수 있는지와 수취인이 일부지급을 수락할 의무가 있는지 여부는 지급지법에 따른다.

第86조 권리의 행사 · 보전을 위한 행위의 방식

第86조【권리의 행사 · 보전을 위한 행위의 방식】 환어음, 약속어음 및 수표에 관한 거절증서의 방식, 그 작성기간 및 환어음, 약속어음 및 수표상의 권리의 행사 또는 보전에 필요한 그 밖의 행위의 방식은 거절증서를 작성하여야 하는 곳 또는 그 밖의 행위를 행하여야 하는 곳의 법에 따른다.

환어음, 약속어음 및 수표에 관한 거절증서의 방식, 그 작성기간 및 환어음, 약속어음 및 수표상의 권리의 행사 또는 보전에 필요한 그 밖의 행위의 방식은 거절증서를 작성하여야 하는 곳 또는 그 밖의 행위를 행하여야 하는 곳의 법에 따른다.

제87조 상실 · 도난

제87조 【상실 · 도난】 환어음, 약속어음 및 수표의 상실 또는 도난의 경우에 수행하여야 하는 절차는 지급지법에 따른다.

환어음, 약속어음 및 수표의 상실 또는 도난의 경우에 수행하여야 하는 절차는 지급지법에 따른다.

제88조 수표의 지급지법

제88조 【수표의 지급지법】 수표에 관한 다음 각 호의 사항은 수표의 지급지법에 따른다.
1. 수표가 일람출급(一覽出給)이 필요한지 여부, 일람 후 정기출급으로 발행할 수 있는지 여부 및 선일자수표(先日字手標)의 효력
2. 제시기간
3. 수표에 인수, 지급보증, 확인 또는 사증을 할 수 있는지 여부 및 그 기재의 효력
4. 소지인이 일부지급을 청구할 수 있는지 여부 및 일부지급을 수락할 의무가 있는지 여부
5. 수표에 횡선을 표시할 수 있는지 여부 및 수표에 "계산을 위하여"라는 문구 또는 이와 동일한 뜻이 있는 문구의 기재의 효력. 다만, 수표의 발행인 또는 소지인이 수표면에 "계산을 위하여"라는 문구 또는 이와 동일한 뜻이 있는 문구를 기재하여 현금의 지급을 금지한 경우에 그 수표가 외국에서 발행되고 대한민국에서 지급하여야 하는 것은 일반횡선수표의 효력이 있다.
6. 소지인이 수표자금에 대하여 특별한 권리를 가지는지 여부 및 그 권리의 성질
7. 발행인이 수표의 지급위탁을 취소할 수 있는지 여부 및 지급정지를 위한 절차를 수행할 수 있는지 여부
8. 배서인, 발행인, 그 밖의 채무자에 대한 상환청구권 보전을 위하여 거절증서 또는 이와 동일한 효력을 가지는 선언이 필요한지 여부

수표에 관한 아래 각 호의 사항(1.~8.)은 수표의 지급지법에 따른다. 이는 수표는 현금에 갈음하는 것으로 수표의 중점은 지급인에게 있다고 볼 수 있기 때문이다. 국제사법도 지급지법주

의를 원칙으로 규정하고 있으며, 지급지법에 의하는 세부사항은 다음과 같다.

1. 수표가 일람출급(一覽出給)이 필요한지 여부, 일람 후 정기출급으로 발행할 수 있는지 여부 및 선일자수표(先日字手標)의 효력
2. 제시기간
3. 수표에 인수, 지급보증, 확인 또는 사증을 할 수 있는지 여부 및 그 기재의 효력
4. 소지인이 일부지급을 청구할 수 있는지 여부 및 일부지급을 수락할 의무가 있는지 여부
5. 수표에 횡선을 표시할 수 있는지 여부 및 수표에 "계산을 위하여"라는 문구 또는 이와 동일한 뜻이 있는 문구의 기재의 효력. 다만, 수표의 발행인 또는 소지인이 수표면에 "계산을 위하여"라는 문구 또는 이와 동일한 뜻이 있는 문구를 기재하여 현금의 지급을 금지한 경우에 그 수표가 외국에서 발행되고 대한민국에서 지급하여야 하는 것은 일반횡선수표의 효력이 있다.
6. 소지인이 수표자금에 대하여 특별한 권리를 가지는지 여부 및 그 권리의 성질
7. 발행인이 수표의 지급위탁을 취소할 수 있는지 여부 및 지급정지를 위한 절차를 수행할 수 있는지 여부
8. 배서인, 발행인, 그 밖의 채무자에 대한 상환청구권 보전을 위하여 거절증서 또는 이와 동일한 효력을 가지는 선언이 필요한지 여부

어음·수표의 준거법 정리

본국법	지급지법	서명지법	발행지법
• 어음·수표의 행위능력(제80조 제1항)	• 수표지급인의 자격(제81조 제1항) • 수표행위의 방식(보충적, 제82조 제1항 단서) • 환어음 인수인 및 약속어음 발행인의 채무(제83조 제1항전단) • 일부인수 및 일부지급(제85조) • 상실 및 도난(제87조) • 선일자수표의 효력(제88조)	• 어음·수표행위의 방식(제82조 제2항본문) • 수표로부터 생긴 채무(예 수표 발행인의 의무)(제83조 제1항) • 환어음 인수인 및 약속어음 발행인 외의 자의 채무(예 환어음 발행인 또는 약속어음 배서인의 의무)(제83조 제2항)	• 소구권 행사기간(제83조 제3항) • 원인채권의 취득(제84조)

CHAPTER 10

해상

제1절 국제재판관할

제89조 선박소유자등의 책임제한사건의 관할

제89조【선박소유자등의 책임제한사건의 관할】 선박소유자 · 용선자(傭船者) · 선박관리인 · 선박운항자, 그 밖의 선박사용인(이하 "선박소유자등"이라 한다)의 책임제한사건에 대해서는 다음 각 호의 어느 하나에 해당하는 곳이 대한민국에 있는 경우에만 법원에 국제재판관할이 있다.

1. 선박소유자등의 책임제한을 할 수 있는 채권(이하 "제한채권"이라 한다)이 발생한 선박의 선적(船籍)이 있는 곳
2. 신청인인 선박소유자등에 대하여 제3조에 따른 일반관할이 인정되는 곳
3. 사고발생지(사고로 인한 결과 발생지를 포함한다)
4. 사고 후 사고선박이 최초로 도착한 곳
5. 제한채권에 의하여 선박소유자등의 재산이 압류 또는 가압류된 곳(압류에 갈음하여 담보가 제공된 곳을 포함한다. 이하 "압류등이 된 곳"이라 한다)
6. 선박소유자등에 대하여 제한채권에 근거한 소가 제기된 곳

관련 조항 제13조 → 제89조는 제8조(합의관할), 제9조(변론관할) 비적용

1. 선박소유자등의 책임제한사건

선박소유자등의 책임제한 사건에 관하여 외국법원과의 합리적 관할배분 등을 위한 국제재판관할규정을 신설하였다. 이 규정은 해사사건의 특유한 비송사건에 대한 규정으로, 선박소유자등의 책임제한 개시신청 사건에만 적용되며, 일반적인 해상운송사건에는 적용되지 않는다.

2. 책임제한사건의 재판관할

선박소유자 · 용선자(傭船者) · 선박관리인 · 선박운항자, 그 밖의 선박사용인(이하 "선박소유자

등"이라 한다)의 책임제한사건에 대해서는 다음의 어느 하나에 해당하는 곳이 대한민국에 있는 경우에만 대한민국 법원에 국제재판관할이 있다.

1) 선박소유자등의 책임제한을 할 수 있는 채권이 발생한 선박의 선적(船籍)이 있는 곳 → 제한채권이 발생한 선박의 선적(船籍)국이 대한민국

2) 신청인인 선박소유자등에 대하여 제3조에 따른 일반관할이 인정되는 곳

3) 사고발생지(사고로 인한 결과 발생지를 포함한다)

4) 사고 후 사고선박이 최초로 도착한 곳

5) 제한채권에 의하여 선박소유자등의 재산이 압류 또는 가압류된 곳(압류에 갈음하여 담보가 제공된 곳을 포함한다. 이하 "압류등이 된 곳"이라 한다)

6) 선박소유자등에 대하여 제한채권에 근거한 소가 제기된 곳

3. 합의관할, 변론관할의 적용 배제(제13조)

제13조에 따라 선박소유자등의 책임제한 사건의 관할에 대해서는 합의관할(제8조), 변론관할(제9조)이 적용되지 않는다.

- 선박소유자등의 책임제한 사건
  - 우리는 1976년 선박소유자등의 책임제한 조약을 토대로 상법 제769조 이하에서 선박소유자등의 책임제한 규정을 두고 있다.[1]
  - 상법 제769조 ~ 제776조에서는 선박소유자등의 책임제한을 규정하고 있다. 제776조에서는 책임제한의 절차를 규정하고 있는데, 필요한 사항은 별도로 「선박소유자등의 책임제한절차에 관한 법률」(선박소유자책임법)에서 규정하고 있다. 그리고 선박소유자책임법 제2조에서는 책임제한사건의 관할을 규정하고 있다.

- **상법 제776조【책임제한의 절차】** ① 이 절의 규정에 따라 책임을 제한하고자 하는 자는 채권자로부터 책임한도액을 초과하는 청구금액을 명시한 서면에 의한 청구를 받은 날부터 1년 이내에 법원에 책임제한절차개시의 신청을 하여야 한다.
  ② 책임제한절차 개시의 신청, 책임제한의 기금의 형성 · 공고 · 참가 · 배당, 그 밖에 필요한 사항은 별도로 법률로 정한다.

- 선박소유자책임법 제2조(책임제한사건의 관할) 책임제한사건은 책임을 제한할 수 있는 채권(이하 "제한채권"이라 한다)이 발생한 선박의 선적(船籍) 소재지, 신청인의 보통재판적(普通裁判籍) 소재지, 사고 발생지, 사고 후에 사고선

---

1 정병석, "해상법 분야의 국제사법 준거법 조항 개정을 위한 입법론적 검토", 국제사법연구 제28권 제1호, 2022, p.695.

박이 최초로 도달한 곳 또는 제한채권에 의하여 신청인의 재산에 대한 압류 또는 가압류가 집행된 곳을 관할하는 지방법원의 관할에 전속(專屬)한다.

사례연구

◀ 사례 1 ▶

인천 앞바다(대한민국 영해)에서 B선사 선박의 추돌 후 해당 선박은 인천항에 입항하였고, A화주는 B선사를 상대로 불법행위로 인한 손해배상청구을 청구하였고, B선사는 대한민국 법원에 책임제한절차 개시신청을 하였다.

1) A화주의 손해배상청구에 대하여 대한민국 법원에 국제재판관할이 있는지?

2) B선사의 책임제한 개시 신청에 대하여 대한민국 법원에 국제재판관할이 있는지?

☞ 1) 불법행위인 선박추돌이 대한민국(인천 앞바다는 대한민국 영해)에서 발생했으므로 대한민국 법원에 불법행위에 관한 소의 특별관할이 인정된다(제44조).

2) 사고 후 선박이 최초로 도착한 곳이 대한민국이므로 책임제한 개시 신청에 대하여 대한민국 법원에 국제재판관할이 인정된다(제89조 제4호).

◀ 사례 2 ▶

A화주(X국)는 B선사(일본에 주된 영업소)와 해운송송계약을 체결하였고, B선사는 아리랑호(대한민국에 등록된 선박으로 대한민국의 C사 소유)를 용선하여 이 화물을 운송하였는데, 운송 중 아리랑호는 대한해협에서 사이프러스 선적의 그린피스호를 추돌하였고 이로 인하여 화물의 대부분이 손상되었다. 사고후 아리랑호는 부산항에 입항하였다. 화주 A는 B선사를 상대로 불법행위로 인한 손해배상청구을 청구하였고, B선사는 대한민국 법원에 책임제한절차 개시신청을 하였다.

1) 이 신청에 대하여 대한민국 법원에 국제재판관할이 있는지?

2) 이 책임제한의 준거법은?

3) 만약에 아리랑호가 파나마에 편의치적된 경우의 준거법은?

☞ 1) 선박소유자등 책임제한사건에서 사고 후 선박이 최초로 도착한 곳이 대한민국인 경우 대한민국 법원에 국제재판관할이 있다(제89조 제4호). 이 사건에서 아리랑호는 최초로 부산항에 도착하였는바, 대한민국 법원에 관할권이 있다.

2) 선박소유자등이 책임제한을 주장할 수 있는지 여부 및 그 책임제한의 범위는 선적국법에 따른다(제94조 제4호). 이 사건에서 아리랑호의 船籍國은 대한민국이므로 대한민국법이 준거법이 된다.

3) 만약에 아리랑호가 파나마에 편의치적된 경우 제21조에 따라 최밀접관련국법이 준거법이 되는데, 해상운송(용역)을 제공하는 B선사의 주된 영업소 소재지인 일본법이 준거법이 된다(제21조, 제46조 제2항)

◀ 사례 3 ▶ **제11회 변호사시험**

매도인 甲회사(대한민국 수원에 주된 사무소)는 중국 상하이에 주된 사무소를 두고 대한민국 부산에 유일한 영업소를 두고 있는 丙운송회사와 이 사건 화물을 대한민국 부산항에서 베트남 호찌민항까지 운송하기로 하는 해상운송계약을 체결하였다(준거법 지정은 없었음).

매수인 乙회사(베트남 호찌민에 주된 사무소)가 베트남 호찌민항에 도착한 이 사건 화물을 검사한 결과 그랜드 피스호의 선장 戊(파나마국 국적이고, 대한민국에 상거소를 둠)의 과실로 컨테이너 1개가 해상에 떨어져 이 사건 화물 중 일부가 멸실된 사실이 밝혀졌다. 甲회사가 丙운송회사를 상대로 선장 戊의 과실을 들어서 불법행위로 인한 손해배상청구소송을 대한민국 법원에 제기하였다.

1) 이 소송에 대하여 대한민국 법원에 국제재판관할권이 있는지?

2) 이 소송에 적용된 적용될 준거법은?

☞ 1) 국제재판관할권에 대해

甲회사와 丙운송회사의 운송계약은 물품을 대한민국에서 베트남으로 운송하는 계약으로 용역제공지가 대한민국에 해당된다. 따라서 대한민국 법원에 국제재판관할권이 있다(제41조 제1항). 이 사건은 선주책임제한사건이 아니므로 제89조는 적용되지 않는다.

2) 준거법에 대해

가해자와 피해자간에 존재하는 법률관계가 불법행위로 침해되는 경우에는 그 법률관계의 준거법에 의한다(제52조 제3항). 이 사안에서는 선장 戊의 불법행위로 인하여 甲회사와 丙운송회사 간의 운송계약관계가 침해되었으므로 제52조 제3항에 따라 운송계약의 준거법이 이 사건 불법행위의 준거법이 된다. 이 운송계약에서는 준거법을 지정하지 않았으므로 최밀접관련국법이 준거법이 되는데, 위 운송계약에서는 丙운송회사의 영업소가 소재한 대한민국이 최밀접관련국이 되어 대한민국법이 준거법이 된다(제46조 제2항 제3호).

◖ 사례 4 ◗ **대법원 1995.6.5.자 95마325 결정 - 사안 일부 변경**

신청인 사조냉장 주식회사(대한민국 회사)이 용선한 파인호(대한민국 船籍)는 남태평양 사모아 근해상을 운항하다가 한성기업 주식회사(대한민국 회사) 한성10호(파나마 船籍)를 들이받아 한성10호는 침몰되고 어획물이 유실되는 사고가 발생하여 한성기업은 10억 원의 손해를 입었다는 이유로 사조냉장에 손해배상청구의 소를 제기하였고, LG화재보험사는 선체보험금 11억원을 한성기업에 지급하고, 한성기업의 사조냉장에 대한 손해배상청구권을 대위취득하였다는 이유로 11억 원의 지급을 사조냉장에 최고하여 사조냉장은 대한민국 법원에 이 사건 선박소유자등의 책임제한절차 개시신청을 하였다.

1) 이 신청에 대하여 대한민국 법원은 국제재판관할권을 가지는지?

2) 이 선박소유자등의 책임제한 대한 준거법은?

☞ 1) 국제재판관할권에 대해

이 신청 사건은 선주등의 책임제한사건에 해당된다. 이 사안에서 제한채권이 발생한 선박인 파인호의 船籍은 대한민국이므로 대한민국 법원은 국제재판관할권을 가진다(제89조 제1호).

2) 준거법에 대해

선박소유자등이 책임제한을 주장할 수 있는지 여부 및 그 책임제한의 범위는 선적국법에 따른다(제94조 제4호). 이 사건에서 파인호의 船籍國은 대한민국이므로 대한민국법이 준거법이 된다.

第90조 선박 또는 항해에 관한 소의 특별관할

第90조【선박 또는 항해에 관한 소의 특별관할】 선박소유자등에 대한 선박 또는 항해에 관한 소는 선박이 압류등이 된 곳이 대한민국에 있는 경우 법원에 제기할 수 있다.
관련 조항 제5조 제2항 단서 비적용

1. 선박 또는 항해에 관한 소의 특별관할

선박소유자등에 대한 선박 또는 항해에 관한 소는 선박이 압류등이 된 곳이 대한민국에 있는 경우, 대한민국 법원에 제기할 수 있다.

1) 선박에 관한 소

선박 자체를 목적으로 하거나 선박에 기인하는 법률관계(또는 권리의무관계)에 관한 소를 말한다. 여기에는 선박 소유권에 관한 소, 공유선박의 분할의 소, 선박소유권이전등기청구에 관한 소, 선체용선계약에 관한 소, 운임반환청구, 운임청구, 선원의 급여청구, 감항능력위반에 따른 손해배상청구 또는 불법행위로 인한 손해배상청구 등 물권에 관한 소와 채권에 관한 소가 포함된다.

2) 항해에 관한 소

선박을 항해에 제공함으로써 생기는 모든 법률관계(또는 권리의무관계)의 소를 말한다. 항해의 준비행위인 물자의 구입, 선박의 수선, 선원고용, 화물운송, 승객운송, 기타 항해에 관하여 생긴 채무불이행 또는 불법행위(선박충돌 등), 운임청구의 소, 선원의 급여청구 등이 포함된다.

운임청구, 선원의 급여청구는 선박에 관한 소와 항해에 관한 소에 모두 해당한다.

2. 재산소재지의 특별관할(제5조)와 선박가압류의 특별관할(제90조)의 관계

제5조에서는 압류할 수 있는 피고의 재산이 한국에 있더라도 분쟁이 된 사안이 한국과 아무런 관련이 없거나 근소한 관련만 있거나 그 재산의 가액이 현저하게 적은 경우 대한민국 법원의 재판관할이 인정되지 않는다. 그러나 제90조에서는 그렇지 않다.

사례연구

해상운송 관련 사건에서 독일 기업이 러시아 선박을 대한민국에서 가압류하고, 이를 근거로 러시아 기업을 상대로 대한민국 법원에 소를 제기한 경우재판관할권은?

☞ i) 제5조에 의하면, 분쟁이 된 사안이 대한민국과 아무런 관련이 없거나 근소한 관련만 있는 경우 대한민국 법원의 재판관할권은 인정되지 않는다. ii) 그러나 제90조에 의하면, 선박 또는 항해에 관한 소인 경우 대한민국과의 관련성이 없어도 한국에서 선박가압류되어 대한민국 법원의 재판관할권이 인정된다.

제91조 공동해손에 관한 소의 특별관할

제91조 【공동해손에 관한 소의 특별관할】 공동해손(共同海損)에 관한 소는 다음 각 호의 어느 하나에 해당하는 곳이 대한민국에 있는 경우 법원에 제기할 수 있다.

1. 선박의 소재지
2. 사고 후 선박이 최초로 도착한 곳
3. 선박이 압류등이 된 곳

공동해손(共同海損)[2]에 관한 소는 i) 선박의 소재지 ii) 사고 후 선박이 최초로 도착한 곳 iii) 선박이 압류등이 된 곳 중 어느 하나에 해당하는 곳이 대한민국에 있는 경우, 대한민국 법원에 제기할 수 있다.

이 규정의 취지는 공동해손의 분담과 관련한 다양한 이해관계인 사이의 통일적 분쟁해결 가능성을 고려한 것이다. 물론, 이 특별관할 외에 제3조의 일반관할 요건을 충족하는 경우 제3조의 일반관할도 인정될 수 있다.

제92조 선박충돌에 관한 소의 특별관할

제92조 【선박충돌에 관한 소의 특별관할】 선박의 충돌이나 그 밖의 사고에 관한 소는 다음 각 호의 어느 하나에 해당하는 곳이 대한민국에 있는 경우 법원에 제기할 수 있다.

2 공동해손(general average) 선장이 선박 또는 적하의 공동위험을 면하기 위해서 선박 또는 적하에 관하여 한 처분에 의하여 생긴 손해와 비용

1. 가해 선박의 선적지 또는 소재지
2. 사고 발생지
3. 피해 선박이 사고 후 최초로 도착한 곳
4. 가해 선박이 압류등이 된 곳

선박의 충돌이나 그 밖의 사고에 관한 소는 ⅰ) 가해 선박의 선적지 또는 소재지 ⅱ) 사고 발생지 ⅲ) 피해 선박이 사고 후 최초로 도착한 곳 ⅳ) 가해 선박이 압류등이 된 곳 중 어느 하나에 해당하는 곳이 대한민국에 있는 경우, 대한민국 법원에 제기할 수 있다.

이 규정의 취지는 선박충돌과 관련한 다양한 이해관계인 사이의 통일적 분쟁해결 가능성을 고려한 것이다.

제93조 해난구조에 관한 소의 특별관할

제93조 【해난구조에 관한 소의 특별관할】 해난구조에 관한 소는 다음 각 호의 어느 하나에 해당하는 곳이 대한민국에 있는 경우 법원에 제기할 수 있다

1. 해난구조가 있었던 곳
2. 구조된 선박이 최초로 도착한 곳
3. 구조된 선박이 압류등이 된 곳

해난구조에 관한 소는 ⅰ) 해난구조가 있었던 곳 ⅱ) 구조된 선박이 최초로 도착한 곳 ⅲ) 구조된 선박이 압류등이 된 곳 중 어느 하나에 해당하는 곳이 대한민국에 있는 경우, 대한민국 법원에 제기할 수 있다.

이 규정은 사무관리규정(제50조)의 특칙이다. 참고로 해난구조(salvage)는 해상기업에 수반되는 해상위험인 해난(또는 해양사고)에 조우한 선박 또는 적하(화물)를 구조하는 것을 말한다.

제2절 준거법

제94조 해상

제94조【해상】 해상에 관한 다음 각 호의 사항은 **선적국법**에 따른다.

1. 선박의 소유권 및 저당권, 선박우선특권, 그 밖의 선박에 관한 물권
2. 선박에 관한 담보물권의 우선순위
3. 선장과 해원(海員)의 행위에 대한 선박소유자의 책임범위
4. 선박소유자등이 책임제한을 주장할 수 있는지 여부 및 그 책임제한의 범위
5. 공동해손
6. 선장의 대리권

관련 조항 반정(제22조) 비적용

1. 선적국법(船籍國法)주의

국제사법에서는 해상 관련 사항에 대하여 선적국법(船籍國法)주의를 원칙으로 하고 있다. 제94조에서는 선적국법(船籍國法)주의가 적용되는 사항으로 다음의 6가지를 규정하고 있다.

1) 선박의 소유권 및 저당권, 선박우선특권, 그 밖의 선박에 관한 물권

2) 선박에 관한 담보물권의 우선순위

3) 선장과 해원(海員)의 행위에 대한 선박소유자의 책임범위

4) 선박소유자등이 책임제한을 주장할 수 있는지 여부 및 그 책임제한의 범위

5) 공동해손

6) 선장의 대리권

2. 주요 검토사항

1) 선적국(船籍國)의 개념과 이중국적

해상 관련 사항의 준거법에 대하여 '선적국법(船籍國法)'을 원칙으로 하고 있다. 선적국법(船籍國法)주의를 채택한 이유는 선박의 특질을 고려할 때 선박에 관한 외국적 요소가 있는 사법관계를 규율함에 있어서 선적국법이 가장 밀접한 관련이 있다고 보기 때문이다.[3] 이에 따라'선적국(船籍

3 석광현, 「국제사법 해설」, 박영사, 2013, p.588.

國)'의 개념이 중요하다. '선적국(船籍國)'이란, 선박이 국적을 가지고 있는 국가(선박이 소속하는 국가)를 의미하고, 선적국은 대체로 기국 또는 등기국·등록국과 일치하지만, 일치하지 않는 경우도 있다. 이중등록의 경우에는 선적국과 기국이 상이할 수 있고, 소형선박과 같이 등기되지 않은 선박의 경우 선적국은 있지만 등기국은 없기 때문이다.[4]

참고로, 국제사법 개정에서는 선박이 둘 이상의 선적을 가지는 이중선적의 문제에 대하여 이를 규율하는 규정을 둘 것인지 여부에 관하여 검토하였으나, 이중선적이 국제법적으로 허용되지 않고 있는 데다가[5] 그러한 규정으로 해결해야 할 문제가 극히 제한되어 있다고 보아 그에 관한 명문의 규정을 두지 아니하였다.

2) 편의치적(flag of convenience)의 문제

편의치적(flag of convenience)이란, 선박을 제3국에 등록하여 그 국가의 국적을 취득하는 것을 말한다. 편의치적은 제21조에 따라 '선적국법'이 준거법이 되지 않고, 최밀접관련국법이 준거법이 된다.[6] 한편, 제95조(선박충돌) 및 제96조(해난구조)의 경우에도 편의치적은 달리 보아야 한다는 입장도 있다.[7]

해운업에서 편의치적 구조 및 절차[8]

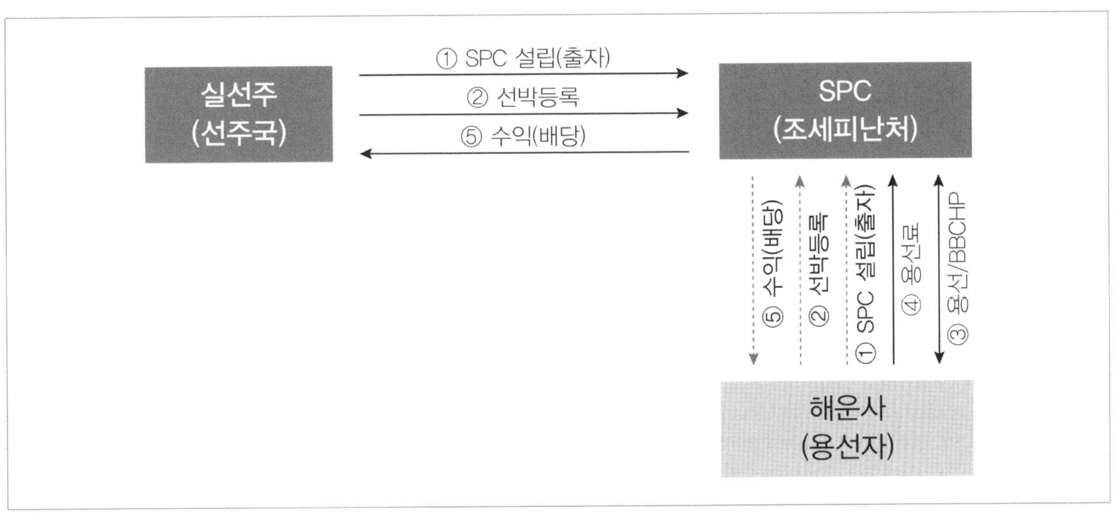

4 석광현, 전게서(2013), p.588.
5 1958년의 공해에 관한 협약 제6조에 의하면 모든 선박은 하나의 국적만을 가질 수 있도록 하고 있다.
6 대법원 2014. 7. 24. 선고 2013다34839 판결.
7 석광현, 전게서(2013), p.591.
8 김상만, "해운업에서 편의치적과 선박금융조달에 대한 고찰", 무역상무연구 제95권, 2022, p.75.

① 실선주는 편의치적국(통상 조세피난처)에 특수목적회사(SPC)를 설립한다. 통상 SPC는 형식상 회사(paper company)로 자본금은 1달러 남짓한 경우가 많다. 따라서 SPC는 별도의 영업장을 소유하지 않고, 형식적으로 편의치적 전문변호사나 브로커의 사무실에 주소를 두는 경우가 많다.

② 실선주는 SPC 명의로 편의치적국에 선박을 등록하고, 편의치적국의 국적을 취득한다. 참고로 각국에서는 선박 등록·국적 취득 요건을 정하고 있는데, 해당 국가의 국적을 취득하면, 해당 선박은 해당 기국(flag state)의 국기를 게양하며, 해당 기국의 법규를 적용받는다.[9]

③ 실선주는 용선료 수입을 위하여 해당 선박을 해운사에 용선을 준다. 형식적으로는 용선계약의 당사자는 해운사와 SPC(실선주의 SPC)이지만, 실제로는 해운사와 실선주가 된다. 해운사가 SPC를 설립하여 그 SPC 명의로 선박을 등록하는 경우 해운사가 실선주가 되는바, 실제로는 자신의 선박을 용선하는 결과가 된다. 이 경우 용선료를 낮추는 것이 해운사에게 유리하지만, 해당 용선료는 선박금융의 이자 상환에 충분해야 하므로 임의로 낮게 정할 수 없다. 기본적으로 용선계약은 선체용선계약(bare boat charter)이고, 용선기간은 5년 이상의 장기용선계약 또는 국적취득조건부 선체용선(bare boat charter of hire purchase, BBCHP)[10]방식으로 정한다.

④ 해운사(용선자)는 SPC에게 용선료를 지급한다. 금융기관이 선박금융을 제공하는 경우 해당 용선료는 금융기관의 이자 지급에 우선 충당된다.

⑤ SPC의 수익금은 실질적으로 선주사의 몫이 된다. 결산 후에 순이익의 일부는 실선주에게 배당하고 일부는 유보금으로 적립한다. 선박금융이 제공되는 경우 금융기관의 승인 없이 임의로 배당할 수 없다.

---

9 H. Edwin Anderson, *The Nationality of Ships and Flags of Convenience: Economics, Politics, and Alternatives*, Tulane Maritime Law Journal Vol. 21, 1996.; 김상만, "선박의 편의치적을 위한 SPC의 법인격부인에 대한 고찰", 홍익법학 제17권 제4호, 홍익대학교 법학연구소, 2016, p. 601.

10 2007년 상법 개정으로 "나용선계약"을 "선체용선계약"으로 변경함에 따라 종전의 "국적취득조건부 나용선계약" 용어 대신 "국적취득조건부 선체용선계약" 용어를 사용하는 것이 합당하다[대법원 2019. 12. 27. 선고 2017다208232,208249 판결; 서울고등법원 2017. 1. 10. 선고 2015나2029365(본소),2015나2029372(반소) 판결 참조]. 참고로 종전에는 대법원에서 "국적취득조건부 용선계약" 또는 "국적취득조건부 나용선계약"이라는 용어를 사용하였다[대법원 1983. 10. 11. 선고 82누328 판결(국적취득조건부 용선계약); 대법원 2009. 1. 30. 선고 2006두18270 판결(국적취득조건부 용선계약); 대법원 2011. 4. 14. 선고 2008두10591 판결(국적취득조건부 나용선계약) 등].

선박금융 유형과 편의치적 도해)[11]

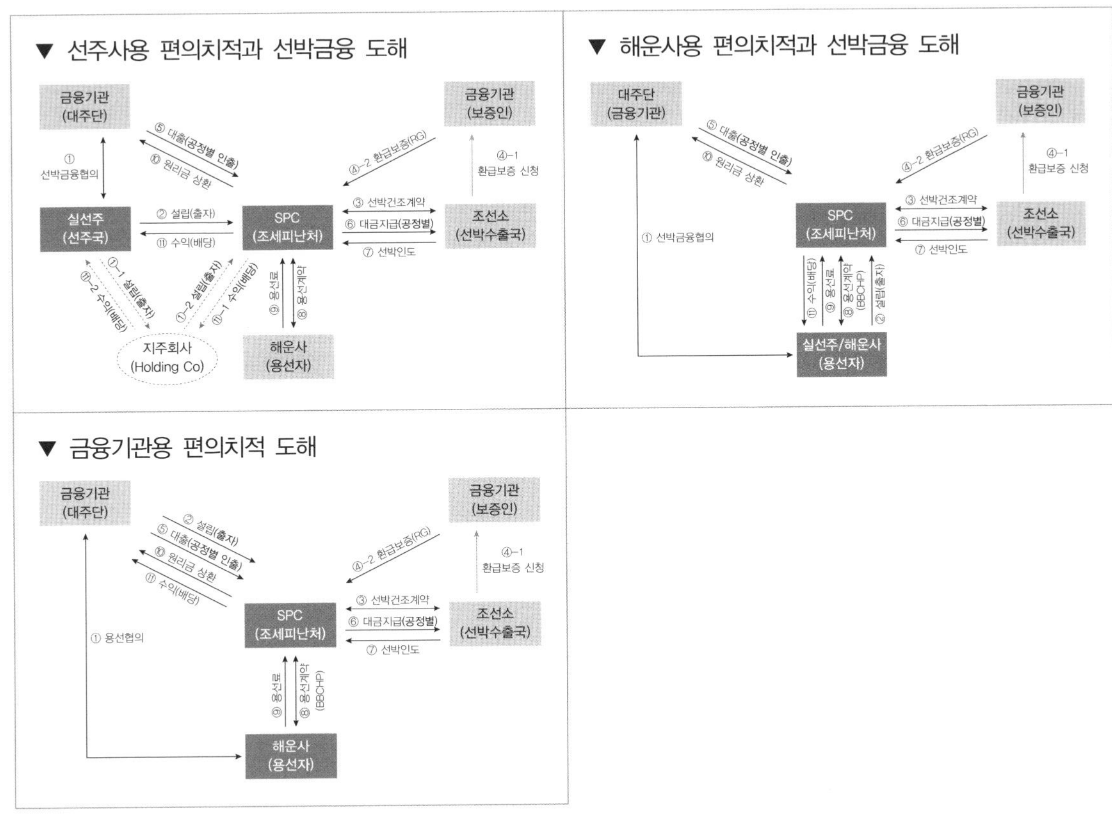

대법원에서는 **편의치적의 경우 그 선박만이 선적국과 유일한 관련**이 있을 뿐이고, 실질적인 선박소유자나 선박운영회사의 국적과 주된 영업활동 장소, 선박의 주된 항해지와근거지, 선원들의 국적, 선원들의 근로계약 법률, 선박저당권의 피담채권을성립시키는 법률행위의 장소 및 적용법률, 선박경매절차 진행 법원 등이 **선적국이 아닌 다른 특정국가와 밀접한 관련이 있는 경우 그 다른 국가의 법이 준거법**(현행 국제사법 제21조 제1항)이라고 판시하였다(대법원 2014.7.24. 선고 2013다34839 판결).

참고로 이 판결에서는 편의치적된 선박에 대하여 선박우선특권의 준거법 규정(현행 국제사법 제94조)에도 불구하고 선박우선특권의 준거법으로 선적국법의 적용을 거부하고, 준거법 지정의 예외 규정(현행 국제사법 제21조 제1항)을 적용하여 대한민국법을 준거법으로 적용하였는데, 이는 준거법 지정의 예외 규정(현행 국제사법 제21조 제1항)을 최초로 적용한 대법원 판결이다.[12]

법인격부인 판결(lifting the corporate veil) : 대법원 2014. 7. 24. 선고 2013다34839 판결

"국제사법 제8조 제1항, 제60조 제1호, 제2호의 내용과 취지에 비추어 보면, 선원의 임금채권을 근거로 하는 선박우

11 김상만, "해운업에서 편의치적과 선박금융조달에 대한 고찰", 무역상무연구 제95권, 2022, pp.81−86.

선특권의 성립 여부나 선박우선특권과 선박저당권 사이의 우선순위를 정하는 준거법은 원칙적으로 선적국법이라고 할 것이나, 선박이 편의치적이 되어 있어 그 선적만이 선적국과 유일한 관련이 있을 뿐이고, 실질적인 선박 소유자나 선박 운영회사의 국적과 주된 영업활동장소, 선박의 주된 항해지와 근거지, 선원들의 국적, 선원들의 근로계약에 적용하기로 한 법률, 선박저당권의 피담보채권을 성립시키는 법률행위가 이루어진 장소 및 그에 대하여 적용되는 법률, 선박경매절차가 진행되는 법원이나 경매절차에 참가한 이해관계인 등은 선적국이 아닌 다른 특정 국가와 밀접한 관련이 있어 앞서 본 법률관계와 가장 밀접한 관련이 있는 다른 국가의 법이 명백히 존재하는 경우에는 다른 국가의 법을 준거법으로 보아야 한다."

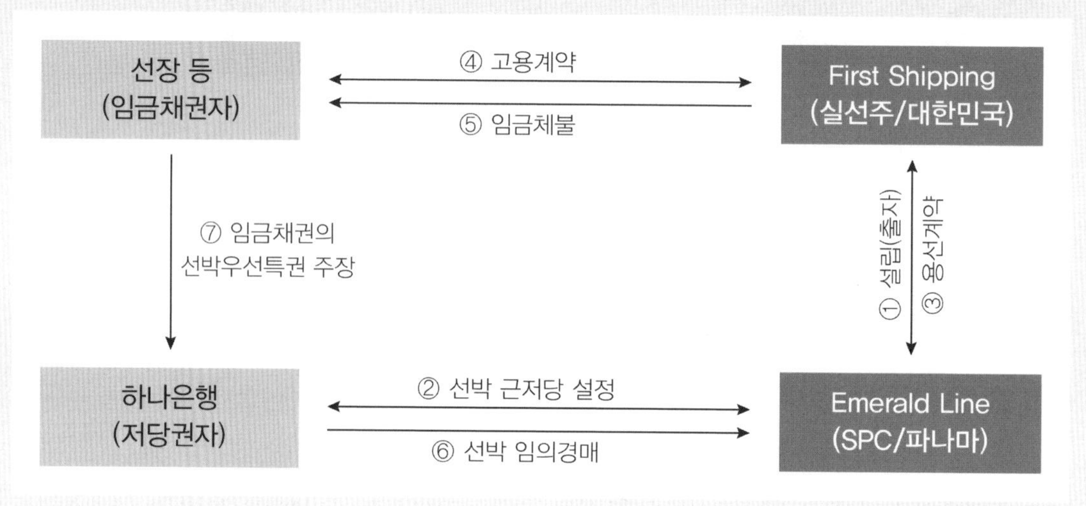

3) 선박우선특권

(1) 선박우선특권의 의의 및 효력 선박우선특권(maritime lien)이란, 일정한 채권자가 선박과 그 속구와 부속물로부터 다른 채권자에 우선하여 변제받을 수 있는 해상법상의 담보권이다(상법 제777조[13]). 선박우선특권자는 선박저당권자보다 우선하여 배당받는다. 선박우선특권자는 승

12 석광현, 「국제사법과 국제소송」, 박영사, 2022, p.17.

13 상법 제777조 【선박우선특권 있는 채권】 ① 다음의 채권을 가진 자는 선박·그 속구, 그 채권이 생긴 항해의 운임, 그 선박과 운임에 부수한 채권에 대하여 우선특권이 있다.

1. 채권자의 공동이익을 위한 소송비용, 항해에 관하여 선박에 과한 제세금, 도선료·예선료, 최후 입항 후의 선박과 그 속구의 보존비·검사비
2. 선원과 그 밖의 선박사용인의 고용계약으로 인한 채권
3. 해난구조로 인한 선박에 대한 구조료 채권과 공동해손의 분담에 대한 채권
4. 선박의 충돌과 그 밖의 항해사고로 인한 손해, 항해시설·항만시설 및 항로에 대한 손해와 선원이나 여객의 생명·신체에 대한 손해의 배상채권

② 제1항의 우선특권을 가진 선박채권자는 이 법과 그 밖의 법률의 규정에 따라 제1항의 재산에 대하여 다른 채권자보다 자기채권의 우선변제를 받을 권리가 있다. 이 경우 그 성질에 반하지 아니하는 한 「민법」의 저당권에 관한 규정을

소판결 없이도 임의경매를 신청할 수 있다. 선박우선특권은 선박 소유권의 이전으로 영향을 받지 않는다(추급권).

선체용선(나용선)의 경우에도 해당 선박이용에 관하여 생긴 우선특권은 선박소유자에 대하여도 효력이 있다(상법 제850조 제2항). 그러나 정기용선이나 항해용선의 경우에도 해당 선박에 대하여 선박우선특권의 효력이 미치는 지에 대해서는 상법상 명문 규정이 없다. 참고로 '선박우선특권 및 저당권에 관한 1967년 국제협약'(Convention on Maritime Lien and Mortgages, 1967)에서 인정하던 '다른 용선자(other charterer)'에 대한 채권에 관한 선박우선특권을 '선박우선특권 및 저당권에 관한 1993년 국제협약'(Convention on Maritime Lien and Mortgages, 1993)에서는 삭제[14]되어 정기용선자와 항해용선자가 채무자인 채권은 선박우선특권이 되지 않는다.

(2) 선박우선특권의 준거법 선박우선특권(maritime lien)의 성립 여부, 일정한 채권이 선박우선특권에 의하여 담보되는지 여부 및 선박우선특권이 미치는 대상의 범위는 국제사법 제94조 제1호에 따라 선적국(船籍國)의 법이 준거법이 된다(대법원 2007. 7. 12. 선고 2005다39617 판결; 대법원 2014. 10. 2. 자 2013마1518 결정).

① 선박우선특권의 준거법(선적국법) 적용사항 : 다음 사항의 준거법은 선적국법

- 선박우선특권의 성립 여부(허용 여부)
- 일정한 채권이 선박우선특권에 의하여 담보되는지 여부
- 선박우선특권이 미치는 대상의 범위
- 선박우선특권의 순위

② 선박우선특권의 준거법(선적국법) 비적용사항 : 다음 사항의 준거법은 선적국법이 아님

- 선박우선특권에 의하여 담보되는 채권 자체의 대위에 관한 사항
- 선박우선특권에 의하여 담보되는 채권 자체(예 임금채권)의 양도가능성, 채무자 및 제3자에 대한 채권양도의 효력 : 이는 해당 피담보채권(예 임금채권)의 준거법에 의함(제54조 제1항 단서)
- 피담보채권의 임의대위에 관한 사항 : 해당 피담보채권(예 임금채권)의 준거법에 의함(제55조 제2항)

준용한다.
[전문개정 2007. 8. 3.]

14 삭제한 이유는, 선박우선특권의 경우 선박에 저당권이 이미 설정된 경우에도 저당권에 우선하여 변제받을 수 있어 선박저당권자의 권리가 침해될 수 있으므로, 선박우선특권으로 담보되는 채권을 합리적으로 축소·조정하여 선박저당권자의 지위를 강화하고 선박금융을 원활하게 하기 위하여 대외적으로 선박소유자와 같은 책임을 부담하는 선체용선자(demise charterer)를 제외한 나머지 용선자들, 즉 정기용선자(time charterer)와 항해용선자(voyage charterer)에 대한 채권을 선박우선특권의 피담보채권의 범위에서 제외한 것이다(대법원 2014. 10. 2. 자 2013마1518 결정).

③ 절차문제 : 법정지법에 따름 ⅰ) 선박우선특권의 실행방법 ⅱ) 일반적인 가압류의 허용 및 집행절차 ⅲ) 선박우선특권에 기하여 채무명의 없이도 압류할 수 있는지 여부 등은 법정지법에 따른다[절차는 법정지법에 따른다－lex fori principle(법정지법원칙)]. 따라서 대한민국 법원에 제소된 경우 이 사안들은 법정지법인 대한민국법에 따른다(대법원 2011. 10. 13. 선고 2009다96625 판결).

경매에 의한 물권변동

외국국적 선박에 대하여 한국에서 경매절차가 진행되는 경우 그 집행절차는 법정지법인 한국법(즉 민사집행법)에 따른다. 다만, 그 집행절차에 따른 소유권 취득은 실체법적 문제로 선적국(船籍國)법에 따른다(부산지방법원 2008. 4. 30. 선고 2007가합4762 판결).[15]

사례연구

◖ 사례 1 ◗ 제9회 변호사시험

사고선박의 임의경매에서 선장(C)의 임금을 선주사(A) 대신 지급한 용선자(B)가 주장한 선박우선특권의 대위의 준거법은?

☞ 법률상 원인 없이 지급. 즉 법률에 따른 채권의 이전의 준거법(제55조) → C와 B사이에 그 이전의 원인 된 법률관계(예 보험계약)가 존재하지 않아 제55조 제2항 적용 → 이전되는 채권인 임금채권의 준거법 → 이 사안에서 C와 A의 선원근로계약의 준거법 지정 없어 C의 일상노무제공지법(제48조 제2항) → 판례는 선원근로계약에서의 일상적노무제공지는 선적국(船籍國)으로 봄 → 다만, 편의치적되어 선적(船籍)만이 선적국(船籍國)과 유일한 관련이 있는 경우 준거법 지정의 예외(제21조)에 따라 최밀접관련국법

◖ 사례 2 ◗

A화주는 B선사를 상대로 불법행위로 인한 손해배상청구을 청구하였고, B선사는 대한민국 법원에 책임제한절차 개시신청을 한 경우(책임제한절차개시신청)

☞ 준거법은 선적국법(제94조 제4호).

- 대법원 2014. 11. 27. 자 2014마1099 결정

선박우선특권의 성립 여부, 일정한 채권이 선박우선특권에 의하여 담보되는지 여부, 선박우선특권이 미치는

15 이에 대하여는 법정지법설, 선박소재지법설, 본국법설 등의 이견이 있다.

대상의 범위, 선박우선특권의 순위 등은 국제사법 제94조 제1호에 따라 선적국의 법이 준거법이 된다(대법원 2007. 7. 12. 선고 2005다39617 판결; 대법원 2014. 12. 11. 선고 2013다203451 판결). 이는 그 선박이 선적국이 아니라 다른 국가에 선체용선등록을 하고 있는 경우라도 달라지지 않는다는 판결이 있다(대법원 2014. 11. 27. 자 2014마1099 결정).

※ 선박우선특권에 의하여 담보되는 채권 자체의 양도 및 대위에 관한 사항은 포함되어 있지 않다고 해석되므로, 특별한 사정이 없는 한 그 피담보채권의 양도가능성, 채무자 및 제3자에 대한 채권양도의 효력에 관한 사항은 국제사법 제54조 제1항 단서에 의하여 그 피담보채권의 준거법에 의하여야 하고, 그 피담보채권의 임의대위에 관한 사항은 국제사법 제55조 제2항에 의하여 그 피담보채권의 준거법에 의함(대법원 2007. 7. 12. 선고 2005다47939 판결)

※ 선박우선특권의 성립 여부는 선적국법에 의하여야 할 것이나, 선박우선특권이 우리나라에서 실행되는 경우에 실행기간을 포함한 실행방법은 우리나라의 절차법에 의하여야 함(대법원 2011. 10. 13. 선고 2009다96625 판결)

• 대법원 2007. 7. 12. 선고 2005다39617 판결

선박우선특권은 일정한 채권을 담보하기 위하여 법률에 의하여 특별히 인정된 권리로서 일반적으로 그 피담보채권과 분리되어 독립적으로 존재하거나 이전되기는 어려우므로, 선박우선특권이 유효하게 이전되는지 여부는 그 선박우선특권이 담보하는 채권의 이전이 인정되는 경우에 비로소 논할 수 있는 것인바, 국제사법 제60조(현행법 제94조) 제1호, 제2호에서 선적국법에 의하도록 규정하고 있는 사항은 선박우선특권의 성립 여부, 일정한 채권이 선박우선특권에 의하여 담보되는지 여부, 선박우선특권이 미치는 대상의 범위, 선박우선특권의 순위 등으로서 선박우선특권에 의하여 담보되는 채권 자체의 대위에 관한 사항은 포함되어 있지 않다고 해석되므로, 그 피담보채권의 임의대위에 관한 사항은 특별한 사정이 없는 한 국제사법 제35조 제2항에 의하여 그 피담보채권의 준거법에 의하여야 한다.

• 선박우선특권 부존재 확인 : 대법원 2014.12.11. 선고 2013다203451 판결

1. 선박우선특권의 성립 여부, 일정한 채권이 선박우선특권에 의하여 담보되는지 여부와 선박우선특권이 미치는 대상의 범위는 국제사법 제60조 제1호(현행법 제94조 제1호)에 따라 선적국의 법이 준거법이 된다(대법원 2007. 7. 12. 선고 2005다39617 판결 참조).

그리고 몰타국 상선법(Merchant Shipping Act)은 선박우선특권과 관련하여, 제37B조 제2항 제c호에서 "채무 또는 다른 의무는 선박우선특권에 의하여 담보될 수 있다. 다만, 선박우선특권은 법률의 효력으로 발생하는 것이고, 법률에 명시된 것 이외의 어떠한 채무 또는 그 밖의 의무도 선박우선특권에 의해 담보되지 않는다."고 규정하고, 제50조에서 "아래 각 호에 명시된 채무는 선박, 모든 보험금뿐만 아니라 충돌과 다른 사고로부터 발생하는 모든 손해배상금에 대한 우선특권(special privilege)에 의하여 담보된다."고 규정하면서, 같은 조 제m호에서 "선박의 최종항해 출항에 앞서 공급품, 식료품, 의장 및 선구 구입을 위해 채권자에 대한 지급의무가 발생한 금원. 다만, 그 채무를 발생시킨 계약이 그 선박의 선주(owner of the ship), 선장(master) 또는 선주로부터 권한을 부여받은 대리인(an authorized agent of the owner)에 의해 직접 체결되지 않았다면 그러한 특권은 인정되지 않는다."고 규정하고 있다.

이와 같이 몰타국 상선법이 선박우선특권이 인정되는 피담보채권의 범위를 법률에 명시된 것으로 엄격하게

제한하면서, 공급품 등 구입을 위한 계약의 경우 선박우선특권을 발생시킬 수 있는 당사자의 범위를 '선주, 선장 또는 선주로부터 권한을 부여받은 대리인'으로 한정하고 있는 것은, 선박소유자의 의사에 의하지 않은 거래로 말미암아 선박에 우선특권이 성립되어 선박소유자나 선박저당권자 등의 이익을 해하는 것을 방지하고, 채권자와 선박소유자의 이익 사이에 합리적인 균형을 도모하기 위하여 법에 명문으로 규정된 당사자가 계약을 체결한 경우에만 그 계약으로부터 발생한 채권을 선박우선특권으로 보호하기 위한 취지라고 보아야 할 것이므로, 선박의 용선자가 체결한 계약으로부터 발생한 채권은 특별한 사정이 없는 한 몰타국 상선법 제50조 제m호에 의하여 선박우선특권으로 담보되는 채권에 해당한다고 볼 수 없다.

4) 反定의 불허

이 조항에 의하여 선적국법이 지정되는 경우에는 反定의 적용을 배제하는 명문의 규정을 두었다(제22조 제2항 제5호). 이와 같이 反定 적용에 예외를 인정한 것은 선박에 관한 물권의 준거법을 선적국법(船籍國法)으로 정한 이유가 선박에 관하여 많은 이해관계를 가지는 저당권자, 우선특권자, 선박용품 공급자, 화주 등의 예측가능성을 높이고자 하는데 있는 바, 反定이 적용될 경우 이러한 예측가능성이 깨져 버리고, 또한 反定에 따른 선적국의 국제사법 규정을 확인하는 것도 쉬운 일이 아니므로 신속을 요하는 해상분쟁 처리의 요청에 부응하기 위해서이다.

보충설명

- **선박우선특권의 준거법은 선적국법(船籍國法)** : 선박우선특권의 성립 여부, 일정한 채권이 선박우선특권에 의하여 담보되는지 여부, 선박우선특권이 미치는 대상의 범위, 선박우선특권의 순위 등
  - 선박우선특권에 의하여 담보되는 채권 자체(예 임금채권)의 양도가능성, 채무자 및 제3자에 대한 채권양도의 효력에 관한 사항은 그 피담보채권(예 임금채권)의 준거법에 의함(제54조 제1항 단서)
  - 그 피담보채권의 임의대위에 관한 사항은 그 피담보채권(예 임금채권)의 준거법에 의함(제55조 제2항)
  - 선박우선특권의 실행방법(실행기간 포함)의 준거법 → **절차문제로서 법정지법에 의함**[절차는 법정지법에 따른다(lex fori principle, 법정지법원칙). / 대법원 2011. 10. 13. 선고 2009다96625 판결] **따라서 법정지법인 대한민국법**

- 외국국적 선박에 대하여 한국에서 경매절차가 진행되는 경우 → **그 집행절차는 법정지법인 한국법(즉 민사집행법)에 따름. 그 집행절차에 따른 소유권 취득은 실체법적 문제로 선적국(船籍國)법에 따름(법정지법 아님)**

- 선박소유자책임법의 제정(1991)으로 책임제한은 반드시 책임제한절차를 통해서만 주장 가능

- 제4호(선박소유자등이 책임제한을 주장할 수 있는지 여부 및 그 책임제한의 범위)는 선박소유자등의 책임제한개시

신청 사건에 대해서만 적용
- A화주는 B선사를 상대로 불법행위로 인한 손해배상청구을 청구하였고, B선사는 대한민국 법원에 책임제한절차 개시신청을 한 경우(책임제한절차개시신청) → **준거법은 선적국법(제94조 제4호)**
- 선박소유자등의 책임발생원인과 구별(발생원인의 준거법은 운송계약의 준거법 또는 불법행위의 준거법)

• 선박 편의치적(flag of convenience)의 경우 선적(船籍)이 선적국(船籍國)과의 유일한 관련인 경우에는 제21조가 적용되어 선적국법이 준거법이 되지 않고, 밀접관련국법이 준거법

제95조 선박충돌

제95조【선박충돌】 ① 개항(開港)·하천 또는 영해에서의 선박충돌에 관한 책임은 그 충돌지법에 따른다.
② 공해에서의 선박충돌에 관한 책임은 각 선박이 동일한 선적국에 속하는 경우에는 그 선적국법에 따르고, 각 선박이 선적국을 달리하는 경우에는 가해선박의 선적국법에 따른다.
기타 사항은 제52조(불법행위) 적용(예 준거법의 사후적 합의 등)

1. 개항·하천 또는 영해에서의 선박충돌에 관한 책임 → 그 충돌지법(제1항)

개항·하천 또는 영해에서의 선박충돌에 관한 책임은 그 충돌지법에 따른다.

2. 공해에서의 선박충돌에 관한 책임(제2항)

공해에서의 선박충돌에 관한 책임은, ⅰ) 각 선박이 동일한 선적국(船籍國)에 속하는 때에는 그 선적국법(船籍國法)에 따르고, ⅱ) 각 선박이 선적국(船籍國)을 달리하는 때에는 가해선박의 선적국법(船籍國法)에 따른다. 이 규정(제2항)은, 불법행위의 준거법에 관한 일반원칙인 행위지원칙(제52조)의 특칙인데, 특칙을 둔 이유는 공해상이므로 행위지원칙을 적용하면 준거법을 결정할 수 없기 때문이다.

3. 불법행위 규정의 적용

선박충돌은 불법행위에 해당되는바, 제92조(선박충돌)는 불법행위 규정(제52조, 제53조)의 특칙

이다. 따라서 제92조에서 규정하지 않는 사항은 불법행위 규정(제52조, 제53조)에 따른다. 따라서 선박충돌 발생 후에 당사자들은 합의에 의하여 대한민국법을 준거법으로 선택할 수 있고(제53조)[16], 대한민국 법원에서 재판하는 경우 배상책임이 제한될 수 있다(제52조 제4항).

사례연구

◖ 사례 1 ◗

부산신항에서 입항 중에 일본 선사 ONE이 운항하고 있는 라이베리아 국적의 선박 아사코호가 대한민국 선사 HMM이 운항하고 있는 파나마 국적의 선박 마리아호를 추돌하였다. 대한민국 선사 HMM은 일본 선사 ONE을 상대로 부산지방법원에 선박충돌에 대한 손해배상청구소송을 제기하였다.

1) 대한민국 법원이 국제재판관할권을 가지는지?

2) 이 사안의 준거법은?

3) 만약, 선박충돌 후에 당사자들이 이 사고에 대한 준거법을 일본법으로 합의했다면, 준거법은?

☞ 1) 선박충돌에 관한 소에서 사고 발생지가 대한민국이므로 대한민국 법원에 특별관할이 인정된다. 2) 국제사법 제95조 제1항에서는 개항·하천 또는 영해에서의 선박충돌에 관한 책임은 그 충돌지법에 의한다고 규정하고 있다. 본 사안에서 선박충돌지는 부산신항(즉 개항)이므로 충돌지법인 대한민국법이 준거법이 된다. 3) 제95조는 선박충돌에 관하여 불법행위의 준거법의 특칙이다. 따라서 제95조가 규정하지 않는 사항은 불법행위의 규정이 적용된다. 제53조에서는 불법행위의 사후적 준거법 합의를 규정하고 있는데, 대한민국법으로 합의한 경우만 인정한다. 그러나 이 사안에서는 일본법으로 합의했으므로 준거법 합의는 인정되지 않는다. 따라서 제95조에 따라 충돌지법인 대한민국법이 준거법이 된다.

◖ 사례 2 ◗

공해에 해당하는 동해상에서 대한민국 선사 HMM이 운항하고 있는 파나마 국적의 선박 마리아호가 일본 선사 ONE이 운항하고 있는 라이베리아 국적의 선박 아사코호를 추돌하였다. 사고 후 위 두 선박은 모두 울산항에 입항하였다. 일본 선사 ONE은 대한민국 선사 HMM을 상대로 울산지방법원에 선박충돌에 대한 손해배상청구소송을 제기하였다.

1) 대한민국 법원이 국제재판관할권을 가지는지?

2) 이 사안의 준거법은?

☞ 1) 피해 선박이 최초로 도착한 곳은 대한민국이므로 대한민국 법원에 특별관할이 인정된다(제92조). 2) 국제사법 제95조 제2항에서는 공해에서의 선박충돌에 관한 책임은 각 선박이 동일한 선적국에 속하는 때에는 그 선적국법에 의하고, 각 선박이 선적국을 달리하는 때에는 가해선박의 선적국법에 의한다고 규정하고 있다. 이 사안에서 선박충돌은 공해상에서 발생하였고, 가해선박인 마리아호의 국적은 파나마이므로 가해선박의 선적국법인 파나마법이 준거법이 된다. 그러나 마리아호가 파나마에 편의치적(flag of convenience)되고, 선적(船籍)만이 파나마와 유일한 관련인 경우, 마리아호의 운항사인 HMM의 주된 사무소 소재지인 대한민국이 가장 밀접한 관련이

16 석광현, 전게서(2013), p.607.

있는 국가가 되어 대한민국법이 준거법이 된다(제21조 제1항).

◖ 사례 3 ◗

공해에 해당하는 동해상에서 대한민국 선사 HMM이 운항하고 있는 파나마 국적의 선박 마리아호가 일본 선사 ONE이 운항하고 있는 라이베리아 국적의 선박 아사코호를 추돌하여 두 선박이 모두 침몰하였다. 일본 선사 ONE은 대한민국 선사 HMM을 상대로 울산지방법원에 선박충돌에 대한 손해배상청구소송을 제기하였다.

1) 대한민국 법원이 국제재판관할권을 가지는지?

2) 이 사안의 준거법은?

☞ 1) 가해 선박 마리아호의 선적지는 파나마이고, 사고발생지는 공해상이므로 대한민국 법원에 제92조에 의한 특별관할이 인정되지 않는다(제92조). 그러나 가해선박의 운항사인 HMM은 주된 사무소·영업소가 대한민국에 있으므로 제4조에 의한 특별관할이 인정될 수 있다(제4조 제1항) 2) 국제사법 제95조 제2항에서는 공해에서의 선박충돌에 관한 책임은 각 선박이 동일한 선적국에 속하는 때에는 그 선적국법에 의하고, 각 선박이 선적국을 달리하는 때에는 가해선박의 선적국법에 의한다고 규정하고 있다. 이 사안에서 선박충돌은 공해상에서 발생하였고, 가해선박인 마리아호의 국적은 파나마이므로 가해선박의 선적국법인 파나마법이 준거법이 된다. 그러나 마리아호가 파나마에 편의치적(flag of convenience)되고, 선적(船籍)만이 파나마와 유일한 관련인 경우, 마리아호의 운항사인 HMM의 주된 사무소 소재지인 대한민국이 가장 밀접한 관련이 있는 국가가 되어 대한민국법이 준거법이 된다(제21조 제1항).

제96조 해난구조

제96조【해난구조】 해난구조로 인한 보수청구권은 그 구조행위가 영해에서 있는 경우에는 행위지법에 따르고, 공해에서 있는 때에는 구조한 선박의 선적국법에 따른다.

해난구조로 인한 보수청구권은 그 구조행위가 영해에서 있는 경우에는 행위지법에 따르고, 공해에서 있는 때에는 구조한 선박의 선적국법(船籍國法)에 따른다. ⅰ) 해난구조행위지가 영해인 경우 영해소속국이 관리가 행하여진 국가이므로 사무관리의 일반원칙인 사무관리지법주의를 적용하는데 문제가 없다. ⅱ) 그러나 해난구조행위지가 공해인 경우 사무관리의 일반원칙인 사무관리지법주의(제50조)에 의할 수 없으므로 '구조한 선박의 선적국법'[17] 특칙을 두었다.

해난구조는 사무관리의 한 유형에 해당하는바, 제96조에서 달리 정하지 않은 사항은 사무관

17 공해상의 해난구조의 준거법에 대해서는 '구조한 선박의 선적국법'과 '구조된 선박의 선적국법' 두 가지 안이 있었는데, 2001년 개정 국제사법에서 '구조한 선박의 선적국법'을 채택하였다. 이는 구조선박측에 친숙한 법으로 정하여 선박구조를 원활히 한다는 입장에서 '구조한 선박의 선적국법'을 채택한 것으로 사료된다[석광현, 전게서(2013), p.609.].

리에 관한 규정(제50조, 제53조)이 적용된다. 한편, 계약에 의한 해양사고구조의 경우는 제45조 및 제46조가 적용된다.

사례연구

부산신항에서 입항 중에 대만 선사 에버그린이 운항하고 있는 파나마 국적의 선박 에버기븐호가 덴마크 선사 머스크가 운항하고 있는 사이프러스 국적의 선박 엘리자베스호를 추돌하였다. 그리고 이를 대한민국 선사 SK해운이 운항하고 있는 라이베리아 국적의 선박 수정호가 엘리자베스호를 구조하였다. SK해운이 덴마크 선사 머스크에 대한 해난구조로 인한 보수청구권에 대하여 **1) 대한민국 법원이 국제재판관할권을 가지는지? 2) 이 사안의 준거법은? 3) 만약, 선박추돌지와 구조행위지가 남중국해역의 공해상인 경우 준거법은?**

☞ 1) 해난구조지가 대한민국이므로 대한민국 법원에 특별관할이 인정된다(제93조 제1호). 2) 구조행위가 대한민국 영해에서 이루어졌으므로 해난구조로 인한 보수청구권의 준거법은 대한민국법이 된다(제95조 제1항). 3) 만약에, 구조행위가 공해에서 이루어졌다면, 해난구조로 인한 보수청구권의 준거법은 구조선박의 선적국법(船籍國法)이 된다(제96조). 구조선박인 수정호는 라이베리아 국적의 선박으로 라이베리아법. 수정호가 편의치적되고, 선적(船籍)만이 라이베리아와 유일한 관련인 경우 제21조에 따라 최밀접관련국법이 준거법이 된다.

사례연구 : 해상사건 종합

◖ 사례 1 ◗

A화주(X국)는 B선사(일본에 주된 영업소)와 해운송송계약을 체결하였고, B선사는 아리랑호(대한민국에 등록된 선박으로 대한민국의 C사 소유)를 용선하여 이 화물을 운송하였는데, 운송 중 아리랑호는 대한해협에서 사이프러스 선적의 그린피스호를 추돌하였고 이로 인하여 화물의 대부분이 손상되었다. 사고후 아리랑호는 부산항에 입항하였다. 화주 A는 B선사를 상대로 불법행위로 인한 손해배상청구을 청구하였고, B선사는 대한민국 법원에 책임제한절차 개시신청을 하였다.

1) 이 신청에 대하여 대한민국 법원에 국제재판관할이 있는지?

2) 이 책임제한의 준거법은?

3) 만약에 아리랑호가 파나마에 편의치적된 경우의 준거법은?

☞ 1) 국제재판관할권 : 선박소유자등 책임제한사건에서 사고 후 선박이 최초로 도착한 곳이 대한민국인 경우 대한민국 법원에 국제재판관할이 있다(제89조 제4호). 이 사건에서 아리랑호는 최초로 부산항에 도착하였는바, 대한민국 법원에 관할권이 있다.

2) 준거법 : 선박소유자등이 책임제한을 주장할 수 있는지 여부 및 그 책임제한의 범위는 선적국법에 따른다(제94조 제4호). 이 사건에서 아리랑호의 船籍國은 대한민국이므로 대한민국법이 준거법이 된다.

3) 만약에 아리랑호가 파나마에 편의치적된 경우 제21조에 따라 최밀접관련국법이 준거법이 되는데, 해상운송

(용역)을 제공하는 B선사의 주된 영업소 소재지인 일본법이 준거법이 된다(제21조, 제46조 제2항).

◖ 사례 2 ◗ 제11회 변호사시험

매도인 甲회사(대한민국 수원에 주된 사무소)는 중국 상하이에 주된 사무소를 두고 대한민국 부산에 유일한 영업소를 두고 있는 丙운송회사와 이 사건 화물을 대한민국 부산항에서 베트남 호찌민항까지 운송하기로 하는 해상운송계약을 체결하였다(준거법 지정은 없었음). 매수인 乙회사(베트남 호찌민에 주된 사무소)가 베트남 호찌민항에 도착한 이 사건 화물을 검사한 결과 그랜드 피스호의 선장 戊(파나마국 국적이고, 대한민국에 상거소를 둠)의 과실로 컨테이너 1개가 해상에 떨어져 이 사건 화물 중 일부가 멸실된 사실이 밝혀졌다. 甲회사가 丙운송회사를 상대로 선장 戊의 과실을 들어서 불법행위로 인한 손해배상청구소송을 대한민국 법원에 제기하였다.

1) 이 소송에 대하여 대한민국 법원에 국제재판관할권이 있는지?

2) 이 소송에 적용된 적용될 준거법은?

☞ 1) 국제재판관할권 : 갑회사와 병운송회사의 운송계약은 물품을 대한민국에서 베트남으로 운송하는 계약으로 용역제공지가 대한민국에 해당된다. 따라서 대한민국 법원에 국제재판관할권이 있다(제41조 제1항). 이 사건은 선주책임제한사건이 아니므로 제89조는 적용되지 않는다.

2) 준거법 : 가해자와 피해자간에 존재하는 법률관계가 불법행위로 침해되는 경우에는 그 법률관계의 준거법에 의한다(제52조 제3항). 이 사안에서는 선장 戊의 불법행위로 인하여 갑회사와 병운송회사간의 운송계약관계가 침해되었으므로 제52조 제3항에 따라 운송계약의 준거법이 이 사건 불법행위의 준거법이 된다. 이 운송계약에서는 준거법을 지정하지 않았으므로 최밀접관련국법이 준거법이 되는데, 위 운송계약에서는 병운송회사의 영업소가 소재한 대한민국이 최밀접관련국이 되어 대한민국법이 준거법이 된다(제46조 제2항 제3호).

◖ 사례 3 ◗ 대법원 1995.6.5.자 95마325 결정 - 사안 일부 변경

신청인 사조냉장 주식회사(대한민국 회사)이 용선한 파인호(대한민국 船籍)는 남태평양 사모아 근해상을 운항하다가 한성기업 주식회사(대한민국 회사) 한성10호(파나마 船籍)를 들이받아 한성10호는 침몰되고 어획물이 유실되는 사고가 발생하여 한성기업은 10억원의 손해를 입었다는 이유로 사조냉장에 손해배상청구의 소를 제기하였고, LG화재보험사는 선체보험금 11억원을 한성기업에 지급하고, 한성기업의 사조냉장에 대한 손해배상청구권을 대위취득하였다는 이유로 11억원의 지급을 사조냉장에 최고하여 사조냉장은 대한민국 법원에 이 사건 선박소유자등의 책임제한절차 개시신청을 하였다.

1) 이 신청에 대하여 대한민국 법원은 국제재판관할권을 가지는지?

2) 이 선박소유자등의 책임제한 대한 준거법은?

☞ 1) 재판관할권 : 이 신청 사건은 선주등의 책임제한사건에 해당된다. 이 사안에서 제한채권이 발생한 선박인 파인호의 船籍은 대한민국이므로 대한민국 법원은 국제재판관할권을 가진다(제89조 제1호).

2) 준거법 : 선박소유자등이 책임제한을 주장할 수 있는지 여부 및 그 책임제한의 범위는 선적국법에 따른다(제94조 제4호). 이 사건에서 파인호의 船籍國은 대한민국이므로 대한민국법이 준거법이 된다.

◖ 사례 4 ◗ 제9회 변호사시험 변형

대한민국법에 의하여 설립되고 부산에 주된 사무소를 두고 있는 법인 甲은 대한민국 K은행으로부터 대출을 받아,

경남 통영 소재 조선소에서 선박 카카오호를 건조한 다음 파나마국 서류상의 회사(이른바 페이퍼컴퍼니)인 乙의 소유로 편의치적(便宜置籍) 하였다. 甲은 파나마국 선박등록 당시 K은행의 대출금을 담보하기 위해 카카오호에 선박저당권을 설정하였다. 甲은 형식상 선주인 乙과 카카오호에 대하여 선체용선(선박임대차) 계약을 체결하고, 사단법인 한국선급으로부터 선급(船級)을 받았다.

甲과 부산과 중국 상하이에 사무소를 두고 있는 한·중합작법인 丙은 甲이 카카오호를 5년간 丙으로 하여금 항해에 사용하게 하고, 丙이 甲에게 용선료를 지급하는 정기용선계약을 체결하였다. 이 정기용선계약서에는 "이 계약으로부터 또는 이 계약과 관련하여 발생하는 분쟁은 모두 영국법원에만 제기하여야 한다."라고 규정되어 있었다. 위 정기용선계약에 따라 丙은 주로 부산항에서 필리핀 세부항을 비롯한 동남아 항로를 오가는 카카오호를 이용하여 영업을 해 왔다. 甲은 丙과 선원송출에 대한 대리점계약을 체결하였고, 이에 따라 甲은 丙을 통해 카카오호의 선장인 대한민국 국적의 丁과 2015. 5.경 근로계약을 체결한 후, 丁의 의견을 들어 대한민국 국적의 선원 10명 및 필리핀 국적의 선원 2명과 승선근로계약을 체결하였다. 그런데 甲은 丁의 1년분 임금을 지급하지 않았다. 이에 丙은 甲과 체결한 정기용선계약의 안정적인 유지를 위하여 연체된 丁의 임금을 법률상 의무 없이 대신 지급하여 주었다.

네덜란드 국적의 선주 戊 소유 에메랄드호(선적국은 덴마크임)는 제주도 남단 20마일 공해상에서 자선(自船) 우현측에 카카오호를 두고 횡단하는 상태로 카카오호와 조우하였는데, 좌현 대 좌현으로 통과하기 위해서는 우회두해야 함에도 불구하고 좌회두함으로써 양 선박이 충돌하게 되었다. 당시 우연히 주변을 지나가던 말레이시아 법인 己 소유 호찌민호(선적국은 베트남임)가 위난에 빠진 카카오호를 공해상에서 구조하였고, 己와 甲은 사후적으로 구조료청구권의 준거법을 대한민국법으로 합의하였다.

이후 선박충돌 등으로 甲의 경영이 악화되자, 甲의 선박저당권자인 K은행이 카카오호에 대하여 부산지방법원에 임의경매를 신청하였다. 丙도 丁의 임금채권을 피담보채권으로 한 선박우선특권의 대위를 주장하며 임의경매에 참여하여 배당을 신청하였다.

질문 1. 가. 甲과 丙 사이의 정기용선계약에서 분쟁이 발생하는 경우 대한민국법원이 국제재판관할권을 가지는지 논하시오. 나. 이 정기용선계약의 준거법은 무엇인지 논하시오.

2. 선박 카카오호에 대한 임의경매에서, 가. 丙이 주장한 선박우선특권의 대위의 준거법은 무엇인지 논하시오. 나. 丙의 선박우선특권의 실행방법의 준거법은 무엇인지 논하시오.

3. 甲이 구조료를 지급하지 않자 己가 甲을 상대로 대한민국법원에 구조료지급청구의 소를 제기하였고, 甲도 에메랄드호 선주 戊를 상대로 같은 법원에 손해배상청구의 소를 제기하였다. 양 청구의 각 준거법은 무엇인지 논하시오(대한민국법원이 국제재판관할권을 가지는 것을 전제로 함).

☞ **질문 1. 가.** 이 사안에서 甲은 대한민국법에 의하여 설립된 법인이고, 丙은 한중합작법이며, 양자 간의 정기용선계약은 부산항에서 필리핀 등 동남아 항로를 오가는 선박이므로 외국과 관련된 요소가 있어 국제사법에 의하여 국제재판관할을 정해야 한다(제1조). 국제재판관할합의는 특정 국가의 법원에게 당사자 간의 국제소송을 재판할 자격 내지 권한을 부여하기로 하는 합의인데, i) 국제재판관할합의는 서면(팩스, 이메일 포함)으로 해야 하고, ii) 제8조 제1항에서 규정한 무효사유가 없어야 하며, iii) 합의로 정해진 관할은 전속관할로 추정하고, iv) 외국법원을 전속관할로 합의한 경우 원칙적으로 한국 법원은 제기된 소를 각하해야 한다. 참고로 종래의 대법원 판결에서 인정되었던 '합리적 관련성' 요건은 현행 국제사법 제8조에는 규정되지 않았다. 이 사안에서 영국법원 전속관할합의는 서면으로 작성되었고, 기타 제8조 제1항의 무효사유에 해당되지 않는바, 유효하다고 본다. 따라서 대한민국 법원은 재판관할권을 가지지 않는다.

질문 1. 나. 이 정기용선계약에서는 준거법 합의가 없다. 따라서 제46조에 의거 최밀접관련국법이 준거법이 된다. 정기용선계약은 선박을 이용하도록 하는 계약으로 선주사인 甲의 주된 사무소지법인 대한민국법이 준거법이 된다.

질문 2. 가. 법률에 따른 채권의 이전은 구채권자와 신채권자 간의 법률관계가 존재하는 경우 그 법률관계의 준거법에 따르고, 법률관계가 존재하지 않는 경우 이전되는 채권의 준거법에 따른다(제55조). 이 사안에서 丙은 丁의 임금을 법률상 의무 없이 대신 지급하였고, 변제자대위가 성립하여 법률에 따른 채권의 이전이 되는데, 구채권자 丁과 신채권자 丙 간에는 법률관계가 존재하지 않으므로 이전되는 채권인 丁의 임금채권의 준거법에 따른다(제55조 제2항). 甲과 丁 사이의 근로계약의 준거법을 살펴보면, 이 사안에서는 근로계약의 준거법에 대한 합의가 적시되어 있지 않다. 따라서 근로자가 일상적으로 노무를 제공하는 국가의 법이 준거법이 되는데(제48조 제2항 전단), 이 근로계약은 선원근로계약으로서 대법원 판례에 의하면 선적국법이 준거법이 된다. 그러나 카카오호의 실질적 소유자인 甲은 대한민국 법인이고, 파나마 법인인 乙회사는 편의치적을 위하여 甲이 설립한 페이퍼컴퍼니에 불과한 점, 이 선박의 운항경로는 파나마와 무관한 점, 선장과 선원들이 대부분 대한민국 국민이며, 파나마 국민은 없는 점 등을 고려할 때 가장 밀접한 관련국인 대한민국법이 준거법이 된다(제21조 제1항).

질문 2. 나. 문제된 섭외관계가 실체적인지 절차적인지에 따라, 실제적인 경우 국제사법에 의해 정해지는 준거법에 의하고, 절차적인 경우 법정지 원칙에 의한다. 대법원 판결에 의하면, 선박우선특권의 성립 여부는 실체적인 문제로서 선적국법에 의하나(제94조), 선박우선특권이 대한민국에서 실행되는 경우 실행기간을 포함한 실행방법은 대한민국의 절차법에 의한다. 따라서 이 사안에서 선박우선특권의 실행방법은 대한민국의 절차법(민사집행법, 상법)에 의한다.

질문 3.

1) 해난구조의 준거법 사무관리가 당사자 간의 법률관계에 근거하여 행하여진 경우에는 그 법률관계의 준거법에 의한다(제50조 제1항 단서). 따라서 해난구조가 사전계약에 의한 경우에는 제45조가 적용된다. 그러나 해난구조가 사전계약이 없이 진행된 경우에는 제96조가 적용된다. 해난구조로 인한 보수청구권은 그 구조행위가 공해인 경우 구조한 선박의 선적국법에 따른다(제96조). 이 사안에서 공해상에서 위난에 처한 카카오호를 구조한 선박인 호찌민호의 선적국은 베트남으로 원칙적으로 제96조에 의하면 베트남법에 따른다. 그러나 제53조에서는 사무관리에서 사후적 준거법 합의를 인정하고 있고, 해난구조도 사무관리에 해당되는바, 이 사안에서는 대한민국법으로 사후적 합의하였으므로 대한민국법이 준거법이 된다.
2) 선박충돌의 준거법 공해상에서 서로 다른 선적국에 속하는 선박 사이의 충돌에 대하여는 가해선박의 선적국법에 따른다(제95조). 이 사안에서는 에메랄드호가 가해선박이므로 에메랄드호의 선적국인 덴마크법이 준거법이 된다.

APPENDIX 국제사법 [시행 2022. 7. 5.] [법률 제18670호, 2022. 1. 4., 전부개정]

국제사법 조문 해설 · 사례

제1장 총칙

제1절 목적

제1조 【목적】 이 법은 외국과 관련된 요소가 있는 법률관계에 관하여 국제재판관할과 준거법(準據法)을 정함을 목적으로 한다.

- 섭외적 생활관계 → 외국적 요소가 있는 법률관계(2001) → 외국과 관련된 요소가 있는 법률관계(2022)
- **국제사법 적용요건** : 외국적 요소가 있을 것(당사자의 국적 · 일상거소 · 주된 사무소 · 영업소, 재산소재지, 불법행위지 등이 서로 다른 국가)

제2절 국제재판관할

- **2022 개정 국제사법의 국제재판관할 규정** : 국제재판관할 규정(일반 · 특별관할), 개별적 법률관계에 관한 특별재판관할 신설

제2조 【일반원칙】 ① 대한민국 법원(이하 "법원"이라 한다)은 당사자 또는 분쟁이 된 사안이 대한민국과 실질적 관련이 있는 경우에 국제재판관할권을 가진다. 이 경우 법원은 실질적 관련의 유무를 판단할 때에 당사자 간의 공평, 재판의 적정, 신속 및 경제를 꾀한다는 국제재판관할 배분의 이념에 부합하는 합리적인 원칙에 따라야 한다. ▸ 실질적 관련의 원칙 도입(2001)

② 이 법이나 그 밖의 대한민국 법령 또는 조약에 국제재판관할에 관한 규정이 없는 경우 법원은 국내법의 관할 규정을 참작하여 국제재판관할권의 유무를 판단하되, 제1항의 취지에 비추어 국제재판관할의 특수성을 충분히 고려하여야 한다.

- **국제재판관할권** : 어느 특정 국가의 법원이 재판할 수 있는 권한
- **제2조의 일반원칙** : 실질적 관련성, 국내법상 관할규정 참작, 국제재판관할의 특수성 고려. 그러나 제2조에 의한 재판관할은 엄격하며, 쉽게 인정되어서는 안 됨. 쉽게 인정하면, 국제적분쟁의 효율적 해결과 관할 배분의 이념의 실천이라는 국제재판관할제도의 근본이념이 훼손되고 우리 판결의 국제적 불신(외국에서 우리 판결 승인 거부) 초래
- 국제사법 · 기타 대한민국 법령 · 조약의 국제재판관할 규정을 적용하고, 해당 규정이 없는 경우에는 국내법 관할규정

(민·상사사건－민소법 토지관할규정, 가사사건－가사소송법 토지관할규정) 참작하되 얽매이지 말고 국제재판관할의 특수성 충분히 고려할 것(예 피고의 주소, 법인의 주사무소/영업소, 불법행위지 등)

- **일반원칙** : 실질적 관련성, 국내법상 관할규정 참작, 국제재판관할의 특수성 고려. 그러나 제2조에 의한 재판관할은 엄격하며, 쉽게 인정되어서는 안 됨
- **구 국제사법 적용 사건 : 대법원【2010다18355】**
  김해공항 인근에서 발생한 중국 항공기 추락사고로 사망한 중국인 승무원의 유가족이 중국 항공사를 상대로 대한민국 법원에 손해배상청구소송을 제기한 사안에서, 민사소송법상 토지관할권, 소송당사자들의 개인적인 이익, 법원의 이익, 다른 피해유가족들과의 형평성 등에 비추어 위 소송은 대한민국과 실질적 관련이 있다고 보기에 충분하므로, 대한민국 법원의 국제재판관할권 인정
- 국제재판관할권은 병존할 수 있음
- A사(독일 회사)와 B사(영국 회사) 간의 건설공사계약(공사현장은 대한민국)에서 분쟁이 발생한 경우
  ☞ 이 사안은 외국회사 간의 계약이지만, 공사현장은 대한민국이므로 대한민국과 실질적 관련성 인정 가능

제3조【일반관할】 ① 대한민국에 일상거소(habitual residence)가 있는 **사람에 대한** 소(訴)에 관하여는 법원에 국제재판관할이 있다. 일상거소가 어느 국가에도 없거나 일상거소를 알 수 없는 사람의 **거소가 대한민국에** 있는 경우에도 또한 같다.

예 ⅰ) 피고 한국에 일상거소 → 한국 법원의 국제재판관할 ⅱ) 피고 어디에도 일상거소 없거나 일상거소 알 수 없고 한국에 거소 → 한국 법원의 국제재판관할

② 제1항에도 불구하고 대사(大使)·공사(公使), 그 밖에 외국의 재판권 행사대상에서 제외되는 대한민국 국민에 대한 소에 관하여는 법원에 국제재판관할이 있다.

③ **주된 사무소·영업소 또는 정관상의 본거지나 경영의 중심지가 대한민국에 있는 법인 또는 단체와 대한민국 법에 따라 설립된 법인 또는 단체**에 대한 소에 관하여는 법원에 국제재판관할이 있다.

- 피고 대한민국에 주된 사무소(또는 대한민국 법인) → 대한민국 법원의 국제재판관할
- 민사소송법 제2조(보통재판적)에 대응하는 국제재판관할의 일반원칙 신설
- 원고는 피고의 법정지를 따른다(actor sequitur forum rei)는 원칙(피고관할) 수용
- A(영국에 일상거소, 원고)와 B(대한민국에 일상거소, 피고)의 분쟁 → **대한민국 법원에 일반관할**
- A(영국에 일상거소, 원고)와 B[대한민국에 거소(어느 국가에도 일상거소 없음 또는 일상거소를 알 수 없음), 피고]의 분쟁 → **대한민국 법원에 일반관할**
- A사(영국 회사, 원고)와 B(대한민국 회사, 피고)의 분쟁 → **대한민국 법원에 일반관할**
- A사(영국에 본사, 원고)과 B(대한민국에 본사, 피고)의 분쟁 → **대한민국 법원에 일반관할**
- 甲(스위스에 주된 사무소)은 대한민국 시장을 향해 계속적이고 조직적인 영업활동을 하기 위해 乙(대한민국에 주된 사무소)과 대리상계약 체결. 乙(대리상)이 제공한 허위정보로 인해 甲은 손해 발생. 甲(본인, 스위스에 주된 사무소)은 乙(대리인, 대한민국에 주된 사무소)을 상대로 대한민국 법원에 손해배상청구의 소 제기 **(변호사시험 12회 변형)**
  ☞ ⅰ) 피고 乙은 대한민국에 주된 사무소가 있어 제3조 제3항에 의거 대한민국 법원에 일반관할. ⅱ) 피고 乙은

대한민국에 영업소가 있고, 그 영업소의 업무와 관련된 소로 제4조 제1항에 의거 대한민국 법원에 특별관할

제4조【사무소 · 영업소 소재지 등의 특별관할】 ① 대한민국에 사무소 · 영업소가 있는 사람 · 법인 또는 단체에 대한 대한민국에 있는 **사무소 또는 영업소의 업무와 관련된 소**는 법원에 제기할 수 있다. ▸ 대한민국에 사무소(영업소)+그 사무소(영업소)의 업무 관련 소 → 대한민국 법원에 국제재판관할

② 대한민국에서 또는 대한민국을 향하여 **계속적이고 조직적인 사업 또는 영업활동**을 하는 사람 · 법인 또는 단체에 대하여 **그 사업 또는 영업활동과 관련이 있는 소**는 법원에 제기할 수 있다.

- 甲(스위스에 주된 사무소)은 한국 시장을 향해 계속적이고 조직적인 영업활동을 하기 위해 乙(대한민국에 주된 사무소)과 대리상계약 체결함. 甲은 대리상 보수 미지급. 乙(대리인)은 甲(본인)을 상대로 대한민국 법원에 대리상 보수의 지급을 구하는 소 제기 **(변호사시험 12회 변형)**
  ☞ ⅰ) 갑은 대한민국을 향하여 계속적이고 조직적인 사업 또는 영업활동을 하고 ⅱ) 대리상 보수 지급 청구의 소는 갑의 위 사업 또는 영업활동과 관련된 소. 따라서 제4조 제2항에 의하여 대한민국 법원에 특별관할
- A익스프레스(중국 법인, 대한민국에 사무소나 영업소 부재)는 대한민국을 향하여 계속적이고 조직적인 온라인 상품 광고 및 판매 활동을 계속하고, 甲회사는 서울에서 온라인으로 완구를 주문하여 배송받아 국내에서 다수의 소비자들에게 판매함. 완구는 인체에 유해물질 배출하여 소비자들이 피해를 입음. 甲회사는 A익스프레스를 상대로 대한민국 법원에 계약위반에 근거한 손해배상청구의 소를 제기
  ☞ ⅰ) 피고 A익스프레스는 대한민국에 사무소나 영업소는 없으나 대한민국을 향하여 계속적이고 조직적인 영업활동을 하고 ⅱ) 이 소는 그 영업활동과 관련된 소. 따라서 제4조 제2항에 의거 대한민국 법원에 특별관할

제5조【재산소재지의 특별관할】 재산권에 관한 소는 다음 각 호의 어느 하나에 해당하는 경우 법원에 제기할 수 있다.

1. **청구의 목적 또는 담보의 목적인 재산이 대한민국에** 있는 경우
2. **압류할 수 있는 피고의 재산이 대한민국에** 있는 경우. 다만, 분쟁이 된 사안이 대한민국과 아무런 관련이 없거나 근소한 관련만 있는 경우 또는 그 재산의 가액이 현저하게 적은 경우는 제외한다.

- **제4조 및 제5조** : 민사소송법 제7조(근무지의 특별재판적), 제11조(재산이 있는 곳의 특별재판적)에 대응하는 특별관할 신설 ☞ **관련 조항** 제90조(선박압류지의 특별관할 → 제5조 제2항 단서 비적용)
- A(영국에 일상거소, 원고)와 B(독일에 일상거소, 피고). 서울에 있는 자동차 매매계약에서 자동차 인도 소송 제기
  ☞ 대한민국 법원에 특별관할(청구의 목적인 자동차는 한국에 있음)
- A(한국에 일상거소, 원고)와 B(독일에 일상거소, 피고)의 자동차 매매계약. B는 한국에 건물 소유
  ☞ 대한민국 법원에 특별관할(압류할 수 있는 피고의 재산이 한국에 있음)
- A(한국에 일상거소, 원고)와 B(독일에 일상거소, 피고)의 자동차 매매계약. B는 한국에 자전거 소유(시가 30만 원)
  ☞ 대한민국 법원에 특별관할 없음(압류할 수 있는 피고의 재산이 한국에 있으나 가액이 현저히 적음)

- A(독일에 일상거소, 원고)와 B(대한민국에 일상거소, 피고)의 서울에 있는 자동차 매매계약 체결. A는 B를 상대로 대한민국 법원에 자동차 인도 소송을 제기한 경우
  ☞ ⅰ) 대한민국 법원에 일반관할(피고의 일상거소는 대한민국에 있음)(제3조 제1항) ⅱ) 대한민국 법원에 특별관할 인정(청구의 목적(자동차)이 대한민국에 있음)(제5조 제1호)
- 해상운송 관련 사건에서 독일 기업이 러시아 선박을 대한민국에서 가압류하고, 이를 근거로 러시아 기업을 상대로 대한민국 법원에 소를 제기한 경우
  ☞ ⅰ) 제5조 제2호 단서에 의하면, 분쟁이 된 사안이 대한민국과 아무런 관련이 없거나 근소한 관련만 있는 경우로서 대한민국 법원에 특별관할 없음. 그러나 ⅱ) 제90조에 의하면, 선박 또는 항해에 관한 소는 대한민국과의 관련성이 없어도 선박이 가압류된 곳이 대한민국이면 대한민국 법원에 특별관할 있음.

제6조【관련사건의 관할】 ① **상호 밀접한 관련이 있는 여러 개의 청구** 가운데 하나에 대하여 법원에 국제재판관할이 있으면 그 여러 개의 청구를 **하나의 소로 법원에 제기**할 수 있다.

▸ 소의 객관적 병합 ☞ **관련 조항** 제39조 제2항(지식재산권 침해에 관한 소) → 소의 객관적 병합 비적용

② **공동피고** 가운데 1인의 **피고**에 대하여 법원이 제3조에 따른 **일반관할**을 가지는 때에는 그 피고에 대한 청구와 다른 **공동피고에 대한 청구 사이에 밀접한 관련**이 있어서 **모순된 재판의 위험을 피할 필요**가 있는 경우에만 공동피고에 대한 소를 **하나의 소로 법원에 제기**할 수 있다.

▸ 소의 주관적 병합

③ 다음 각 호의 사건의 주된 청구에 대하여 **제56조부터 제61조까지**의 규정에 따라 법원에 국제재판관할이 있는 경우에는 친권자·양육자 지정, 부양료 지급 등 **해당 주된 청구에 부수되는 부수적 청구에 대해서도 법원에 소를 제기**할 수 있다. ▸ 가사사건의 특칙

1. 혼인관계 사건
2. 친생자관계 사건
3. 입양관계 사건
4. 부모·자녀 간 관계 사건
5. 부양관계 사건
6. 후견관계 사건

④ 제3항 각 호에 따른 사건의 주된 청구에 부수되는 부수적 청구에 대해서만 법원에 국제재판관할이 있는 경우에는 그 주된 청구에 대한 소를 법원에 제기할 수 없다.

- 甲(일상거소 한국)과 乙(일상거소 일본)은 공모하여 A회사의 기술 탈취. A회사는 甲과 乙을 상대로 대한민국 법원에 각각 불법행위의 소 제기
  ☞ 피고 甲은 한국에 일상거소가 있어 제3조 제1항에 의거 일반관할 인정. 甲에 대한 소와 乙에 대한 소는 공모사건으로 밀접한 관련. 따라서 甲에 대한 소와 乙에 대한 소를 병합하여 하나의 소로 한국 법원에 제소 가능(제6조 제2항) 참고로, 제39조 제2항(지식재산권침해)은 제6조 제1항에만 적용

• A회사(주된 영업소 중국)는 B회사(주된 영업소 프랑스)의 상표와 동일한 상표를 부착한 핸드백을 중국에서 제조하여 C회사(주된 영업소 한국)에 수출하고, C회사는 그 핸드백을 한국에서 판매한 경우

☞ 공동피고인 C회사에 대하여 일반관할 인정되고, 양 청구는 밀접한 관련. 따라서 B회사는 A회사와 C회사에 대한 소를 하나의 소로 한국 법원에 제소 가능(제6조 제2항)

제7조 【반소관할】 본소(本訴)에 대하여 법원에 국제재판관할이 있고 소송절차를 현저히 지연시키지 아니하는 경우 피고는 **본소의 청구 또는 방어방법과 밀접한 관련**이 있는 청구를 목적으로 하는 **반소(反訴)를 본소가 계속(係屬)된 법원에 제기**할 수 있다. ▸ 민사소송법 제269조(반소)에 대응

• 甲(매도인, 독일)과 乙(매수인, 한국)과의 중장비 매매계약(중장비수출입계약). 甲은 乙을 상대로 서울중앙지방법원에 대금청구의 소 제기(본소). 乙은 계약위반(물품하자)에 따른 선수금 환급청구의 반소를 서울중앙지방법원에 제기. 이 반소에 대해 대한민국 법원에 국제재판관할권이 있는지?

☞ ⅰ) 본소에 대하여 대한민국 법원에 국제재판관할이 있고(제3조의 일반과할), ⅱ) 이 반소는 소송절차를 현저히 지연시키지 않는 것으로 보이고, ⅲ) 본소의 청구 또는 방어방법과 밀접한 관련이 있는 청구를 목적으로 하며, ⅳ) 본소가 계속된 서울중앙지방법원에 반소를 제기하였는바, 서울중앙지방법원에 관할권이 있음(제7조).

• 甲(스위스 주된 사무소)은 한국 시장을 향해 계속적이고 조직적인 영업활동을 하기 위해 대리상 乙(서울 주된 사무소)과 대리상계약을 서면으로 체결(싱가포르 국제상사법원 비전속적(non-exclusive) 혹은 부가적 관할합의). 그러나 싱가포르는 이 사건 계약과 아무런 관련이 없으며, 이 사건 계약의 준거법에 관한 별도의 합의도 없었음.

甲은 乙이 연결해 준 한국 고객사 X의 주문 의사를 확인하고 로봇 100대를 납품하기 위해 필요한 원자재 구매 및 설비 확충의 명목으로 미화 100만 달러를 지출하였는데, 갑자기 X는 甲과의 연락을 차단하고 잠적하였는데, X는 단순 페이퍼 컴퍼니이고 X의 사업계획은 허위임이 밝혀짐. 甲은 乙을 상대로 불법행위에 따른 손해배상을 구하는 본소를 서울중앙지방법원에 제기. 그 후 乙은 甲을 상대로 현재 계속 중인 이 사건 전소에서 지급을 구했던 미지급 보수 미화 30만 달러를 청구하는 반소를 제기. 반소에 대해 서울지방법원에 재판관할권이 있는가? **(변호사시험 12회 변형)**

☞ ⅰ) 본소에 대하여 서울중앙지방법원에 국제재판관할권이 있고, ⅱ) 소송절차를 현저히 지연시키는 사유가 없는 것으로 볼 수 있고, ⅲ) 반소에서의 보수금청구는 이 사건 계약에 따른 용역제공과 관련된 것으로서 위 본소의 청구 또는 방어방법과 밀접한 관련이 있는 청구를 목적으로 하는 것으로 본소가 계속된 서울중앙지방법원에 제기할 수 있음(제7조).

• 해상운송 · 해상보험사고에서 丙보험회사가 丁운송회사를 상대로 구상권의 범위 내에서 甲회사(화주/피보험자)를 대위하여 손해배상 소송을 제기하고, 丁운송회사는 반소로 채무부존재 확인의 소를 한국법원에 제기하였다면, 당해 반소가 확인의 이익을 갖추어 적법한지 여부의 준거법은?

☞ 채무부존재 확인의 소는 상대방이 주장하는 채무가 부존재함을 확인받기 위한 소로서 주로 채권자와 채무자 간의 법적 분쟁에서 채무자가 자신에게 채무가 부존재함을 법적으로 확인받기 위한 목적으로 제기. 채무부존재 확인의 소에 대한 규정은 대부분 국가에서 소송절차법(민사소송법, 민사소송규칙 등)에서 규정. 섭외적(외국적 요소가 있는) 법률관계에서 실체법적인 문제는 국제사법에 의하여 정해지는 준거법에 의해 판단하지만, 절차법적 문제는 '절차는 법정지법에 따른다'는 법정지법(forum law) 원칙에 따라 법정지법이 적용되며, 대법원도 같은 입장에서 실체적법 문제와 절차법적 문제를 구별하여 절차법적 문제는 법정지법에 의한다는 입장. 따라서 준거법은 법정지인 대한민국법

제8조【합의관할】 ① 당사자는 일정한 법률관계로 말미암은 소에 관하여 **국제재판관할의 합의**(이하 이 조에서 "합의"라 한다)를 할 수 있다. 다만, 합의가 다음 각 호의 어느 하나에 해당하는 경우에는 효력이 없다.

1. 합의에 따라 국제재판관할을 가지는 국가의 법(준거법의 지정에 관한 법규를 포함한다)에 따를 때 그 **합의가 효력이 없는** 경우
2. 합의를 한 당사자가 **합의를 할 능력**이 없었던 경우
3. 대한민국의 법령 또는 조약에 따를 때 합의의 대상이 된 소가 합의로 정한 국가가 아닌 **다른 국가의 국제재판관할에 전속**하는 경우
4. 합의의 효력을 인정하면 소가 계속된 국가의 **선량한 풍속이나 그 밖의 사회질서**에 명백히 위반되는 경우

▸ 국제재판관할합의 인정(유효) → 합의무효 사유(각 호). 대법원에서는 "합리적 관련성(당해 사건이 외국법원(또는 한국법원)에 대하여 합리적인 관련성을 가질 것)"을 요구하였으나, 개정 국제사법에는 미반영

② **합의는 서면**[전보(電報), 전신(電信), 팩스, 전자우편 또는 그 밖의 통신수단에 의하여 교환된 전자적(電子的) 의사표시를 포함한다]으로 하여야 한다. → 전속적 국제재판관할합의의 서면성

③ 합의로 정해진 관할은 **전속적인 것으로 추정**한다. ▸ 부가적 국제재판관할합의 추정(×)

④ 합의가 당사자 간의 계약 조항의 형식으로 되어 있는 경우 계약 중 다른 조항의 효력은 합의 조항의 효력에 영향을 미치지 아니한다. ▸ 국제재판관할합의의 독립성

⑤ 당사자 간에 **일정한 법률관계**로 말미암은 소에 관하여 **외국법원을 선택하는 전속적 합의**가 있는 경우 법원에 그 소가 제기된 때에는 **법원은 해당 소를 각하**하여야 한다. 다만, 다음 각 호의 어느 하나에 해당하는 경우에는 그러하지 아니하다.

• 외국법원 전속관할합의 → 대한민국법원에 소 제기 → 법원은 소 각하(단, 다음 각 호는 예외)

1. 합의가 제1항 각 호의 사유로 효력이 없는 경우
2. 제9조에 따라 변론관할이 발생하는 경우
3. 합의에 따라 국제재판관할을 가지는 국가의 법원이 사건을 심리하지 아니하기로 하는 경우
4. 합의가 제대로 이행될 수 없는 명백한 사정이 있는 경우

※ 제8조는 민사소송법 제29조(합의관할)에 대응

☞ **관련 조항** 제13조(실종선고 · 친족 · 상속 · 해상 관할에 비적용), 제60조 제2항

• 대한민국과 관련이 없는 사건에서도 대한민국 법원 전속관할합의 가능.
• 순수한 국내사건에서도 외국법원을 관할법원으로 합의 가능. 다만, 합의관할인정 여부는 그 법원이 판단
• 유효한 합의관할(제8조)에 의해 외국법원 전속관할이 인정되는 경우 그 외국법원의 전속관할만 인정되고, 대한민국 법원의 전속관할(제10조, 대법원 【2010다28185】) 및 기타 특별한 규정이 있는 경우(소비자계약, 근로계약 등)를 제외하고는 대한민국 법원의 재판관할 부정함이 합당[2005년 관할합의에 관한 협약(헤이그 국제사법회의) 제6조(선택되지 않은 법원의 의무) 참조]

- 소비자계약(제42조) · 근로계약(제43조)에서는 ⅰ) 사후적 관할합의 ⅱ) 부가적 관할합의만 유효
- 甲(스위스 주된 사무소)은 한국 시장을 향해 계속적이고 조직적인 영업활동을 하기 위해 대리상 乙(서울 주된 사무소)과 대리상계약을 서면으로 체결(싱가포르 법원 관할합의). 그러나 싱가포르는 이 사건 계약과 아무런 관련이 없으며, 이 사건 계약의 준거법에 관한 별도의 합의도 없었음. 甲은 乙이 연결해 준 한국 고객사 X의 주문 의사를 확인하고 로봇 100대를 납품하기 위해 필요한 원자재 구매 및 설비 확충의 명목으로 미화 100만 달러를 지출하였는데, 갑자기 X는 甲과의 연락을 차단하고 잠적하였는데, X는 단순 페이퍼 컴퍼니이고 X의 사업계획은 허위임이 밝혀짐. 甲은 乙을 상대로 불법행위에 따른 손해배상을 구하는 소를 대한민국 법원에 제기. 법원은 재판을 진행해야 하는가? **(변호사시험 12회 변형)**
  ☞ 합의에 의한 국제재판관할은 전속적인 것으로 추정되고(제8조 제3항), 당사자 간에 일정한 법률관계로 말미암은 소에 관하여 외국법원을 선택하는 전속적 합의가 있는 경우 대한민국 법원은 제기된 소를 각하해야 함(제8조 제5항). 이 사안에서는 ⅰ) 유효한 합의관할이 있고, ⅱ) 이 소는 당사자 간의 위임계약에 말미암은 소이고, ⅲ) 제8조 제5항 각호의 사유에도 해당되지 않고, ⅳ) 제13조의 적용제외에 해당되지 않는바, 법원은 이 소를 각하해야 함
- 대한민국법에 의하여 설립되고 부산에 주된 사무소를 두고 있는 법인 甲은 대한민국 K은행으로부터 대출을 받아, 경남 통영 소재 조선소에서 선박 카카오호를 건조한 다음 파나마국 서류상의 회사(이른바 페이퍼컴퍼니)인 乙의 소유로 편의치적(便宜置籍) 하였다. 甲은 파나마국 선박등록 당시 K은행의 대출금을 담보하기 위해 카카오호에 선박저당권을 설정하였다. 甲은 형식상 선주인 乙과 카카오호에 대하여 선체용선(선박임대차) 계약을 체결하고, 사단법인 한국선급으로부터 선급(船級)을 받았다. 甲과 부산과 중국 상하이에 사무소를 두고 있는 한 · 중합작법인 丙은 甲이 카카오호를 5년간 丙으로 하여금 항해에 사용하게 하고, 丙이 甲에게 용선료를 지급하는 정기용선계약을 체결하였다. 이 정기용선계약서에는 “이 계약으로부터 또는 이 계약과 관련하여 발생하는 분쟁은 모두 영국법원에만 제기하여야 한다.”라고 규정되어 있었다. 위 정기용선계약에 따라 丙은 주로 부산항에서 필리핀 세부항을 비롯한 동남아 항로를 오가는 카카오호를 이용하여 영업을 해 왔다. 甲과 丙 사이의 정기용선계약에서 분쟁이 발생하는 경우 대한민국법원이 국제재판관할권을 가지는가? (변시 9회)
  ☞ 합의에 의한 국제재판관할은 전속적인 것으로 추정되고(제8조 제3항), 당사자 간에 일정한 법률관계로 말미암은 소에 관하여 외국법원을 선택하는 전속적 합의가 있는 경우 대한민국 법원은 제기된 소를 각하하여야 한다(제8조 제5항). 이 사안에서는 ⅰ) 유효한 합의관할이 있고, ⅱ) 이 소는 당사자 간의 정기용선계약에 말미암은 소이고, ⅲ) 제8조 제5항 각호의 사유에도 해당되지 않고, ⅳ) 제13조의 적용제외에 해당되지 않는바, 법원은 이 소를 각하하여야 한다(개정 국제사법에서는 “합의관할”에서 ‘합리적인 관련성’을 요구하지 않음).
- 甲회사(중국법에 의하여 설립되어 상하이에 주된 사무소)는 丁운송회사(네덜란드에 본점)와 이 사건 물품을 중간 기항지인 부산항까지 운송하는 해상운송계약을 丁운송회사의 본점에서 체결(준거법은 지정하지 않음). 이 사건 해상운송계약서에는 “이 계약과 관련된 모든 분쟁에 대하여는 네덜란드 헤이그 법원이 관할권을 가진다.”라는 규정. 그런데 甲회사가 부산항에 도착한 이 사건 물품을 검사해보니 운송 중 선장의 과실로 이 사건 물품 중 일부가 상품성이 없을 정도로 손상됨. 甲회사가 丁운송회사를 상대로 운송계약위반에 근거한 손해배상청구의 소를 대한민국 법원에 제기한 경우 대한민국 법원은 국제재판관할권을 가지는가? **(모의고사 2024-1회)**
  ☞ 이 해상운송계약에서는 네덜란드 헤이그 법원으로 재판관할합의를 하였고, 이 관할합의는 제8조 제1항에서 규정한 무효사유에 해당되지 않고, 서면으로 하였는바, 네덜란드 헤이그 법원에 전속적 재판관할이 인정되고, 이 소송은 해상운송계약에 근거한 소송으로 법원은 해당 소를 각하해야 함(제8조).

제9조【변론관할】 피고가 국제재판관할이 없음을 주장하지 아니하고 본안에 대하여 변론하거나 변론준비기일에서 진술하면 법원에 그 사건에 대한 국제재판관할이 있다. ▸ 변론관할(응소관할)

☞ **관련 조항** 제13조(실종선고 · 친족 · 상속 · 해상 관할에 비적용), 제60조 제3항

- 해상운송계약에서 네덜란드 법원 전속관할합의. 선장의 과실로 화물 손상. A(화주, 중국)는 B(운송회사, 네덜란드)를 대한민국 법원에 제소. B는 응소

  → 전속관할합의로 소를 각하해야 하나 B의 응소로 변론관할 인정

제10조【전속관할】 ① 다음 각 호의 소는 법원에만 제기할 수 있다. ▸ 한국법원의 전속관할

1. 대한민국의 공적 장부의 등기 또는 등록에 관한 소. 다만, 당사자 간의 계약에 따른 이전이나 그 밖의 처분에 관한 소로서 등기 또는 등록의 이행을 청구하는 경우는 제외한다.
2. 대한민국 법령에 따라 설립된 법인 또는 단체의 설립 무효, 해산 또는 그 기관의 결의의 유효 또는 무효에 관한 소
3. 대한민국에 있는 부동산의 물권에 관한 소 또는 부동산의 사용을 목적으로 하는 권리로서 공적 장부에 등기나 등록이 된 것에 관한 소
4. 등록 또는 기탁에 의하여 창설되는 지식재산권이 대한민국에 등록되어 있거나 등록이 신청된 경우 그 지식재산권의 성립, 유효성 또는 소멸에 관한 소
5. 대한민국에서 재판의 집행을 하려는 경우 그 집행에 관한 소

② 대한민국의 법령 또는 조약에 따른 국제재판관할의 원칙상 외국법원의 국제재판관할에 전속하는 소에 대해서는 제3조부터 제7조까지 및 제9조를 적용하지 아니한다. ▸ **외국법원 전속관할 특칙** : 제3조(일반관할), 제4조(사무소 특별관할), 제5조(재산소재지 특별관할), 제6조(관련사건 관할), 제7조(반소관할), 제9조(변론관할) 적용배제

③ 제1항 각 호에 따라 법원의 전속관할에 속하는 사항이 다른 소의 선결문제가 되는 경우에는 제1항을 적용하지 아니한다.

- 일본에 등록된 특허권의 무효를 구하는 소는, 일본 법원 전속관할이고, 대한민국 법원에 재판관할권 없음.
- 일본에 등록된 특허권의 양도계약의 이행을 구하는 소는, 일본 법원 전속관할이 아니다. 따라서 i) 제38조 적용대상이면 제38조를 적용하고, ii) 해당 요건을 충족하는 경우 제8조 합의관할이 적용될 수 있으며, 그 외 iii) 제41조, 제3조(일반관할) 등이 적용될 수도 있음

제11조【국제적 소송경합】 ① 같은 당사자 간에 외국법원에 계속 중인 사건과 동일한 소가 법원에 다시 제기된 경우에 외국법원의 재판이 대한민국에서 승인될 것으로 예상되는 때에는 법원은 직권 또는 당사자의 신청에 의하여 결정으로 소송절차를 중지할 수 있다. 다만, 다음 각 호의 어느 하나에 해당하는 경우에는 그러하지 아니하다.

1. 전속적 국제재판관할의 합의에 따라 법원에 국제재판관할이 있는 경우
2. 법원에서 해당 사건을 재판하는 것이 외국법원에서 재판하는 것보다 더 적절함이 명백한 경우

② 당사자는 제1항에 따른 법원의 중지 결정에 대해서는 즉시항고를 할 수 있다.

③ 법원은 대한민국 법령 또는 조약에 따른 승인 요건을 갖춘 외국의 재판이 있는 경우 같은 당사자 간에 그 재판과 동일한 소가 법원에 제기된 때에는 그 소를 각하하여야 한다.

④ 외국법원이 본안에 대한 재판을 하기 위하여 필요한 조치를 하지 아니하는 경우 또는 외국법원이 합리적인 기간 내에 본안에 관하여 재판을 선고하지 아니하거나 선고하지 아니할 것으로 예상되는 경우에 당사자의 신청이 있으면 법원은 제1항에 따라 중지된 사건의 심리를 계속할 수 있다.

⑤ 제1항에 따라 소송절차의 중지 여부를 결정하는 경우 소의 선후(先後)는 소를 제기한 때를 기준으로 한다.

- **국제적 소송경합** : 동일한 사건에 대하여 외국법원과 국내법원에 각각 소가 제기된 경우
- 甲(매도인, 영국 회사)과 乙(매수인, 대한민국 회사) 간의 매매계약에서 분쟁이 발생하여 甲은 영국법원에 소를 제기하고, 이후 乙은 대한민국 법원에 소를 제기한 경우

  ☞ 영국 법원의 재판이 대한민국에서 승인될 것이 예상되는 때에는 법원은 을의 소를 중지할 수 있음(제11조 제1항)
- 甲(스위스 주된 사무소)은 한국 시장을 향해 계속적이고 조직적인 영업활동을 하기 위해 대리상 乙(서울 주된 사무소)과 대리상계약을 서면으로 체결[싱가포르 국제상사법원 비전속적(non-exclusive) 혹은 부가적 관할합의]. 그러나 싱가포르는 이 사건 계약과 아무런 관련이 없으며, 이 사건 계약의 준거법에 관한 별도의 합의도 없었음. 乙은 대리상 보수 미화 30만 달러를 지급받지 못했다고 주장하며 甲을 상대로 싱가포르 국제상사법원에 미지급 보수의 지급을 구하는 소 제기(전소). 甲은 乙이 연결해 준 한국 고객사 X의 주문 의사를 확인하고 로봇 100대를 납품하기 위해 필요한 원자재 구매 및 설비 확충의 명목으로 미화 100만 달러를 지출하였는데, 갑자기 X는 甲과의 연락을 차단하고 잠적하였는데, X는 단순 페이퍼 컴퍼니이고 X의 사업계획은 허위임이 밝혀짐. 甲은 乙을 상대로 불법행위에 따른 손해배상을 구하는 본소를 서울중앙지방법원에 제기(후소). 그 후 乙은 甲을 상대로 현재 계속 중인 이 사건 전소에서 지급을 구했던 미지급 보수 미화 30만 달러를 청구하는 반소를 제기. 반소에 대해 법원은 어떻게 처리해야 하는가? **(변호사시험 12회)**

  ☞ i) 본소에 대하여 서울중앙지방법원에 국제재판관할권이 있고, ii) 소송절차를 현저히 지연시키는 사유가 없는 것으로 볼 수 있고, iii) 반소에서의 보수금청구는 이 사건 계약에 따른 용역제공과 관련된 것으로서 위 본소의 청구 또는 방어방법과 밀접한 관련이 있는 청구를 목적으로 하는 것으로 본소가 계속된 서울중앙지방법원에 제기할 수 있음(제7조). 그러나 i) 대리인 을은 싱가포르 국제상사법원에 보수금 청구의 소를 제기한 후에 대한민국 법원에 동일한 청구의 반소를 제기하였는바, 국제적 소송경합이 있고, ii) 싱가포르 국제상사법원의 판결은 대한민국 법원에서 승인될 것으로 예상되는바, iii) ① 전속적 국제재판관할의 합의에 따라 법원에 국제재판관할이 있는 경우와 ② 법원에서 해당 사건을 재판하는 것이 외국법원에서 재판하는 것보다 더 적절함이 명백한 경우를 제외하고는 서울중앙지방법원은 직권 또는 당사자의 신청에 의한 결정으로 소송절차를 중지할 수 있음(제11조 제1항).

제12조【국제재판관할권의 불행사】 ① 이 법에 따라 법원에 국제재판관할이 있는 경우에도 법원이 국제재판관할권을 행사하기에 부적절하고 국제재판관할이 있는 외국법원이 분쟁을 해결하기에 더 적절하다는 예외적인 사정이 명백히 존재할 때에는 피고의 신청에 의하여 법원은 본안에 관한 최초의 변론기일 또는 변론준비기일까지 소송절차를 결정으로 중지하거나 소를 각하할 수 있다. 다만, 당사자가 합의한 국제재판관할이 법원에 있는 경우에는 그러하지 아니하다.

② 제1항 본문의 경우 법원은 소송절차를 중지하거나 소를 각하하기 전에 원고에게 진술할 기회를 주어야 한다.

③ 당사자는 제1항에 따른 법원의 중지 결정에 대해서는 즉시항고를 할 수 있다.

- forum non-conveniens(불편한 법정지, 부적절한 법정지) 법칙 도입

제13조【적용 제외】 제24조, 제56조부터 제59조까지, 제61조, 제62조, 제76조 제4항 및 제89조에 따라 국제재판관할이 정하여지는 사건에는 제8조 및 제9조를 적용하지 아니한다.

- 합의관할/변론관할 비적용(실종선고·친족·상속·해상 관할에 비적용)
- 제24조(실종선고 등의 특별관할), 제56조(혼인관계에 관한 사건의 특별관할), 제57조(친생자관계에 관한 사건의 특별관할), 제58조(입양관계에 관한 사건의 특별관할), 제59조(부모·자녀간의 법률관계 등에 관한 사건의 특별관할), 제61조(후견에 관한 사건의 특별관할), 제62조(가사조정사건의 관할), 제76조 제4항(유언에 관한 사건의 특별관할), 제89조(선박소유자등의 책임제한)

제14조【보전처분의 관할】 ① 보전처분에 대해서는 다음 각 호의 어느 하나에 해당하는 경우 법원에 국제재판관할이 있다.

1. 법원에 본안에 관한 국제재판관할이 있는 경우
2. 보전처분의 대상이 되는 재산이 대한민국에 있는 경우

② 제1항에도 불구하고 당사자는 긴급히 필요한 경우에는 대한민국에서만 효력을 가지는 보전처분을 법원에 신청할 수 있다.

제15조【비송사건의 관할】 ① 비송사건의 국제재판관할에 관하여는 성질에 반하지 아니하는 범위에서 제2조부터 제14조까지의 규정을 준용한다.

② 비송사건의 국제재판관할은 다음 각 호의 구분에 따라 해당 규정에서 정한 바에 따른다.

1. 실종선고 등에 관한 사건 : 제24조
2. 친족관계에 관한 사건 : 제56조부터 제61조까지
3. 상속 및 유언에 관한 사건 : 제76조

4. 선박소유자등의 책임제한에 관한 사건 : 제89조

③ 제2항 각 호에서 규정하는 경우 외에 개별 비송사건의 관할에 관하여 이 법에 다른 규정이 없는 경우에는 제2조에 따른다. ▸ 개별 비송사건의 관할규정 없는 경우 → 제2조(일반원칙)에 의함

제3절 준거법

제16조 【본국법】 ① 당사자의 **본국법**에 따라야 하는 경우에 당사자가 **둘 이상의 국적**을 가질 때에는 그와 **가장 밀접한 관련**이 있는 국가의 법을 그 본국법으로 정한다. 다만, **국적 중 하나가 대한민국일 경우**에는 **대한민국 법**을 본국법으로 한다. ▸ **국적의 적극적 저촉** : 최밀접관련국, 내국국적 우선

② 당사자가 **국적을 가지지 아니하거나** 당사자의 **국적을 알 수 없는 경우**에는 그의 일상거소가 있는 국가의 법[이하 "**일상거소지법**"(日常居所地法)이라 한다]에 따르고, 일상거소를 알 수 없는 경우에는 그의 **거소**가 있는 국가의 법에 따른다. ▸ **국적의 소극적 저촉** : ⅰ) 일상거소지법 → ⅱ) 거소지법

③ 당사자가 지역에 따라 법을 달리하는 국가의 국적을 가질 경우에는 **그 국가의 법 선택규정**에 따라 지정되는 법에 따르고, 그러한 규정이 없는 경우에는 당사자와 **가장 밀접한 관련이 있는 지역**의 법에 따른다. ▸ **비통일국가법(연방국가)** : ⅰ) 통일적 준국제사법에 의해 → ⅱ) (준국제사법 부재 시) 최밀접지역법

- 본국법(당사자가 국적을 가지는 국가의 법), 법정지법(소송이 계속된 법원 소재지국법)
- B국 국적을 가진 甲(남)과 A국 국적과 B국 국적을 동시에 가진 乙(여)은 A국에서 혼인하여 10년 정도 살다가 甲의 직장 관계로 미성년 자녀와 함께 대한민국에 이주하여 3년째 살고 있음. **(변호사시험 13회)**

  ☞ 乙은 이중국적자로 乙의 국적은 A국과 B국에 있는데, 乙은 A국에서 혼인하여 10년 정도 살다가 최근 3년 전에 대한민국으로 이주하였는바, A국과 B국 중에서 乙과 가장 밀접한 관련이 있는 국가는 A국이고, 乙의 본국법은 A국법

제17조 【일상거소지법】 당사자의 **일상거소지법**에 따라야 하는 경우에 당사자의 일상거소를 알 수 없는 경우에는 그의 **거소**가 있는 국가의 법에 따른다.

- 일상거소지법의 소극적 저촉 → 거소지법
- 주소(법적 개념), 일상거소(사실상 개념 – 생활의 중심지 등)
- 일상거소지법의 적극적 저촉 → 규정 없음(일상거소지는 사실상 개념으로 2개 이상 존재할 수 없음)

제18조【외국법의 적용】 법원은 이 법에 따라 준거법으로 정해진 외국법의 내용을 직권으로 조사·적용하여야 하며, 이를 위하여 당사자에게 협력을 요구할 수 있다.

- **외국법 법률설(대륙법계)** : 법원은 직권으로 외국법 조사·적용(당사자는 협력의무만 있고 입증책임 없음. 실무적으로 준거법 소속국 법률전문가의 affidavit을 받아 법원에 제출). 2001년 개정법에서 명문화(그전에는 판례로 인정). 그 외국법이 그 본국에서 실제로 해석·적용되는 의미·내용대로 해석·적용
- **외국법 사실설(영미법계)** : 당사자가 외국법을 주장·입증

제19조【준거법의 범위】 이 법에 따라 준거법으로 지정되는 외국법의 규정은 **공법적 성격**이 있다는 이유만으로 적용이 **배제되지 아니한다.**

제20조【대한민국 법의 강행적 적용】 입법목적에 비추어 준거법에 관계없이 해당 법률관계에 적용되어야 하는 **대한민국의 강행규정**은 이 법에 따라 **외국법이 준거법으로 지정되는 경우에도 적용한다.** ▸ 대한민국의 강행규정 우선 적용(예 외국환거래법, 공정거래법, 대외무역법 등)

제21조【준거법 지정의 예외】 ① 이 법에 따라 지정된 준거법이 해당 법률관계와 **근소한 관련**이 있을 뿐이고, 그 법률관계와 가장 **밀접한 관련이 있는 다른 국가의 법**이 명백히 존재하는 경우에는 그 다른 국가의 법에 따른다. ▸ **대법원** 선박우선특권 성립여부, 선박우선특권과 저당권 사이의 우선순위는 선적국법. 그러나 편의치적의 경우 편의치적국법이 아니고 다른 밀접한 국가의 법이 준거법

② 당사자가 합의에 따라 준거법을 선택하는 경우에는 제1항을 적용하지 아니한다.→ 당사자 자치 우선 ▸ **관련 조항** 제94조 : 편의치적에서 선적국법 부인(대법원) 등

- 편의치적(flag of convenience)의 경우 선적(船籍)이 선적국과의 유일한 관련인 경우에는 제21조가 적용되어 제94조에 의한 선적국법이 준거법이 되지 않고, 밀접관련국법이 준거법
- 대한민국법에 의하여 설립되고 부산에 주된 사무소를 두고 있는 법인 甲은 대한민국 K은행으로부터 대출을 받아, 경남 통영 소재 조선소에서 선박 카카오호를 건조한 다음 파나마국 서류상의 회사(이른바 페이퍼컴퍼니)인 乙의 소유로 편의치적(便宜置籍) 하였다. 甲은 파나마국 선박등록 당시 K은행의 대출금을 담보하기 위해 카카오호에 선박저당권을 설정하였다. 甲은 형식상 선주인 乙과 카카오호에 대하여 선체용선(선박임대차) 계약을 체결하고, 사단법인 한국선급으로부터 선급(船級)을 받았다. **(변호사시험 9회)**
  ☞ 카카오호 관련 제94조의 해상사건이 발생한 경우 준거법은 선적국법(파나마국법)이 아니고, 최밀접관련국법임(최밀접관련국은 각 사안별로 판단)
- 국제사법 규정에 의해 준거법은 A국법으로 지정됨. 그러나 A국법은 해당 법률관계와 아무런 관련이 없고, B국법이 밀접한 관련. 이 경우 준거법은?
  ☞ 국제사법 규정에 의해 1차적으로 A국법이 준거법으로 지정되었으나, A국법은 해당 법률관계와 아무런 관련이 없고, B국법이 밀접한 관련이 있으므로 준거법은 B국법

- 당사자들은 매매계약서에서 준거법을 A국법으로 지정함. 그러나 A국법은 해당 매매계약과 아무런 관련이 없고, B국법이 밀접한 관련. 이 경우 준거법은?
  ☞ 국제사법 제45조의 규정(당사자자치)에 의해 1차적으로 해당 계약의 준거법은 A국법이 된다. A국법은 해당 법률관계와 거의 관련이 없고, B국법이 밀접한 관련이 있지만, 제21조의 예외조항은 당사자자치에 의한 준거법 지정에는 적용되지 않음. 따라서 준거법은 A국법

제22조【외국법에 따른 대한민국 법의 적용】 ① 이 법에 따라 외국법이 준거법으로 지정된 경우에 그 국가의 법에 따라 대한민국 법이 적용되어야 할 때에는 **대한민국의 법**(준거법의 지정에 관한 법규는 제외한다)에 따른다. ▸ 직접반정

② 다음 각 호의 어느 하나에 해당하는 경우에는 제1항을 적용하지 아니한다.

1. 당사자가 **합의로 준거법**을 선택하는 경우 ▸ 당사자자치 존중
2. 이 법에 따라 **계약의 준거법**이 지정되는 경우 ▸ 계약에서 직접반정 적용 배제
3. 제73조에 따라 **부양의 준거법**이 지정되는 경우
4. 제78조 제3항에 따라 **유언의 방식의 준거법**이 지정되는 경우
5. 제94조에 따라 **선적국법**이 지정되는 경우
6. 그 밖에 제1항을 적용하는 것이 이 법의 준거법 지정 취지에 반하는 경우

- **직접반정** : A국의 국제사법에 의하면 B국의 실질법이 지정되나, B국의 국제사법에 의하면 A국의 실질법이 지정되는 경우 → A국(법정지)에서는 A국의 실질법을 준거법으로 적용

제23조【사회질서에 반하는 외국법의 규정】 외국법에 따라야 하는 경우에 그 규정의 적용이 대한민국의 선량한 풍속이나 그 밖의 **사회질서에 명백히 위반될** 때에는 그 규정을 적용하지 아니한다. ▸ 공서조항(일반적 배척조항, 국제적 공서 의미), 외국법 대신 한국법 적용 → 제52조 제4항은 공서조항 · 개별적 배척조항

- **준거법 지정방법** : ⅰ) 일반적 저촉규정(완전쌍방적 저촉규정 – 내 · 외국법 규별 없이 준거법 지정)(예 제28조 제1항 제1문), ⅱ) 개별적 저촉규정(일방적 저촉규정 – 내국법이 준거법으로 지정되는 경우만 규정)(예 제66조단서)
- **연결점(섭외적 법률관계와 준거법을 연결하는 요소)** : 국적(제16조 제1항), 일상거소지(제16조 제2항), 행위지(제31조 제2항), 동산 · 부동산의 소재지(제33조), 선적국(제94조), 충돌지(제95조 제1항) 등
- 甲(서울에 거주하는 한국인)은 丙호텔(A국 소재)의 카지노에서 도박을 하다가 자신이 소지한 여행 경비를 도박자금으로 모두 탕진하였다. 이에 甲은 丙호텔로부터 도박자금을 빌리는 내용의 신용대부계약을 체결하고(A국법을 준거법으로 선택함) 차용한 자금으로 도박을 하였다. 甲은 빌린 도박자금을 도박으로 모두 잃게 되자 丙호텔의 카지노 보안요원의 감시를 피하여 호텔을 몰래 나와 한국으로 귀국하였다. 丙호텔은 甲을 상대로 대한민국 법원에 신용대부금의 지급을 구하는 소를 제기하였다. 丙호텔의 甲에 대한 신용대부금 청구의 준거법은 무엇이고, 丙의 청구가 인용될 수 있는지를 논하시오(단, 위 소송에 관하여 대한민국 법원에 국제재판관할권이 인정됨을 전제로 함).

전제 1. A국법에 의하면 도박을 위한 금전대여로 인한 채권의 유효성과 법적 절차를 통한 강제회수가 인정된다.
2. 대한민국 민법상 불법의 원인으로 인하여 재산을 급여하거나 노무를 제공한 때에는 그 이익의 반환을 청구할 수 없다. **(변호사시험 10회)**

☞ 이 사건 신용대부계약에서는 준거법을 A국법으로 합의하여 당사자자치에 의하여 A국법이 준거법이 되고(제45조), A국법에서는 도박을 위한 금전대여가 유효하나, 이 규정은 대한민국의 공서양속에 명백히 반하는 것으로 이 사안에 적용되지 않는다. 따라서 도박자금 대여는 대한민국 민법상 불법원인 급여로 그 반환을 청구할 수 없고, 丙호텔의 신용대부금 청구는 인용될 수 없음

제2장 사람

제1절 국제재판관할

제24조【실종선고 등 사건의 특별관할】 ① **실종선고**에 관한 사건에 대해서는 다음 각 호의 어느 하나에 해당하는 경우 **법원에 국제재판관할**이 있다.

1. 부재자가 **대한민국 국민**인 경우
2. 부재자의 **마지막 일상거소가 대한민국**에 있는 경우
3. 부재자의 **재산이 대한민국에** 있거나 대한민국 법에 따라야 하는 법률관계가 있는 경우. 다만, **그 재산 및 법률관계에 관한 부분으로 한정**한다.
4. 그 밖에 **정당한 사유**가 있는 경우

② 부재자 **재산관리에 관한 사건**에 대해서는 부재자의 **마지막 일상거소 또는 재산이 대한민국에** 있는 경우 법원에 국제재판관할이 있다.

- **관련 조항** 제13조 → 제24조는 제8조(합의관할), 제9조(변론관할) 비적용
- A(베트남인)는 2년 전에 서울대학에 입학하여 계속하여 서울대학 기숙사에 거주하고 있었는데, 지난해 여름방학에 해양생태계 조사 프로그램에 참가했다가 해당 선박의 침몰로 실종되었고, 발견하지 못한 채로 1년이 경과. 이에 A의 모친 B는 대한민국 법원에 민법 제27조의 특별실종에 의한 실종선고의 심판을 청구. 이 사건에 대하여 대한민국 법원에 재판관할권이 있는지?

  ☞ A의 마지막 일상거소가 대한국민에 있으므로 대한민국 법원에 특별재판관할이 있다(제24조 제1항 제2호).
- 7년 전에 A(대한민국 국민)는 필리핀으로 12개월 과정의 어학연수를 떠났는데, 어학연수 중에 실종되었다. 이에 A의 모친 B는 대한민국 법원에 실종선고의 심판을 청구하였는데, 이 사건에 대하여 대한민국 법원에 재판관할권이 있는지?

  ☞ A는 한국인이므로 대한민국 법원에 특별재판관할이 있다(제24조 제1항 제1호).

제25조【사원 등에 대한 소의 특별관할】 법원이 제3조 제3항에 따른 국제재판관할을 가지는 경우 다음 각 호의 소는 법원에 제기할 수 있다.

1. 법인 또는 단체가 그 사원 또는 사원이었던 사람에 대하여 소를 제기하는 경우로서 그 소가 사원의 자격으로 말미암은 것인 경우
2. 법인 또는 단체의 사원이 다른 사원 또는 사원이었던 사람에 대하여 소를 제기하는 경우로서 그 소가 사원의 자격으로 말미암은 것인 경우
3. 법인 또는 단체의 사원이었던 사람이 법인·단체의 사원에 대하여 소를 제기하는 경우로서 그 소가 사원의 자격으로 말미암은 것인 경우

제2절 준거법

제26조【권리능력】 사람의 권리능력은 그의 본국법에 따른다.

제27조【실종과 부재】 ① 실종선고 및 부재자 재산관리는 실종자 또는 부재자의 본국법에 따른다.
② 제1항에도 불구하고 외국인에 대하여 법원이 실종선고나 그 취소 또는 부재자 재산관리의 재판을 하는 경우에는 대한민국 법에 따른다.

제28조【행위능력】 ① 사람의 행위능력은 그의 본국법에 따른다. 행위능력이 혼인에 의하여 확대되는 경우에도 또한 같다.
② 이미 취득한 행위능력은 국적의 변경에 의하여 상실되거나 제한되지 아니한다.

- A(X국 국적)는 17세에 Y국으로 국적을 변경. X국법상 성년은 17세, Y국법상 성년은 19세. 현재 A는 18세. A는 행위능력이 있는가?

  ☞ X국에서 성년이 된 후 Y국으로 국적을 변경하여 Y국에서도 행위능력 인정(제28조 제2항)

제29조【거래보호】 ① 법률행위를 한 사람과 상대방이 법률행위의 성립 당시 동일한 국가에 있는 경우에 그 행위자가 그의 본국법에 따르면 무능력자이더라도 법률행위가 있었던 국가의 법에 따라 능력자인 때에는 그의 무능력을 주장할 수 없다. 다만, 상대방이 법률행위 당시 그의 무능력을 알았거나 알 수 있었을 경우에는 그러하지 아니하다.
② 제1항은 친족법 또는 상속법의 규정에 따른 법률행위 및 행위지 외의 국가에 있는 부동산에 관한 법률행위에는 이를 적용하지 아니한다.

- A(X국 국적, 18세)와 B(Y국 국적, 19세)는 Z국에서 매매계약을 체결. A는 X국법에 따라 행위무능력자임을 주장할 수 있는가?
  - ※ **성년** : X국(19세), Y국(19세), Z국(18세)
  - ☞ A는 본국법인 X국법에서는 미성년이지만, 매매계약 체결 당시 A와 B는 모두 Z국에 있었는바, A는 Z국에서는 성년이므로 행위무능력 주장 불가(제29조 제1항). 다만, 위 매매계약의 목적물이 부동산이고, 그 부동산이 Z국 이외의 국가에 소재하는 경우 A는 행위무능력 주장 가능(제29조 제2항)

제30조 【법인 및 단체】 법인 또는 단체는 그 **설립의 준거법**에 따른다. 다만, 외국에서 설립된 법인 또는 단체가 **대한민국에 주된 사무소**가 있거나 **대한민국에서 주된 사업**을 하는 경우에는 대한민국 법에 따른다.

- ⅰ) 설립준거법설(원칙) → ⅱ) 본거지법설(예외 : 대한민국법)
- **적용범위** : 법인의 설립과 소멸, 조직과 내부관계, 기관과 구성원의 권리와 의무, 행위능력 등
- **비적용범위** : ⅰ) 법인의 당사자능력·소송능력 → 당사자능력은 속인법, 법인의 소송능력은 법정지법 ⅱ) 법인의 불법행위 → 불법행위지법 ⅲ) 법인의 개별적 행위능력 → 각 권리의 준거법

제3장 법률행위

제31조 【법률행위의 방식】 ① 법률행위의 방식은 **그 행위의 준거법**에 따른다. ▸ 그 법률행위의 실질의 준거법

② **행위지법**에 따라 한 **법률행위**의 방식은 제1항에도 **불구하고 유효**하다. ▸ 행위지법 선택적 적용

③ 당사자가 계약체결 시 서로 다른 국가에 있을 때에는 그 국가 중 어느 한 국가의 법에서 정한 법률행위의 방식에 따를 수 있다. ▸ 격지자간 법률행위의 특례

④ **대리인**에 의한 **법률행위**의 경우에는 **대리인이 있는 국가를 기준으로 행위지법을 정한다.**

⑤ 제2항부터 제4항까지의 규정은 **물권이나 그 밖에 등기하여야 하는 권리를 설정하거나 처분하**는 법률행위의 방식에는 **적용하지 아니한다.** ▸ 물권행위는 행위지법 적용 배제

- **우선적용 규정** : 소비자계약의 방식(제47조 제3항), 혼인의 방식(제63조 제2항), 유언의 방식(제78조 제3항), 어음·수표행위의 방식(제82조 제1항) • 법률행위의 방식 : 계약의 서면성, 증여계약의 서면성, 유언에서 당사자 참석 등
- 러시아에서 체결한 한국 회사와 러시아 회사 간의 물품매매계약(준거법 : 러시아법)에서 해당 계약의 방식은 러시아법(매매계약 실질의 준거법)에 의함(제1항). 러시아법에서 계약의 서면성 요구하여 이 매매계약은 서면으로 체결할 것
- '한국에서 체결한'한국 회사와 러시아 회사 간의 물품매매계약(준거법 : 러시아법)에서 해당 계약의 방식은 러시아법

(매매계약 실질의 준거법)에 의함(제1항). 러시아법에서는 계약의 서면성 요구하여 이 매매계약은 서면으로 체결해야 함(제1항). 그러나 이 계약은 한국에서 체결하였고, 한국법에서는 물품매매계약의 서면성을 요구하지 않아 이 계약은 서면으로 체결하지 않아도 유효(제2항).

- 대한민국 회사와 러시아 회사의 물품매매계약(준거법 : 중국법, 계약체결시 각각 당사국에 소재)의 방식은 중국법(실질의 준거법)을 따를 수 있고(제1항), 대한민국법이나 러시아법을 따를 수도 있음(제3항).
- 미국 회사는 대한민국 회사에게 물품매매계약 체결을 위임하였고, 이 대리권에 기해 대한민국 회사는 미국 회사를 대리하여 러시아 회사와 물품매매계약(준거법 : 영국법, 계약체결시 각각 당사국에 소재) 체결
  → 이 매매계약은 ⅰ) 대한민국법(대리인이 있는 국가)에서 정한 방식을 따를 수 있음(제3항, 제4항) ⅱ) 영국법에서 정한 방식을 따를 수 있음(제1항) ⅲ) 러시아법에서 정한 방식을 따를 수 있음(제3항). ⅳ) 그러나 미국법에서 정한 방식을 따를 수 없음(제4항)

제32조【임의대리】 ① 본인과 대리인 간의 관계는 당사자 간의 **법률관계의 준거법**에 따른다.

② 대리인의 행위로 인하여 **본인이 제3자에 대하여 의무를 부담**하는지 여부는 **대리인의 영업소가 있는 국가의 법**에 따르며, 대리인의 영업소가 없거나 영업소가 있더라도 제3자가 알 수 없는 경우에는 대리인이 실제로 대리행위를 한 국가의 법에 따른다.

③ 대리인이 본인과 근로계약 관계에 있고, 그의 영업소가 없는 경우에는 본인의 주된 영업소를 그의 영업소로 본다.

④ 본인은 제2항 및 제3항에도 불구하고 대리의 준거법을 선택할 수 있다. 다만, 준거법의 선택은 대리권을 증명하는 서면에 명시되거나 본인 또는 대리인이 제3자에게 서면으로 통지한 경우에만 그 효력이 있다. ▸ 당사자자치

⑤ 대리권이 없는 대리인과 제3자 간의 관계에 관하여는 제2항을 준용한다.

- **제1항** : 본인과 대리인의 관계(그 법률관계(위임계약, 고용계약, 도급계약 등)의 준거법에 따름)(제1항). → 본인과 대리인 간에 위임계약 등의 법률관계가 존재하는 경우 본인과 대리인의 관계(대리인이 본인으로부터 대리권을 적법하게 수여받았는지 등)는 해당 위임계약의 준거법에 따름(제1항). 그리고 위임계약의 준거법은 ⅰ) 위임계약 등에서 명시적 또는 묵시적으로 선택한 법에 따르고(제45조 제1항) ⅱ) 준거법을 선택하지 아니한 경우에는 그 계약과 가장 밀접한 관련이 있는 국가의 법에 따름(제46조 제1항)(대법원【2023다288772】)
- **제2항** : 본인과 제3자의 관계(대리행위에 대하여 본인이 의무를 부담하는지, 대리인이 체결한 계약의 효력 등) → 대리인의 영업소 소재지국법
- 무권대리인 대 제3자의 관계 → 제5항(제2항 준용)
- 대리인 대 제3자의 관계(대리행위 - 매매계약 등) → 제45조 이하 규정 적용
- 대리인 X는 본인 A사를 위하여 B사와 매매계약 체결(준거법 : 일본법) → 이 사안에서 대리가 허용되는가의 문제의 준거법은 일본법(제1항)
- A사(대한민국회사)의 런던사무소장 甲은 런던에서 A사를 대리하여 B사(영국회사)와 중재계약 체결. 이 경우 갑의 중재계약상의 대리효과에 관한 준거법은?

☞ 대리효과의 준거법은 원칙적으로 대리인의 영업소가 있는 국가의 법(제32조 제2항). 그리고 대리인 甲은 A사와 근로계약 관계에 있고, 별도의 영업소가 없는바, A사의 주된 영업소를 甲의 영업소로 봄(제32조 제3항). 따라서 A사의 주된 영업소는 대한민국이므로 대한민국법이 대리효과의 준거법[만약에 이 사안에서 甲이 독일에 영업소를 둔 사업자인 경우 준거법은 독일법(대리인의 영업소 소재지)]

제4장 물권

제33조 【물권】 ① 동산 및 부동산에 관한 물권 또는 등기하여야 하는 권리는 그 동산·부동산의 소재지법에 따른다. ▸ i) 물권의 존재 자체 → 소재지법 ii) 등기하여야 하는 권리 : 부동산환매권, 부동산임차권 등

※ **물권** : 물권적 권리능력, 소유권, 용익물권, 법정·약정담보물권

② 제1항에 규정된 **권리의 취득·상실·변경**은 그 원인된 **행위 또는 사실의 완성 당시** 그 동산·부동산의 **소재지법**에 따른다. ▸ 물권의 득실변경[예 매매계약에서 소유권 이전의 요건(의사주의, 인도, 등기 등)] → 소재지법

※ **물권의 득실변경** : 매매계약에서 소유권 이전의 요건으로 의사주의, 인도, 등기 등의 대항력을 의미. 그 외 매매계약의 유효 등은 제45조, 제46조 적용

제34조 【운송수단】 항공기에 관한 물권은 그 항공기의 국적이 소속된 국가의 법에 따르고, 철도차량에 관한 물권은 그 철도차량의 운행을 허가한 국가의 법에 따른다. ▸ 소재지법의 예외

제35조 【무기명증권】 무기명증권에 관한 권리의 취득·상실·변경은 그 원인된 행위 또는 사실의 완성 당시 그 **무기명증권의 소재지법**에 따른다. ▸ 소재지법(동산과 동일주의)

※ **무기명증권** : 주권, 주식, 사채권, 상품권 등

제36조 【이동 중인 물건】 이동 중인 물건에 관한 **물권의 취득·상실·변경**은 그 **목적지**가 속하는 국가의 법에 따른다. ▸ 목적지법

제37조 【채권 등에 대한 약정담보물권】 채권·주식, 그 밖의 권리 또는 이를 표창하는 유가증권을 대상으로 하는 **약정담보물권**은 **담보대상인 권리의 준거법**에 따른다. 다만, 무기명증권을

대상으로 하는 약정담보물권은 제35조에 따른다.

※ **질권/저당권(유형물 대상)** : 목적물 소재지법

※ **권리질권** : 권리의 준거법[예 매출채권에 대한 질권(매출채권의 준거법), 주식에 대한 질권(주식의 준거법(주식회사의 속인법), 유가증권에 대한 질권(유가증권의 준거법)]

- 채권을 대상으로 하는 약정담보물권(질권설정)은 담보 대상인 권리의 준거법에 의함(제37조). 따라서 이 사건 임대차보증금 반환채권에 관한 질권이 유효하게 성립되었는지 여부는 이 사건 임대차보증금 반환채권의 준거법인 대한민국 법에 따름(목적물 소재지법 제33조)(서울고법 【2012나72225】).

제5장 지식재산권

제1절 국제재판관할

제38조 【지식재산권 계약에 관한 소의 특별관할】 ① 지식재산권의 양도, 담보권 설정, 사용허락 등의 계약에 관한 소는 다음 각 호의 어느 하나에 해당하는 경우 **법원에** 제기할 수 있다. ▸ 대한민국의 국제재판관할 / 제41조 비적용

1. 지식재산권이 **대한민국에서** 보호되거나 사용 또는 **행사**되는 경우
2. 지식재산권에 관한 권리가 **대한민국에서 등록**되는 경우

② 제1항에 따른 국제재판관할이 적용되는 소에는 제41조를 적용하지 아니한다.

- A사(한국 법인)는 B사(베트남 법인)에게 대한민국에 등록된 상표권의 사용을 허락하는 라이센스계약 체결
  ☞ 이 라이센스계약 관련 분쟁은 대한민국 법원에 관할권 있음

제39조 【지식재산권 침해에 관한 소의 특별관할】 ① 지식재산권 침해에 관한 소는 다음 각 호의 어느 하나에 해당하는 경우 **법원에** 제기할 수 있다. 다만, 이 경우 **대한민국에서** 발생한 결과에 한정한다. ▸ 관련 조항 제6조 제1항

1. 침해행위를 대한민국에서 한 경우
2. 침해의 결과가 대한민국에서 발생한 경우
3. 침해행위를 대한민국을 향하여 한 경우

② 제1항에 따라 소를 제기하는 경우 **제6조 제1항을 적용하지 아니한다.** ▸ 소의 객관적 병합 비적용

③ 제1항 및 제2항에도 불구하고 지식재산권에 대한 **주된 침해행위가 대한민국에서** 일어난

경우에는 외국에서 발생하는 결과를 포함하여 **침해행위로 인한 모든 결과에 관한 소를 법원에 제기할 수 있다.**

④ 제1항 및 제3항에 따라 소를 제기하는 경우 제44조를 적용하지 아니한다.

- S전자(주된 사무소 대한민국)의 X특허기술침해(침해자 A의 주된 사무소 중국, 침해결과 발생지 대한민국), Y특허기술침해(침해자의 A의 주된 사무소 중국, 침해행위 · 결과 발생지 중국)
  ☞ X기술침해사건에 대하여 대한민국법원에 재판관할권 인정(제39조 제1항). 그러나 지식재산권 침해 사건으로 X특허기술침해사건과 Y특허기술침해사건을 하나의 소로 대한민국법원에 제소할 수 없음(제6조 제1항, 제39조 제2항)
- A사(중국 법인)는 B사(한국 법인)의 디자인을 침해한 상품을 제조하여 대한민국에 수출
  ☞ 이 디자인권 침해소송에세 대한민국 법원에 관할권 있음(침해 결과지)
- S전자(주된 사무소 대한민국)의 X특허기술침해(침해자 A의 주된 사무소 중국, 침해결과 발생지 대한민국), Y특허기술침해(침해자의 A의 주된 사무소 중국, 침해행위 · 결과 발생지 중국)
  ☞ X기술침해사건에 대하여 대한민국법원에 재판관할권 인정(제39조 제1항). 그러나 지식재산권 침해 사건으로 X특허기술침해사건과 Y특허기술침해사건을 하나의 소로 대한민국법원에 제소할 수 없음(제6조 제1항, 제39조 제2항)

제2절 준거법

제40조【지식재산권의 보호】 지식재산권의 보호는 그 **침해지법**에 따른다. ▸ 보호국법주의 채택

- 대한민국의 A는 일본 상표를 위조하여 부착한 의류를 일본 보따리상들에게 대량으로 판매하여 일본에서의 일본 상표권 침해행위를 용이하게 함. 일본 상표권자가 A를 상대로 대한민국 법원에 상표권 침해로 인한 손해배상청구의 소를 제기한 경우 준거법은?
  ☞ 상표권의 침해지법(보호국법)인 일본법(즉 일본 상표법)(대법원【2003다62910】)

제6장 채권

제1절 국제재판관할

제41조【계약에 관한 소의 특별관할】 ① 계약에 관한 소는 다음 각 호의 어느 하나에 해당하는 곳이 대한민국에 있는 경우 법원에 제기할 수 있다.

1. 물품공급계약의 경우에는 **물품인도지**

2. 용역제공계약의 경우에는 **용역제공지**

3. 물품인도지와 용역제공지가 복수이거나 물품공급과 용역제공을 함께 목적으로 하는 계약의 경우에는 **의무의 주된 부분의 이행지**

② **제1항에서 정한 계약 외의 계약에** 관한 소는 청구의 근거인 **의무가 이행된 곳 또는 그 의무가 이행되어야 할 곳**으로 **계약당사자가 합의한 곳이 대한민국에 있는 경우** 법원에 제기할 수 있다.

- 甲회사(중국법에 의하여 설립되어 상하이에 주된 사무소)는 丁운송회사(네덜란드에 본점)와 이 사건 물품을 중간 기항지인 부산항까지 운송하는 해상운송계약을 丁운송회사의 본점에서 체결(준거법 및 재판관할권은 정하지 않음. 용역제공지는 목적항 소재지). 그런데 甲회사가 부산항에 도착한 이 사건 물품을 검사해보니 운송 중 선장의 과실로 이 사건 물품 중 일부가 상품성이 없을 정도로 손상됨. 甲회사가 丁운송회사를 상대로 운송계약위반에 근거한 손해배상청구의 소를 대한민국 법원에 제기한 경우 대한민국 법원은 국제재판관할권을 가지는가?

  ☞ 이 소는 해상운송계약에 관한 소이고, 용역제공지는 목적항인 부산항이므로 대한민국 법원에 국제재판관할 인정(제41조).

- 대한민국 법률에 의해 설립되고 주된 영업소를 대한민국에 두고 있는 甲회사는 그 소유의 파나마 선적인 로스토치호를 이용하여 남태평양 해상에서 참치를 어획하는 영업을 영위하고 있다. A국에 영업소를 두고 해상운송업을 영위하는 乙회사는 甲회사와, 甲회사가 남태평양에서 어획한 참치를 乙회사가 그 소유의 사이프러스 선적인 카주비호를 이용하여 부산항까지 해상운송하기로 하는 계약을 체결하였으나, 위 운송계약의 준거법에 관해서는 약정하지 아니하였다. 甲회사는 또한 위 참치의 해상운송에 관하여 B국에 영업소를 두고 있는 丙보험회사와 적하보험계약을 체결하였고, 위 보험계약의 준거법을 영국법으로 약정하였다. 부산항에서 위 참치의 하역작업을 하던 중 甲회사는 위 카주비호의 냉동장치 고장으로 인해 위 참치의 일부가 멸실되었고 나머지 참치도 냉동이 잘못되어 변질된 사실을 발견하였다(이하 '이 사건 보험사고'라 함). 丙보험회사는 甲회사에 이 사건 보험사고에 대한 보험금을 지급한 후 甲회사가 乙회사에 대하여 가지는 계약위반에 기한 손해배상청구권의 대위를 주장하며 대한민국 법원에 乙회사를 상대로 손해배상청구의 소를 제기하였다. **(변호사시험 8회)**

  전제 해상운송계약에서 용역제공지는 목적항 소재지

  1) 대한민국 법원에 재판관할권이 있는지?

  2) 준거법은?

  ☞ 1) 이 소송은 운송계약에 관한 것이고, 전제에서 용역제공지는 부산항이므로 대한민국 법원에 특별관할이 인정됨(제41조 제1항).

  2) 운송계약에서 준거법을 정하지 않았으므로 제46조의 객관적 준거법이 적용되고, 운송계약에서는 운송인이 특징적 이행을 하는바, 운송인 을회사는 A국에 영업소를 두고 있어 A국법이 준거법임

제42조【소비자계약의 관할】 ① 소비자가 자신의 직업 또는 영업활동 **외의 목적으로 체결하는** 계약으로서 다음 각 호의 어느 하나에 해당하는 경우 **대한민국에 일상거소가 있는 소비자는** 계약의 상대방(직업 또는 영업활동으로 계약을 체결하는 자를 말한다. 이하 "**사업자**"라 한다)에 대하여 **법원에 소를 제기할** 수 있다. ▸ 일상거소지의 소극적 저촉으로 대한민국에 거소가 있는 경우에

제16조를 원용하여 이 규정이 적용되는지?

1. 사업자가 계약체결에 앞서 소비자의 일상거소가 있는 국가(이하 "일상거소지국"이라 한다)에서 광고에 의한 거래 권유 등 직업 또는 영업활동을 행하거나 소비자의 일상거소지국 외의 지역에서 소비자의 일상거소지국을 향하여 광고에 의한 거래의 권유 등 직업 또는 영업활동을 행하고 그 계약이 사업자의 직업 또는 영업활동의 범위에 속하는 경우
2. 사업자가 소비자의 일상거소지국에서 소비자의 주문을 받은 경우
3. 사업자가 소비자로 하여금 소비자의 일상거소지국이 아닌 국가에 가서 주문을 하도록 유도한 경우

② 제1항에 따른 계약(이하 "소비자계약"이라 한다)의 경우에 소비자의 일상거소가 대한민국에 있는 경우에는 사업자가 소비자에 대하여 제기하는 소는 법원에만 제기할 수 있다.

③ 소비자계약의 당사자 간에 제8조에 따른 국제재판관할의 합의가 있을 때 그 합의는 다음 각 호의 어느 하나에 해당하는 경우에만 효력이 있다. ▸ 소비자계약에서 합의관할 제한

1. 분쟁이 이미 발생한 후 국제재판관할의 합의를 한 경우 ▸ 사후적 관할합의만 인정
2. 국제재판관할의 합의에서 법원 외에 외국법원에도 소비자가 소를 제기할 수 있도록 한 경우
   ▸ 추가적 관할합의(소비자에게 유리한)만 인정

• B국 국적을 가진 甲(남편)은 대한민국에 이주하여 3년째 살고 있음. 한국어에 능통한 甲은 서울에서 인터넷 검색을 하던 중, 대한민국에 있는 고객을 상대로 주문방법과 대금지급방법 등을 한국어로 설명하는 A국 소재 X회사가 제조한 핸드백 팝업 광고를 보고 서울에 거주하는 乙(부인)에게 핸드백을 선물할 생각이었으나, 급한 해외 출장으로 인하여 나중에 다른 물품과 비교해서 결정하기 위하여 X회사의 홈페이지를 즐겨찾기에 추가하였다. 그 후 甲은 B국으로 출장을 갔으며 그곳에서 위 홈페이지에 접속하여 신용카드로 대금을 지급하고 핸드백을 주문함. 甲은 핸드백을 구입하면서"X회사와 구매자 간의 분쟁에 대해서는 A국 법원만을 관할법원으로 하고, 준거법도 A국법으로 한다."라고 규정되어 있는 약관을 읽고 동의한다는 칸 클릭. X회사는 대한민국에 매장이 전혀 없고 A국에만 매장을 두고 있음. 甲은 X회사를 상대로 대한민국법원에 계약위반에 근거한 손해배상 청구소송 제기 **(변호사시험 13회)**

1) 재판관할은?

2) 준거법은?

☞ 1) X회사는 대한민국에서 또는 대한민국을 향하여 광고에 의한 거래 권유(제42조 제1항 제1호). 이 계약은 소비자계약에 해당되고, 관할합의(A국 법원)은 분쟁 발생전의 관할합의로 효력 없음(제42조 제3항). 소비자 갑은 대한민국 법원에 소 제기 가능(참고로 X회사가 대한민국에서 또는 대한민국을 향하여 계속적이고 조직적인 사업 또는 영업활동을 한 것이 인정되는 경우 제4조 제2항에 의거하여 대한민국 법원에 특별관할 인정)

2) 이 계약은 소비자계약에 해당되어 A국법을 준거법으로 선택하였지만, 대한민국의 강행규정은 배제되지 않음(제47조 제1항).

• 미국의 애플사가 대한민국에서 아이폰 판매 온라인광고를 하고, 대한민국에 일상거소가 있는 소비자가 대한민국에서 아이폰 구매계약 체결 (외국기업이 국내 소비자를 상대로 통신판매를 하는 경우)

• 甲은 서울에 거주하고 있는 한국인이다. A국에 영업소를 두고 있는 乙여행사(이하 '乙'이라 함)는 홈페이지를 통하여

A국 여행 패키지 상품을 광고하고 있었다. 甲은 휴가 기간 중 乙의 홈페이지에 접속하였다가 여행 패키지 상품을 싸게 구매할 수 있다는 내용의 한국어 광고를 보게 되었다. 乙의 홈페이지에는 해당 여행 패키지 상품 구매와 관련된 분쟁은 A국 법원에서만 소를 제기할 수 있다고 기재되어 있는 한편 준거법에 대하여는 아무런 기재가 없었다. 甲은 乙의 홈페이지에 게시된 구매 조건에 동의한다는 부분에 체크하고 여행 패키지 상품을 홈페이지를 통하여 구매하였다. 이 여행계약 분쟁에서 **(변호사시험 10회)**

1) 甲은 乙 여행사를 상대로 대한민국 법원에 소를 제기할 수 있는가?
2) A국 법원의 관할합의가 비전속적(또는 부가적) 관할합의인 경우 乙 여행사는 甲을 A국 법원에 소를 제기할 수 있는가?

☞ 1) 질문 1에 대해

이 여행계약은 소비자계약에 해당된다(제42조 제1항). 이 계약에서 A국법원 전속관할합의는 무효(제42조 제3항). 그리고 소비자계약에서 소비자의 일상거소지국인 대한민국을 향하여 광고에 의한 거래의 권유 등을 한 경우에는 소비자는 대한민국법원에 제소(제42조 제1항 제1호).

2) 질문 2에 대해

이 여행계약은 소비자계약에 해당되고(제42조 제1항), A국법원 비전속적(또는 부가적) 관할합의는 유효(제42조 제3항). 그러나 이 사안에서 소비자 甲의 일상거소가 대한민국에 있고, 사업자 乙여행사가 소비자에게 대하여 제기하는 소는 대한민국 법원에만 제기(제42조 제2항).

제43조 【근로계약의 관할】 ① 근로자가 **대한민국에서 일상적으로 노무를 제공**하거나 **최후로 일상적 노무를 제공**한 경우에는 **사용자에 대한 근로계약에 관한 소를 법원에 제기**할 수 있다. 근로자가 일상적으로 대한민국에서 노무를 제공하지 아니하거나 아니하였던 경우에 사용자가 그를 고용한 영업소가 대한민국에 있거나 있었을 때에도 또한 같다. ▸ 근로자가 제기하는 소의 추가적 관할 규정(대한민국 법원에도 제소 가능)

② 사용자가 근로자에 대하여 제기하는 근로계약에 관한 소는 **근로자의 일상거소가 대한민국에 있거나 근로자가 대한민국에서 일상적으로 노무를 제공**하는 경우에는 **법원에만 제기**할 수 있다. ▸ 사용자가 제기하는 소의 전속관할 규정(대한민국 법원에만 제소)

③ 근로계약의 당사자 간에 **제8조에 따른 국제재판관할의 합의**가 있을 때 그 합의는 다음 각 호의 어느 하나에 **해당하는 경우에만 효력**이 있다. ▸ 근로계약에서 합의관할의 제한

1. 분쟁이 **이미 발생**한 경우 ▸ 사후적 관할합의만 인정
2. 국제재판관할의 합의에서 법원 외에 **외국법원에도 근로자가 소를 제기**할 수 **있도록** 한 경우 ▸ 추가적 관할합의(근로자에게 유리한)만 인정

제44조 【불법행위에 관한 소의 특별관할】 불법행위에 관한 소는 그 행위가 **대한민국에서** 행하여지거나 **대한민국을** 향하여 **행하여지는** 경우 또는 **대한민국에서** 그 결과가 **발생하는** 경우

법원에 제기할 수 있다. 다만, 불법행위의 결과가 대한민국에서 발생할 것을 예견할 수 없었던 경우에는 그러하지 아니하다. ▸ **관련 조항** 제39조 제4항

제2절 준거법

제45조【당사자자치】 ① 계약은 당사자가 **명시적 또는 묵시적으로 선택한 법**에 따른다. 다만, 묵시적인 선택은 계약내용이나 그 밖의 모든 사정으로부터 합리적으로 인정할 수 있는 경우로 한정한다.

② 당사자는 **계약의 일부**에 관하여도 **준거법을 선택**할 수 있다. ▸ 준거법의 분열(분할)

③ 당사자는 **합의에 의하여** 이 조 또는 제46조에 따른 **준거법을 변경**할 수 있다. 다만, **계약체결 후 이루어진 준거법의 변경**은 계약 방식의 유효 여부와 제3자의 권리에 영향을 미치지 아니한다.

④ **모든 요소가 오로지 한 국가와 관련**이 있음에도 불구하고 당사자가 그 외의 다른 국가의 법을 선택한 경우에 **관련된 국가의 강행규정은 적용이 배제되지 아니한다.** ▸ 관련 국가의 강행법규의 적용

⑤ 준거법 선택에 관한 당사자 간 **합의의 성립 및 유효성**에 관하여는 **제49조를 준용**한다.

- 항해용선계약에서 당사자가 영국법을 준거법으로 선택한 경우 용선료채권의 성립이나 소멸 등에 관한 준거법은 영국법(대법원【2012다119443】)
- **준거법의 분할 · 분열** 대한민국 수원에 주된 사무소를 두고 TV를 생산해 수출하는 법인인 甲회사는 일본 도쿄에 주된 사무소를 두고 있는 丁보험회사와 보험목적물을 이 사건 화물로, 보험금액을 미화 100만 달러로, 피보험자를 乙회사로 하는 해상적하보험계약을 체결. 이 해상적하보험계약에는 "본 보험증권에 따라 발생하는 책임에 관한 모든 문제는 영국의 법률과 관습에 따른다."라는 내용의 준거법 약관이 기재 **(변호사시험 11회)**
  → ⅰ) 제23조 공서양속 위반 여부 : 영국 협회선박기간보험약관은 그 첫머리에 이 보험은 영국의 법률과 관습에 따른다고 규정하고 있는바, 이러한 영국법 준거약관은 오랜 기간에 걸쳐 해상보험업계의 중심이 되어 온 영국의 법률과 관습에 따라 당사자 사이의 거래관계를 명확하게 하려는 것으로서, 그것이 우리나라의 공익규정 또는 공서양속에 반하는 것이라거나 보험계약자의 이익을 부당하게 침해하는 것이라고 볼 수 없어 유효함(대법원). ⅱ) 제45조 제2항은 '당사자는 계약의 일부에 관하여도 준거법을 선택할 수 있다'고 규정하여 준거법의 분할(분열) 허용. 따라서 당사자가 계약의 일부에 관하여만 준거법을 선택한 경우 해당 부분에 대해서는 당사자가 선택한 법이 준거법이 되지만, 나머지 부분에 관하여는 별도의 준거법 결정. 이 사안에서는 '보험증권에 따라 발생하는 책임'에 대해서만, 준거법을 지정하였고, 보험약관 설명의무에 관한 사항은 준거법의 지정 없음. 따라서 제46조에 따라 최밀접관련국은 일본(용역을 이행하는 당사자(즉 丁보험회사)의 주된 사무소 소재지)이고, 일본법이 준거법
- **준거법의 지정** : ⅰ) 저촉법적 지정(예 영국법) ⅱ) 실질법적 지정[예 영국 물품매매법(1979)]
- **제4항** : ⅰ) 대한민국에만 영업소를 두고 있는 당사자들이 대한민국에서 매매계약을 체결하면서, 준거법을 소말리아법

으로 선택한 경우 대한민국의 강행규정은 배제되지 않음 ii) 순전히 국내거래인 대한민국 국민들간의 매매계약(국내에서만 물품이동 및 대금지급)에서 몽골법을 준거법으로 지정 → 몽골법은 준거법으로 인정되지만, 대한민국법의 강행규정은 배제되지 않음. 결과적으로 매매계약에 대한 대한민국법의 강행규정이 적용되고 그 외의 사항은 몽골법 적용

第46조 【준거법 결정 시의 객관적 연결】 ① 당사자가 준거법을 선택하지 아니한 경우에 계약은 그 계약과 가장 밀접한 관련이 있는 국가의 법에 따른다. ▸ 최밀접관련국법

② 당사자가 계약에 따라 다음 각 호의 어느 하나에 해당하는 이행을 하여야 하는 경우에는 **계약체결 당시 그의 일상거소**가 있는 국가의 법(당사자가 법인 또는 단체인 경우에는 **주된 사무소**가 있는 국가의 법을 말한다)이 **가장 밀접한 관련이 있는 것으로 추정**한다. 다만, 계약이 당사자의 직업 또는 영업활동으로 체결된 경우에는 당사자의 **영업소**가 있는 국가의 법이 가장 밀접한 관련이 있는 것으로 **추정**한다. ▸ 특징적 이행(characteristic performance)의 경우 최밀접관련국법 추정(특징적 이행 장소가 아니라 해당 당사자의 영업소, 일상거소, 주된 사무소)

1. **양도계약**의 경우에는 **양도인의 이행** ▸ 양도인의 영업소(일상거소, 주된사무소) 소재지국법
2. **이용계약**의 경우에는 물건 또는 권리를 이용하도록 하는 **당사자의 이행**
3. **위임 · 도급계약** 및 이와 유사한 **용역제공계약**의 경우에는 **용역의 이행** ▸ 수임인 · 수급인 · 용역제공자의 영업소(일상거소지, 주된사무소) 소재지국법

③ **부동산**에 대한 **권리**를 대상으로 하는 계약의 경우에는 **부동산이 있는 국가의 법이 가장 밀접한 관련이 있는 것으로 추정**한다. ▸ 부동산 소재지국법

- **위임계약**(본인과 대리인의 관계) : 당사자자치(제45조) → 대리인(수임인)의 일상거소지(영업소)(제46조)(대법원 【2023다288772】)
- **용역제공계약** : 당사자자치(제45조) → 용역제공자의 일상거소지(영업소)(제46조)(대법원 【2023다288772】)
- 甲회사(상하이에 주된 사무소)는 丁운송회사(네덜란드에 본점)와 이 사건 물품을 중간 기항지인 부산항까지 운송하는 해상운송계약을 丁운송회사의 본점에서 체결(준거법은 지정하지 않음). 甲회사가 丁운송회사를 상대로 운송계약위반에 근거한 손해배상청구의 소를 대한민국 법원에 제기한 경우 준거법은? **(모의고사 2024-1회)**

  → 해상운송계약에서는 준거법을 지정하지 않았는바, 제46조의 객관적 준거법 규정에 의하여 준거법을 결정. 운송계약에서는 운송인이 특징적 이행을 하며 운송계약이 운송인의 영업활동으로 체결된 경우에는 운송인의 영업소가 있는 국가의 법이 준거법. 해상운송계약에서 丁운송회사의 영업소는 네덜란드에 소재하여 준거법은 네덜란드법(제46조 제2항 제3호).

第47조 【소비자계약】 ① 소비자계약의 당사자가 준거법을 선택하더라도 **소비자의 일상거소가 있는 국가의 강행규정**에 따라 소비자에게 부여되는 보호를 박탈할 수 없다. ▸ 국내적 강행법규의 적용 / 당사자자치의 제한

② 소비자계약의 당사자가 **준거법을 선택하지 아니한 경우**에는 제46조에도 불구하고 **소비자의 일상거소지법**에 따른다.

③ **소비자계약의 방식**은 제31조 제1항부터 제3항까지의 규정에도 불구하고 소비자의 **일상거소지법**에 따른다.

제48조【근로계약】 ① 근로계약의 당사자가 **준거법을 선택하더라도 제2항에 따라 지정되는 준거법 소속 국가의 강행규정**에 따라 근로자에게 부여되는 보호를 박탈할 수 없다. ▸ 국내적 강행법규의 적용[당사자자치를 인정하되, 제2항에 의한 준거법(객관적 준거법)의 강행규정은 배제되지 않음]

② 근로계약의 당사자가 **준거법을 선택하지 아니한 경우** 근로계약은 제46조에도 불구하고 근로자가 **일상적으로 노무를 제공하는 국가의 법**에 따르며, 근로자가 일상적으로 어느 한 국가 안에서 노무를 제공하지 아니하는 경우에는 사용자가 **근로자를 고용한 영업소가 있는 국가의 법**에 따른다. ▸ **대법원** 선원근로계약에서 일상적 노무제공지는 선적국. 다만, 편의치적의 경우 제21조를 적용하여 최밀접관련국법이 준거법

제49조【계약의 성립 및 유효성】 ① **계약의 성립 및 유효성**은 그 계약이 유효하게 성립하였을 경우 이 법에 따라 적용되어야 하는 **준거법에 따라 판단한다**. ▸ 청약/승낙의 유효성, 계약의 적법성/사회적 타당성 등. 이는 계약의 효력과 별개

② 제1항에 따른 준거법에 따라 당사자의 행위의 효력을 판단하는 것이 모든 사정에 비추어 **명백히 부당한 경우**에는 그 당사자는 계약에 동의하지 아니하였음을 주장하기 위하여 **그의 일상거소지법을 원용**할 수 있다. ▸ 이 조항은 계약의 성립에만 적용

제50조【사무관리】 ① 사무관리는 그 관리가 **행하여진 곳의 법**에 따른다. 다만, **사무관리가 당사자 간의 법률관계에 근거**하여 행하여진 경우에는 **그 법률관계의 준거법**에 따른다. ▸ 사무관리지법/종속적 연결(법률관계의 준거법)

② **다른 사람의 채무를 변제**함으로써 발생하는 청구권은 **그 채무의 준거법**에 따른다.

- **사무관리의 준거법 우선순위 :** ⅰ) 준거법 사후적 합의(제53조) → ⅱ) 채무의 준거법(제50조 제2항) → ⅲ) 종속적 연결(제50조 제1항 단서) → ⅳ) 사무관리지법(제50조 제1항)
- ⅰ) A(위임인, 영국)과 B(수임인, 한국)과의 위임계약(준거법 합의-영국법)에 근거하여 B는 한국에서 사무를 집행하였는데, 사무집행의 범위가 위임계약의 범위를 벗어나서 그 부분에 대하여 사무관리가 성립하는지 다툼이 되었다. 이 경우 사무관리의 준거법은?

  ☞ 사무관리가 당사자간의 위임계약에 근거하여 행하여졌으므로 위임계약의 준거법(영국법)에 의함

  ⅱ) A사(주된 사무소 영국)과 C사(주된 사무소 일본)의 매매계약(준거법 영국법)에서 B사(주된 사무소 한국)는 대한민국

에서 A사의 매매대금 대신 변제. 이 경우 사무관리의 준거법은?

☞ 영국법(매매계약의 준거법)

iii) A사(주된 사무소 영국)과 B사(주된 사무소 한국)의 운송물보관계약(준거법 영국법)에서 B사는 보관계약상의 의무를 초과하여 관리한 경우 사무관리의 준거법은?

☞ 영국법(보관계약의 준거법)

제51조 【부당이득】 부당이득은 그 이득이 발생한 곳의 법에 따른다. 다만, **부당이득이 당사자 간의 법률관계에 근거한 이행으로부터 발생한 경우**에는 **그 법률관계의 준거법**에 따른다. ▸ 부당이득지법/종속적 연결(법률관계의 준거법)

- A사(주된사무소 영국)와 B사(주된사무소 한국)의 매매계약(준거법은 영국법)에서,

i) 매도인 A사는 계약서상의 수량을 초과하여 물품 인도. A사가 초과분에 대하여 부당이득반환청구하는 경우의 준거법은?

☞ 영국법(매매계약의 준거법)

ii) 매수인 B사는 계약금액을 초과하여 결제. B사가 초과결제분에 대하여 부당이득반환청구하는 경우의 준거법은?

☞ 영국법(매매계약의 준거법)

제52조 【불법행위】 ① 불법행위는 그 **행위를 하거나 그 결과가 발생하는 곳**의 법에 따른다. ▸ 불법행위지(또는 결과발생지)법

② 불법행위를 한 당시 **동일한 국가 안에 가해자와 피해자의 일상거소**가 있는 경우에는 제1항에도 불구하고 그 국가의 법에 따른다. ▸ 공통의 속인지법(공통의 일상거소지법)

③ 가해자와 피해자 간에 **존재하는 법률관계가 불법행위에 의하여 침해**되는 경우에는 제1항 및 제2항에도 불구하고 **그 법률관계의 준거법**에 따른다. ▸ 종속적 연결/법률관계의 준거법(예 임차인의 과실로 임대목적물 소실 → 임대차계약의 준거법)

④ 제1항부터 제3항까지의 규정에 따라 외국법이 적용되는 경우에 불법행위로 인한 손해배상청구권은 그 성질이 명백히 피해자의 적절한 배상을 위한 것이 아니거나 그 범위가 본질적으로 피해자의 적절한 배상을 위하여 필요한 정도를 넘을 때에는 인정하지 아니한다. ▸ 불법행위책임한도(Ⅰ punitive damage), 공서조항 · 개별적 배척조항. ※ 제23조는 공서조항 · 일반적 배척조항

- **불법행위의 준거법 우선순위** : i) 준거법 사후적 합의(제53조) → ii) 종속적 연결(제52조 제3항) → iii) 공통의 속인법(제52조 제2항) → iv) 불법행위지법(제52조 제1항)
- 임차인이 과실로 임대목적물을 소실케 하였다면 그로 인하여 임대차계약은 존속이 불가능해 지는 바, 이 경우 그것이 불법행위가 되느냐의 여부는 바로 이 임대차계약의 준거법에 의함(제52조 제3항)
- 혼인관계의 계속중에 부인이 남편의 재산을 절취하였다면 부인의 불법행위책임에 관하여는 제64조의 혼인의 일반적 효력의 준거법에 의함
- 매도인 甲회사(수원에 주된 사무소)는 중국 상하이에 주된 사무소를 두고 대한민국 부산에 유일한 영업소를 두고 있는 丙운송회사와 이 사건 화물을 대한민국 부산항에서 베트남 호찌민항까지 운송하기로 하는 해상운송계약을 체결하였다

(준거법 지정은 없었음). 매수인 乙회사(베트남 호찌민에 주된 사무소)가 베트남 호찌민항에 도착한 이 사건 화물을 검사한 결과 그랜드 피스호의 선장 戊(파나마국 국적이고, 대한민국에 상거소를 둠)의 과실로 컨테이너 1개가 해상에 떨어져 이 사건 화물 중 일부가 멸실된 사실이 밝혀짐. 甲회사가 丙운송회사를 상대로 선장 戊의 과실을 들어서 불법행위로 인한 손해배상청구소송을 대한민국 법원에 제기하였고, 소제기 이후 甲회사와 丙운송회사가 합의하여 일본법을 불법행위의 준거법으로 선택하였다면, 이에 적용될 준거법은? **(변호사시험 11회)**

→ 소 제기 이후 일본법을 불법행위의 준거법으로 선택하였으나, 대한민국법이 아니므로 제53조에 의한 사후적 합의는 인정되지 않음. 따라서 제52조에 의해 준거법을 정해야 하는데, 선장 戊의 불법행위로 인하여 갑과 병의 운송관계가 침해되었으므로 제52조 제3항에 따라 운송계약의 준거법이 이 사건 불법행위의 준거법이 된다. 그리고 위 운송계약에서는 운송인 丙의 영업소가 소재한 대한민국이 최밀접관련국이 되어 대한민국법이 준거법이 됨(제46조 제2항)

제53조【준거법에 관한 사후적 합의】 당사자는 제50조부터 제52조까지의 규정에도 불구하고 사무관리 · 부당이득 · 불법행위가 **발생한 후 합의에 의하여 대한민국 법**을 그 준거법으로 선택할 수 있다. 다만, 그로 인하여 제3자의 권리에 영향을 미치지 아니한다. ▸ 법정채권에서 준거법의 사후적 합의 ※ 외국법 합의는 불인정

제54조【채권의 양도 및 채무의 인수】 ① 채권의 양도인과 양수인 간의 법률관계는 당사자 간의 계약의 준거법에 따른다. 다만, 채권의 양도가능성, 채무자 및 제3자에 대한 채권양도의 효력은 양도되는 채권의 준거법에 따른다. ▸ ⅰ) **본문** 매출채권양도에서 채권자(매도인)와 양수인 간의 채권양도의 준거법 → 채권양도계약 자체의 준거법 ⅱ) **단서** 채권양도의 효력(양수인의 채무자(매수인)에 대한 청구 · 주장)의 준거법 → 해당 매매계약의 준거법

② 채무인수에 관하여는 제1항을 준용한다. ▸ ⅰ) **본문** 매출채무인수에서 채무자와 채무인수인 간의 법률관계 → 채무인수계약 자체의 준거법(계약 인수는 인수계약 자체의 준거법) ⅱ) **단서** 채무인수의 효력(채권자에게 대항할 수 있는지) → 해당 매매계약의 준거법

- **제2항의 채무인수** : 면책적 채무인수만 해당(다수설), 병존적 채무인수도 포함(소수설, 대법원【2019다201662】)
- **계약인수** : 계약 자체의 준거법에 의함(대법원【90다9728】)
- 책임보험계약에서 보험자와 제3자 사이의 직접청구권에 관한 법률관계는 그 법적 성질이 법률에 의하여 보험자가 피보험자의 제3자인 피해자에 대한 손해배상채무를 병존적으로 인수한 관계에 해당(대법원【94다6819】). 책임보험계약에서 제3자 직접청구권의 행사에 관한 법률관계의 준거법은 책임보험계약에 적용되는 국가의 법(대법원【2015다42599】).
- 제3자 직접청구권이 인정되는 경우에 보험자가 제3자에 대하여 부담하는 구체적인 책임의 범위와 내용은 책임보험계약에 따름(대법원【2015다42599】)
- A(매도인)와 B(매수인)의 매매계약에서 A가 매출채권을 C에게 양도한 경우

  ⅰ) A와 C 사이의 법률관계(양도인과 양수인)의 준거법은?

  ☞ 해당 양도계약의 준거법

ⅱ) 매출채권의 양도가능성, B(매수인, 채무자)에 대한 양도의 효력(C가 B에게 매매대금의 지급을 청구할 수 있는지)의 준거법은?

☞ 매매계약의 준거법

- A의 자동차가 B의 사고유발로 파손되어 손해배상청구권이 발생하고, A는 손해배상청구권을 C에게 양도한 경우

ⅰ) A(양도인)와 C(양수인)의 법률관계의 준거법은?

☞ 손해배상청구권 양도계약의 준거법

ⅱ) 손해배상청구권의 양도가능성, B(채무자)에 대한 양도의 효력(C가 B에게 손해배상을 청구할 수 있는지)의 준거법은?

☞ 위 불법행위(자동차사고)의 준거법

- A(매도인, 독일회사)와 B(매수인, 한국회사)의 매매계약에서 B의 대금지급채무를 C(일본회사)가 인수한 경우, A가 C에게 대금지급청구를 할 수 있는지의 준거법은?

☞ 위 매매계약의 준거법

제55조【법률에 따른 채권의 이전】 ① **법률에 따른 채권의 이전**은 그 이전의 **원인이 된 구(舊)채권자와 신(新)채권자 간의 법률관계**의 준거법에 따른다. 다만, 이전되는 채권의 준거법에 채무자 보호를 위한 규정이 있는 경우에는 그 규정이 적용된다.

② 제1항과 같은 법률관계가 존재하지 아니하는 경우에는 **이전되는 채권의 준거법**에 따른다.

- 법률에 의한 채권의 이전에 관하여, 이전의 원인이 된 구채권자와 신채권자 사이의 법률관계(예 보험계약)의 준거법에 의함. 이러한 법률관계가 존재하지 아니하는 경우에는 채권양도 및 채무인수의 경우와 마찬가지로 이전되는 채권의 준거법
- 해상운송사고에서 보험사가 화주(보험계약자)에게 보험사고에 대한 보험금을 지급한 후 화주가 운송회사에 대하여 가지는 계약위반에 기한 손해배상청구권을 대위하는 경우 대위의 준거법은? **(변호사시험 8회)**

→ 화주(구채권가)와 보험사(신채권자) 사이에 채권이전의 원인이 되는 법률관계(보험계약)가 존재하여 그 보험계약의 준거법에 따름

- 사고선박의 임의경매에서 선장(C)의 임금을 선주사(A) 대신 지급한 용선자(B)가 주장한 선박우선특권의 대위의 준거법은? **(변호사시험 9회)**

☞ 법률상 원인 없이 지급. 즉 법률에 따른 채권의 이전의 준거법(제55조) → C와 B사이에 그 이전의 원인 된 법률관계(예 보험계약)과 존재하지 않아 제55조 제2항 적용 → 이전되는 채권인 임금채권의 준거법 → 이 사안에서 C와 A의 선원근로계약의 준거법 지정 없어 C의 일상노무제공지법(제48조 제2항) → 판례는 선원근로계약에서의 일상적노무제공지는 선적국으로 봄 → 다만, 편의치적되어 선적만이 선적국과 유일한 관련이 있는 경우 준거법 지정의 예외(제21조)에 따라 최밀접관련국법

- **선박우선특권의 이전 여부** : 이는 피담보채권의 임의대위에 관한 사항으로 피담보채권의 준거법에 의함(제55조 제2항)(대법원【2005다39617】)

제7장 친족

제1절 국제재판관할

• 관련 조항 친족에서 예외적 관할권 규정 ⅰ) 제6조 : 주된 청구에 부수되는 청구도 관할권 인정 ⅱ) 제13조 : 합의관할(제8조), 변론관할(제9조) 비적용

제56조【혼인관계에 관한 사건의 특별관할】 ① 혼인관계에 관한 사건에 대해서는 다음 각 호의 어느 하나에 해당하는 경우 법원에 국제재판관할이 있다.

1. 부부 중 한쪽의 일상거소가 대한민국에 있고 부부의 마지막 공동 일상거소가 대한민국에 있었던 경우 ▸ 개념상 현재 부부의 공동 일상거소가 대한민국인 경우도 해당
2. 원고와 미성년 자녀 전부 또는 일부의 일상거소가 대한민국에 있는 경우
3. 부부 모두가 대한민국 국민인 경우
4. 대한민국 국민으로서 대한민국에 일상거소를 둔 원고가 혼인관계 해소만을 목적으로 제기하는 사건의 경우

② 부부 모두를 상대로 하는 혼인관계에 관한 사건에 대해서는 다음 각 호의 어느 하나에 해당하는 경우 법원에 국제재판관할이 있다.

1. 부부 중 한쪽의 일상거소가 대한민국에 있는 경우
2. 부부 중 한쪽이 사망한 때에는 생존한 다른 한쪽의 일상거소가 대한민국에 있는 경우
3. 부부 모두가 사망한 때에는 부부 중 한쪽의 마지막 일상거소가 대한민국에 있었던 경우
4. 부부 모두가 대한민국 국민인 경우

• 관련 조항 제13조 : 합의관할(제8조), 변론관할(제9조) 비적용

• A(夫)와 B(婦)는 부부관계. B는 A를 상대로 대한민국 법원에 이혼 및 재산분할청구의 소 제기한 경우 대한민국 법원의 관할권은?

☞ ⅰ) 혼인 후 A와 B는 3년간 서울에 거주하다가 1년 전 A는 재직회사의 일본 지사 인사 발령으로 일본에 거주하고 있는 경우 → 대한민국 법원의 관할권 인정(제56조 제1항 제1호) ⅱ) B(원고)는 미성년 아들 C와 서울에 거주하고 있고, A는 일본에 거주하고 있는 경우 → 대한민국 법원의 관할권 인정(제56조 제1항 제2호) ⅲ) A와 B는 모두 대한민국 국적인 경우 → 대한민국 법원의 관할권 인정(제56조 제1항 제3호) ⅳ) B(일상거소 서울)는 A(일상거소 일본)를 상대로 대한민국 법원에 혼인관계 해소만을 목적으로 이혼의 소 제기한 경우 → 대한민국 법원의 관할권 인정(제56조 제1항 제4호)

• A(夫)와 B(婦)는 부부관계. A의 모친 C는 A와 B를 상대로 혼인 무효의 소 제기하는 경우 대한민국 법원의 관할권은?

☞ ⅰ) A(일상거소 한국), B(일상거소 베트남) → 대한민국 법원의 관할권 인정(제56조 제2항 제1호) ⅱ) A(한국국적, 일상거소 베트남), B(한국국적 취득, 일상거소 베트남) → 대한민국 법원의 관할권 인정(제56조 제2항 제4호)

제57조【친생자관계에 관한 사건의 특별관할】 친생자관계의 성립 및 해소에 관한 사건에 대해서는 다음 각 호의 어느 하나에 해당하는 경우 법원에 국제재판관할이 있다.

1. 자녀의 일상거소가 대한민국에 있는 경우
2. 자녀와 피고가 되는 부모 중 한쪽이 대한민국 국민인 경우

• A(자녀)는 B(부친)를 상대로 친생자관계존재확인의 소 제기하는 경우 대한민국 법원의 관할권은?

☞ i) A(일상거소 한국) → 대한민국 법원에 특별관할(제57조 제1호) ii) A(한국인), B(한국인) → 대한민국 법원에 특별관할(제57조 제2호)

• B(부친)는 A(자녀)를 상대로 친생부인의 소 제기하는 경우 대한민국 법원의 관할권은?

☞ i) A(일상거소 한국) → 대한민국 법원의 관할권 인정(제57조 제1호) ii) A(한국인). B(한국인) → 대한민국 법원에 특별관할 인정(제57조 제2호)

• **친생부인의 소** : 명백하게 친생자로 추정되는 자녀(예 혼인 중 출생, 혼인 성립 200일 이후 출생, 혼인종료 300일 이내 출생)가 친생자가 아님을 밝히고, 본인과 자녀 사이의 관계를 수정하기 위한 소송. 친생부인의 소는 夫 또는 婦는 다른 일반 또는 子를 상대로 그 사유가 있음을 안 날로 2년 이내 제기(민법 제847조)

• **친생자관계부존재확인의 소** : 자녀가 명백하게 친생자로 추정하기 곤란한 경우에 제기하는 소송

제58조【입양관계에 관한 사건의 특별관할】 ① 입양의 성립에 관한 사건에 대해서는 양자가 되려는 사람 또는 양친이 되려는 사람의 일상거소가 대한민국에 있는 경우 법원에 국제재판관할이 있다.

② 양친자관계의 존부확인, 입양의 취소 또는 파양(罷養)에 관한 사건에 관하여는 제57조를 준용한다.

• A(양자)는 B(양친)를 상대로 입양 무효의 소(또는 입양 취소의 소, 양친자관계 부존재확인의 소)를 제기하는 경우 대한민국 법원의 관할권은?

☞ i) A의 일상거소가 한국에 있고, B의 일상거소는 일본에 있는 경우 대한민국 법원에 특별관할(제58조 제2항, 제57조 제1호) ii) A와 B 모두 한국인인 경우 대한민국 법원에 특별관할(제58조 제2항, 제57조 제2호)

제59조【부모 · 자녀 간의 법률관계 등에 관한 사건의 특별관할】 미성년인 자녀 등에 대한 친권, 양육권 및 면접교섭권에 관한 사건에 대해서는 다음 각 호의 어느 하나에 해당하는 경우 법원에 국제재판관할이 있다.

1. 자녀의 일상거소가 대한민국에 있는 경우
2. 부모 중 한쪽과 자녀가 대한민국 국민인 경우

제60조【부양에 관한 사건의 관할】 ① 부양에 관한 사건에 대해서는 부양권리자의 일상거소가 대한민국에 있는 경우 법원에 국제재판관할이 있다.

② 당사자가 부양에 관한 사건에 대하여 **제8조**에 따라 국제재판관할의 합의를 하는 경우 다음 각 호의 어느 하나에 해당하면 **합의의 효력이 없다.** ▸ 관련 조항 제8조

1. 부양권리자가 미성년자이거나 피후견인인 경우. 다만, 해당 합의에서 미성년자이거나 피후견인인 부양권리자에게 법원 외에 외국법원에도 소를 제기할 수 있도록 한 경우는 제외한다.
2. 합의로 지정된 국가가 사안과 아무런 관련이 없거나 근소한 관련만 있는 경우

③ 부양에 관한 사건이 다음 각 호의 어느 하나에 해당하는 경우에는 **제9조**를 적용하지 아니한다. ▸ 관련 조항 제9조

1. 부양권리자가 미성년자이거나 피후견인인 경우
2. 대한민국이 사안과 아무런 관련이 없거나 근소한 관련만 있는 경우

제61조 【후견에 관한 사건의 특별관할】 ① **성년인 사람의 후견**에 관한 사건에 대해서는 다음 각 호의 어느 하나에 해당하는 경우 법원에 국제재판관할이 있다.

1. 피후견인(피후견인이 될 사람을 포함한다. 이하 같다)의 일상거소가 대한민국에 있는 경우
2. 피후견인이 대한민국 국민인 경우
3. 피후견인의 재산이 대한민국에 있고 피후견인을 보호하여야 할 필요가 있는 경우

② **미성년자의 후견**에 관한 사건에 대해서는 다음 각 호의 어느 하나에 해당하는 경우 법원에 국제재판관할이 있다.

1. 미성년자의 일상거소가 대한민국에 있는 경우
2. 미성년자의 재산이 대한민국에 있고 미성년자를 보호하여야 할 필요가 있는 경우

제62조 【가사조정사건의 관할】 제56조부터 제61조까지의 규정에 따라 법원에 국제재판관할이 있는 사건의 경우에는 그 조정사건에 대해서도 법원에 국제재판관할이 있다.

제2절 준거법

제63조 【혼인의 성립】 ① 혼인의 성립요건은 각 당사자에 관하여 그 본국법에 따른다. ▸ A는 18세(A국 혼인연령 18세), B는 17세(B국 혼인연령 17세) → A와 B는 혼인 가능

② 혼인의 방식은 혼인을 한 곳의 법 또는 당사자 중 한쪽의 본국법에 따른다. 다만, 대한민국에서 혼인을 하는 경우에 당사자 중 한쪽이 대한민국 국민인 때에는 대한민국 법에 따른다.

▸ 내국인 조항 ※ **혼인의 방식** 호적공무원(또는 성직자) 앞에서 혼인의 합의의 선언, 혼인신고 등

• A국인 甲과 A국인 乙은 대한민국에 일상거소. 甲과 乙은 100명의 하객이 참석한 가운데 서울에서 혼인식 거행. 甲은 유효한 유언장을 혼인 전에 작성하였고 자신의 재산상속에 관한 준거법으로 대한민국법 지정. 乙의 부모는 甲과 乙의 혼인이 유효하게 성립하지 않았다고 주장하는바, 그 당부를 판단하는 준거법은? **(변호사시험 6회)**

☞ 乙의 부모의 주장은 혼인의 실질적 요건 또는 형식적 요건 흠결을 주장하는 것이다. ⅰ) 혼인의 실질적 요건의 준거법은 각 당사자의 본국법(제63조 제1항)이므로 A국법(甲과 乙의 본국법) ⅱ) 혼인의 형식적 요건인 혼인의 방식의 준거법은 혼인거행지법 또는 당사자 중 한쪽의 본국법인데(다만, 대한민국에서 혼인을 하는 경우에 당사자 중 한쪽이 대한민국 국민인 때에는 대한민국 법)(제63조 제2항), 이 사안에서는 서울에서 혼인식을 거행했으므로 준거법은 대한민국법(혼인거행지법) 또는 A국법(당사자중 한 쪽의 본국법). 만약, 이 사안에서 갑 또는 을이 대한민국 국적인 경우 혼인의 형식적 요건은 반드시 대한민국법에 따름

제64조【혼인의 일반적 효력】 혼인의 일반적 효력은 다음 각 호의 법의 순위에 따른다.

1. 부부의 동일한 본국법
2. 부부의 동일한 일상거소지법
3. 부부와 가장 밀접한 관련이 있는 곳의 법

• **혼인의 효력** : 혼인이 성립하였는지 또는 혼인이 유효한지의 문제가 아니라, 유효하게 성립한 혼인의 결과 어떤 법적 효과 내지는 효력이 발생하는가의 문제

제65조【부부재산제】 ① 부부재산제에 관하여는 **제64조를 준용**한다.

② 부부가 합의에 의하여 다음 각 호의 어느 하나에 해당하는 법을 선택한 경우 부부재산제는 제1항에도 불구하고 그 법에 따른다. 다만, 그 합의는 **날짜**와 **부부의 기명날인 또는 서명**이 있는 **서면으로** 작성된 경우에만 그 효력이 있다.

1. 부부 중 한쪽이 국적을 가지는 법
2. 부부 중 한쪽의 일상거소지법
3. 부동산에 관한 부부재산제에 대해서는 그 부동산의 소재지법

③ **대한민국에서 행한 법률행위** 및 **대한민국에 있는 재산**에 관하여는 외국법에 따른 부부재산제로써 선의의 제3자에게 대항할 수 없다. 이 경우 외국법에 따를 수 없을 때에 제3자와의 관계에서 부부재산제는 대한민국 법에 따른다.

④ 제3항에도 불구하고 외국법에 따라 체결된 부부재산계약을 대한민국에서 등기한 경우에는 제3자에게 대항할 수 있다.

• **부부재산제의 준거법** : 부부간에 부부재산계약을 체결할 수 있는지, 체결시기, 부부재산계약의 내용과 변경가능성 등

제66조【이혼】 이혼에 관하여는 제64조를 준용한다. 다만, 부부 중 한쪽이 대한민국에 일상거소가 있는 대한민국 국민인 경우 이혼은 대한민국 법에 따른다.

- 이혼의 준거법 : 이혼의 허용 여부, 이혼사유, 이혼의 방법과 방식, 혼인의 해소, 기타 이혼의 효력(유책배우자의 위자료, 결혼비용 반환청구, 재산분할 등) 다만, 이혼청구 + 소유재산 반환청구는 소유재산 소재지법
- 베트남인 甲과 대한민국인 乙은 혼인신고를 마친 법률상 부부임. 甲이 乙을 상대로 乙의 계속된 폭행 등으로 혼인이 파탄되었다고 주장하며 대한민국 법원에 이혼소송 제기

  1) 재판관할권은?

  2) 준거법은?

  → 1) 부부 모두가 대한민국 국민으로 재판관할권 인정(제56조 제1항) 2) 乙은 대한민국 국민으로서 대한민국에 일상거소를 두고 있어 이혼에 관한 준거법은 대한민국법(즉 민법)(제66조단서)(대법원【2020므14763】)

제67조【혼인 중의 부모 · 자녀관계】 ① 혼인 중의 부모·자녀관계의 성립은 자녀의 출생 당시 부부 중 한쪽의 본국법에 따른다. ▸ 친생부인의 문제 포함

② 제1항의 경우에 남편이 자녀의 출생 전에 사망한 때에는 남편의 사망 당시 본국법을 그의 본국법으로 본다.

제68조【혼인 외의 부모 · 자녀관계】 ① 혼인 외의 부모·자녀관계의 성립은 자녀의 출생 당시 어머니의 본국법에 따른다. 다만, 아버지와 자녀 간의 관계의 성립은 자녀의 출생 당시 아버지의 본국법 또는 현재 자녀의 일상거소지법에 따를 수 있다.

② 인지는 제1항에서 정하는 법 외에 인지 당시 인지자의 본국법에 따를 수 있다.

③ 제1항의 경우에 아버지가 자녀의 출생 전에 사망한 때에는 사망 당시 본국법을 그의 본국법으로 보고, 제2항의 경우에 인지자가 인지 전에 사망한 때에는 사망 당시 본국법을 그의 본국법으로 본다.

제69조【혼인 외의 출생자】 ① 혼인 외의 출생자가 혼인 중의 출생자로 그 지위가 변동되는 경우에 관하여는 그 요건인 사실의 완성 당시 아버지 또는 어머니의 본국법 또는 자녀의 일상거소지법에 따른다.

② 제1항의 경우에 아버지 또는 어머니가 그 요건인 사실이 완성되기 전에 사망한 때에는 아버지 또는 어머니의 사망 당시 본국법을 그의 본국법으로 본다.

제70조【입양 및 파양】 입양 및 파양은 입양 당시 양부모의 본국법에 따른다.

제71조 【동의】 제68조부터 제70조까지의 규정에 따른 부모 · 자녀관계의 성립에 관하여 자녀의 본국법이 자녀 또는 제3자의 승낙이나 동의 등을 요건으로 할 때에는 그 요건도 갖추어야 한다.

제72조 【부모 · 자녀 간의 법률관계】 부모 · 자녀 간의 법률관계는 부모와 자녀의 본국법이 모두 동일한 경우에는 그 법에 따르고, 그 외의 경우에는 자녀의 일상거소지법에 따른다.

제73조 【부양】 ① 부양의 의무는 부양권리자의 일상거소지법에 따른다. 다만, 그 법에 따르면 부양권리자가 부양의무자로부터 부양을 받을 수 없을 때에는 당사자의 공통 본국법에 따른다.

② 대한민국에서 이혼이 이루어지거나 승인된 경우에 이혼한 당사자 간의 부양의무는 제1항에도 불구하고 그 이혼에 관하여 적용된 법에 따른다.

③ 방계혈족 간 또는 인척 간의 부양의무와 관련하여 부양의무자는 부양권리자의 청구에 대하여 당사자의 공통 본국법에 따라 부양의무가 없다는 주장을 할 수 있으며, 그러한 법이 없을 때에는 부양의무자의 일상거소지법에 따라 부양의무가 없다는 주장을 할 수 있다.

④ 부양권리자와 부양의무자가 모두 대한민국 국민이고, 부양의무자가 대한민국에 일상거소가 있는 경우에는 대한민국 법에 따른다.

• 관련 조항 제73조에 따라 부양의 준거법이 지정되는 경우 반정(제22조) 비적용

제74조 【그 밖의 친족관계】 친족관계의 성립 및 친족관계에서 발생하는 권리의무에 관하여 이 법에 특별한 규정이 없는 경우에는 각 당사자의 본국법에 따른다.

제75조 【후견】 ① 후견은 피후견인의 본국법에 따른다.

② 법원이 제61조에 따라 성년 또는 미성년자인 외국인의 후견사건에 관한 재판을 하는 때에는 제1항에도 불구하고 다음 각 호의 어느 하나에 해당하는 경우 대한민국 법에 따른다.

1. 피후견인의 본국법에 따른 후견개시의 원인이 있더라도 그 후견사무를 수행할 사람이 없거나, 후견사무를 수행할 사람이 있더라도 후견사무를 수행할 수 없는 경우
2. 대한민국에서 후견개시의 심판(임의후견감독인선임 심판을 포함한다)을 하였거나 하는 경우
3. 피후견인의 재산이 대한민국에 있고 피후견인을 보호하여야 할 필요가 있는 경우

제8장 상속

제1절 국제재판관할

제76조【상속 및 유언에 관한 사건의 관할】 ① 상속에 관한 사건에 대해서는 다음 각 호의 어느 하나에 해당하는 경우 법원에 국제재판관할이 있다.

1. 피상속인의 **사망 당시 일상거소가 대한민국**에 있는 경우. 피상속인의 일상거소가 어느 국가에도 없거나 이를 알 수 없고 그의 **마지막 일상거소가 대한민국**에 있었던 경우에도 또한 같다.
2. **대한민국에 상속재산**이 있는 경우. 다만, 그 상속재산의 가액이 현저하게 적은 경우에는 그러하지 아니하다.

② 당사자가 상속에 관한 사건에 대하여 **제8조**에 따라 국제재판관할의 합의를 하는 경우에 다음 각 호의 어느 하나에 해당하면 합의의 효력이 없다.

1. 당사자가 미성년자이거나 피후견인인 경우. 다만, 해당 합의에서 미성년자이거나 피후견인인 당사자에게 법원 외에 외국법원에도 소를 제기하는 것을 허용하는 경우는 제외한다.
2. 합의로 지정된 국가가 사안과 아무런 관련이 없거나 근소한 관련만 있는 경우

③ 상속에 관한 사건이 다음 각 호의 어느 하나에 해당하는 경우에는 **제9조**를 적용하지 아니한다.

1. 당사자가 미성년자이거나 피후견인인 경우
2. 대한민국이 사안과 아무런 관련이 없거나 근소한 관련만 있는 경우

④ 유언에 관한 사건은 유언자의 유언 당시 일상거소가 대한민국에 있거나 유언의 대상이 되는 재산이 대한민국에 있는 경우 법원에 국제재판관할이 있다. ▸ **관련 조항** 제13조 → 제76조 제4항은 제8조(합의관할), 제9조(변론관할) 비적용

⑤ 제1항에 따라 법원에 국제재판관할이 있는 사건의 경우에는 그 **조정사건**에 관하여도 법원에 국제재판관할이 있다.

제2절 준거법

제77조【상속】 ① 상속은 사망 당시 **피상속인의 본국법**에 따른다. ▸ 상속통일주의(동산 · 부동산 동일)

② 피상속인이 유언에 적용되는 방식에 의하여 **명시적으로** 다음 각 호의 어느 하나에 해당하는

법을 지정할 때에는 상속은 제1항에도 불구하고 그 법에 따른다. ▸ 당사자자치의 도입

1. **지정 당시 피상속인의 일상거소지법.** 다만, 그 지정은 피상속인이 사망 시까지 그 국가에 일상거소를 유지한 경우에만 효력이 있다.
2. 부동산에 관한 상속에 대해서는 그 **부동산의 소재지법**

• A국인 甲과 A국인 乙은 대한민국에 일상거소를 두고 있다. 甲과 乙은 100명의 하객이 참석한 가운데 서울에서 혼인식을 거행하였다. 甲은 유효한 유언장을 혼인 전에 작성하였고 자신의 재산상속에 관한 준거법으로 대한민국법을 지정하였다. 甲과 乙은 예정대로 태국으로 신혼여행을 갔다. 태국에서 해상여행 중 그들이 탑승한 소형 선박이 정비불량으로 침몰하여 甲과 乙 모두 실종되었다. 태국경찰은 실종자 수색 끝에 甲과 乙을 발견하였으나, 乙은 이미 사망한 상태였고 甲은 구조된 후 3일 뒤 사망하였다. 甲의 부모는 乙의 재산이 甲에게 상속된 뒤, 乙의 재산 및 甲의 재산 모두가 다시 甲의 부모에게 상속되었다고 주장한다. 甲과 乙의 유효한 혼인이 성립되었음을 전제로, 이러한 **1) 甲의 부모의 주장에 대한 준거법은? 2) 위 상속사건 관련 甲의 부모의 제소에 대해 대한민국법원에 국제재판관할권이 있는지? (변호사시험 6회)**

전제 A국법상 자녀가 없는 부부 중 일방이 사망한 경우, 그의 재산 전부는 생존 배우자에게 상속된다.

☞ 1. 甲의 부모의 주장에 대한 준거법

상속은 사망 당시 피상속인의 본국법에 의한다(제77조 제1항). 피상속인은 상속의 준거법으로 지정 당시 피상속인의 일상거소지법으로 지정할 수 있다(제77조 제2항). 1) 乙이 먼저 사망하였는바, 乙의 상속의 준거법은 사망 당시 자신의 본국법인 A국법이다. A국법에 따라 乙의 재산은 甲에게 상속된다. 2) 피상속인이 유언에 적용되는 방식에 의하여 명시적으로 지정 당시 피상속인의 일상거소지법을 지정한 경우(다만, 그 지정은 피상속인의 사망 시까지 그 국가에 일상거소를 유지할 것) 그 법이 상속의 준거법이 된다(제77조 제2항 제1호). 피상속인 甲은 자신의 일상거소지국법(대한민국법)을 재산상속의 준거법으로 지정하였고, 사망 시까지 대한민국에 일상거소를 유지하였으므로 甲의 재산상속의 준거법은 대한민국법이 된다. 따라서 이 사안에서 甲의 부모의 주장에 대한 준거법은 대한민국법이 된다.

2. 대한민국법원의 재판관할권

피상속인의 사망 당시 일상거소가 대한민국에 있는 경우 대한민국 법원에 국제재판관할이 있다(제76조 제1항). 사망 당시 甲의 일상거소는 대한민국에 있었기 때문에 甲의 재산상속에 대하여 대한민국법원은 국제재판관할을 가진다. 한편, 乙의 재산상속도 쟁점이 될 수 있는바, 사망 당시 乙의 일상거소는 대한민국에 있었기 때문에 乙의 재산상속에 대하여도 대한민국법원은 국제재판관할을 가진다.

第78조【유언】 ① 유언은 유언 당시 유언자의 **본국법**에 따른다.

② 유언의 변경 또는 철회는 그 당시 유언자의 **본국법**에 따른다.

③ 유언의 방식은 다음 각 호의 어느 하나의 법에 따른다.

1. 유언자가 유언 당시 또는 사망 당시 국적을 가지는 국가의 법
2. 유언자의 유언 당시 또는 사망 당시 일상거소지법
3. 유언 당시 행위지법

4. 부동산에 관한 유언의 방식에 대해서는 그 부동산의 소재지법

• 관련 조항 제78조 제3항에 따라 유언의 방식의 준거법이 지정되는 경우 반정(제22조) 비적용

제9장 어음 · 수표

제1절 국제재판관할

제79조【어음 · 수표에 관한 소의 특별관할】 어음 · 수표에 관한 소는 어음 · 수표의 지급지가 대한민국에 있는 경우 법원에 제기할 수 있다.

• 매도인 A사(한국회사)와 매수인 B사(영국회사) 간의 농업용 트랙터 10대 매매계약(대한민국법으로 준거법 합의)에서 대금결제조건은 추심결제방식으로 정하였고, A사는 물품(트랙터 10대)을 선적한 후 B사를 지급인으로, 지급지는 대한민국으로 하는 환어음을 발행하여 선적서류와 함께 C은행(한국의 시중은행) 매도. B사가 환어음을 인수한 후 만기일에 결제를 거절하자 C은행은 B사를 상대로 환어음 지급청구의 소를 대한민국 법원에 제기. 대한민국 법원에 특별관할이 인정되는지?

☞ 환어음의 지급지는 대한민국이므로 대한민국 법원에 특별관할(제79조)

제2절 준거법

제80조【행위능력】 ① 환어음, 약속어음 및 수표에 의하여 채무를 부담하는 자의 능력은 그의 본국법에 따른다. 다만, 그 국가의 법이 다른 국가의 법에 따르도록 정한 경우에는 그 다른 국가의 법에 따른다. ▸ 본국법주의 / 단, 전정 인정

② 제1항에 따르면 능력이 없는 자라 할지라도 다른 국가에서 서명을 하고 그 국가의 법에 따라 능력이 있을 때에는 그 채무를 부담할 수 있는 능력이 있는 것으로 본다.

제81조【수표지급인의 자격】 ① 수표지급인이 될 수 있는 자의 자격은 지급지법에 따른다.

② 지급지법에 따르면 지급인이 될 수 없는 자를 지급인으로 하여 수표가 무효인 경우에도 동일한 규정이 없는 다른 국가에서 한 서명으로부터 생긴 채무의 효력에는 영향을 미치지

아니한다.

제82조 【방식】 ① 환어음 · 약속어음의 어음행위 및 수표행위의 방식은 서명지법에 따른다. 다만, 수표행위의 방식은 지급지법에 따를 수 있다. ▸ 방식은 서명지법(단, 수표는 지급지법 가능)

② 제1항에서 정한 법에 따를 때 행위가 무효인 경우에도 그 후 행위지법에 따라 행위가 적법한 때에는 그 전 행위의 무효는 그 후 행위의 효력에 영향을 미치지 아니한다. ▸ 어음 · 수표행위의 독립성

③ 대한민국 국민이 외국에서 한 환어음 · 약속어음의 어음행위 및 수표행위의 방식이 행위지법에 따르면 무효인 경우에도 대한민국 법에 따라 적법한 때에는 다른 대한민국 국민에 대하여 효력이 있다.

- 매도인 A(X국)는 X국에서 환어음을 발행하고, 서명하였다. X국법상 환어음의 발행지는 필수요건인데, A는 이를 누락. 한편, 매수인 B(Y국)는 Y국에서 해당 환어음에 날인하여 인수(accept)하였는데, 이 환어음 인수는 Y국법상 적법
  ☞ 환어음의 방식은 서명지법인 X국법에 의하는데, X국법에 따르면, 이 환어음은 무효이다. 그러나 B의 환어음 인수는 그 행위지법인 Y국법상 적법하므로 환어음은 유효
- 매도인 A(중국)는 상하이에서 신용장 개설은행인 대한민국의 X은행 상하이 지점을 지급인으로 환어음을 발행하고, 대한민국의 Y은행 상하이 지점에 이 환어음을 매도하였으며, X은행 상하이 지점이 이 환어음을 인수
  ☞ 이 경우 X은행의 환어음 인수방식에 대하여는 대한민국법이 준거법이 될 수 있음(제82조 제3항)
- 매도인 A(대한민국)는 X국에서 약속어음을 발행하고, 서명. X국법상 이 약속어음의 방식은 무효이지만, 대한민국법상 적법
  ☞ 이 경우 약속어음은 매도인 A에 대하여 효력 있음
- 매도인 A(X국)는 X국에서 매수인 B(Y국)를 지급인으로(또한, 지급장소 Y국) 하는 환어음을 발행하였고, 매수인 B는 이 환어음을 정히 인수하였다. 이 경우 매수인 B(Y국)의 환어음상 지급책임의 준거법은?
  ☞ 지급지법(Y국법)

제83조 【효력】 ① 환어음의 인수인과 약속어음의 발행인의 채무는 지급지법에 따르고, 수표로부터 생긴 채무는 서명지법에 따른다. ▸ 어음의 인수인/발행인 채무 : 지급지법, 수표 채무 : 서명지법

② 제1항에 규정된 자 외의 자의 환어음 · 약속어음에 의한 채무는 서명지법에 따른다. ▸ 어음의 배서인 등 채무 : 서명지법

③ 환어음, 약속어음 및 수표의 상환청구권을 행사하는 기간은 모든 서명자에 대하여 발행지법에 따른다.

제84조 【원인채권의 취득】 어음의 소지인이 그 발행의 원인이 되는 채권을 취득하는지 여부는 어음의 발행지법에 따른다.

제85조【일부인수 및 일부지급】 ① 환어음의 인수를 어음 금액의 일부로 제한할 수 있는지 여부 및 소지인이 일부지급을 수락할 의무가 있는지 여부는 **지급지법**에 따른다.
② 약속어음의 지급에 관하여는 제1항을 준용한다.

제86조【권리의 행사 · 보전을 위한 행위의 방식】 환어음, 약속어음 및 수표에 관한 거절증서의 방식, 그 작성기간 및 환어음, 약속어음 및 수표상의 권리의 행사 또는 보전에 필요한 그 밖의 행위의 방식은 **거절증서를 작성하여야 하는 곳 또는 그 밖의 행위를 행하여야 하는 곳의** 법에 따른다.

제87조【상실 · 도난】 환어음, 약속어음 및 수표의 상실 또는 도난의 경우에 수행하여야 하는 절차는 **지급지법**에 따른다.

제88조【수표의 지급지법】 수표에 관한 다음 각 호의 사항은 **수표의 지급지법**에 따른다.

1. 수표가 일람출급(一覽出給)이 필요한지 여부, 일람 후 정기출급으로 발행할 수 있는지 여부 및 선일자수표(先日字手標)의 효력
2. 제시기간
3. 수표에 인수, 지급보증, 확인 또는 사증을 할 수 있는지 여부 및 그 기재의 효력
4. 소지인이 일부지급을 청구할 수 있는지 여부 및 일부지급을 수락할 의무가 있는지 여부
5. 수표에 횡선을 표시할 수 있는지 여부 및 수표에 "계산을 위하여"라는 문구 또는 이와 동일한 뜻이 있는 문구의 기재의 효력. 다만, 수표의 발행인 또는 소지인이 수표면에 "계산을 위하여"라는 문구 또는 이와 동일한 뜻이 있는 문구를 기재하여 현금의 지급을 금지한 경우에 그 수표가 외국에서 발행되고 대한민국에서 지급하여야 하는 것은 일반횡선수표의 효력이 있다.
6. 소지인이 수표자금에 대하여 특별한 권리를 가지는지 여부 및 그 권리의 성질
7. 발행인이 수표의 지급위탁을 취소할 수 있는지 여부 및 지급정지를 위한 절차를 수행할 수 있는지 여부
8. 배서인, 발행인, 그 밖의 채무자에 대한 상환청구권 보전을 위하여 거절증서 또는 이와 동일한 효력을 가지는 선언이 필요한지 여부

제10장 해상

제1절 국제재판관할

제89조【선박소유자등의 책임제한사건의 관할】 선박소유자 · 용선자(傭船者) · 선박관리인 · 선박운항자, 그 밖의 선박사용인(이하 "선박소유자등"이라 한다)의 **책임제한사건**에 대해서는 다음 각 호의 어느 하나에 해당하는 곳이 대한민국에 있는 경우에만 법원에 국제재판관할이 있다. ▸ 다음의 연결점 중 하나가 대한민국에 있는 경우 → 대한민국의 국제재판관할 인정

1. 선박소유자등의 **책임제한을 할 수 있는 채권**(이하 "**제한채권**"이라 한다)이 발생한 **선박의 선적(船籍)**이 있는 곳 ▸ 제한채권이 발생한 선박의 선적지
2. 신청인인 선박소유자등에 대하여 **제3조에 따른 일반관할**이 인정되는 곳
3. **사고발생지**(사고로 인한 결과 발생지를 포함한다)
4. 사고 후 사고선박이 **최초로 도착한 곳**
5. 제한채권에 의하여 선박소유자등의 **재산이 압류 또는 가압류된 곳**(압류에 갈음하여 담보가 제공된 곳을 포함한다. 이하 "압류등이 된 곳"이라 한다)
6. 선박소유자등에 대하여 **제한채권에 근거한 소가 제기된 곳**

- 위 규정은 토지관할규칙과 대체로 유사(단, 6호는 토지관할규칙에 없음)
- **관련 조항** 제13조 → 제89조는 제8조(합의관할), 제9조(변론관할) 비적용
- 이 조항은 선박소유자등의 책임제한개시신청 사건에 대해서만 적용
- A화주는 B선사를 상대로 불법행위로 인한 손해배상청구을 청구하였고, B선사는 대한민국 법원에 책임제한절차 개시신청. 이 신청에 대하여 대한민국 법원에 국제재판관할이 있는지?
  ☞ 사고 후 선박이 최초로 도착한 곳이 대한민국 → 대한민국 법원에 국제재판관할(제89조 제4호)
- **상법 제776조** 청구받은 날부터 1년 이내 법원에 책임제한절차개시 신청할 것. 필요한 사항은 별도의 법률로 정함. → (선박소유자책임법) 제2조(책임제한사건의 관할)

제90조【선박 또는 항해에 관한 소의 특별관할】 선박소유자등에 대한 선박 또는 항해에 관한 소는 선박이 압류등이 된 곳이 대한민국에 있는 경우 법원에 제기할 수 있다. ▸ **관련 조항** 제5조 제2항 단서 비적용

- **선박에 관한 소** : 선박 자체를 목적으로 하거나 선박에 기인하는 법률관계에 관한 소(선박 소유권에 관한 소, 공유선박의 분할의 소, 선박소유권이전등기청구에 관한 소, 선체용선계약에 관한 소, 운임반환청구, 운임 청구, 선원의 급여청구, 감항능력위반에 따른 손해배상청구 또는 불법행위로 인한 손해배상청구 등)
- **항해에 관한 소** : 선박을 항해에 제공함으로써 생기는 모든 법률관계의 소(항해의 준비행위인 물자의 구입, 선박의

수선, 선원 고용, 화물운송, 승객운송, 기타 항해에 관하여 생긴 채무불이행 또는 불법행위(선박충돌 등), 운임청구의 소, 선원의 급여 청구 등)

제91조 【공동해손에 관한 소의 특별관할】 공동해손(共同海損)에 관한 소는 다음 각 호의 어느 하나에 해당하는 곳이 대한민국에 있는 경우 법원에 제기할 수 있다.

1. 선박의 소재지
2. 사고 후 선박이 최초로 도착한 곳
3. 선박이 압류등이 된 곳

제92조 【선박충돌에 관한 소의 특별관할】 선박의 충돌이나 그 밖의 사고에 관한 소는 다음 각 호의 어느 하나에 해당하는 곳이 대한민국에 있는 경우 법원에 제기할 수 있다.

1. 가해 선박의 선적지 또는 소재지
2. 사고 발생지
3. 피해 선박이 사고 후 최초로 도착한 곳
4. 가해 선박이 압류등이 된 곳

제93조 【해난구조에 관한 소의 특별관할】 해난구조에 관한 소는 다음 각 호의 어느 하나에 해당하는 곳이 대한민국에 있는 경우 법원에 제기할 수 있다

1. 해난구조가 있었던 곳
2. 구조된 선박이 최초로 도착한 곳
3. 구조된 선박이 압류등이 된 곳

제2절 준거법

제94조 【해상】 해상에 관한 다음 각 호의 사항은 **선적국법**에 따른다. ▸ **선적국법주의** : 해상관련 사항은 선적국법. ※ 편의치적(FOC)에서 선적만이 선적국과 유일한 관련인 경우 제21조 적용 → 선적국법 비적용/최밀접관련국법 적용(대법원 【2013다34839】) **관련 조항** 반정(제22조) 비적용

1. 선박의 소유권 및 저당권, 선박우선특권, 그 밖의 선박에 관한 물권
2. 선박에 관한 담보물권의 우선순위
3. 선장과 해원(海員)의 행위에 대한 선박소유자의 책임범위

4. 선박소유자등이 책임제한을 주장할 수 있는지 여부 및 그 책임제한의 범위

5. 공동해손

6. 선장의 대리권

- **선박우선특권** : 일정한 채권자가 선박과 그 속구와 부속물로부터 다른 채권자에 우선하여 변제받을 수 있는 해상법상의 담보권(선박저당권자보다 우선하여 배당받음)
- 선박우선특권의 준거법은 선적국법 : 준거법의 적용사항은 ⅰ) 선박우선특권의 성립 여부(허용 여부) ⅱ) 일정한 채권이 선박우선특권에 의하여 담보되는지 여부 ⅲ) 선박우선특권이 미치는 대상의 범위 ⅳ) 선박우선특권의 순위 등. 그러나 선박우선특권에 의하여 담보되는 채권 자체의 대위에 관한 사항은 해당되지 않음
  - 선박우선특권에 의하여 담보되는 채권 자체(예 임금채권)의 양도가능성, 채무자 및 제3자에 대한 채권양도의 효력에 관한 사항은 그 피담보채권(예 임금채권)의 준거법에 의함(제54조 제1항 단서)
  - 그 피담보채권의 임의대위에 관한 사항은 그 피담보채권(예 임금채권)의 준거법에 의함(제55조 제2항)
- ⅰ) 선박우선특권의 실행방법(집행방법) ⅱ) 일반적인 가압류의 허용 및 집행절차 ⅲ) 선박우선특권에 기하여 채무명의 없이도 압류할 수 있는지 여부는? → 절차문제로서 법정지법에 의함[절차는 법정지법에 따른다(lex fori principle, 법정지법원칙). / 대법원 【2009다96625】] 따라서 법정지법인 대한민국법
- 외국국적 선박에 대하여 한국에서 경매절차가 진행되는 경우 → 그 집행절차는 법정지법인 한국법(즉 민사집행법)에 따름. 그 집행절차에 따른 소유권 취득은 실체법적 문제로 선적국(船籍國)법에 따름(부산지법 【2007가합4762】)
- 선박소유자책임법의 제정(1991)으로 책임제한은 반드시 책임제한절차를 통해서만 주장 가능
- 제4호는 선박소유자등의 책임제한개시신청 사건에 대해서만 적용
  - A화주는 B선사를 상대로 불법행위로 인한 손해배상청구을 청구하였고, B선사는 대한민국 법원에 책임제한절차 개시신청을 한 경우(책임제한절차개시신청) → 준거법은 선적국법(제94조 제4호)
  - 선박소유자등의 책임발생원인과 구별(발생원인의 준거법은 운송계약의 준거법 또는 불법행위의 준거법)
- 선박 편의치적(flag of convenience)의 경우 선적(船籍)이 선적국(船籍國)과의 유일한 관련인 경우에는 제21조가 적용되어 선적국법이 준거법이 되지 않고, 밀접관련국법이 준거법
- 사고선박의 임의경매에서 선장(C)의 임금을 선주사(A) 대신 지급한 용선자(B)가 주장한 선박우선특권의 대위의 준거법은? **(변호사시험 9회)**
  ☞ 법률상 원인 없이 지급. 즉 법률에 따른 채권의 이전의 준거법(제55조) → C와 B사이에 그 이전의 원인 된 법률관계(예 보험계약)가 존재하지 않아 제55조 제2항 적용(이전되는 채권의 준거법) → 이전되는 채권인 임금채권의 준거법에 의함 → 이 사안에서 C와 A의 선원근로계약에서 준거법 지정 없어 C의 일상노무제공지법(제48조 제2항)이 준거법 → 판례는 선원근로계약에서의 일상적노무제공지는 선적국(船籍國)으로 봄 → 다만, 선박이 편의치적되어 선적(船籍)이 선적국(船籍國)과의 유일한 관련인 경우 준거법 지정의 예외(제21조)에 따라 최밀접관련국법
- 대한민국법에 의하여 설립되고 부산에 주된 사무소를 두고 있는 법인 甲은 대한민국 K은행으로부터 대출을 받아, 경남 통영 소재 조선소에서 선박 카카오호를 건조한 다음 파나마국 서류상의 회사(이른바 페이퍼컴퍼니)인 乙의 소유로 편의치적(便宜置籍). 甲은 파나마국 선박등록 당시 K은행의 대출금을 담보하기 위해 카카오호에 선박저당권 설정. 甲은 형식상 선주인 乙과 카카오호에 대하여 선체용선(선박임대차) 계약을 체결하고, 사단법인 한국선급으로부터 선급(船級)을 받음 **(변호사시험 9회)**
  ☞ 이 경우 카카오호 관련 제94조의 해상사건이 발생한 경우 준거법은 선적국법(파나마국법)이 아니고, 제21조에

의거 최밀접관련국법(최밀접관련국은 각 사안별로 판단)

• 해상운송 관련 사건에서 독일 기업이 러시아 선박을 대한민국에서 가압류하고, 이를 근거로 러시아 기업을 상대로 대한민국 법원에 소를 제기한 경우

☞ i) 제5조 제2호단서에 의하면, 분쟁이 된 사안이 대한민국과 아무런 관련이 없거나 근소한 관련만 있는 경우 대한민국 법원에 특별관할 없음. 그러나 ii) 제90조에 의하면, 선박 또는 항해에 관한 소는 대한민국과의 관련성이 없어도 선박이 가압류된 곳이 대한민국이면 대한민국 법원에 특별관할 있음

제95조 【선박충돌】 ① 개항(開港) · 하천 또는 영해에서의 선박충돌에 관한 책임은 그 충돌지법에 따른다.

② 공해에서의 선박충돌에 관한 책임은 각 선박이 동일한 선적국에 속하는 경우에는 그 선적국법에 따르고, 각 선박이 선적국을 달리하는 경우에는 가해선박의 선적국법에 따른다. ▸ 제95조 규정 이외의 기타 사항은 불법행위 규정(제52조, 제53조) 적용(손해배상제한, 준거법의 사후적 합의 등) **관련 조항** 제52조, 제53조

• 부산신항에서 입항 중에 일본 선사 ONE이 운항하고 있는 라이베리아 국적의 선박 아사코호가 대한민국 선사 HMM이 운항하고 있는 파나마 국적의 선박 마리아호 추돌. 대한민국 선사 HMM은 일본 선사 ONE을 상대로 부산지방법원에 선박충돌에 대한 손해배상청구소송 제기

1) 대한민국 법원이 국제재판관할권을 가지는지?

2) 이 사안의 준거법은?

3) 만약, 선박충돌 후에 당사자들이 이 사고에 대한 준거법을 일본법으로 합의했다면, 준거법은?

☞ 1) 선박충돌에 관한 소에서 사고 발생지가 대한민국이므로 대한민국 법원에 특별관할 2) 선박충돌지는 부산신항(즉 개항)이므로 충돌지법인 대한민국법이 준거법(제95조 제1항) 3) 제95조는 선박충돌에 관하여 불법행위 준거법의 특칙. 따라서 제95조가 규정하지 않는 사항은 불법행위의 규정 적용. 불법행위의 사후적 준거법 합의는 대한민국법으로 합의한 경우만 인정(제53조). 그러나 이 사안에서는 일본법으로 합의했으므로 준거법 합의는 인정되지 않음. 따라서 제95조에 따라 충돌지법인 대한민국법이 준거법

• 공해에 해당하는 동해상에서 대한민국 선사 HMM이 운항하고 있는 파나마 국적의 선박 마리아호가 일본 선사 ONE이 운항하고 있는 라이베리아 국적의 선박 아사코호 추돌. 사고 후 위 두 선박은 모두 울산항에 입항. 일본 선사 ONE은 대한민국 선사 HMM을 상대로 울산지방법원에 선박충돌에 대한 손해배상청구소송 제기

1) 대한민국 법원이 국제재판관할권을 가지는지?

2) 이 사안의 준거법은?

☞ 1) 피해 선박이 최초로 도착한 곳은 대한민국이므로 대한민국 법원에 특별관할(제92조). 2) 공해에서의 선박충돌에 관한 책임은 각 선박이 동일한 선적국에 속하는 때에는 그 선적국법에 의하고, 각 선박이 선적국을 달리하는 때에는 가해선박의 선적국법에 의함(제95조 제2항). 이 사안에서 선박충돌은 공해상에서 발생하였고, 가해선박인 마리아호의 국적은 파나마이므로 가해선박의 선적국법인 파나마법이 준거법. 그러나 마리아호가 파나마에 편의치적(flag of convenience)되고, 선적(船籍)만이 파나마와 유일한 관련인 경우, 마리아호의 운항사인 HMM의 주된 사무소 소재지인 대한민국이 가장 밀접한 관련이 있는 국가가 되어 대한민국법이 준거법(제21조 제1항).

• 공해에 해당하는 동해상에서 대한민국 선사 HMM이 운항하고 있는 파나마 국적의 선박 마리아호가 일본 선사 ONE이 운항하고 있는 라이베리아 국적의 선박 아사코호를 추돌하여 두 선박이 모두 침몰. 일본 선사 ONE은 대한민국 선사 HMM을 상대로 울산지방법원에 선박충돌에 대한 손해배상청구소송 제기

1) 대한민국 법원이 국제재판관할권을 가지는지?

2) 이 사안의 준거법은?

☞ 1) 가해 선박 마리아호의 선적지는 파나마이고, 사고발생지는 공해상이므로 대한민국 법원에 특별관할이 인정되지 않음(제92조). 그러나 가해선박의 운항사인 HMM은 주된 사무소 · 영업소가 대한민국에 있으므로 제4조에 의한 특별관할이 인정될 수 있음(제4조 제1항) 2) 제95조 제2항에서는 공해에서의 선박충돌에 관한 책임은 각 선박이 동일한 선적국에 속하는 때에는 그 선적국법에 의하고, 각 선박이 선적국을 달리하는 때에는 가해선박의 선적국법에 의한다고 규정. 이 사안에서 선박충돌은 공해상에서 발생하였고, 가해선박인 마리아호의 국적은 파나마이므로 가해선박의 선적국법인 파나마법이 준거법. 그러나 마리아호가 파나마에 편의치적(flag of convenience)되고, 선적(船籍)만이 파나마와 유일한 관련인 경우, 마리아호의 운항사인 HMM의 주된 사무소 소재지인 대한민국이 가장 밀접한 관련이 있는 국가가 되어 대한민국법이 준거법(제21조 제1항)

제96조 【해난구조】 해난구조로 인한 보수청구권은 그 구조행위가 **영해에서 있는 경우에는 행위지법에** 따르고, **공해에서 있는 때에는 구조한 선박의 선적국법에** 따른다. ▸ 제50조(사무관리)의 특칙 **관련 조항** 제50조, 제53조

• 부산신항에서 입항 중에 대만 선사 에버그린이 운항하고 있는 파나마 국적의 선박 에버기븐호가 덴마크 선사 머스크가 운항하고 있는 사이프러스 국적의 선박 엘리자베스호를 추돌. 그리고 이를 대한민국 선사 SK해운이 운항하고 있는 라이베리아 국적의 선박 수정호가 엘리자베스호를 구조. SK해운이 덴마크 선사 머스크에 대한 해난구조로 인한 보수청구권에 대하여 **1) 대한민국 법원이 국제재판관할권을 가지는지? 2) 이 사안의 준거법은? 3) 만약, 선박추돌지와 구조행위지가 남중국해역의 공해상인 경우 준거법은?**

☞ 1) 해난구조지가 대한민국이므로 대한민국 법원에 특별관할(제93조 제1호). 2) 구조행위가 대한민국 영해에서 이루어졌으므로 해난구조로 인한 보수청구권의 준거법은 대한민국법(제95조 제1항). 3) 만약에, 구조행위가 공해에서 이루어진 경우 해난구조로 인한 보수청구권의 준거법은 구조선박의 선적국법(제96조). 구조선박인 수정호는 라이베리아 국적의 선박으로 라이베리아법. 수정호가 편의치적되고, 국적만이 선적(船籍)만이 라이베리아와 유일한 관련인 경우 제21조에 따라 최밀접관련국법이 준거법

해상사건 종합 사례연구

• A화주(X국)는 B선사(일본에 주된 영업소)와 해운송계약 체결, B선사는 아리랑호(대한민국에 등록된 선박으로 대한민국의 C사 소유)를 용선하여 이 화물을 운송, 운송 중 아리랑호는 대한해협에서 사이프러스 선적의 그린피스호를 추돌하였고 이로 인하여 화물의 대부분이 손상. 사고후 아리랑호는 부산항에 입항. 화주 A는 B선사를 상대로 불법행위로 인한 손해배상청구을 청구, B선사는 대한민국 법원에 책임제한절차 개시신청

1) 이 신청에 대하여 대한민국 법원에 국제재판관할이 있는지?

2) 이 책임제한의 준거법은?

3) 만약에 아리랑호가 파나마에 편의치적된 경우의 준거법은?

☞ 1) 선박소유자등 책임제한사건에서 사고 후 선박이 최초로 도착한 곳이 대한민국인 경우 대한민국 법원에 국제재판관할(제89조 제4호). 이 사건에서 아리랑호는 최초로 부산항에 도착하였는바, 대한민국 법원에 재판관할권

2) 선박소유자등이 책임제한을 주장할 수 있는지 여부 및 그 책임제한의 범위는 선적국법에 따름(제94조 제4호). 이 사건에서 아리랑호의 선적국(船籍國)은 대한민국이므로 대한민국법이 준거법

3) 만약에 아리랑호가 파나마에 편의치적되고 선적(船籍)만이 유일한 관련인 경우 제21조에 따라 최밀접관련국법이 준거법이 되는데, 해상운송(용역)을 제공하는 B선사의 주된 영업소 소재지인 일본법이 준거법(제21조, 제46조 제2항)

• 매도인 甲회사(대한민국 수원에 주된 사무소)는 중국 상하이에 주된 사무소를 두고 대한민국 부산에 유일한 영업소를 두고 있는 丙운송회사와 이 사건 화물을 대한민국 부산항에서 베트남 호찌민항까지 운송하기로 하는 해상운송계약을 체결(준거법 지정은 없음). 매수인 乙회사(베트남 호찌민에 주된 사무소)가 베트남 호찌민항에 도착한 이 사건 화물을 검사한 결과 그랜드 피스호의 선장 戊(파나마국 국적이고, 대한민국에 상거소를 둠)의 과실로 컨테이너 1개가 해상에 떨어져 이 사건 화물 중 일부가 멸실된 사실이 밝혀짐. 甲회사가 丙운송회사를 상대로 선장 戊의 과실을 들어서 불법행위로 인한 손해배상청구소송을 대한민국 법원에 제기

1) 이 소송에 대하여 대한민국 법원에 국제재판관할권이 있는지?

2) 이 소송에 적용된 적용될 준거법은?

☞ 1) 갑회사와 병운송회사의 운송계약은 물품을 대한민국에서 베트남으로 운송하는 계약으로 용역제공지가 대한민국. 따라서 대한민국 법원에 국제재판관할(제41조 제1항). 이 사건은 선주책임제한사건이 아니므로 제89조는 비적용

2) 가해자와 피해자간에 존재하는 법률관계가 불법행위로 침해되는 경우 그 법률관계의 준거법에 의함(제52조 제3항). 이 사안에서는 선장 戊의 불법행위로 인하여 갑회사와 병운송회사간의 운송계약관계가 침해되었으므로 제52조 제3항에 따라 운송계약의 준거법이 이 사건 불법행위의 준거법. 이 운송계약에서는 준거법을 지정하지 않았으므로 최밀접관련국법이 준거법이 되는데, 위 운송계약에서는 병운송회사의 영업소가 소재한 대한민국이 최밀접관련국이 되어 대한민국법이 준거법(제46조 제2항 제3호)

• 신청인 사조냉장 주식회사(대한민국 회사)이 용선한 파인호(대한민국 船籍)는 남태평양 사모아 근해상을 운항하다가 한성기업 주식회사(대한민국 회사) 한성10호(파나마 船籍)를 들이받아 한성10호는 침몰되고 어획물이 유실되는 사고가 발생하여 한성기업은 10억원의 손해를 입었다는 이유로 사조냉장에 손해배상청구의 소를 제기하였고, LG화재보험사는 선체보험금 11억원을 한성기업에 지급하고, 한성기업의 사조냉장에 대한 손해배상청구권을 대위취득하였다는 이유로 11억원의 지급을 사조냉장에 최고하여 사조냉장은 대한민국 법원에 이 사건 선박소유자등의 책임제한절차 개시신청을 하였다. **(대법원[95마325]사안 일부 변경)**

1) 이 신청에 대하여 대한민국 법원은 국제재판관할권을 가지는지?

2) 이 선박소유자등의 책임제한 대한 준거법은?

☞ 1) 재판관할권 : 이 신청 사건은 선주등의 책임제한사건에 해당. 이 사안에서 제한채권이 발생한 선박인 파인호의 船籍은 대한민국이므로 대한민국 법원에 국제재판관할권(제89조 제1호)

2) 준거법 : 선박소유자등이 책임제한을 주장할 수 있는지 여부 및 그 책임제한의 범위는 선적국법에 따름(제94조 제4호). 이 사건에서 파인호의 선적국(船籍國)은 대한민국이므로 대한민국법이 준거법

부칙 <제18670호, 2022. 1. 4.>

제1조【시행일】 이 법은 공포 후 6개월이 경과한 날부터 시행한다.

제2조【계속 중인 사건의 관할에 관한 경과조치】 이 법 시행 당시 법원에 계속 중인 사건의 관할에 대해서는 종전의 규정에 따른다.

제3조【준거법 적용에 관한 경과조치】 이 법 시행 전에 생긴 사항에 적용되는 준거법에 대해서는 종전의 규정에 따른다. 다만, 이 법 시행 전후에 계속(繼續)되는 법률관계에 대해서는 이 법 시행 이후의 법률관계에 대해서만 이 법의 규정을 적용한다.

REFERENCE

참고문헌

◖ 국내문헌 : 단행본 ◗

김상만, 「국제거래법」 제3판, 박영사, 2021.

김연 · 박정기 · 김인유, 「국제사법」 제4판, 법문사, 2022.

김인호, 「국제사법 판례연구」, 박영사, 2004.

법무부, 「국제사법 해설」, 2011.

서희원, 「국제사법강의」, 일조각, 1998.

석광현, 「국제사법과 국제소송 제1권」, 박영사, 2001.

_____, 「국제사법과 국제소송 제2권」, 박영사, 2001.

_____, 「국제재판관할법」, 박영사, 2022.

_____, 「국제사법 해설」, 박영사, 2013.

석광현 교수 정년기념 헌정논문집 간행위원회, 「국제거래법과 국제사법의 현실과 과제」, 박영사, 2022.

손경한 외, 「국제사법 개정 방안 연구」, 기술과법 연구소, 2012.

신창선, 「국제사법」, 피데스, 2006.

신창섭, 「국제사법」 제4판, 세창출판사, 2018.

안춘수, 「국제사법」 제2판, 법문사, 2023.

장문철, 「국제사법총론」, 홍문사, 1996.

한국국제사법학회, 「일본과 중국의 국제재판관할 규정에 관한 연구」, 법무부, 2016.

◖ 국내문헌 : 논문 ◗

곽민희, "국제입양법상 국외로의 입양 절차에 관한 검토", 국제사법연구 제30권 제2호, 2024.

김상만, "국제거래에서 재판권제한으로서의 국가면제에 관한 법적 고찰", 법학논집 제15권 제3호, 2011.

_____, "국제거래에서 법정지선택 조항의 효력에 관한 고찰 : 미국과 한국의 판례 비교를 중시으로", 인하대학교 법학연구 제14집 제1호, 2011.

_____, "해운업에서 편의치적과 선박금융조달에 대한 고찰", 무역상무연구 제95권, 2022.

김영석, "채무인수의 준거법 등 국제사법의 몇 가지 쟁점에 관한 소고 – 대법원 2022. 7. 28. 선고 2019다201662 판결을 중심으로", 국제사법연구 제29권 제2호, 2023.

김인호, "순수 국내계약에 대한 국제사법규정의 비판적 고찰", 국제사법연구 제26권 제1호, 2020.

김희동, "헤이그 관할합의협약과 우리 국제재판관할합의 법제의 과제", 법학논총 통권 31호, 2014.

박정훈, "헤이그 재판관할합의협약", 국제사법연구 제18호, 2012.

법제사법위원회 수석전문위원 김회선, "섭외사법개정법률안 검토보고", 2001. 2.

법제사법위원회 전문위원 허병조, "국제사법 전부개정법률안 검토보고[<일반관할 및 유형별 국제재판관할 규정 신설 등> 정부 제출(의안번호 제2818호)]", 2020. 09.

석광현, "2005년 헤이그 재판관할합의의 협약의 소개", 국제사법연구 제11호, 2005.

_____, "국제사법상 소비자계약의 범위에 관한 판례의 소개와 검토 : 제27조의 목적론적 축소와 관련하여", 국제사법연구 제22권 제1호, 2016.

_____, "외국선박에 대한 선박우선특권의 제척기간과 행사방법의 성질결정과 준거법", 국제사법연구 제25권 제2호, 2019.

이연, "개정 국제사법상 소비자계약의 특칙에 관한 연구 －개정법 제42조와 제47조의 문언에 기초한 해석론을 중심으로－", 국제사법연구 제28권 제1호, 2022.

이종혁, "불법행위의 준거법에 관한 우리 국제사법과 로마Ⅱ규정의 비교연구 －순전한 재산적 손해를 발생시키는 불법행위의 준거법 결정원칙을 포함하여－", 국제사법연구 제25권 제2호, 2019.

이주연, "국제사법 제54조 제2항의 적용범위에 대한 소고 : 대법원 2022. 7. 28. 선고 2019다201662 판결을 중심으로 본 면책적 채무인수와 병존적 채무인수의 준거법 논의", 국제사법연구 제29권 제2호, 2023.

이혜민, "국제적 소송경합과 국제재판관할권의 불행사 －부적절한 법정지의 법리(Forum Non－Conveniens)의 국제적·비교법적 의의 및 구현 방안－", 국제사법연구 제28권 제2호, 2022.

장지용, "국제입양에서 일상거소 판단의 기준과 사례", 국제사법연구 제30권 제2호, 2024.

장준혁, "국제재판관할법상 실질적 관련성 기준에 관한 판례의 표류 : 지도원리의 독립관할기초화와 예견가능성론에 의한 무력화", 양창수 교수 고희기념논문집, 2021.

정병석, "해상법 분야의 국제사법 준거법 조항 개정을 위한 입법론적 검토", 국제사법연구 제28권 제1호, 2022.

최공웅, "국제재판관할 원칙에 관한 재론", 법조 제47조 제8호, 1996.

한애라, "준거법인 외국법의 조사에 관한 소고", 국제사법연구 제25권 제2호, 2019,

◖ 외국문헌 : 단행본 ◗

Alexander Von Zuegler, et. al., Transfer of Ownership in International Trade, 2nd ed., Wolters Kluwer & International Chamber of Commerce, 2011.

Carole Murray, et. al., Schmitthoff Export Trade: the Law and Practice of International Trade, 11th ed., Thomson Reuters, 2007.

David P. Currie, Herma Hill Kay, Larry Kramer, Kermit Roosevelt, Conflict of Laws: Cases, Comments, and Questions, 8th ed, 2010.

Daniel C. K. Chow, Thomas J. Schoenbaum, International Business Transactions, Aspen Publishers, 2005.

Herma Kay, Larry Kramer, Kermit Roosevelt, Conflict of Laws, Cases, Comments, and Questions, 11th ed, 2023.

Meili, Friedrich, The Four Hague Conferences On Private International Law, the Object of the Conferences and Probable Results, Legare Street Press, 2023.

Michael H. Hoffheimer, Conflict of Laws, Wolters Kluwer, 2010.

James Fawcett, et. al, Private International Law, 14th ed, Oxford University Press, 2008.

Ray August, International Business Law, 5th ed, Pearson Education, 2009.

Trevor C. Hartley, International Commercial Litigation, 2nd ed., Cambridge University Press, 2015.

Explanatory Report on European Convention on State Immunity(ETS No. 074).

◖ 외국문헌 : 논문 ◗

Clark, Elizabeth A., "Foreign Arbitration Clauses and Foreign Forum Selection Clauses in Bills of Lading Governed by COGSA : Vimar Seguros y Reaseguros, S.A. v. M/V Sky Reefer", Brigham University Law Review, Vol. 1996. Issue 2, 1996.

Daniel Tan, "Damages for Breach of Forum Selection Clauses, Principled Remedies, and Control of International Civil Litigation", Tex. Int'l L. J, Vol. 40, 2004.

Hessel E. Yntema, "The Comity Doctrine", 65 Michigan Law Review 9, 1965,

H. Edwin Anderson, "The Nationality of Ships and Flags of Convenience: Economics, Politics, and Alternatives", Tulane Maritime Law Journal Vol. 21, 1996.

Lorenzen, Ernest, "Huber's De Conflictu Legum", 13 Ill. L. R.

Tanya J. Monestier, "Damages for Breach of a Forum Selection Clause", American Business Law Journal, Volume 58, Issue 2, 2021.

Thomas Schultz, Jason Mitchenson, "The History of Comity", Forthcoming, Jus Gentium - Journal of International Legal History, vol 5, 2019.

Yuko Nishitani, "Party Autonomy in Contemporary Private International Law —The Hague Principles on Choice of Law and East Asia—", Japanese Yearbook of International Law, Vol. 59, 2016.

INDEX

판례색인

INDEX

사항색인

김상만 | Sang Man Kim

고려대학교 법과대학(법학과) 졸업

고려대학교 법무대학원(법학석사/국제거래법 전공)

미국 University of Minnesota Law School(법학석사)

고려대학교 대학원(법학박사/상법 전공)

한국무역보험공사 15년 1개월 근무

경남대학교 경제무역학부 조교수

사법시험 · 변호사시험 · 행정고시 · 공무원시험(7 · 9급) 위원

대한상사중재원 중재인/조정인

현 덕성여자대학교 국제통상학과 교수

미국 뉴욕주 변호사

해외출간 저서

- Payment Methods and Finance for International Trade (Springer)
- A Guide to Financing Mechanisms in International Business Transactions (Cambridge Scholars Publishing)

국내출간 저서

- 국제거래법 제3판, 박영사
- 무역계약론 제2판, 박영사
- 핵심무역결제론, 박영사
- 실전무역영어, 박영사
- Payment Methods in International Trade 2nd edition, 두남
- 실무중심 무역영어 개정4판, 두남
- 국제물품매매계약에 관한 유엔협약(CISG) 해설, 한국학술정보

International Articles

- Does IRA's New Clean Vehicle Credit Constitute Import Substitution Subsidies under the SCM Agreement? (Global Trade and Customs Journal, Wolters Kluwer, 2025)
- Korean Case Law on Standby Letters of Credit and Bond Insurance (The Banking Law Journal, 2024)
- Recent Korean Case Law on a Back−to−Back Letter of Credit (Global Trade and Customs Journal, Wolters Kluwer, 2024)
- Some Critical & Controversial Issues on Incoterms 2020 for International Trade (Global Trade and Customs Journal, Wolters Kluwer, 2022)
- Negotiating Bank in a Documentary Credit (The Banking Law Journal, 2021)
- The Independence Principle and the Fraud Exception in a Refund Guarantee (The Banking Law Journal, 2021)
- Right Choice of DPU Rule in Incoterms 2020 (Global Trade and Customs Journal, Kluwer Law International, 2021)

- Export Credit Guarantee and Prohibited Subsidies under the SCM Agreement (Journal of World Trade, Kluwer Law International, 2020)
- Australia – Anti–Dumping Measures on A4 Copy Paper, DS529 (World Trade Review, Cambridge University Press, 2020)
- The Fraud Exception in a Documentary Credit under Korean Law (The Banking Law Journal, 2019)
- Can a Change of Circumstances Qualify as an Impediment under Article 79 of the CISG (Chinese Journal of International Law, Oxford University Press, 2019)
- Flag of Convenience in the Context of the OECD BEPS Package (Journal of Maritime Law and Commerce, Jefferson Law Book Co., 2018)
- Use of Zeroing in the W–T Comparison Methodology and Targeted Dumping [United States – Anti–dumping Measures on Large Residential Washers from Korea (DS464)] (Journal of Korea Trade, Emerald, 2017)
- The Legal Effect of the Unknown Clause in a Bill of Lading under the International Rules (North Carolina Journal of International Law, University of North Carolina, 2016)
- Some Critical Issues on Constructed Normal Value under the Anti–Dumping Agreement (Global Trade and Customs Journal, Wolters Kluwer, 2022)
- Reduction Clause in an Advance Payment Guarantee (AP–Bond) under an Overseas Construction Contract (Journal of Korea Trade, Emerald, 2019)
- Refusal to Issue a Letter of Credit and Fundamental Breach under the CISG (Chinese Journal of International Law, Oxford University Press, 2022)
- A Comparative Study of the CISG and the North Korean Contract Law as to Formation of a Contract (Journal of International Trade Law and Policy, Emerald, 2020)
- The Supreme Court of Korea's Decisions on the Fraud Exception in a Demand Guarantee (Journal of Korea Trade, Emerald, 2015)
- Applicable National Law for Filling External and Internal Gaps in the CISG (Chinese Journal of International Law, Oxford University Press, 2025)
- Case Study on Fraud in Export Credit Insurance for Export Financing against Account Receivables (Global Trade and Customs Journal, Wolters Kluwer, 2019)

조문해설 · 사례중심의 국제사법 해설서

초판발행 2025년 3월 17일

지은이 김상만
펴낸이 안종만 · 안상준

편 집 김경수
기획/마케팅 김한유
표지디자인 BEN STORY
제 작 고철민 · 김원표

펴낸곳 (주) 박영사
서울특별시 금천구 가산디지털2로 53, 210호(가산동, 한라시그마밸리)
등록 1959. 3. 11. 제300-1959-1호(倫)
전 화 02)733-6771
f a x 02)736-4818
e-mail pys@pybook.co.kr
homepage www.pybook.co.kr
ISBN 979-11-303-4971-8 (13360)

정 가 24,000원